ポスト・ケインジアン叢書

31

Growth and Distribution

成長と分配

D.K. フォーリー
T.R. マイクル

佐藤良一・笠松 学【監訳】

日本経済評論社

Growth and Distribution
by Duncan K. Foley and Thomas R. Michl
Copyright © 1999 by the President and Fellows of Harvard College

Published by arrangement with
Harvard University Press, Cambridge, Massachusetts
through Tuttle-Mori Agency Inc., Tokyo

ベツィ，グリン，メレディスのために

ルース，ゲリーのために

vii

日本語版への序文

　私たちは *Growth and Distribution*（『成長と分配』）の日本語版刊行をとても嬉しく思っている．翻訳にかかわる労をとられた佐藤良一のチームに感謝したい．戦後の高度成長期においても，また最近の長期停滞期においても，日本経済は，『成長と分配』の分析方法が適用しうる多くの問題を提供している．

　『成長と分配』は，もともと経済成長論への関心の復活が頂点に達した時期に出版された．マクロ経済理論のこの分野には，おそらく，実践的重要性が大きく，そして困難で未解決な理論的問題があるため，1950 年代と 1960 年代に実り多い研究成果が溢れ出たのであり，たまさか 1970 年代と 1980 年代にあったような勢力の退潮の兆しを示すものは現在何もない．

　成長理論の研究が活発になりはじめた 1950 年代はそれが経済学の諸パラダイムが発展を相争う場であった．現在では学生は，主要な専門誌を（とりわけアメリカで）支配している新古典派成長理論に厳密にもとづいた文献だけを参照していて，それとは別のパラダイムや学問上の論争を理解するのは難しいと感じるであろう．歴史的に見れば，論争があったからこそ，成長理論は相争う考え方を生む源泉となったのである．この点を念頭において，私たちは，『成長と分配』では成長理論へ寄与したさまざまの考え——古典派/マルクス派，ケインズ派の（より正確に言えば，需要に制約された）見解を含む——を提示しようと決めた．私たちは，リカード，マルクスに創始され，カルドア，パシネッティ，ロビンソンに発展させられた古典派/マルクス派のアプローチに共感を覚えているが，ケインズ派，新古典派の伝統も，誠実にそして偏見を交えずに紹介しようと努めた．そうすれば，学生たちが成長理論の理論的な多様性に直面するさいに，自分自身の判断ができると思った

からである．例えば，最近 10 年にわたる日本経済の低成長の理解を進める
ために，私たちがマルクス偏向的技術進歩と名付けた要因が，どの程度日本
資本主義の収益性に影響を与えたかを評価しない，あるいは需要に制約され
る成長モデルから得られた洞察を適用しないといったことは到底想像できな
い．

　日本の読者が，本書で提示した方法や考え方に関心をもってくれることを
期待している．

　　2002 年 7 月

　　　　　　　　　　　　　　　　　　ダンカン・K. フォーリー
　　　　　　　　　　　　　　　　　　トマス・R. マイクル

序　文

　本書は，コロンビア大学バーナード・カレッジとコルゲート大学での講義のために準備されたノートがもとになっている．

　本書の発想やモデルの内容の多くは，アンドレ・バーグストーラーに依るものである．彼には，*Property and Prices* (Cambridge : Cambridge University Press, 1994) として出版された草稿を特別に読ませていただき，また本書で取り扱ったトピックスについて広範に議論していただいた．とくに，古典派モデルの均衡価格が先物資産市場の投機の帰結と判断できるというバーグストーラーの考えは，第11，12章で展開された見解の中心をなしている．

　私たちの一般的アプローチは，スチーブン・マーグリンの *Growth, Distribution and Prices* (Cambridge : Harvard University Press, 1984) とジョン・ブルームの *The Microeconomics of Capitalism* (London : Academic Press, 1983) にも大きく依拠している．

　私たちの研究と本書にとって不可欠であった拡大ペン世界統計表を準備してくれたアダルミール・マルケッティに感謝したい．このデータは，http://homepage.newschool.edu/~foleyd/epwt/ からダウンロードできる．

　私たちは，草稿に含まれていた誤りを訂正していただいたミリンド・ラオ，ピーター・ハンス・マシューズ，セルジオ・パリネロ，クリストファー・ジョージ，そしてコルゲート大学，バーナード・カレッジの学生たちに感謝したい．

　本書に残されている誤りの責任は私たちにあることは言うまでもない．

ダンカン・K. フォーリー
トマス・R. マイクル

目　　次

日本語版への序文	vii
序　　文	ix
記　　号	xvii

第1章　序　　論 …………………………………………………………… 1

1.1　歴史的にみた経済成長	1
1.2　質　と　量	3
1.3　人間の諸関係	4
1.4　さまざまな経済成長理論	5
1.5　読 書 案 内	11

第2章　成長と分配の測定 ……………………………………………… 12

2.1　産出と投入の測定	12
2.2　時間と生産	16
2.3　単位にかんする注意	17
2.4　実際の世界におけるテクノロジー	18
2.5　生産物の利用：投資と消費	20
2.6　社会的消費 - 成長率表	22
2.7　所得の分配：賃金と利潤	25
2.8　実質賃金 - 利潤率表	26
2.9　所得分配分	28
2.10　成長 - 分配表	30
2.11　労働生産性と資本生産性の変化	32

目　　次　　xi

2.12	経済の比較	35
2.13	グローバルな経済的リーダーシップ	36
2.14	実際の経済における労働生産性の上昇	39
2.15	定型化された事実	42
2.16	読書案内	42

第3章　生産のモデル …………………………………………… 44

3.1	勘定体系と説明モデル	44
3.2	生産のモデル	45
3.3	主体と分配	47
3.4	技術選択と生産関数	49
3.5	生産関数の具体例	54
	3.5.1　レオンティエフ型生産関数	54
	3.5.2　コブ゠ダグラス生産関数	56
3.6	技術変化の分類	60
3.7	2部門の成長 - 分配表	64
3.8	生産と成長のさまざまなモデル	70
3.9	読書案内	70

第4章　労働市場 …………………………………………………… 72

4.1	経済成長のモデル	72
4.2	労働供給と労働需要	74
4.3	古典派慣習的賃金モデル	76
4.4	新古典派完全雇用モデル	81
4.5	経済成長モデルに向けて	85
4.6	実際の経済における成長	86
4.7	読書案内	88

xii

第5章　消費と貯蓄のモデル ……………………………………… 89

　5.1　消費‐貯蓄の2期間モデル　91

　　　2期間消費問題を解く　92

　5.2　無限期間モデル　96

　　　無限期間問題を解く　98

　5.3　貯蓄率一定のモデル　100

　5.4　貯蓄率と成長率　100

　5.5　読 書 案 内　103

第6章　古典派の経済成長モデル ……………………………………… 104

　6.1　古典派慣習的賃金モデル　104

　6.2　慣習的賃金モデルにおける比較動学　108

　6.3　古典派モデルにおける労働節約的技術変化　110

　6.4　古典派モデルにおける技術選択　115

　6.5　完全雇用下の古典派成長モデル　117

　6.6　古典派完全雇用モデルにおける技術選択　121

　6.7　成長への古典派アプローチ　122

　6.8　読 書 案 内　123

第7章　古典派モデルにおける偏向的技術変化 ………………………… 125

　7.1　偏向的技術変化をともなう古典派慣習的賃金シェアモデル　125

　7.2　技術変化の実行可能性　128

　7.3　偏向的技術変化と化石の生産関数　131

　7.4　収束と古典派モデル　135

　7.5　経済成長のひとつのビジョン　142

　7.6　読 書 案 内　143

目　　次　　xiii

第8章　新古典派成長モデル …………………………… 145

8.1　ソロー゠スワン・モデル　145

8.2　集約的生産関数　146

8.3　貯蓄，人口，恒常成長　148

8.4　ソロー゠スワン・モデルと成長‐分配表　152

8.5　閉じたモデル　154

8.6　代替と分配　156

8.7　比較動学　158

8.8　移行動学　160

8.9　ソロー゠スワン・モデルの限界　162

8.10　読書案内　163

第9章　新古典派モデルにおける技術変化 ……………… 165

9.1　技術変化と生産関数　165

9.2　ソロー゠スワン・モデルとハロッド中立型の技術変化　168

9.3　成長会計　170

9.4　古典派および新古典派による残余の解釈　174

9.5　ソロー゠スワン・モデルにおける恒常成長の比較動学　175

9.6　ソロー゠スワン・モデルにおける移行動学　180

9.7　読書案内　185

付論：収束方程式の導出　186

第10章　投資に制約される経済成長 …………………… 188

10.1　貯蓄，投資，産出　188

10.2　投資に制約される成長のモデル　190

10.3　投資に制約されるモデルの均衡　194

10.4　投資に制約されるモデルの比較動学　197

xiv

10.5 利潤主導型成長か，賃金主導型成長か　200

10.6 長期か短期か　202

10.7 成長理論へのケインズ的貢献　206

10.8 読書案内　207

付論：マーグリン＝バドゥリ・モデル　208

第11章　土地に制約される成長　210

11.1 再生不能資源　210

11.2 リカードの定常状態　211

11.3 土地をともなう生産　214

11.4 土地をともなう資本家の意思決定問題　217

11.5 裁定原理　218

11.6 均衡条件　220

11.7 土地が豊富なレジーム　222

11.8 土地が稀少なレジーム　223

11.9 土地が豊富なレジームから土地が稀少なレジームへ　225

11.10 土地に制限されるモデルからの教訓　228

11.11 読書案内　230

第12章　枯渇資源　231

12.1 枯渇資源をともなう成長　231

12.2 枯渇資源と生産　232

12.3 貯蓄とポートフォリオ選択　235

12.4 成長経路　237

12.5 現実世界の枯渇資源　239

12.6 読書案内　241

目　次　　xv

第 13 章　公債と社会保障：世代重複モデル……………………… 242

13.1　政府財政と蓄積　　242

13.2　政府と民間の予算制約　　243

13.3　利己的家計のもとでの貯蓄と消費　　247

13.4　古典的世代重複成長モデル　　251

13.5　新古典派世代重複成長モデル　　254

13.6　世代重複モデルにおけるパレート効率性　　257

13.7　社会保障と財政赤字の分析　　264

13.8　世代重複モデルにおける社会保障　　265

　　13.8.1　完全積立型の社会保障　　267

　　13.8.2　無積立型の社会保障　　268

13.9　世代重複モデルにおける公債　　273

13.10　世代重複モデルから学ぶ点　　275

13.11　読書案内　　276

第 14 章　貨幣と経済成長 ………………………………………… 277

14.1　貨幣制度　　277

14.2　金本位制　　278

14.3　金を含む生産　　279

14.4　金を含む資本家消費　　281

14.5　恒常状態成長　　283

14.6　不均斉な技術変化　　285

14.7　信用貨幣の進化　　287

14.8　読書案内　　289

第 15 章　技術変化へのさまざまなアプローチ ……………………… 291

15.1　技術変化の起源　　291

xvi

15.2 技術進歩関数と体化仮説 292

15.3 機械のヴィンテージ構造 295

15.4 ヴィンテージ・モデルの恒常状態成長 296

15.5 誘発された技術変化 299

15.6 専門化と不完全競争 303

15.7 内生的成長と専門化 305

15.8 累積的因果連関 307

15.9 読書案内 309

第16章　内生的技術変化 …………………………………………… 311

16.1 資本制経済における技術変化 311

16.2 ラーニング・バイ・ドゥーイング 312

16.3 技術変化へのR&D投資 314

16.4 R&Dの規模 318

16.5 R&Dの効果が持続しない場合の恒常状態成長 321

16.6 R&Dの効果が持続する場合の恒常状態成長 322

16.7 慣習的賃金シェアのもとでのR&Dの持続的効果 324

16.8 読書案内 326

参考文献 329

問題の解答とヒント 339

訳者あとがき 363

索　　引 366

記　号

A	コブ゠ダグラス生産関数の規模パラメータ
α	コブ゠ダグラス生産関数の資本係数
β	富からの資本家の貯蓄性向
B	効率労働生産性，政府負債の名目値（13章）
b	社会保障給付（13章）
$c^r,\ c^w$	退職期の家計の消費，現役期の家計の消費
χ	資本節約的技術進歩率
$C,\ c$	消費，労働者1人当たり社会的消費
$c^w,\ c^r$	労働者の消費，退職者の消費（13章）
δ	資本1単位当たり資本減耗率
D	資本減耗
E	名目プライマリー財政黒字
η	利潤からの投資性向（13章）
f	生産関数，発明可能性フロンティア（15章），社会保障準備基金
F	デザイン過程のコスト（15章）
G	金保有量
$g_{変数}$	変数の成長率　たとえば
g_K	資本の成長率
g_k^{max}	資本の最大成長率
g_X	産出の成長率
γ	労働節約的技術進歩率
$I,\ i$	粗投資，労働者1人当たり粗投資
J	資本家の富
$K,\ k$	資本ストック，労働者1人当たり資本ストック
λ	潜在価格，ラグランジュ乗数
N	雇用労働
n	労働人口の増加率

ω	実行可能分岐点
p	消費財で測った資本財価格（3章），金で測った商品価格（14章）
$p_u,\ p_q$	土地価格，石油価格
π	所得に占める利潤分配率
$Q,\ \varDelta Q$	石油埋蔵量とその減少分
R	利潤，総要素収益（13章）
r_d	研究開発にむけられる資本支出の割合
ρ	産出 - 資本比率，資本生産性
r	純利潤率
u	効用関数（5章），設備稼働率（10章）
S	貯蓄
s	産出に占める貯蓄の割合
s^w	労働者1人当たり貯蓄（13章）
σ	生産における代替の弾力性
t	一括税
θ	研究開発技術の係数（16章）
U	土地
v	粗利潤率
$v_k,\ v_u$	資本賃貸料，土地賃貸料
$W,\ w$	実質賃金総額，労働者1人当たり実質賃金
w	慣習的実質賃金
$X,\ x$	粗産出，労働者1人当たり粗産出
$Y,\ y$	純産出，労働者1人当たり純産出
$Z,\ z$	キャッシュ・フロー，労働者1人当たりキャッシュ・フロー

第1章
序　　論

　経済成長こそが，私たちの歴史上の一時期を特徴づける．経済成長が現在も進行中の私たちの社会的生活や個人的生活をたえず変革していくテクノロジー革命のための資金を調達し，その方向づけをする．国民国家が政治的優位性をもち，国家を超える機関が出現する根源には，経済成長という過程がある．世界人口の前例のない増加と高齢化は，ほぼ経済成長の結果と言える．農業が相対的に衰退し，工業生産やポスト工業生産が都市へ集中していったのも同様である．国家の政治的および軍事的な権力と影響力は，ますます，経済的成果の善し悪しを反映するようになった．経済的な実践は，社会関係とイデオロギー上の信念を大きく変えてしまった．私たちが将来解決しなければならない大きな課題は，環境遺産の保護，富裕国と貧困国に二極化する世界での社会的正義の確保を含め，経済成長の結果から生まれる．

　本書では，さまざまな理論が提示される．過去200年にわたって，経済学者たちは，経済成長の多様な側面を分析し説明するために，さらに一般的に言えば，経済の時間をつうじた運動を分析し，説明するために**理論**を考案してきた．これらの理論の背後にあるものとして，この序論で，経済成長の**社会史**を考察しておこう．

1.1　歴史的にみた経済成長

　人類の歴史が示しているのは，私たちが多少なりとも知っている最古の時

代以来の，テクノロジーや生産性のゆっくりとした向上である．こうした向上は，はっきりした波となって起こってきたと思われる．これらの波は，定住農業の適用，都市の出現，遠隔地海上貿易の確立などのような突然の飛躍によって区切られる．西暦 1500 年以前の千年のあいだ，地球の人口はどうみても非常にゆっくりと増加した．15 世紀頃，ヨーロッパでは，社会の変化やテクノロジーの変化の速さ，人口増加率が目に見えて加速した．この加速を特色づけるのは，都市の拡大，財と貨幣の取引の普及，伝統的な土地に結びついた富よりも都市で資本家的貿易や生産に投資される富のもつ重要性の増大，そしてテクノロジーの改良が生産と輸送に組織だって集中したことである．16 世紀までには，さらに発展したヨーロッパ社会は明らかに資本主義国民国家の先駆けとなった．この時代には，人々は貿易と生産が国家の影響力と権力の主たる源泉であると考え始めた．経済成長という現象は困難と前途の希望とを携えてあらわれたわけである．

18 世紀の終わり頃，とりわけイギリスで，これらの発展は**工業化**の出現とともに，もう 1 つのはっきりした加速を経験した．生産の規模が劇的に増大し，大都市に集中するようになった．1 つのパターンが生まれ，そこでは伝統的な依然として地元の暮らしに必要なものをどっかりと支えていた農業経営は，共有地や共有林が大地主に領有され，市場向け商品の生産用に転用されるにつれて，多くの貧農が追放される過程で市場志向型の農業に道を譲るのであった．追放された貧農は，町や都市に移り住み，急速に拡張しつつある産業を運営するのに必要な賃金を稼ぐ労働力になり，同時に大量の都市貧民になっていった．こうした経済的発展は，地方から都市への移動だけでなく，大陸から大陸への人々の膨大な移動を促進させた．19 世紀の先進ヨーロッパ諸国の経済的および軍事的権力の拡大は，世界中で植民地・帝国・勢力領域を獲得する競争を引き起こした．このように，経済成長という現象は遅かれ早かれ地球の隅々まで浸透していったのである．

もっとも初期の段階から経済成長を構想し，具体化し，それに課税することは，政治的強者の一大関心事であった．経済が成長した国は，政治的，軍

事的に大いに優位になる. **政治経済学**は, 貿易や労働市場, 課税にたいする国家の政策が経済成長に与える影響を議論するものとして始まった.

世界の経済成長が統一的な, 相互に密接に関連した, 自己増幅的な現象であるという確かな事実にもかかわらず, 政治経済学は国民経済にたいする政策と影響の国ごとの相違を強調する. したがって, 私たちが本書で検討する理論は, 国民経済を出発点とし, 各国の経済成長を別々の経験的な観察として扱っている.

アダム・スミスは, 『国富論』[Smith, 1937] で初期の政治経済学者の発見を要約している. スミスは, 経済成長の基本的な特徴が**分業**にあり, 個々の生産者が生産的な作業を小さな構成要素に分解し, その1つに特化することで, 集団としての生産性を大きく高めている, と論じた. 分業には常に, 国際貿易によって支えられる部分がある. こうした見方からすれば, 経済成長は, 生産のための人々の組織化のあり方に大がかりな質的転換があったことを物語る.

1.2 質 と 量

私たちにとって, 経済成長はあくまでも**質的**な変化として経験される. 経済成長は大多数の人々を, 地方の小さなコミュニティという個々人が生涯にわたって個人的な関係をもち, 誰もが単純で同じ生産技術を用いていた場から, 巨大な都市集積地というほとんどの交流が市場の匿名性により媒介され, 生産のためにうんざりするほど複雑なテクノロジーのうちのある小さな部面に特化している場へと移動させてきた. 経済成長は質的に新しい生産物やサービス, すなわち鉄道・飛行機・自動車, 電気器具・電子機器, ラジオ・テレビ・電話・コンピュータ, 麻酔・X線・磁気共鳴画像断層撮影装置(MRIスキャン) をもたらす.

しかし, 実際に生産される商品や人々が生産に用いる技術が絶えず変化するにもかかわらず, 経済成長は, **量的**な規模を増大させつつ同一の基本的な

社会関係を再生産する．資本家的経済成長は，特定の会社や企業の生産組織を生み出す．それは，市場で入手される投入物を販売できる産出物に変換するために必要な人間の労働と生産手段を組み合わせる．資本家的生産は，生産過程をとおした生産物の貨幣価値の量的増加に基礎づけられており，市場で販売される産出物が生産に要した投入物より大きな価値をもつかぎり生産物の貨幣価値は増加する．この**付加価値**は，投入物を産出物に実際に変換する労働者の賃金として，そして，工場や機械，貨幣や土地を含む自然資源の資本家所有者の所得である利潤や利子，地代として，現れる．経済成長は，生産をさらに大規模におこなえるように自分の所得の一部を再投資するという資本家の意思決定によって資金的に可能になる．

しかし，資本家的生産の拡大に利潤が再投資されると，生産技術と実際に生産される商品がかならず質的に変化する．さらに大きな規模の生産というものは，どこか異なる機械で，異なる場所で，訓練のされ方や組織化のされ方が異なる労働者によっておこなわれる．より大きな規模でこそ，産出物の改良や応用が可能になる．経済成長の過程では，利潤所得の再投資をつうじた単なる生産拡大という量的な側面と，生産物とその生産者の生活が変化するという質的な側面は，分かちがたく絡み合っている．

数学的に基礎づけられた経済理論は，経済成長の量的な面を強調するが，成長の結果として生ずる重大な質的変化を見失わないことが重要である．

1.3　人間の諸関係（人と人とのつながり）

資本家的経済成長の自己増幅的循環が確立するには，人々の相互関係が深いところから変化しなければならない．資本家的生産の絶え間ない拡張と不断の変化のためには，迅速に配置転換や拡張，縮小できる柔軟な労働力を必要とする．資本主義の出現以前には，これらの変化は断じて起こりえなかった．労働者は奴隷として雇用主に拘束されていたか，農奴として働く土地に縛られていたからである．資本家的経済成長は，**自由な労働者**にかかってい

る．このような労働者は，職を受け入れることも拒否することもできるし，賃金格差に誘われて都市から都市へ，国から国へ移動することもでき，また自分自身の生存と再生産に最終的な責任をとる．自由な労働者の何よりの関心事は，賃労働につきまとう大きな不安定を抑えることである．このようにして，資本主義世界経済で，ほとんどの人々は賃金のために働く自由労働者になる．労働者は自由であり，彼らの賃金が競争という気まぐれにのみ左右されるので，成功する者もいれば，生きるか死ぬかの境目に身をおく者も出てくる．

　他方で，全国規模および世界規模で労働を組織するためには，工場や機械，輸送設備をそれぞれ柔軟に配備しなければならない．それこそ，生産のための資金の裏付けとして利用できる貨幣の莫大な集中という**資本**の領域である．

　資本の所有者と経営者は，労働者とはまったく異なる利害をもっている．賃金と利潤所得は，生産から生み出される付加価値を分割する．つまり資本と労働は，多くの場合，賃金水準に影響を及ぼす社会政策の問題にかんして対立する立場になる．資本は，柔軟で順応性のある労働力を求めるが，その目的は，雇用および生活条件の安定と確保を求める労働者の願望に反している．

　本書で概観する経済理論は，労働者と資本家への所得分配が経済成長の量的側面に与える影響，そして成長が分配に与える効果に焦点を絞っている．

1.4　さまざまな経済成長理論

　『国富論』[Smith, 1937] は，政治経済学の発展において重要な転換点をなすものであるが，その著者のアダム・スミスの主な関心は経済成長にあった．スミスの見解によると，経済成長の主要な側面は**分業**すなわち生産過程を小さな作業に分割して，それを専門家に割り当てられるようにすること，そして**市場の範囲**すなわちより多くの産出物の販売を可能にする人口や所得の増加や輸送通信設備の発達であった．分業は**労働生産性**を上昇させる．労

働が専門化された作業のなかでさらに熟練し，生産の決まりきった部分を肩代わりできる機械が発明されるようになる．スミスは，技術進歩を拡大していく分業の一側面と考えた．分業の増大と市場の範囲の拡大は，スミスの見解では相互に補強しあう傾向にある．市場が広くなるほど，細かい分業が可能になるし，分業が高度になるほど生産性と所得を増加させ，運輸への投資そして人口増加を促進する．かくして，市場を広げることになるからである．これら2つの現象は，上方へ螺旋を描きながら発展するという不安定な循環を生み出す，正のフィードバック関係をつうじて結びついている．スミスの考えでは，政府がこの過程を促進しようと試みるべきであった．そのために政府は，資産を保護し，安価な法的サービスと国民の安全を提供するが，投資についての私的な決定には関与しない（いまでは，**自由放任**として知られている政策）．彼は，労働者と資本家双方のためになるという意味で，成長は好循環をなす（**トリクルダウン経済学の一種**）と論じた．資本家は自由に投資の最大収益性を追求できるし，資本が増加すれば，労働需要を生み出し，労働者の賃金を同様に引き上げる傾向があるからである．成長過程で，人口は資本とともに増加するが，人口増加のほうが遅いので，長い期間にわたって高賃金が保障される，とスミスは考えていた．スミスの説明では，経済成長は自生的あるいは**内生的**なものである．つまり，制限的な政府の政策によって抑圧されることがなければ，経済成長は，野火の広がりのように定着する傾向がある．単純化されたスミスのモデルは，第6章で検討される．

　トーマス・マルサスは，スミスよりも明らかに悲観的であった．彼の『人口論』[Malthus, 1986] は，最初1799年に出版されている．マルサスは，資本蓄積が自己増幅しているフィードバック・システムであるということを理解できたが，それが長期的には労働者の厚生を高められるとは考えなかった．マルサスは，つぎのように推論した．実質賃金の上昇は，労働者の生活水準を引き上げ，早婚を奨励し，子どもたちの幼児死亡率を低下させ，こうして，人口の急増がもたらされる．人口が増加すれば，今度は労働市場は緩和し，幼児死亡率と晩婚が人口成長を安定させる点まで，実質賃金が押し下

第 1 章 序　論　　7

げられる．この**人口統計学的均衡**での実質賃金は，**自然賃金水準**であって，
そのまわりを実際の賃金が短期的には変動しうるだろう．

　1817 年に出版された『経済学および課税の原理』[Ricardo, 1951] でデイ
ヴィッド・リカードは，人口と実質賃金についてのマルサスの考えを採り上
げ，肥沃な土地の供給に限界があるから地代が生まれるという彼自身の理論
と組み合わせた．リカードの見解によると，スミスの好循環は消失する運命
にあった．というのは，資本蓄積と人口増加がいつかはすべての肥沃な土地
を使い果たし，食料品価格が上昇し，リカードが**定常状態**と呼んだところで，
利潤率はゼロにまで低下してしまうからである．リカードの分析方法は，そ
の後の政治経済学の思考法に大きな影響力をもった．特に，リカードは初期
産業資本主義社会の階級分裂を強調した．賃金はマルサス的な力が働いて，
労働力の再生産がかろうじて可能な最低限にまで押し下げられるので，労働
者は貯蓄しうる剰余をもたない．封建的特権階級の生き残りである土地所有
者は，お抱え者と子分を扶養するために所得を浪費した．それは，彼らの政
治的利益と社会的地位を目的としていた．他方で，資本家は，互いに競争す
ることによりできるだけ多くの所得を蓄積するように強いられた．彼らこそ
が，資本蓄積と成長の駆動力であった．しかしながら人口増加とともに地代
と賃金の上昇の結果として利潤率は低下していくので，リカードは，その利
潤率の低下により資本家という成長エンジンが絞られると主張した．第 11
章では，リカードの推論結果が現代的に表現されたうえで導かれる．

　カール・マルクスは，1867 年に著書『資本論』第 1 巻 [Marx, 1977] を
出版した．それ以前彼は，青年期を**史的唯物論**という革命的哲学の発展に費
やしていた．親密な同僚であるフリードリヒ・エンゲルスとともにマルクス
は，特定の階級が社会の**剰余生産物**を支配する方法のなかに人類史の秘密が
隠されていると考えた．例えば，奴隷制社会では，奴隷所有者は奴隷が生産
したすべての生産物を支配し，奴隷制を永続させるために，奴隷を扶養する
ための必要量を超える剰余を使うことができた．封建領主は，自分たちの土
地で農奴を週のうち何日か働かせ，したがって剰余生産物を得ることができ

た（農奴は，週の残りで自分の土地を耕作し，自分自身に必要なものを得ていた）．剰余生産物によって領主間の争いのために軍隊を維持したり農奴を抑圧することができた．マルクスの史的唯物論の観点からは，それぞれの社会形態には，それぞれに発展の水準があり，それに特徴的な階級構造が備わっている．社会とその歴史を理解する鍵はこのような人間の結びつきをはっきりと理解することにある．

　マルクスは，リカードによる産業資本主義の描写のなかに，階級社会の完全な例を見出した．地主と資本家は生産手段（工場，土地等々）を所有しているので，マルクスが**剰余価値**と呼んだ，貨幣的な利潤と地代という形態で労働者の剰余労働時間を領有する立場にいる．だが，マルクスはリカードの見解，すなわち，限りある土地にもとづく資本と土地の収穫逓減が，地代と賃金の上昇をとおして，いずれは資本蓄積の停止をもたらす，という見解には同意しなかった．マルクスはもっとスミスに近い見解をとって，つぎのように論じた．資本主義の歴史的な特質はテクノロジーの進取性にあり，これは資本家が競争相手に勝ち続けるためには費用を低下させる技術革新を見出さなければならないという圧力によって強化される．こうしてマルクスは，一層安いテクノロジーを見つけることにより資本主義は，常に，制限された土地資源による収穫逓減を克服できると考えついた．利潤率の低下を導くものは何であるのかについて，マルクスはつぎのように論じた．これらのもっと安価なテクノロジーは，労働者1人当たりに使用する資本をますます増加させ，こうして利潤率を引き下げることになる．結局のところ，マルクスとエンゲルスによれば，資本主義が労働生産性の上昇に成功することこそが，資本主義を階級のない社会主義的生産組織へ転換させることになり，そこでは稀少性の問題は消失している．マルクスの技術進歩理論のいくつかの要素は，第9章の経済成長のパターンを議論するさいの基礎をなす．マルクスの誘発的技術変化の理論は，第15・16章で検討されるモデルの発想の源である．

　古典派の成長理論が行きつく先にあると思われた，社会的にも政治的にも

沸騰するような問題に背を向けて，限界主義経済学者は，経済的配分の静学的**効率性**，そして社会をまたがって限界費用と限界便益を等しくさせるという市場の性質に自らの注意を集中した．2度の世界大戦と世界恐慌という20世紀の危機は，経済成長の安定性と長期的傾向という問題を改めて浮き彫りにした．ロイ・ハロッド［Harrod, 1939］は，経済成長過程が本質的に不安定であると論じた．社会の貯蓄が投資計画に吸収されるのに必要な成長率（ハロッドは，それを**保証成長率**と呼んだ）が，労働生産性上昇率で補正された基礎をなす人口成長率（ハロッドは，それを**自然成長率**と呼んだ）に等しくなるのは，ほんの偶然にすぎないからである．もし現実成長率が保証成長率を上回るならば，慢性的な人手不足や賃金上昇，インフレーションが成長過程を中断させるだろう．しかし，もし現実成長率が保証成長率を下回れば，失業の増加や停滞，デフレーションといった状況に陥ってしまうだろう．第10章では，ハロッドのモデルの現代的な拡張を考察する．

　ハロッドのジレンマに立ち向かったのが，ロバート・ソローの影響力をもった**新古典派成長モデル**であった．**集計的生産関数**の等量曲線に沿って労働と資本が代替できれば，保証成長率はどのような水準の自然成長率にも調整可能であり，したがって資本家的成長過程は安定的になる，とソローは主張した．ソローのモデルは，第8・9章で詳細に検討される．

　一般に新古典派経済学者は，ソローの議論と方法を経済成長の分析の基本問題を解決するものとして受け入れたが，ケインズ派，マルクス派，リカード派の伝統のなかで研究する経済学者は，ジョーン・ロビンソンを筆頭に，新古典派モデルを厳しく批判した．論争の中心点は，全体としての経済に労働と資本の代替可能性を要約しうる行儀の良い集計的生産関数が存在する，というソローの仮定にあった．批判者は，資本とは，莫大な範囲に及ぶさまざまに異なる**資本財**の市場評価にほかならないと主張した．すなわち，賃金率が変化した場合，生産の費用構造が正確にどのようであるかに依存して，これらのすべての資本財の価格はどのようにも変化しうる．新古典派生産関数分析の予想では，賃金率が下がれば労働者1人当たりの資本の価値は下が

るし，蓄積された資本価額の所与のストックにたいする雇用は増えることになる．だが，結局のところ，そんな保証はないというのが，批判者の言い分である．ソローとこの論争での彼の支持者ポール・サミュエルソンはアメリカのマサチューセッツ州ケンブリッジにある MIT（マサチューセッツ工科大学）で教えおり，ジョーン・ロビンソンと彼女の支持者の多くがイギリスのケンブリッジ大学で教鞭をとっていたか，そこの学生であったということもあり，この議論の応酬は**ケンブリッジ資本論争**として知られている．新古典派は，批判者が指摘した賃金変化の資本価値にたいする影響の理論的可能性を認める一方で，これらの可能性が実際の経済においてどちらかといえばありそうもないと論じ，集計的生産関数が実際の経済の動きに近いものだと仮定し続けた．

現代の成長と資本理論の論争は，本書を執筆する私たちにとってジレンマとなった．さまざまな成長理論を説明し，さらに発展させるために，どちらの基本的接近法を用いるべきなのであろうか．私たちは，このジレンマを解決するために，第 2 章と第 3 章で**成長－分配表**を用いて生産と資本の理論の基本的枠組みを提示することにした．成長－分配表は新古典派と非新古典派モデルのどちらとも整合的であり，資本論争で何が問題であったのかも説明できる融通のきく出発点である．本書の大部分をとおして，生産される財が 1 つしか存在しない生産モデルを使用する．その財は，消費財にもなれるし，資本として蓄積することもできる．この特別な仮定をおけば，資本理論の領域では新古典派と非新古典派モデルの結論の違いはなくなってしまう．それゆえ，私たちは，労働供給，貯蓄，資源の利用可能性，需要創出，技術変化にかんするさまざまの理論に注意を集中させる．

成長－分配表という視点から成長理論を説明しようという私たちの目的は，古典派，新古典派の経済成長理論が辿り着いた洞察を明らかにし，また，成長理論が提起する魅力ある一連の経済問題や経済概念を読者に紹介することである．

1.5 読 書 案 内

　経済理論の歴史を検討するために，Dobb [1973] という名人作とそれに
続く Kaldor [1956] から出発するとよい．このうち後者はとくに成長と分
配理論に向けられている．Gram and Walsh [1980] は古典派対新古典派の
接近法の教科書的解説となっており，厳密な形式的説明と優れた著作からの
要を得た引用とがうまく組み合わされている．

　成長理論における初期の発展は，Hahn and Matthews [1964] により専
門家の水準で展望されている．読みやすい，教科書的なものでは，Jones
[1976] がある．初期の成長理論にたいする優れた貢献の多くは Stiglitz
and Uzawa [1969] に収められている．新しい内生的成長理論と呼ばれる
最近の貢献は，完全雇用の仮定への傾倒のように，いくつかの点で新古典派
的接近法と類似しているが，技術変化についての見解を異にしている．それ
らは，Romer [1996]，Aghion and Hewitt [1998]，Barro and Sara-i-
Martin [1995] のような上級の教科書や Jones [1998] による学部用教科
書で説明されている．

　成長と分配のケインズ派，古典派，新古典派にたいする洞察豊かな比較に
よる接近をとおして本書に深く影響を与えた 2 つの著作は Harris [1978]
と Marglin [1984] である．

第 2 章
成長と分配の測定

　経済成長は，1国の財・サービスの**産出高**の増加である．産出高は，生産に従事している労働者の数（**労働**）とその労働者によって生産される産出高（**労働生産性**）を掛け合わせたものに等しい．労働生産性は，**テクノロジー**に依存し，テクノロジーは労働者が必要とする労働以外の生産への投入物の量，すなわち以前に生産された原材料や道具，設備，建物（**資本財**），自然資源（**土地**）も決定する．したがって，テクノロジーが所与のもとでは，生産に従事する労働者の数は，蓄積された資本ストックと利用可能な土地に制約される．

　1国の経済成長率は，結局のところ，生産人口の増加，資本財ストックの**蓄積**，テクノロジーの**変化**に依存している．本書の目的は，経済成長の源泉をそれぞれ詳細に吟味することである．そしてそれらの相互作用が実証データから観察されるさまざまな事実をどのように生みだすのか，を説明することにある．

　経済成長の説明に入る前に，国民経済の産出と投入を測定し，説明できねばならない．本章では，経済成長過程のさまざまな側面を説明し，分析するための一連のモデルの基礎になる勘定体系を提示する．

2.1　産出と投入の測定

　ある年の国民経済の**総生産**は，新たに生産されたすべての財・サービスからなる．総生産物の多くは，生産過程で費消された財・サービスを補塡する

ために使われる．**粗生産**，つまり総生産と生産で費消された財・サービスとの差は，ただちに利用可能な財・サービスの集まり，つまり**消費**と，資本財の蓄積，つまり**粗投資**からなる．**粗生産物**[1]は，現行の市場価格で評価された粗生産の価値であり，それには消費と粗投資が含まれる．しかし粗投資は，**資本減耗**によって減少する．既存の耐久資本財は生産によって減耗するからである．**純生産物**は粗生産物から資本減耗分を差し引いたものに等しい．したがってそれに含まれる投資は，**純投資**だけである．資本減耗は実際の市場取引で測定されないので，純生産物の測定のほうが粗生産物の測定より不確定なものになってしまう．

市場価格を用いて粗生産物を評価すれば，粗生産を構成している大量の財・サービスを単一量に表せる．これはたいへんな単純化である．しかし，粗生産が変化しても，または市場価格が変化（例えば，インフレによって）しても，粗生産物は変化してしまう．経済学者は，**価格指数**を構成して，価格変化を測る．ある年に観察される実際の諸価格を加重平均した値を，ある基準年の実際の諸価格を同じように加重平均した値で除したものが価格指数である．異なった加重値を使えば，価格指数もいくぶんか異なってくる．当該経済の粗生産物を価格指数で除して価格変化を除き**実質生産物**を評価する．ある期間の当該経済の実質生産物をたんに**生産物**と呼び，数学的記号では X で示す．

ロバート・サマーズとアレン・ヘストンの指導のもとで，ペンシルバニア大学の研究チームは国内総生産と購買力平価にもとづいた価格指数の整合的なデータを世界の主要国について 1950 年（あるいは，統計データが揃っていない国については，1950 年よりあと）から収集する仕事をおこなった．しばしば，ペン世界統計表（Penn World Tables；PWT）と呼ばれているこのデータセットは，World Wide Web で利用できる[訳注]．PWT は各年各国

---

1) **国内総生産**（GDP）は，ある国で 1 年間に生産された粗生産である．経済学者は，全世界の粗生産を**世界総生産**と呼び，ある特定の州の生産を**州内総生産**と呼んだりする．

の生産物を1985年国際ドルで表示しており，そうすることで各国間の価格水準の相違とインフレ率の相違を修正している．アダルミール・マルケッティは，資本ストックを推計して，PWTを補足している．そこには所得分配の測定も含まれており，本書で使われているデータセットの人口増加にかんする情報も付け加えられている．それを以下では，**拡大ペン世界統計表**(Extended Penn World Tables) あるいはEPWTと呼ぶことにする．本書では，別の方法を明示しないかぎり，生産物をペン世界統計表の1985年国際ドルのタームで測る．この単位を簡単に＄という記号で表す．この＄記号が実質，つまりインフレ調整済みの尺度である点に留意することが大切である．

　当該経済の生産物を測るさいには，減耗と時間の経過をつうじた資本ストックの劣化，つまり**資本減耗** D を忘れてはならない．純生産物，すなわち $Y=X-D$ は資本減耗額を差し引いたその社会の生産物である．

　労働投入は，雇用されている労働者数（あるいは，場合によっては労働時間数）で測り，それを記号 N で表す．実際の経済では，労働者の熟練度と能力は異なっている．したがって原則的には労働投入を雇用された労働者の加重平均値で測るのが望ましいだろう．個々の労働者の熟練度，能力が加重値に選ばれる．本書の理論的部分では，労働投入をそのような加重平均値と解釈できよう．また，そうしても論旨は変わらない．多くの国において，労働者の熟練度と能力水準にかんする詳細なデータは利用できないので，労働投入の実際の測定値では熟練や能力の相違を単純に捨象している．

　実際の経済では資本財は，原材料ストック，半完成品，プラント，機械設備，運搬設備などの異質なものの集まりである．原理上は，資本投入を測るには，さまざまな種類の資本財を詳細に考慮したほうがよい．製造時点の市場価格で資本財の価値を測って，集計することもできる．ここでは，この方法を用いる．したがって，K で示される資本投入は，過去の粗投資の実質価値の合計から資本減耗評価額の合計を差し引いたものになる．資本は，生産物と同一の単位，1985年国際ドルで測られる．

　このように資本投入の測定は，経済学者間の多くの理論的論争で，とりわ

第2章 成長と分配の測定　　15

け1960年代のケンブリッジ資本論争では，中心論点をなしてきた．資本集計量が同一の価値をもっていても実際にはまったく異なる資本財の集まりを表すことがあり，また個々の資本財価格が変化すれば，資本財の同一の集まりの集計値が異なってしまう点に困難がある．本書の理論モデルでは，1つの生産物しか存在しないし，資本はその生産物が蓄積されたものであると想定されるので，相対価格にかかわる問題を回避できる．とはいっても，私たちが使用する資本投入の実際の値は，集計値方法の限界を免れるわけではない．以下でやや詳しく説明するように，資本の価値が実質生産物水準への貢献と仮定されている新古典派生産関数にかかわって，資本投入にかんする別の論点が持ち上がってくる．私たちはこの立場には与しない．というのは，実際の生産水準は，テクノロジーに依存すると考えているからである．技術はそれ自身ある水準の資本財を前提するし，それゆえ，資本財のある値が前提される．こうした観点の相違にかかわる検討が，本書の以下の諸章での主要なテーマの1つになっている．

　理論モデルによっては（広い意味の自然資源，環境の質と見なされる）土地を生産への投入物として考慮することがある．そうした理論モデルでは，利用可能な土地の総量を土地を測るさいの単位にする．したがって土地の量は常に1に等しい．実際の経済での生産への自然資源および環境投入の測定は活発ではあるが，割と未発達な経済学の研究領域である．それゆえ土地投入の実際のデータを示すことはできない．

　異なった経済を比較する，あるいは同一の経済を異なる年で比較するのにさいし，生産物と資本ストックを雇用労働者1人当たりに測ると有益なことが多い．雇用労働者1人当たりの生産物 $x = X/N$ は平均労働生産性，ないし**労働生産性**の尺度である．労働生産性は，労働者1人当たりの年間生産物，あるいは $/（労働者・年）という単位をもつ．労働者1人当たりの資本ストック $k = K/N$ は**資本集約度**の尺度であり，$/労働者という単位をもつ．$\rho = X/K = x/k$（ギリシア文字 ρ は「ロー」と読む）は，**産出 – 資本比率**である．これは，$/年/$，あるいは 1/年という単位をもっており，利子率と

同様に時間のみにかかわる量である. 平均労働生産性 x にならって, ρ は平均資本生産性, あるいは**資本生産性**と呼ばれることが多い. すでに注意しておいたように資本財は労働者の生産性を高めるのに有用であり, 資本それ自体が直接的産出力をもつと考えないが, 資本生産性という言い方は一般的であり, 便利なので, ここでもそれを採用した. 資本ストックにたいする資本減耗の比率は, $\delta = D/K$ (ギリシア文字 δ は「デルタ」と読む) である. $y = Y/N$ は**労働者1人当たりの純生産物**である. 純生産物の資本ストックにたいする比率は $Y/K = (X-D)/K = \rho - \delta$ となる.

多くの国でのこれらの主要な比率は, 最近年については拡大ペン世界統計表のデータを用いて計算できる. いくつかの国では, 経済史家たちがさらに長期についてこれらの変数を推計している.

2.2 時間と生産

私たちは経済成長に関心を寄せているので, 分析において**時間**が重要な役割を果たす. 諸変数は離散的な期間の流れ, $t = 0, 1, 2, \cdots$, のなかで測定される. 実際の世界では経済的時間はもっと複雑である. いくつかの (株式, 外国為替市場のような) 過程ではきわめて速く, 分刻みで時間が経過するし, また別の (大きな発電所や工場の建設, 人口の高齢化などの) 過程では, 時間はかなりゆっくりと経過していく. しかしながら, こうしたすべての過程の結果は, 統計的には常に (年, 四半期, 月, 週といった) 固定した期間で測定される. そして, これらの実際の測定値に見合うように期間を定めることができる.

実際の経済データが利用できるときには, 時間を下付き添字で書いて表示する. たとえば, X_{1995} は, 1995年の (インフレ調整済みの) 実質国内総生産 (GDP) を表す. 数学的表現を簡単にするために, 下付き添字のない変数は現行年を示すと仮定する. そしてつぎの年の変数を "+1" という下付き添字で表す. したがって X は (いかなる特定の年を分析していようとも)

現行年の GDP であり，X_{+1} はつぎの年の GDP となる.

経済成長の分析では，**成長率**という概念が重要な役割を果たす. 例えば，1つの変数 X の1期間の変化を $\Delta X = X_{+1} - X$，1期間の成長率を $g_X = \Delta X / X$ と書くことにする[2]. 一般的に経済学者は，生産物の成長率 g_X を当該経済の**成長率**とみなしている. 私たちのモデルでは，資本ストックの成長率 g_K は重要な役割を果たす.

ある変数の**成長因子**は，初期の値にたいする次期の値の比率である. 1期間の場合であれば，それは成長率に1を加えた値になる. 例えば，生産物の成長因子は，$X_{+1} / X = 1 + g_X$ である.

2.3 単位にかんする注意

この勘定体系を使うときには，混乱を避けるには関係する単位に周到な注意を払う必要がある. X は，通常は1年とされる1期間の GDP であり，それは，年当たりの生産という単位（$\$T^{-1}$）で測定されている. ここで $\$$ は資本と生産物が測定される単位，すなわち実質ドルを意味しており，T は時間である，それゆえ，$\$T^{-1}$ が年当たりドルとなる. 例えば，アメリカの X_{1991} は，およそ5兆7000億ドル/年である. 資本ストック K は，蓄積された生産物であって，生産物と同一の単位（$\$$）で測定される. 例えば，アメリカの民間非住宅資本ストック K_{1991} は，約8兆7000億ドルである.

$\rho = X/K = \$T^{-1}\$^{-1} = T^{-1}$ となるので，ρ の単位は利子率と同じように時間の逆数でなければならないことがわかる. 産出‐資本比率 ρ は，資本ストックにたいする生産物の比を表現する. $\rho_{1991} = $（5兆7000億ドル/年）/8兆

---

2) 0時点から T 時点までの変数 X の複利成長率の実際の平均は，$g_X = (\ln X_T - \ln X_0)/T$ である. $\ln$ は自然対数である. もしも $T=1$ であれば，この式は $g_X = \ln X_1 - \ln X_0 = \ln(X_1/X_0) = \ln(1+(\Delta X/X)) \approx \Delta X/X$ となる. なぜならば，ε が小さければ，$\ln(1+\varepsilon) \approx \varepsilon$ となるからである. したがって変数の変化量がその水準に比べて微少であれば，本文の成長率の定義は，実際の複利成長率の平均に近似できる.

7000億ドル＝0.66/年，あるいは66%/年となる．

資本減耗 D は生産物と同一の単位で測定される．アメリカの民間非住宅資本減耗 D_{1991} は，4500億ドル/年であった．資本減耗率は，$\delta = D/K = \$T^{-1}\$^{-1} = T^{-1}$ となっているので，利子率のように時間の逆数という単位をもつ．アメリカの資本減耗率 $\delta_{1991} = (4500$億ドル/年$)/8$兆7000億ドル$= 0.05$/年あるいは5%/年である．δ は，毎年摩耗によって消失してしまう資本ストック価値の比率を表している．

N は雇用されている労働者数である．アメリカの雇用労働者数 N_{1991} は1億1800万人である．x はある期間の労働者1人当たりの生産物（$\$N^{-1}T^{-1}$）である．アメリカの x_{1991} は，（5兆7000億ドル/年）/1億1800万人の労働者＝48,000ドル/（労働者・年）となる．

ひとつの課題のなかで時間単位は整合的でなければならない．これは確かにきわめて重要である．もし年当たりに生産物を測定し，週当たりに労働投入を測定しても，無意味な結果に終わるだけである．

2.4 実際の世界におけるテクノロジー

拡大ペン世界統計表をみれば，多くの期間，多くの国にかんする ρ, x, k の推計値がわかる．EPWT は，ある一般的なパターンを明らかにしている．それは，実際の世界の経済成長過程を理解するのに中心的な役割を果たす．

図2.1は，EPWT から得られた1980年の49カ国の $\{\rho, x\}$ を表す点を示している[3]．図からわかるように経済が発展すると x が上昇し，ρ が低下す

---

3) アルジェリア，ブルンジ，エジプト，ガーナ，ケニア，モロッコ，ナイジェリア，南アフリカ，タンザニア，ウガンダ，ザイール，ザンビア，ジンバブエ，カナダ，メキシコ，アメリカ，アルゼンチン，ブラジル，チリ，コロンビア，エクアドル，ペルー，ベネズエラ，バングラデシュ，中国，香港，インド，インドネシア，日本，韓国，マレーシア，パキスタン，フィリピン，シンガポール，台湾，タイ，フランス，(旧)西ドイツ，ギリシア，アイルランド，イタリア，オランダ，スペイン，スウェーデン，スイス，トルコ，イギリス，オーストラリア．

第 2 章　成長と分配の測定

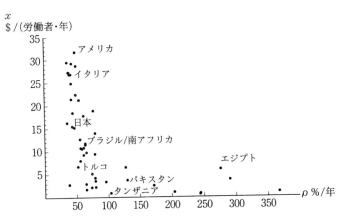

図 2.1　$\{\rho, x\}$ は，EPWT から得られた 1980 年での経済発展の水準が大きく異なっている 49 カ国を示している．ρ と x とのあいだには強い逆相関が存在する．国が発展するにつれて，x が上昇し，（工業化と資本集約的生産技術を採用する結果として）ρ は低下する傾向がある．

る傾向がある．資本生産性が低下するのは，経済が発展するにともなって一層資本集約的な生産技術を採用するようになるからである．したがって労働者は，さらに生産的になるが，労働者が稼働させる資本量は労働生産性より早く増大していく．そこで予想に反して，資本の生産性は低下する傾向をもつ．

同一の情報が $\{k, x\}$ についても図示できる．図 2.2 はこの形で同一のデータを図示している．k と x とのあいだの正の関係は，経済成長過程が労働者 1 人当たり生産を増加させると同時に労働者 1 人当たり資本ストックも増加させることを示している．この強固な相関関係を根拠にして，安定的な**生産関数**が k と x を結びつけると考える経済学者もいる．

経済成長と技術変化のさまざまな理論の目的の 1 つは，こうした強固な際だった（まったく同じように観察されるわけではないが）パターンを説明することである．

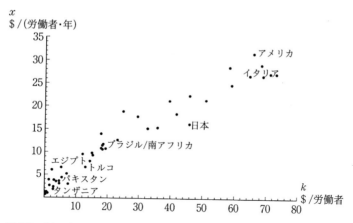

図 2.2 $\{k, x\}$ は，EPWT から得られた 1980 年での経済発展の水準が大きく異なっている 49 カ国を示している．k と x とのあいだには強い正の相関が存在する．国が発展するにつれて，x が上昇し，(工業化と資本集約的生産技術を採用する結果として) k は上昇する傾向がある．

2.5 生産物の利用：投資と消費

生産物は，**消費** (C) か，あるいは**粗投資** (I) に利用される．

国民所得勘定は，経済の生産物とその利用を測定する体系である．国民所得勘定の基本的恒等式は，

$$\text{GDP} = 消費 + 粗投資 + 政府支出 + 純輸出$$

である．経済成長の分析のために経済の生産物を 2 つのカテゴリーに分けたい．消費，すなわち当該期間内に費消されてしまう生産物と，粗投資，すなわち資本ストックを増加させるのに役立つ生産物である．実際の経済で政府支出のかなりの部分は，道路，港湾，空港などの生産的施設といった投資の形態をとる．私たちの理論モデルでは，消費と粗投資はそれぞれ対応する政府支出も含んでいると解釈する．実証データを示すさいに，政府支出の消費と投資への詳細な振り分けが利用できないときには，いくぶん恣意的に政府支出と純輸出を消費として扱うことにする．そうすると恐らく粗投資の大き

第2章 成長と分配の測定　21

さが歪められてしまうだろう．そこで，**生産恒等式**をつぎのように書くことにする．

$$X \equiv C + I \tag{2.1}$$

この式の両辺を N で割れば，労働者1人当たり生産物 x を労働者1人当たりの消費 c（すべてが労働者によって消費されないかもしれないが）と労働者1人当たり粗投資 i の合計として表現できる．

$$x \equiv c + i \tag{2.2}$$

純生産物 Y は，粗生産物から資本減耗を差し引いたものである．

$$Y \equiv X - D = X - \delta K \tag{2.3}$$

この式も労働者1人当たりに書き換えることができる．

$$y \equiv x - \delta k \tag{2.4}$$

問題 2.1　リカーディアは穀物経済である．資本は1年で完全に減耗する．20ブッシェルの播種穀物が1人の労働者によって植え付けられ，年末に100ブッシェルの収穫があったとしよう．リカーディアの x, k, ρ, δ, y の値を求め

表2.1　アメリカの生産勘定（1989年）

変　数	記　号	値	単　位
生　産　物	X	4.492×10^{12}	\$/年
消　　　費	C	3.611×10^{12}	\$/年
粗　投　資	I	0.880×10^{12}	\$/年
資　本　減　耗	D	0.663×10^{12}	\$/年
純　生　産　物	Y	3.829×10^{12}	\$/年
資　　　本	K	6.946×10^{12}	\$
雇　　　用	N	121.863×10^{6}	労働者
労働生産性	x	36,859	\$/（労働者・年）
純労働生産性	y	31,421	\$/（労働者・年）
労働者1人当たり消費	c	29,635	\$/（労働者・年）
労働者1人当たり投資	i	7,224	\$/（労働者・年）
資本 - 労働比	k	56,997	\$/労働者
資本生産性	ρ	64.7	%/年
資本減耗率	δ	9.1	%/年

（出所）　拡大ペン世界統計表．

なさい．100万ブッシェルの穀物を成育させるには何人の労働者とどれほど
の播種穀物が必要とされますか．

問題2.2 インダストリアでは50,000ドルの生産物を得るには，1労働者・年と
150,000ドルの資本が必要である．毎年1/15の資本が減耗するならば，イン
ダストリアの生産体系を表現するのに x, k, ρ, δ, y はどんな値になります
か．この経済で8兆ドルの生産をするのにはどれほどの労働と資本が必要で
すか．その純生産物の大きさはどれほどですか．

2.6 社会的消費‐成長率表

ある期から次期への資本ストックの変化，つまり**資本蓄積**は経済成長の重
要な側面である．次期の資本ストックは，今期の資本ストックから減耗分を
引き，粗投資を加えた大きさに等しい．すなわち，

$$K_{+1} = K - \delta K + I = (1-\delta)K + I \tag{2.5}$$

資本ストックの成長率 g_K は，資本の増加分を資本ストックの初期の量で
割った値である．

$$g_K = \frac{K_{+1}}{K} - 1 \tag{2.6}$$

(2.5)式を K で割れば，労働者1人当たりの粗投資と資本ストックの成長
率とのあいだに成立する関係を得る．

$$g_K = \frac{K_{+1} - K}{K} = \frac{I - D}{K} = \frac{i}{k} - \delta \tag{2.7}$$

いずれの経済も生産物を消費するか，あるいは将来の消費のために生産物
を投資するかというトレード・オフに直面している．このトレード・オフが
消費と投資とのあいだの**生産可能性フロンティア**である．実際の経済では，
資源を消費財生産から投資にシフトすると費用が上昇するので，生産可能性
フロンティアは凹であろう．図2.3に描かれているように，生産可能性フロ
ンティアを傾きが -1，両軸の切片が X に等しい直線で近似する．

経済成長を研究するのには，消費と資本ストックの成長率で直接にこのト

第2章 成長と分配の測定

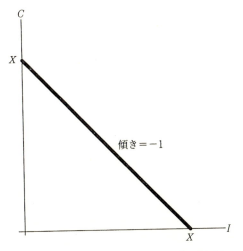

図 2.3 もし経済が消費から投資に費用をかけずに資源をシフトできるのであれば，消費と投資とのあいだの生産可能性フロンティアは傾きが -1 に等しく，切片が生産物に等しい直線になる．

レード・オフを表現したほうが便利である．さまざまな規模をもった種々の経済を比較しやすくするため，消費と粗投資を雇用労働者1人当たりで測定する．(2.7)式を使えば，この重要な関係，**社会的消費 – 成長率表**を構成できる．

$$c = x - (g_K + \delta)k = y - g_K k \tag{2.8}$$

言葉で言えば，労働者1人当たりの社会的消費は，生産物から資本減耗の補塡部分と資本ストックの増加にあたる部分を差し引いた残余に等しい．

社会的消費 – 成長率表をつぎのようにも書ける．

$$x = c + (g_K + \delta)k \tag{2.9}$$

社会的消費 – 成長率表は，図 2.4 に描かれている．

社会的消費 – 成長率表を，資本集約度 k ではなく，資本生産性 ρ のタームで表現したほうが便利なこともある．ρ, x, δ を用いると，社会的消費 – 成長率表は，つぎのようになる．

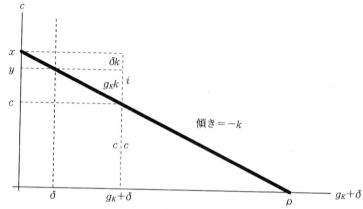

図 2.4 社会的消費 - 成長率表は，消費と資本ストックの増加とのあいだのトレード・オフを表現している．技術を所与とすれば，表は傾きが $-k$（資本 - 労働比）に等しい直線になる．もし経済がすべての生産物 x を消費してしまえば，$g_K+\delta=0$ となる．資本ストックは資本減耗率 δ で減少していく．もし経済がすべての生産物を投資すれば，消費はゼロになり，$g_K+\delta=\rho$ となって，資本ストックは $\rho-\delta$ の率で増大していく．資本ストックの増加率がゼロのときには，消費は純生産物 y に等しい．実際に $g_K+\delta$ では，労働者1人当たり生産物は，労働者1人当たり消費 c と労働者1人当たり投資 i に分割される．粗投資 i は，労働者1人当たり純投資 $g_K k$ と労働者1人当たり資本減耗 δk を加えたものである．

$$c = x\left(1 - \frac{g_K+\delta}{\rho}\right) \tag{2.10}$$

社会的消費 - 成長率表を $g_K+\delta$ について解くこともできる．

$$g_K+\delta = \frac{x-c}{k} = \left(1-\frac{c}{x}\right)\rho \tag{2.11}$$

問題 2.3 産出 - 資本比率と資本減耗率を一定に保ったままで，労働生産性の上昇が当該経済の社会的消費 - 成長率表に与える効果を示しなさい．

問題 2.4 労働生産性と資本減耗率を一定に保ったままで，産出 - 資本比率の上昇が当該経済の社会的消費 - 成長率表に与える効果を示しなさい．

問題 2.5 労働生産性と産出 - 資本比率を一定に保ったままで，資本減耗率の上

第 2 章 成長と分配の測定 25

昇が当該経済の社会的消費 - 成長率表に与える効果を示しなさい.

問題 2.6 前掲のデータを用いて, 1989 年のアメリカ経済の社会的消費 - 成長率表を描きなさい.

問題 2.7 リカーディア (問題 2.1 参照) の社会的消費 - 成長率表を描きなさい. もし資本ストックの成長率が年率 100% であれば, 社会的消費の大きさはどれほどですか.

問題 2.8 インダストリア (問題 2.2 参照) の社会的消費 - 成長率表を描きなさい. もし資本ストックの成長率が年率 10% であれば, 社会的消費の大きさはどれほどですか.

2.7 所得の分配:賃金と利潤

資本制経済では, 資本が利潤を追求する資本家に私的に所有され, 労働者は賃金を得るために労働する. 生産物を販売して得られる収入から中間投入の費用を控除したものは, 賃金と資本減耗分を含む粗利潤の形態をとる. さらに粗利潤は資本減耗と純利潤に分割される. 後者は, さまざまな方法で, すなわち負債への利子支払いや, 賃料, 使用料, 税金, 配当として分配される. 私たちは, 粗利潤をたんに「利潤」と呼ぶことにする.

したがって, 資本制経済では, 生産物価値 X は, 賃金 W と利潤 Z に分割され, 利潤は純利潤 R と資本減耗分 D に分割される. この分割が, **所得恒等式**である. 資本減耗と純利潤の合計である利潤 Z は, キャッシュ・フローとも呼ばれる.

$$X \equiv W + Z = W + R + D \tag{2.12}$$

あるいは

$$Y \equiv X - D = W + R$$

賃金総額の雇用にたいする比率 W/N は, **平均実質賃金** w である. 私たちは, 平均実質賃金をたんに**賃金**と呼ぶことが多い.

利潤の資本ストックにたいする比率 Z/K は, **利潤率** v である. 純利潤の資本にたいする比率 R/K は, **純利潤率** r である. 粗利潤率と純利潤率の差

表2.2 アメリカの所得勘定 (1989年)

変数	記号	値	単位
生産物	X	4.492×10^{12}	$/年
賃金	W	2.687×10^{12}	$/年
(粗)利潤	Z	1.805×10^{12}	$/年
資本減耗	D	0.663×10^{12}	$/年
純利潤	R	1.142×10^{12}	$/年
純生産物	Y	3.829×10^{12}	$/年
資本	K	6.946×10^{12}	$
雇用	N	121.863×10^{6}	労働者
労働生産性	x	36,859	$/(労働者・年)
純労働生産性	y	31,421	$/(労働者・年)
実質賃金	w	22,064	$/(労働者・年)
労働者1人当たり利潤	z	14,795	$/(労働者・年)
利潤率	v	25.1	%/年
資本減耗率	δ	9.1	%/年
純利潤率	r	16.4	%/年

(出所) 拡大ペン世界統計表.

は，資本減耗率である．すなわち，$v = r + \delta$ である．

2.8 実質賃金‐利潤率表

生産物の価値を所与とすれば，資本制経済では賃金と利潤とのあいだにトレード・オフ関係が存在する．社会的消費‐成長率トレード・オフとまったく同じように，賃金と利潤を雇用労働者1人当たりに測ることができる．そうすれば，もう1つの重要な関係，**実質賃金‐利潤率表**を構成できる．

$$\frac{W}{N} = \frac{X}{N} - \frac{Z}{N} = \frac{X}{N} - \frac{D}{N} - \frac{R}{N} \tag{2.13}$$

あるいは，

$$w = x - vk = x - \delta k - rk = y - rk$$

言葉で表現すれば，資本家が利潤を受け取った後に残される生産物を賃金と見なすことができる．

実質賃金 - 利潤率関係は，つぎのように書くこともできる．

$$x = w + vk \tag{2.14}$$

実質賃金 - 利潤率表は，図 2.5 に描かれている．

実質賃金 - 利潤率表は，資本集約度 k で表すよりも，資本生産性 ρ で表したほうが便利なことがある．ρ, x, δ を用いると，実質賃金 - 利潤率表は，つぎのようになる．

$$w = x\left(1 - \frac{v}{\rho}\right) \tag{2.15}$$

実質賃金 - 利潤率表を v について解くこともできる．

$$v = \frac{x - w}{k} = \left(1 - \frac{w}{x}\right)\rho \tag{2.16}$$

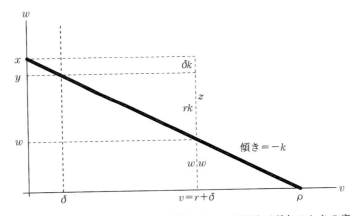

図 2.5　実質賃金 - 利潤率表は，労働と資本の生産性が所与のときの資本制経済での実質賃金と利潤率の関係を示している．所与のテクノロジーにたいして，表は，傾きが $-k$，資本 - 労働比に等しい直線になる．実質賃金が労働者 1 人当たり生産物 x に等しいときには，利潤率 $v = 0$ となり，純利潤率 $r = -\delta$ となる．実質賃金がゼロのときには，利潤率 $v = \rho$ であり，純利潤率 $r = \rho - \delta$ となる．純利潤率がゼロのときには，実質賃金は純生産物 y に等しい．実際の利潤率のもとで，生産物は所得の構成要素，賃金 w と労働者 1 人当たり利潤 z，に分割される．後者は，労働者 1 人当たり純利潤 rk と労働者 1 人当たり資本減耗 δk の合計である．

問題2.9 上掲のデータを用いて，1989年のアメリカ経済の実質賃金‐利潤率表を描きなさい．

問題2.10 リカーディアの実質賃金‐利潤率表を描きなさい（問題2.1を参照）．もし実質賃金が年当たり20ブッシェルの穀物であれば，利潤率の大きさと労働者1人当たりのキャッシュ・フローはどれほどですか．

問題2.11 インダストリアの実質賃金‐利潤率表を描きなさい（問題2.2を参照）．もし実質賃金が時間当たり10ドルで，労働者が年々2,000時間働くとすれば，利潤率の大きさと労働者1人当たりのキャッシュ・フローはどれほどですか．

2.9 所得分配分

労働者と資本家に所得を発生させる生産物の価値は，労働者に賃金として振り向けられる部分（賃金支払い）と資本の所有者に利潤として振り向けられる部分に分けられる．もしこれら2つの部分を所得分配分として表現したいのならば，それらを生産物で割るだけでよい．**利潤分配分**は，

$$\pi \equiv \frac{X-W}{X} = \frac{x-w}{x} = \left(1-\frac{w}{x}\right)$$

であり，**賃金分配分**は1から利潤分配分を引いた値である．あるいは，つぎのようにも書ける．

$$1-\pi \equiv \frac{W}{X} = \frac{w}{x}$$

経済の生産物価値の分配を表すのに賃金の代わりに利潤分配分あるいは賃金分配分を用いたほうが有益なことがある．例えば，実質賃金‐利潤率表をπを使って表現できる．(2.16)式を用いて，

$$v = \left(1-\frac{w}{x}\right)\rho = \pi\rho \tag{2.17}$$

あるいは，

$$\pi = \frac{v}{\rho} \tag{2.18}$$

第2章　成長と分配の測定　　　　29

　利潤分配分および賃金分配分は，国民所得勘定を用いて計算できる．しか
し長期の歴史的データが利用可能なのは，ほんのわずかな主要国だけである．
表2.3は，過去1世紀のいくつかの選ばれた年でのアメリカ，イギリス，日
本の利潤分配分を示している．これらのデータを見ればつぎのことがわかる．
20世紀において利潤分配分はかなり安定的に推移しており，通常はこれら
の国のGDPの4分の1から5分の2のあいだである．しかし定義の相違が
あるので，表2.3の国々を比較することはできない．利潤分配分は19世紀
に比べて若干低下傾向にある．この低下は同じようには妥当しないが，国に
よっては，この20～30年にわたって急に低下することがあったよう思える．
　仔細に時系列データを検討すると，利潤分配分はそれほど安定していない．
不安定性のひとつの原因は，約5年ごとに生ずる景気の転換にある．景気後
退のときには，利潤分配分は低下する傾向があり，景気回復時に上昇するに
すぎない．表2.3のデータでは，（私たちは長期のパターンに関心があるの
で）景気循環の山に近い年を選ぶことにより，この景気循環のぶれを修正し
ようと試みている．だが循環のぶれを完全に回避することはできない．

表2.3　アメリカ，イギリス，日本の利潤分配分
(1856-1989年の選ばれた年)

アメリカ		イギリス		日　本	
年	分配分	年	分配分	年	分配分
1869	39.7	1856	40.9		
1880	51.9	1873	43.1	1908	42.4
1913	38.0	1913	38.8	1917	50.2
1924	40.4	1924	29.9	1924	33.7
1937	36.6	1937	32.1	1938	40.0
1951	39.7	1951	27.1	1954	24.7
1965	41.9	1964	27.6	1964	33.0
1973	40.6	1973	25.5		
1989	14.1				

　(出所)　アメリカにかんしては，引用者がDuménil and Lévy [1994]
　　　　pp. 354-61から計算．イギリスは，Matthews et al. [1982] 表
　　　　6.8．日本については大川 = Rosovsky [1973] pp. 316-17.

表2.4 6カ国の企業部門の利潤分配分

国	1960-73	1974-79	1980-89	1990-95
アメリカ	33.0	32.2	33.2	33.7
フランス	31.8	29.8	32.2	38.4
ド イ ツ	30.7	29.4	31.5	34.5
オランダ	32.3	29.5	35.8	38.2
イギリス	30.7	29.9	30.7	29.1
日　　本	40.6	30.3	31.5	33.2

（出所）　OECD［1997］から引用者が計算
（備考）　アメリカは1964-68年，1969-79年．アメリカと日本の利潤分配分は，
　　　　　家族従業員の未払い賃金分を修正した．

　現在では，先進資本主義諸国は国民所得勘定を公表している．それを用い
て，過去30年間の利潤分配分を計算することができる．経済協力開発機構
（OECD）は，このデータを収集し，標準化された形態に編集している．表
2.4は，OECDが発表した過去30年間の平均利潤分配分を示している．6つ
の国の全企業部門が対象になっている．（適用範囲が異なっているので，表
2.4と表2.3を直接に比較するのは危険である．）データを見れば，1960年代
に比べて，1970年代では，これらの国では一般的に利潤分配分が落ち込ん
だと言える．この歴史的事実を「利潤圧縮」と呼ぶ論者もいる．多くの場合，
利潤分配分は，その後の1980年代，1990年代に回復した．

　利潤分配分が一定であるというのは，厳密には正しいとは言えないだろう．
しかしかなりの長期にわたって，先進資本主義国では，利潤分配分は，ほぼ
3分の1にとどまっているように思える．

2.10　成長 - 分配表

　2.8節を読むとき同じ内容を繰り返し読んでいる気になったとしても驚く
にあたらない．というのは，社会的消費 - 成長率表は，実質賃金 - 利潤率表
とまったく同じだからである．(2.8)式と(2.13)式を比較すれば，それらの関
係が同一であることがわかるだろう．違いは，wのかわりにcがあり，

第 2 章　成長と分配の測定

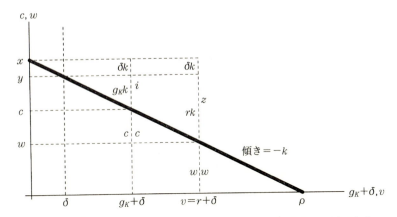

図 2.6　**成長 - 分配表**は，社会的消費 - 成長率表と実質賃金 - 利潤率表を資本制経済の成長過程を一覧するように結合したものである．成長率は，必ずしも利潤率に等しくはない．利潤の一部が消費されるからである．同じように労働者 1 人当たりで表した社会的消費は実質賃金を上回る．利潤でまかなわれる資本家消費が存在するからである．

$g_K+\delta$ のかわりに v があるだけである．この理由は，実質賃金 - 利潤率関係と社会的消費 - 成長率関係の双方ともに k, x, δ だけに依存していることにある．社会的消費 - 成長率関係は，将来の生産物となる粗投資と消費への生産物の分配を表している．実質賃金 - 利潤率表は，生産物価値の賃金と，資本減耗を含む利潤への分配を表している．2 つの関係の基礎には，同一のテクノロジーがある．2 つの表を結合したものは，経済の**成長 - 分配表**と呼ばれている．これが図 2.6 に描かれている．

成長 - 分配表は，生産物の消費と粗投資への分配と，生産物価値の賃金と利潤への分配の双方を記述しているので，総国民所得勘定と総生産勘定を図解していることになる．集計された所得と生産物の恒等式と労働者 1 人当たりの所得と生産物の主要な恒等式は，つぎのようになる．

$$X \equiv C+I = C+(g_K+\delta)K$$
$$x \equiv c+i = c+(g_K+\delta)k \qquad (2.19)$$
$$Y \equiv X-D = C+(I-D) = C+g_K K$$

$$y \equiv x - \delta k = c + (i - \delta k) = c + g_\kappa k \tag{2.20}$$

$$X \equiv W + Z = W + vK = W + R + D = W + rK + \delta K$$

$$x \equiv w + z = w + vk = w + rk + \delta k \tag{2.21}$$

$$Y \equiv X - D = W + R = W + rK$$

$$y \equiv x - \delta k = w + rk \tag{2.22}$$

生産勘定を見れば，生産物が社会的消費と粗投資の和であり (2.19)，純生産物が社会的消費と純投資の和である (2.20) ことがわかる．所得勘定を見れば，生産物の価値が賃金と利潤の和であり (2.21)，純生産物の価値が賃金と純利潤の和であることがわかる．

実際の経済を実証的に分析するさいには成長‐分配表から出発するのがよい．それを構成するのに必要なデータは，労働者 1 人当たり生産物 x，資本‐労働比 k あるいは資本生産性 ρ，資本減耗率 δ，所得・生産勘定で測られる労働者 1 人当たり消費 c，労働者 1 人当たり粗投資 i，賃金 w，利潤率 v である．これらのデータは，多くの国々や年にかんして拡大ペン世界統計表から利用可能である．ある年の 1 つの国にたいして成長‐分配表を描くことができる．あるいは，成長に寄与する主な要因を理解するために数年にわたって同一国の成長‐分配表を描くこともできる．同じ年でさまざまな国の成長‐分配表が得られれば，成長パターンを比較できる．

問題 2.12 1989 年のアメリカ経済について成長‐分配表を描きなさい．

問題 2.13 賃金が 20 ブッシェル/(労働者・年) であり，資本の成長率が年率 100 ％のときのリカーディアの成長‐分配表を描きなさい．

問題 2.14 純利潤率が 2/15 であり，資本の成長率が年率 1/15 のときのインダストリアの成長‐分配表を描きなさい．

2.11 労働生産性と資本生産性の変化

経済成長のとても重要な側面は，経済の生産性パラメータ x, ρ （あるい

第 2 章　成長と分配の測定　　　33

は k), δ の時間をつうじた変化である．労働者 1 人当たり生産物 x の増加
は，富と生活水準上昇の主要な源泉である．これらパラメータの変化のパタ
ーンを分類しておけば，これらのパターンと実際の経験と比較するために便
利である．

　労働生産性と資本生産性の変化は，成長 – 分配表のシフトで表すことがで
きる．成長 – 分配表は，2 つの点で定義される直線である．2 つの点の例と
して，最小利潤率と最大実質賃金水準に対応する $(0, x)$ と最大利潤率とゼ
ロ賃金に対応する $(\rho, 0)$ がある．δ が変化しても労働者 1 人当たり生産物と
キャッシュ・フローは変化しないので，成長 – 分配表の動き，それゆえ技術
の変化を x と ρ の変化によって分類できる．

　ρ が不変のままでの x の上昇は，純粋な労働生産性上昇（より多い生産
物/（労働者・年））に対応する．それは，（産出 – 資本比率 ρ を変化させない
ので）資本生産性をまったく変化させない．この技術変化の型は，労働投入
単位当たりの生産物 x を増加させる効果をもつので，**労働節約的**と呼ばれる．
労働生産性の上昇率は g_x なので，ある期から次期への労働者 1 人当たり生
産物の増加率は，つぎのように表せる．

$$g_x \equiv \frac{x_{+1}}{x} - 1 \tag{2.23}$$

　x が不変のままでの ρ の上昇は，産出 – 資本比率を上昇させるので資本
生産性の上昇に対応する．この技術変化の型は，**資本節約的**と呼ばれる．資
本生産性の上昇率は g_ρ なので，ある期から次期への資本 1 単位当たり生産
物の増加率は，つぎのように表せる．

$$g_\rho \equiv \frac{\rho_{+1}}{\rho} - 1 \tag{2.24}$$

　図 2.7 は，成長 – 分配表の任意のシフトを示している．ここから，労働節
約的および資本節約的技術進歩率を計算できる．

　表 2.5 が表しているように，1988 年から 1989 年にかけて，アメリカ経済
には，年率 2.1％ の労働節約的技術進歩と年率 0.05％（つまり，ほとんどゼ

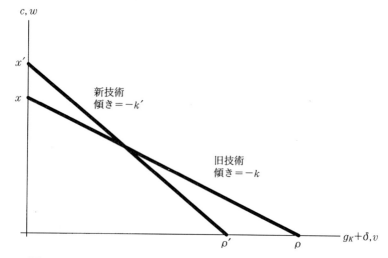

図2.7 技術変化は，成長‐分配表を示す直線のシフトに対応する．x の上方シフトは，労働者1人当たり生産物を増加させるので，労働節約的技術進歩に対応する．ρ の原点から離れる方向のシフトは，資本当たりの生産物を増加させるので資本節約的技術変化に対応する．ここに描かれているシフトは，労働節約的技術進歩と負の資本節約（資本使用）的技術進歩が合成されている．

表2.5 アメリカの技術変化（1988-89年）

変数	1988年	1989年	成長率
x	36,083ドル/(労働者・年)	36,859ドル/(労働者・年)	
g_x			2.2%/年
ρ	64.63/年	64.66/年	
g_ρ			0.05%/年

（出所）拡大ペン世界統計表．

ロ）の資本節約的技術進歩が起こった．

問題2.15 リカーディアで50%の労働節約的技術進歩と0%の資本節約的技術進歩が起こったときに，新旧の成長‐分配表を同一座標平面に描きなさい．

問題2.16 インダストリアで2%の労働節約的技術進歩と−2%の資本節約的

第2章　成長と分配の測定　　35

技術進歩が起きたときに，新旧の成長－分配表を同一座標平面に描きなさい．

問題 2.17　上掲のデータを用いて，アメリカの 1988 年と 1989 年の成長－分配表を同一座標平面に描きなさい．

2.12　経済の比較

1988 年と 1989 年のアメリカ経済を分析したときに理解したように，成長－分配表は，単一経済の時間をつうじた変化を視角化する良い方法である．起こりつつある技術変化の型を図示するし，経済が生産物を成長と消費にどのように配分しているかを示すし，さらに基礎にある実質賃金と利潤とのあいだの分配関係を明らかにする．

さらに成長－分配表を使えば，2 つの異なった経済の生産性や成長パターンを比較できる．2 つの経済の成長－分配表を同一の労働者 1 人当たり生産物の単位をもった座標平面に描けば，2 つの経済の生産性の違いや分配・成長パターンの違いをはっきりと視角化できる．

拡大ペン世界統計表を用いて，例えば，表 2.6 や図 2.8 が示しているように，1989 年のアメリカ経済と日本経済を比較できる．

表 2.6　アメリカと日本の比較（1989 年）

変　数	アメリカ	日　本
x	36,859 ドル/（労働者・年）	21,691 ドル/（労働者・年）
k	56,997 ドル/労働者	43,510 ドル/労働者
ρ	64.7/年	49.8/年
δ	9.2%/年	12.0%/年
c	29,635 ドル/（労働者・年）	13,687 ドル/（労働者・年）
i	7,224 ドル/（労働者・年）	8,004 ドル/（労働者・年）
g_K	3.5%/年	6.4%/年
w	22,064 ドル/（労働者・年）	11,763 ドル/（労働者・年）
z	14,795 ドル/（労働者・年）	9,928 ドル/（労働者・年）
v	26.0%/年	22.8%/年
r	16.8%/年	10.8%/年

（出所）　拡大ペン世界統計表．

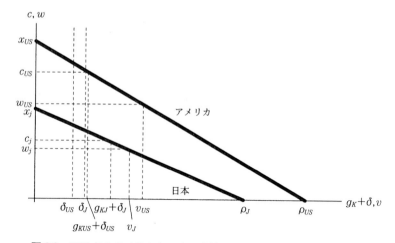

図 2.8 1989 年のアメリカと日本の成長 – 分配表が同一平面上に描かれている．アメリカは，労働生産性も資本生産性も高いので，その成長 – 分配表は，日本の成長 – 分配表の外側に位置している．アメリカでは，22,064 ドル/(労働者・年) の実質賃金であれば，利潤率は 26.0%/年であり，日本では，11,763 ドル/(労働者・年) の実質賃金のときに，利潤率は 22.8%/年である．アメリカの労働者 1 人当たり消費が 29,635 ドル/(労働者・年) であれば，年率 3.5% で資本が成長する余地が残されている．他方で，日本の労働者 1 人当たり消費は 13,687 ドル/(労働者・年) なので，資本ストックは年率 6.4% で成長できる．

2.13 グローバルな経済的リーダーシップ

　現代の経済学者は，これまでの世代の成長理論家に比べてずっと優位に立っている．というのは，はるかに多くのデータが利用可能だからである．**時系列**データは，主要変数の歴史的パターンを示している．**クロス・セクション**データは，ある時点での国々の比較を可能にする．これらのデータは，**長期**データあるいは**パネル**データに統合されることが多い．

　アンガス・マディソンは，6 つの先進資本主義国（アメリカ，フランス，ドイツ，オランダ，イギリス，日本）を含むパネルデータを収集した．その

第2章　成長と分配の測定　　　　37

データはほぼ2世紀近くにわたり，とても卓越したものである．表2.7には，
これらの国々での労働生産性と資本生産性および資本集約度の水準の差が，
1820年以降のいくつかの年について示されている．アメリカが現在，労働
生産性を世界的に先導する位置にいるので，アメリカを基準とした指数で測
られている．したがって定義上，アメリカの労働生産性は100であり，例え
ば，日本の1992年の指数は，その労働生産性がアメリカの水準にたいして
68.8%であることを示している．

　1820年から1973年にかけて，労働生産性の世界的主導国は，3度代わっ

表2.7　キャッチアップと遅れ：6カ国のアメリカと比べた生産性水準
（1820-1992年）

	1820	1870	1913	1929	1938	1950	1973	1992
労働生産性（アメリカ=100）								
アメリカ	100.0	100.0	100.0	100.0	100.0	100.0	100.0	100.0
フランス	94.6*	59.3	55.7	55.1	61.9	45.5	75.3	101.8
ド イ ツ	86.4*	68.6	68.3	58.0	56.0	34.4	70.5	94.7
オランダ	121.3*	101.4	78.3	84.0	72.3	51.3	80.6	99.0
イギリス	111.0	115.0	83.6	73.6	69.6	62.0	67.5	82.4
日　　本	33.1	20.2	20.2	23.6	25.4	16.0	47.2	68.8
資本集約度（アメリカ=100）								
アメリカ	100.0	100.0	100.0	100.0	100.0	100.0	100.0	100.0
フランス						30.4	55.2	95.3
ド イ ツ					31.1	25.5	64.6	92.2
オランダ						43.2	75.3	93.1
イギリス	80.1	60.6	21.3	21.1	17.5	20.5	42.0	61.6
日　　本		5.0#	5.4	8.7	8.2	11.6	38.9	85.6
資本生産性（アメリカ=100）								
アメリカ	100.0	100.0	100.0	100.0	100.0	100.0	100.0	100.0
フランス						149.8	136.3	106.8
ド イ ツ					179.8	134.9	109.0	102.7
オランダ						118.7	107.1	106.4
イギリス	138.6	189.9	392.9	349.0	397.5	302.3	160.6	133.7
日　　本		428.9#	372.6	270.9	308.4	138.3	121.3	80.4

（出所）　Maddison [1995b] 表K-1, A3a, C16a, J-2, J-4 D-1a, Maddison [1995a] pp.
　　　　148-64.
（備考）　*は1人当たりGDP，#は1890年のデータ．

ている．1820年では，オランダが世界でもっとも生産的な国であったが，1870年までにその地位をイギリスに奪われた．1913年までにアメリカがイギリスを凌駕し，現在まで優位を維持している．この発展過程は「馬飛び」と呼ばれることが多い．馬飛びがこれからも続くかどうかは，まだわからない．

もう1つのはっきりとした可能性は，馬飛びが生産性水準の**収束**に取って代わられることである．1950年と1992年のあいだで，アメリカの労働生産性のリードは小さくなったし，場合によってはなくなったと言える．他の先進諸国による「追いつき」のほとんどは，1950年と1973年のあいだに起きた．

他方で，19世紀後期と20世紀初頭では，他の国々は「遅れをとっていた」が，アメリカがずっと先んじていた．絶対的意味での遅れと，表が示しているような相対的意味での遅れを混同しないように注意しなければならない．アメリカの生産性水準は上昇し続けているので，その上昇率がやや低い国々は，絶対水準で見れば生産性が上昇していても，相対的にはアメリカに遅れることになってしまう．2つの大戦間期に，アメリカのリードは拡大し続けた．それは1つには，他国を襲った戦争による破壊のためであり，それに加えて，アメリカ経済のダイナミズムが原因であった．

労働生産性水準の収束は，資本－労働比，あるいは資本集約度の収束と結びついてきた．2つの変数はともに「下から」収束してきた．対照的に，資本生産性は，世界の先導国に「上から」収束しているように思える．労働生産性の低い国々では，資本生産性が高くなっており，それが経済発展の過程で下がる．1950年に5つのすべての国が，アメリカよりも産出－資本比率がずっと大きかった．1992年までには，イギリスを除くすべての国は，アメリカの水準に追いついた．

日本の産出－資本比率は，1992年までに実際急激に低下したので，アメリカの水準を下回ってしまった．他のデータから，いまやドイツの資本生産性もアメリカよりも低いようである．

第2章 成長と分配の測定　　39

　現代の経済成長理論が解明すべき課題は，世界のさまざまな国でなぜ成長
実績が異なるのか，そして同じ国でも時期によって成長実績が異なるのはな
ぜか，を説明し，理解することである．ここで取り上げた6カ国の成長実績
の時期による違いを示すデータは，次節で示される．

2.14　実際の経済における労働生産性の上昇

　労働生産性は，6つの先進資本主義国でほぼ連続的に上昇してきた．その
経過を前節までに検討してきた．アンガス・マディソンは，過去175年間に
わたる歴史を5つの期間に分割している．自らの判断で，彼は，近代の成長
局面を適切に時期区分した．それを表2.8に採用している．

　労働生産性は絶えず上昇しているにもかかわらず，同一テンポで上昇して
いるわけではない．というよりは，加速したり停滞したりといった調子であ
る．とくに最近の2つの局面は，より注意を引くものである．1950-73年で
は，労働生産性は過去に例がないほどに上昇した．それとは対照的に，1973
年以降は，労働生産性は，どこの国でも停滞した．経済学者はこの事態を
生産性減速と呼ぶことが多い．アメリカでは，1973-92年の労働生産性上昇
は，いままでで一番低い．他の国々では，労働生産性上昇は，歴史的に見て
まずまずの水準であった．といっても，それ以前の期間よりは低かった．生
産性減速が体系的知識の進歩率低下を本当に意味するのか，それとも技術進
歩の正常なペースに戻っただけなのかは，明確ではない．

　生産性減速の不可解な特徴は，それが多くの生産技術がコンピュータ化さ
れた時期に起こっていることである．情報技術が効果を発揮するようになれ
ば，生産性はまもなく加速するであろうと推測する経済学者もいる．

　資本生産性は，どの国でも同じように変化してきたわけではない．1973
年以降，資本生産性は，表に挙げたすべての国で低下している．アメリカで
は，最初の2つの成長局面で資本生産性が低下した．しかし，1913-73年に
は上昇している．アメリカでは，全期間にわたって産出 - 資本比率は低下し

表2.8　6カ国の選択された変数の成長率（1820-1992年）

	1820-70	1870-1913	1913-50	1950-73	1973-92
アメリカ					
労働生産性, g_x	1.10	1.88	2.48	2.74	1.11
資本集約度, g_k	2.30	3.44	1.65	2.10	1.84
資本生産性, g_ρ	−1.18	−1.51	0.81	0.63	−0.72
フランス					
労働生産性, g_x		1.74	1.87	5.11	2.73
資本集約度, g_k				4.79	4.78
資本生産性, g_ρ				0.22	−1.96
ド　イ　ツ					
労働生産性, g_x		1.87	0.60	5.99	2.69
資本集約度, g_k				5.93	3.76
資本生産性, g_ρ				0.05	−1.04
オランダ					
労働生産性, g_x		1.27	1.31	4.78	2.21
資本集約度, g_k				4.59	3.14
資本生産性, g_ρ				0.18	−0.90
イギリス					
労働生産性, g_x	1.16	1.13	1.66	3.12	2.18
資本集約度, g_k	1.74	0.96	1.56	5.33	3.91
資本生産性, g_ρ	−0.55	0.16	0.10	−2.10	−1.67
日　　本					
労働生産性, g_x	0.09	1.89	1.85	7.69	3.13
資本集約度, g_k		3.03	3.75	7.63	6.16
資本生産性, g_ρ		−0.95	−1.85	0.06	−2.85

（出所）　Maddison [1995b] 表2-6.

ており，1820年には1.055であったのが，1992年には0.411になっている．
この事実は，経済発展とともに産出‐資本比率が低下していく傾向があると
いう前述の私たちの見方が，正しかったことを裏づけている．

　表2.8の成長パターンは，技術変化のパターンを反映している，あるいは，
既存技術からの技術選択を反映しているとも言えよう．第1の場合は，生産
関数のシフトを表しており，第2の場合は，生産関数に沿った動きを表して
いる．もちろん，これら2つを結合した動きも起こりうる．

私たちがそのパターンを技術進歩と解釈すれば，明らかに労働節約的技術変化率はずっとプラスであった．他方で，資本節約的技術進歩率は，ある期間はプラスであるが，残りの期間ではマイナスであった．負の資本節約的技術変化，あるいは資本使用的技術変化は，労働節約的技術変化と結びついて起きるときに経済的には可能である．つまり，それまでより多くの資本を使う新しい技術は，十分に労働を節約するかぎりで，収益性が上がる．

表 2.8 と表 2.3, 2.4 とのあいだには，緊密な関係がある．労働生産性は上昇を続けており，利潤分配分はほぼ一定であるので，ここから実質賃金は労働生産性上昇率と同一率で，あるいは，ほぼ同じ率で上昇してきたと推論できる．

労働生産性を上昇させ，資本生産性を低下させるというパターンは，ありふれたものであるが，実際の経済でも一般的であるとは決して言えない．例えば，図 2.9 には図 2.1, 図 2.2 に示されているのと同一の 49 カ国について，1980 年の (g_ρ, g_x) を EPWT のデータを用いて図示している．g_x が正で g_ρ が負というパターンを示す国が，他のパターンの国よりは多い．といっても，生産性上昇率が両方とも正という国も存在している．

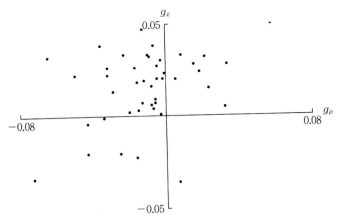

図 2.9　1980 年の (g_ρ, g_x) を 49 カ国について図示している．労働生産性の上昇が資本生産性の低下をともなっているという傾向が見られる．

2.15 定型化された事実

本章で，経済成長の分析の基礎になる経験的事実を示すことができる勘定体系を展開してきた．いくつかのパターン，あるいは**定型化された事実**がデータから明らかにされた．成長理論の課題の1つは，これらの共通してみられるパターンを説明することにある．

資本制経済が発展するにつれて，労働生産性が上昇し，資本生産性が停滞ないし緩慢に低下するといったはっきりとした傾向が見られる．その結果として，労働者1人当たり資本は増加する．労働生産性が上昇すると，実質賃金もほぼ同じ率で上昇する．そこで，所得に占める賃金・利潤分配分は，変動しているのは明らかであるが，明確な趨勢を示さないという結果になる．

次章以下では，さまざまな経済成長や技術変化の理論の基礎になる専門的な諸概念を検討する．

2.16 読 書 案 内

アメリカ商務省が発行する *Survey of Current Business* は，明快なそしてたくさんの事実を盛り込んだ論説をつうじて，アメリカの国民所得勘定を定期的に公表している．経済分析の次元にかんする詳細な検討については，Dejong [1967] を参照のこと．価格・数量指数の作成の手引きとしては，Allen [1975] がある．アメリカの消費者物価の測定は，大きな論争の主題であった．そのシンポジウムの内容は，*Journal of Economic Perspective* の 1998 年冬号で論評されている．古典派の伝統に属す経済学者は，国民所得勘定について違った解釈を展開してきた．とくに，それは生産的活動と非生産的活動を峻別する．Wolff [1987]，Shaikh and Tonak [1994] を参照のこと．

ペン世界統計表の利用法は，Summers and Heston [1991] にある．アン

第 2 章　成長と分配の測定　　43

ガス・マディソンは Maddison ［1995a, b］ にある長期データを用いて有益
な解説をしている．周到なマクロ経済データと政治経済学・歴史学とを統合
した独創的で読みやすい著作として，Armstrong et al. ［1991］ は，利潤圧
縮論とその後の展開を知る上で最良である．キャッチアップと遅れにかんす
る広く引用される文献として，Abramovitz ［1986］ がある．Nelson and
Wright ［1992］ は，アメリカの主導権の確立に関連した特徴に焦点をあわ
せている．マッキンゼー・グローバル研究所は，McKinsey Global Insti-
tute ［1993, 1996］ などの労働・資本生産性の国際比較を仔細に検討した報
告書をいくつか発表している．生産性，生産性減速，キャッチアップ，アメ
リカの主導権などを包括的に取り上げている，入手しやすい文献として，
Baumol et al. ［1989］ がある．生産性減速の原因と結果を調査した，一般
読者向けであるがきちんと書かれた本として，Madrick ［1995］ があるが，
Baily and Gordon ［1988］ は減速は測定ミスの結果であるとの可能性を考
察している．「馬跳び」のモデルとして，Brezis et al. ［1993］ を参照のこと．
コンピュータ革命が時間の遅れをもって生産性上昇に影響を与えるという考
え方は，David ［1990］ に依っている．

　Aschauer ［1989］ は，政府による公共投資，主にインフラストラクチャ
ーへの投資の成長への影響を考察している．その効果はかなり大きいという
彼の見解は，多くの議論を呼び起こした．

　最後になるが，「定型化された事実」を最初に列挙したのは，Kaldor
［1965］ である．

訳注
http://pwt.econ.upenn.edu

第3章
生産のモデル

3.1 勘定体系と説明モデル

　叙述は経済成長過程を完全に理解するための大切な一歩である．けれども経済学者たちは単なる叙述よりさらに先まで進むことを望む．これは歴史的発展やら成長のパターンにかんする政策の帰結説明，さらには予測をおこなうためだ．説明を与え，予測をするために経済学者たちは成長過程の完結した**モデル**を必要とするが，そこで説明ないし予測されるべき要因はモデルのなかで決まる**内生変数**であり，帰結を説明ないし予測する要因は**外生パラメータ**である．いったん外生パラメータがわかると内生変数の対応する値を数学的に（あるはグラフによって）計算することができるように，モデルは内生変数と外生パラメータのあいだの諸関係を特定化する．そうしたモデルのなかの**説明**とは，外生パラメータが変化すると内生変数がどのように変化するかを示すことである．また**予測**とは，外生変数の仮説的変化の内生変数への効果を計測することである．経済成長の完結したモデルを発展させるための第一歩として，**生産のモデル**を展開する必要がある．というのも前章までは勘定体系の説明をしてきただけだからである．そうしたモデルを特定化すると，複雑な現実のある特徴が失われることは避けられない．したがってモデルのさまざまな仮定を1つずつ検討して，結果として得られるモデルが現実世界の状況のうちどのようなものを説明でき，どのようなものを説明

第3章　生産のモデル　　　45

できないかを理解しなければならない.

3.2　生産のモデル

本章のモデルでも勘定体系のなかで考えたのと同様に, 時間は離散的単位
(通常は年) で経過すると考える. つまり $t = 1990, 1991, \ldots\ldots$ のようにであ
る. 生産や消費の決定といった経済的意思決定や諸価格は各期の初めに固定
され, つぎの期まで変化し得ない. 期間の枠組みによって私たちはすべての
経済的意思決定が同一の時間の尺度で同調的に進められると考えることを余
儀なくされるが, これは1つの欠点である. けれども時間についてのさらに
現実的な取扱いをモデル上でしようとすれば, はるかに複雑な数学を必要と
するので, 時間の経済的推移を明示的に反映しうるかぎりで最も単純な期間
の組立て方が選ばれる.

勘定体系では X は GDP, つまり1つの経済のなかで実際に生産される異
なった種類のすべての財・サービスの市場価値を示す. 本章のモデルではで
きるだけ単純にするために, 生産される財は1種類だけと仮定し, その**産出
量**もまた X で表す. またこの産出物が1種類の資本 K として蓄積されると
仮定する. (現実の世界では, もちろん, K は多くの異なる資本財の価値で
ある.) 資本 K と労働 N とが一緒になって産出量 X を生産する. 生産に時
間がかかるという事実は, 期間の初めに投入物が用いられ, 期間の終わりに
産出物が供給されると仮定することによってモデル化される.

生産技術は, 1単位の労働を装備するために何単位の資本を期間の初めに
必要とするか, 期間の終わりに何単位の産出物が生産されるか, そしてその
期間に何単位の資本ストックが減耗するかを特定化することによって記述さ
れる. 技術は**規模にかんして収穫不変**, つまり, 両投入物を2倍することで
産出物をちょうど2倍生産できる, と仮定する.

生産技術は3つの記号 (k, x, δ) で記述される. ここで k は労働者1人当
たりの資本ストック, x は労働者1人当たりの産出物, そして δ は生産期

間のあいだに減耗により失われる資本ストックの価値の割合である．一般に δ はゼロより大きく（何らかの資本ストックの減耗が生産期間に生ずる），1 より小さい（資本ストックのいくらかはつぎの期間まで残る）．（仮に $\delta=1$ ならば，資本ストックは種籾のように1期間だけしか残らず，これに対応するモデルはしばしば**穀物モデル**と呼ばれる．）技術を (ρ, x, δ) として表すこともできる．ここで，$\rho = x/k$ は資本の生産性であり，(ρ, k, δ) として表すこともできる．というのも (k, x, ρ) のうちの任意の2つのパラメータがわかれば，残りの1つを導くことができるからである．単一の生産技術はつぎのように図式的に記述できる．

期間の初めの労働1単位と k 単位の資本	$\rightarrow$	期間の終わりの x 単位の産出物と $(1-\delta)k$ 単位の資本

技術はまた投入 - 産出係数の表として表すこともできる．

産出物	産出物	x 単位
	資　本	$(1-\delta)k$ 単位
投入物	資　本	k 単位
	労　働	1単位

生産技術は産出物と資本に労働という投入物のあいだの関係をつぎのように決定する．

$$N = \frac{X}{x}$$

$$K = \frac{kX}{x} = \frac{X}{\rho}$$

使用される技術は，経済の労働と資本の生産性を，そして資本 - 労働比率を決定する．各生産技術には，図2.6のようにある特定の成長 - 分配表が対応する．

ある経済の**テクノロジー**とは既知で利用可能なすべての技術の集まりである．テクノロジーは行列で表現でき，行列の各列が生産技術である．任意の実質賃金にたいし，さまざまな利用可能な技術によってさまざまな利潤率が

生まれる.

　投入 - 産出係数によって定義されるテクノロジーは各期間の外生的パラメ
ータであると仮定する. 実際の経済成長では**テクノロジーの変化**が枢要な役
割を果たすが, このモデルではこれは期間ごとの技術の集まりの変化として
現れる. 本書の後のほうで技術変化のモデルを研究する.

3.3　主体と分配

　資本制的生産の作用する正確なメカニズムを明らかに示すために, 本章の
モデルのなかで3種類の主体を区別する. 第1は**労働者**で, 賃金を得るため
に労働を供給する. 第2は**資本家**で, 資本を所有する. 第3は**企業家**で, 資本
家に代わって労働者を雇い, 生産を組織し, 産出物を販売し, 労働者に賃金
を支払ったあと残った収入を資本家に戻す. 現実世界の資本制経済では, こ
れらの機能はさまざまに組み合わされることがある. 例えば, 労働者は年金
基金をつうじてあるいは生産協同組合の一員として資本の一部を所有するか
もしれない. 資本家は企業家として行動し, 資本を所有するし, 同時に生産
を組織する (そして実際, 産業資本主義の初期の段階ではこれが普通の形態
であった). けれどもたとえ同一の人物が3つの役割を演ずることがあるとし
ても, それを注意深く分けることで, 私たちの分析は一層明瞭になるだろう.
　皆似通ってはいるものの, 各々の主体が多数存在すると常に仮定する. そ
こで競争が行きわたり, 各主体つまり労働者, 企業家, 資本家は産出物の価
格と賃金を与えられたものと考える.
　企業家は労働者を産出物で測った賃金 w で雇い, 賃金は期間の後に支払
われる. 企業家はまた労働者を組織して生産をおこなう. 企業家は利用可能
なテクノロジーのなかから係数 k (または ρ) や x, δ で定義される生産技
術を選ばなければならず, こうしたテクノロジーは可能な生産技術を制約す
る工学・科学知識および社会的文化的慣習によって決定される. 例えば, 衛
生および安全上の規制があれば, 企業家は職業病にならないように, そして

できるだけ事故を回避するように労働者を扱わなければならないだろう.

ある期間に産出量 X を生産するための技術 (ρ, x, δ) が選ばれると, 企業家はその期間に $N = X/x$ だけの労働者を雇わなければならない. 賃金支払いは $W = wX/x$ になる. 企業家はまた資本の所有者から X/ρ に等しい資本のサービスを確保しなければならない. 競争によって企業家は, 賃金の支払いのあとに残った収入すなわち (粗) 利潤を期間の終わりに資本家に支払わなければならない. 利潤分配率は $\pi = (1-(w/x))$ だから, 利潤 Z は

$$Z = X - W = \left(1 - \frac{w}{x}\right)X = \pi X$$

であり, (粗) 利潤率 v はつぎのようになる.

$$v = \frac{Z}{K} = \rho\left(1 - \frac{w}{x}\right) = \pi\rho \tag{3.1}$$

利潤率 (v) が資本1単位の**価格**とは大きく異なるのは, 仮に $\delta < 1$ であるなら資本は数期間にわたって使用できるからだ. 利潤率は, 資本1単位を1期間使用する結果として資本家に支払うものであり, この期間の終わりには減価した資本は資本家に返却される. 資本1単位の価格は常に1であるが, これは価格を産出物に換算して評価し, 産出物1単位を資本1単位として投資できるからである.

企業家は生産のなかでおこなったどんなものであれ実際の活動にたいし自身に (W で表される) 賃金を支払い, そして企業家活動をおこなう動機は他人にたいし采配を振るうことへの純粋な喜びのためであると仮定する.

つぎに資本ストックを所有する資本家の状況を考えよう. 資本家にとっては資本 K とともに期間が始まり, 企業家から vK だけを粗利潤として受け取る. 期間の終わりには利潤とともに減価した資本 $(1-\delta)K$ を取り戻す. こうして**純利潤**は利潤から資本減耗分を差し引いたもの, すなわち, $R = vK - \delta K$ であり, **純利潤率**は資本にたいする純利潤の割合, すなわち次式を得る.

$$r \equiv \frac{R}{K} = \frac{vK - \delta K}{K} = v - \delta = \pi\rho - \delta$$

3.4 技術選択と生産関数

3つのパラメータ k, x, δ の組み合わせは単一の生産技術,すなわち,産出物を生産するために労働と資本を結びつける特定の方法を明示し,したがって1つの成長 - 分配表を定義する.産出物を生産できるもう1つの方法が存在し,そこでは各々の労働者は k' 単位の資本を装備し,x' 単位の産出物を生産すると仮定しよう.単純化のため資本減耗率は2つの技術で同一,すなわち,$\delta' = \delta$ と仮定する.この第2の技術にはそれ自身の実質賃金 - 利潤率表がある.図3.1には k と x によって定義される元の生産技術と k' と x' で定義されるもう1つの技術に対応する実質賃金 - 利潤率表が描かれている.企業家の視点からすると,実質賃金 - 利潤率表が示すのは,任意の賃金にたいしてどれくらいの利潤率が確保できるかということである.より大きい利潤率 v を確保できる企業家が資本家のあいだで最も評判が高まるだろう.

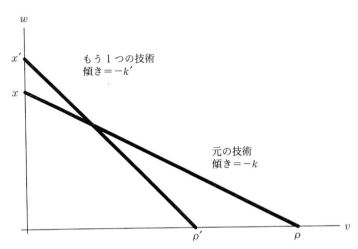

図 3.1 2つ以上の生産技術が利用可能なとき,各々の技術はその実質賃金 - 利潤率表をもつ.

資本制社会では企業家は利潤を最大とする生産技術を選ぶ．上で説明した例では，もう1つの技術が賃金の高いときには元の技術より高い利潤率を支払うだろうが，賃金が低いときには利潤率は下がる．どちらの生産技術も選択できる企業家は，高い賃金率ではもう1つの技術を，低い賃金率のもとでは元の技術を利用するだろう．

　ある技術が別の技術に**支配される**とは，前者の実質賃金 - 利潤率表が後者に対応する（実質賃金 - 利潤率）表より完全に左下にあるときである．図3.2で示される第3の技術は，元の技術と第2の技術のどちらによっても支配されている．どんな賃金率においても支配される技術を利用する企業家は，利潤を最大にしない．あるテクノロジーにとっての**効率フロンティア**とは，その技術の支配されない生産技術のさまざまな実質賃金 - 利潤率表の北東側の境界のことである．効率フロンティアは図3.2では灰色の直線で示されている．

　（効率性についての経済学上の定義は工学上の定義と同じでない．工学上

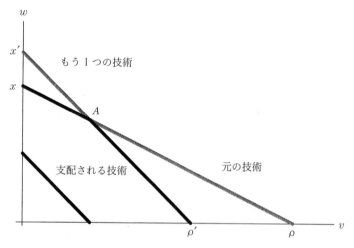

図3.2　当該の技術選択は，**効率フロンティア**上でおこなわれる．それは利用可能な技術に対応する実質賃金 - 利潤率表の北東に位置する境界である．

第3章 生産のモデル　　　51

の効率性は，ある生産技術のなかで利用できるエネルギーが有用な仕事へと
転化される割合を測るものである．経済学上の効率性は社会的観点から，ど
んな資源も無駄にしないという意味である．）

　図3.2の点 A は2つの支配されない技術が同じ利潤率をもつ，つまり2
つの技術のあいだの**切換え点**での実質賃金を表す．企業家は，切換え点より
下の賃金率では元の技術を，そして切換え点より上の賃金率ではもう1つの
技術を選ぶであろう．

　この同一の作業は選択できる技術がいくつであっても，たとえ無限に連続
していてもおこなうことができる．各技術が1つの実質賃金‐利潤率表に対
応し，利用できる技術の北東側の境界がその経済の効率フロンティアである．
利潤を最大化している企業家は，いかなる水準の賃金率にたいしても効率フ
ロンティア上の技術を選ぶだろう．

　新古典派経済学者たちは，資本 K と労働 N の任意の投入によって生産さ
れる産出 X を示す**生産関数**をつぎのように仮定することが多い．

$$X = F(K, N) \tag{3.2}$$

仮に生産関数が規模にかんする収穫不変であるなら，これは両方の投入物
を任意の与えられた率，例えば $1/N$ だけ増加させると産出物を同一率だけ
増加させうることを意味する．このとき生産関数は1つのテクノロジーすな
わち生産技術の集まりを記述しているとみなすことができる．仮に生産関数
$F(K, N)$ が与えられ，

$$x = \frac{X}{N} = F\left(\frac{K}{N}, \frac{N}{N}\right) = F(k, 1) \equiv f(k)$$

となるならば，記号の組み (k, x) は利用できる技術を表す．

　これは k 単位の資本と1単位の労働が結びつけられて x 単位の産出物が
生産されるという意味である．関数 $f(k) \equiv F(k, 1)$ は**集約的生産関数**と呼ば
れる．生産関数が連続かつなめらかな関数であるなら，対応するテクノロジ
ーは技術の無限の連続体になる．なめらかな生産関数の効率フロンティアも
またなめらかになり，図3.3のようになる．

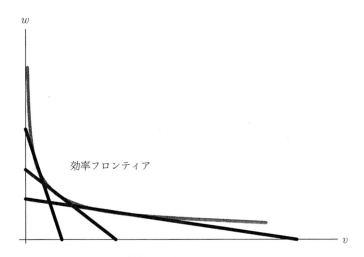

図 3.3 なめらかな生産関数は，無限に生産技術が存在するテクノロジーを描いている．実質賃金‐利潤率表は，それぞれ1点で効率フロンティアと接している．ここでは，3つの実質賃金‐利潤率表が描かれている．実際，効率フロンティア上のどの点にも1本の接線がある．この効率フロンティアはテクノロジーに対応する実質賃金‐利潤率表の包絡線になっている．

なめらかな生産関数によって記述される技術から生ずるなめらかな曲線が効率フロンティアであるとき，効率フロンティア上のあらゆる点は切換え点である．実質賃金がわずかに上昇するだけで，労働者1人当たり資本を少し多く用いる技術へと，利潤を最大にする技術は変化する．

すでに理解したように，利潤を最大にする企業家は任意の賃金にたいして最高の利潤率が得られる技術を選ぶ．生産関数がなめらかならば，与えられた賃金で利潤率を最大にする生産技術は，労働の限界生産物を賃金に，そして資本の限界生産物を利潤率に等しくするような比率で労働と資本を結びつける．このように要素価格と限界生産物との均等は，企業家が最も収益の高い生産技術を選ぶことの別の表現になる．

この点を理解するために利潤はちょうど産出物から賃金を引いたものになると想定しよう．すなわち，次式が成立する．

第3章 生産のモデル

$$Z = vK = X - wN = F(K, N) - wN$$

用いられる資本の量が与えられると,企業家はこの利潤を最大化するような生産技術を選ぶであろう.Kを一定に保ち,企業家がこの一定量の資本とともに用いる労働量を連続的に変化できるならば,最大化の条件はつぎのようになる.

$$\frac{\partial Z}{\partial N} = \frac{\partial F(K, N)}{\partial N} - w = 0$$

企業家は,次式が満たされるところで技術を選ぶことを意味する.

$$w = \frac{\partial F(K, N)}{\partial N}$$

この状況のもう1つの見方は,利潤を最大化する企業家は僅かに資本集約的な技術と僅かに労働集約的な技術のあいだの切換え点で常に生産技術を選ぶというものである.労働の限界生産物と賃金の均等はこの切換え点のもう1つの定義の仕方になる.

ここでの技術選択の基本原理は,あくまでも任意の実質賃金での利潤最大化であり,労働の限界生産物と実質賃金率の均等ではない.仮に利用できる

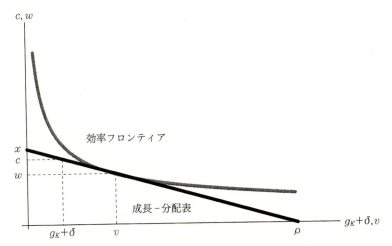

図3.4 賃金は,利潤を最大化する技術を決定する.それが経済の成長-分配表を規定する.

技術の数が有限であれば、労働の限界生産物を定義できないかもしれないが、企業家は所与の実質賃金で利潤率が最高になる、利用可能な技術を依然として選ぶことができる。その技術の成長‐分配表はそのとき労働の平均生産性 x と資本の平均生産性 ρ とを決定する。この特定の成長‐分配表を使って総消費と総投資のあいだの関係が分析されるであろう。実質賃金は、利潤最大化をとおして利用される技術を決定し、その技術の成長‐分配表は粗投資と粗消費のあいだの社会的トレード・オフを決定する。

図3.4は、なめらかな生産関数によって表される技術の連続体が存在するときの状況を要約している。賃金が与えられると、利潤率を最大化する1つの技術が存在し、それは生産関数の単位等量線上の1点に対応する。すべての企業家はこの技術を採用し、これがつぎにその経済の成長‐分配表を決定する。

3.5 生産関数の具体例

本書の具体例と問題のなかでは2種類の生産関数が用いられる。

3.5.1 レオンティエフ型生産関数
第1のものは**レオンティエフ型**または**固定係数生産関数**と呼ばれる。固定係数生産関数は産出物を生産する資本と労働の組み合わせが1つだけであると特定化している。したがってそれは唯一の生産技術に対応する。レオンティエフ型生産関数を数学的に書くと

$$X = \min(\rho K, xN) \tag{3.3}$$

となる。

両辺を N で割るとつぎのように集約的な固定係数生産関数を書ける。

$$x = \min(\rho k, x) \tag{3.4}$$

2つの数からなる $\min(\cdots, \cdots)$ の形の関数は、2つのうちの小さな値を常にとる。そこでこの生産関数が言っているのは、用いられる資本の産出物あ

第3章 生産のモデル

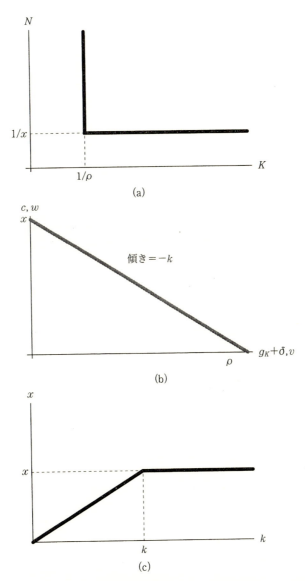

図3.5 (a) **レオンティエフ型生産関数**の等量線は「L字型」となり，その角は投入物の比 $(1/\rho, 1/x)$ である．(b) 対応する効率フロンティアは，横軸の切片が ρ，縦軸の切片が x となる実質賃金 - 利潤率表である．(c) 対応する集約的生産関数は，2つの線分から構成され，1つは原点と点 (k, x) を結ぶ線であり，もう1つは高さ x の水平線である．

るいは用いられる労働の産出物のどちらであれ小さい方によって，産出物 X が制約されるということである．言い換えると，産出物の各 x 単位にたいして，企業家は少なくとも ρk 単位の資本と１単位の労働をもっていなければならない．固定係数の生産関数は１つの生産技術を正確に記述する．

レオンティエフ型生産関数テクノロジーでは，利用できる技術はただ１つ存在する．つまり，産出物を生産するため労働と資本を結びつける可能な方法はただ１つである．仮に労働と資本を結合する方法が１つしかないのならば，資本と労働の**限界生産物**はうまく定義されない．より多くの労働を加えてもそれに対応する必要な資本がなければ産出物は増加しない．他方労働を減らすなら産出物は同一比率で減少する．

レオンティエフ型生産関数の単位等量線は図 3.5a が示すように「L」字型をしている．L字型の角は投入物の点 $(1/\rho, 1/x)$ である．これに対応する効率フロンティアは１本の直線状の実質賃金 - 利潤率表であり，図 3.5b で示されるように水平軸の交点は ρ，垂直軸の交点は x である．集約的レオンティエフ型生産関数は原点から点 (k, x) への直線になり，図 3.5c で示されるように k より大きい水準の x では水平線になる．集約的レオンティエフ型生産関数の第１の部分では産出物は資本投入量によって制約されて k に比例する．第２の部分では産出物は労働投入量で制約され，どのように多くの資本が供給されても，産出量は x に等しい．

3.5.2 コブ゠ダグラス生産関数

広く利用されるもう１つの生産関数は**コブ゠ダグラス**生産関数であり，これは生産における資本と労働のあいだのなめらかな代替を認めている．数学的にはつぎのように書ける．

$$X = AK^{\alpha}N^{1-\alpha}$$

(3.5)

ここで，α（ギリシア文字で「アルファ」と読む）は０と１のあいだにあるパラメータ，A は測定単位を整合的にするため用いられる規模因子である．(3.5)式を用いると，

第3章 生産のモデル   57

$$x = Ak^{\alpha}(1)^{1-\alpha}$$

あるいは,

$$x = Ak^{\alpha} \tag{3.6}$$

となるので,技術 (k, x) がパラメータ α をもつコブ＝ダグラス生産関数で
利用可能になる.

　この生産関数を用いると,1単位の労働にとって必要な資本の量 k を望み
通りのどんな数にすることもでき,つぎに(3.6)式からその資本量と1単位
の労働が生産できる産出量 x が求められる.コブ＝ダグラス生産関数は資
本と労働のあいだでの非常に高度な代替可能性を意味することに注目する必
要がある.というのはどのような資本の減少も労働増加で十分に補うことが
できる(逆ならば逆)からである.

　コブ＝ダグラス生産関数の単位等量線は図3.6aで示されるように,両方
の軸に漸近する変形双曲線である.A,B,C といった等量線上の各々の点
は,自身の (ρ, k) をもつ特定の生産技術に対応し,また図3.6bに示される
ように特定の実質賃金－利潤率表に対応する.効率フロンティアはこれら成
長－分配関数の包絡線になる.集約的なコブ＝ダグラス生産関数は Ak^{α} と
なる.

　コブ＝ダグラス生産関数(あるいはなめらかな等量線をもつ任意の生産関
数)を用いると,ある1つの生産要素をわずかに増加させ,他の要素を一定
に保つことで達成しうる産出物の増加分として労働ないし資本の限界生産物
を定義できる.数学用語では,どちらの要素の限界生産物も生産関数のその
要素にかんする偏導関数になる.例えば,コブ＝ダグラス生産関数での労働
と資本の限界生産物は,つぎのように計算される.

$$MP_N = \frac{\partial X}{\partial N} = (1-\alpha)A\left(\frac{K}{N}\right)^{\alpha} = (1-\alpha)Ak^{\alpha}$$

$$MP_K = \frac{\partial X}{\partial K} = \alpha A\left(\frac{K}{N}\right)^{\alpha-1} = \alpha Ak^{\alpha-1}$$

　コブ＝ダグラス生産関数では,賃金 w にたいして利潤率を最大にする技

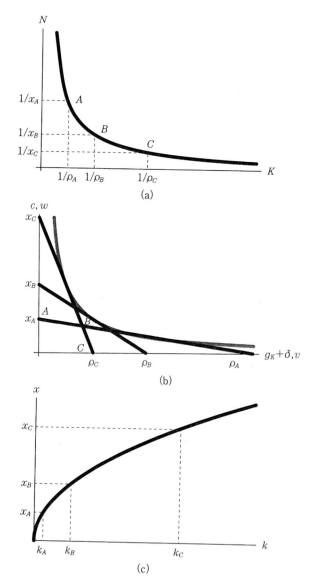

図 3.6 (a) **コブ=ダグラス生産関数**はなめらかな等量線をもつ。それは、一連の生産技術を表しており、そのうちの3つが点 A, B, C で示されている。(b) 効率フロンティアは、等量線上にある技術の成長 - 分配表の包絡線である。点 A, B, C に対応する成長 - 分配表が図示されている。(c) 点 A, B, C の資本集約度と労働生産性は、集約的生産関数上に示されている。

術は，つぎの条件を満たさねばならない．

$$w = (1-\alpha)Ak^\alpha = (1-\alpha)x$$

k の大きさがわかれば，x と ρ を導くことができる．集約的コブ＝ダグラス生産関数より，次式を得る．

$$x = Ak^\alpha$$

コブ＝ダグラス生産関数を k で割れば，

$$\rho = \frac{x}{k} = Ak^{\alpha-1}$$

となる．

利潤率はつぎのように資本の限界生産物に等しくなる．

$$v = \alpha Ak^{\alpha-1} = \alpha\rho$$

したがって，コブ＝ダグラス生産関数のパラメータ α は利潤の分け前となる．なぜなら

$$\pi = \frac{vk}{x} = \frac{\alpha x}{x} = \alpha$$

だからである．

さらに w と v はこの特定の k と x にたいするつぎの成長－分配表を満たす．

$$w + vk = (1-\alpha)x + \alpha x = x$$

問題 3.1 $k=100{,}000$ ドル/労働者，$x=50{,}000$ ドル/(労働者・年) であるレオンティエフ・テクノロジーのもとで生産の等量線（産出物 1 単位を生産するために必要な資本と労働の組み合わせ），実質賃金－利潤率表，および集約的生産関数を描きなさい．レオンティエフ・テクノロジー下での労働の限界生産物はどれだけですか．

問題 3.2 $A=10$ ドル，$\alpha=0.25$ であるコブ＝ダグラス・テクノロジーにたいする生産の等量線（産出物 1 単位を生産するために必要な資本と労働の組み合わせ），実質賃金－利潤率表，および集約的生産関数を書きなさい．コブ＝ダグラス・テクノロジーでの労働の限界生産物の大きさはどれだけですか．

問題 3.3 企業家がコブ＝ダグラス生産関数と所与の実質賃金 $\bar{w}$ に直面するとき，

利潤率を最大化するために企業家が選ぶのはどの生産技術ですか．仮に同一の企業家が固定係数の生産関数と同じ実質賃金に直面するなら，どのような技術を選びますか．

問題 3.4 コブ゠ダグラス生産関数で，w を v の関数として表す効率フロンティアが $1/x$ を $1/\rho$ の関数として表す等量線と同一の数学的形式をもつことを示しなさい．

3.6 技術変化の分類

1 つの生産技術はその資本生産性 ρ，労働生産性 x によって決定される．技術の変化はしたがって，これら 2 つのパラメータの変化によって示される．たとえば，純粋に**労働節約的**技術変化は ρ を不変に保ったまま x が上昇することに対応する．第 2 章と同じように労働節約的技術変化の大きさをつぎのように労働生産性の上昇率によって計測する．

$$1+g_x = \frac{x_{+1}}{x}$$

生産技術に対応する成長‐分配表は，図 3.7 のように純粋な労働節約的技術変化があると横軸の切片 ρ を中心に時計回りに回転する．

同様に純粋に**資本節約的**技術変化は x が不変のままで ρ が上昇することに対応する．純粋に資本節約的技術変化の程度は，変化率 g_ρ によってつぎのように計測される．

$$1+g_\rho = \frac{\rho_{+1}}{\rho}$$

純粋に資本節約的技術変化は図 3.8 が示すように，成長‐分配表を w 軸の切片 x を中心に反時計回りに回転させる．

仮に技術変化が資本と労働の双方を等しく節約するならば，図 3.9 で図解されるように成長‐分配表を外側に平行移動させる．この場合，$g_x = g_\rho$ であるから双方の切片は同一比率で移動する．この型の技術変化は**要素節約的**と呼ばれる．要素節約的技術変化は産出物を測り直して考えることもできる．

第3章 生産のモデル

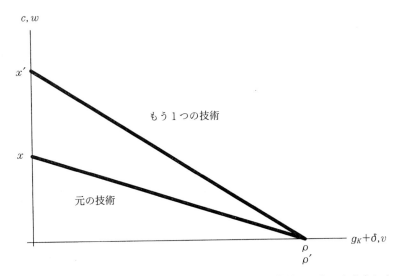

図 3.7 純粋に労働節約的技術変化は，成長‐分配表の横軸の切片 ρ を中心とする回転に対応している．

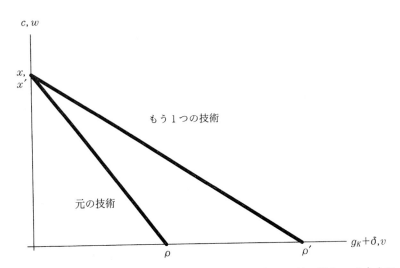

図 3.8 純粋に資本節約的技術変化は，成長‐分配表を w 軸の切片 x を中心に回転させる．

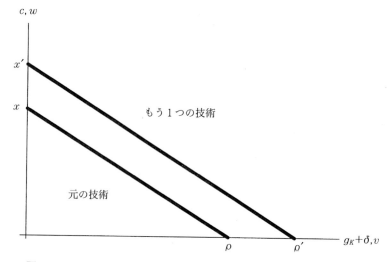

図3.9 要素増大的技術変化は，成長-分配表を外側に平行移動させる．

つまり，同じ労働と資本の投入物で，より多くの産出物を生産するというように，である．

ちょっと考えてみればわかるように，ある1つの技術のどのような変化のパターンであれ，純粋に労働節約的および資本節約的な技術変化の組み合わせか，純粋に労働節約的および要素節約的技術変化の組み合わせによって表現できる．

新古典派の生産関数の場合のように，テクノロジーが数多くの技術の集まりであるときには，一般に技術変化を記述するのは一層面倒である．理屈としては技術変化は技術それぞれに異なって作用し，まったく新しいテクノロジーへと至るかもしれない．テクノロジーのなかのすべての技術が同じパターンの技術変化を経るものと仮定するなら，状況は単純化される．

1つのテクノロジーのなかのすべての技術が**同じ**大きさの労働節約的技術変化を辿るとするなら，その結果は**労働増大的**技術変化となり，これはまた**ハロッド中立的**とも呼ばれる．純粋に労働増大的技術変化は生産関数の労働投入量に因子 $(1+\gamma)$（ギリシア文字でガンマと読む）をかけてつぎのよう

第 3 章　生産のモデル　　　63

に表現することができる.

$$F'(K, N) = F(K, (1+\gamma)N)$$

　労働増大的ないしハロッド中立的技術変化のもう 1 つの考え方は，労働投入量の尺度を測り直すというものである．すなわち，各々の労働者が技術変化の後にはあたかも変化の大きさを表す因子分だけ自分たちの努力が増大したかのように働く．経済学者はしばしばこうした変換をおこない**効率労働投入**に言及するが，これはどんな年の労働者の数であれ，基準年以来生じてきた労働増大的技術変化の大きさを表す因子倍することを意味する．ハロッド中立的技術変化の後では，1 人ひとりの現実の労働者は 1 人より多い数の効率的な労働者と等価になる．労働生産性に比例して賃金率が上昇するなら，純粋に労働増大的技術変化のもとでは利潤率は不変になるので，ハロッドはこの種の技術変化を「中立的」と呼んだのであった．

　資本増大的技術変化も労働増大的技術変化と同様に定義される．この場合，資本の各単位は資本の生産性があたかも $1+\chi$（ギリシア文字でカイと読む）倍されたかのごとく作用する．

　要素増大的技術変化とは同じ大きさの労働および資本増大的技術変化とからなり，生産関数が規模にかんする収穫不変を示すという仮定のもとではつぎのように生産関数全体に因子 $(1+\gamma) = (1+\chi)$ をかけることでも表現できる．

$$F'(K, N) = (1+\gamma)F(K, N) = F((1+\gamma)K, (1+\gamma)N)$$

　要素増大的技術変化は，しばしば**ヒックス中立的**と呼ばれる．要素増大的技術変化は産出物自身の縮尺をし直すものとして考えることもできる．つまり同一の労働と資本の投入がより多くの産出物を生産できる．このためにヒックスは「中立的」とみなしたのであった．

　テクノロジー全体にたいするこれらさまざまな種類の中立的技術変化は，どの技術も**同一**の種類と大きさの技術変化を経験すると想定されていることに注目されたい．しかし実際そうである必要はない．というのも技術変化が技術ごとに異なって作用するかもしれないからである．新古典派生産関数に

64

よって表されるテクノロジーの事例では，例えば，等量線の一部は，残りの部分とは異なったパターンで移動するかもしれない．

パラメータ γ と χ を上昇率 g_x と g_ρ から区別すると便利である．レオンティエフ型生産関数は，ただ1つの技術を含むので，それらは同じものになるが，さらに一般的な新古典派生産関数では x と ρ は技術変化のためばかりではなく，使用される技術が変わっても変化するから g_x と γ，g_ρ と χ は異なるかもしれない．

3.7 2部門の成長 - 分配表

経済のなかに1つだけ生産される商品があるという1部門の仮定のもとで考えられており，この商品は消費財としてあるいは資本ストックに付加される投資財としても相互に置き換えて使用できる．この仮定は，モデル経済の分析を極めて単純にする．1部門経済の生産可能性フロンティアは直線になる．1部門経済が，消費財あるいは投資財の生産だけに特化しないかぎり，資本財の消費財に換算した価格への効果を分析する必要がなくなる．労働者1人当たりの産出物 x は資本価格の変化に影響されない．これらの状況下では，社会的な消費 - 成長率表と実質賃金 - 利潤率表は同一の直線で表され，この直線は切片が労働者1人当たりの産出物と資本1単位当たりの産出物になる成長 - 分配表と一致する．

2つの（あるいはそれより多い）生産される産出物をもつ経済では，相対価格が重要になり，分析は著しく複雑になる．実際の経済には多くの異なる商品があるので，この問題は一般原則として重要である．ケンブリッジ資本論争は，1部門モデルから1部門より多い部門からなる経済の分析へと移るさいに生じた論点に集中した．

2部門経済を簡単に見ることで生じた論点の範囲をつぎのように理解できる．この経済では投入物としての資本と労働は，消費財 c あるいは投資財 i を異なる技術で生産するために組み合わせられる．消費財を価値尺度財にと

り，資本財（そして投資）の消費財に換算した価格を p で表す．

2部門モデルの生産技術を記述するためには，消費財部門の資本集約度と労働生産性，つまり k_c と x_c および投資部門の資本集約度と労働生産性，つまり k_i と x_i を特定化しなければならない．

2部門モデルでのある技術の実質賃金‐利潤率フロンティアは，経済が**恒常状態**にあるという仮定のもとで計算することができる．恒常状態では産出物としての投資の価格は投入物としての資本の価格と等しく，資本の相対価格 p と実質賃金率 w は2つの部門で同一の利潤率 v と整合的であることがわかる．このためつぎの2つの方程式を解かねばならない．

$$x_c = vpk_c + w \tag{3.7}$$

$$px_i = vpk_i + w \tag{3.8}$$

(3.7)式と(3.8)式とは利潤率が両部門で等しくなければならないという条件を表す．任意の v の水準にたいして，2つの方程式を p と w についてつぎのように解くことができる．

$$p = \frac{x_c}{v(k_c - k_i) + x_i}$$

$$w = x_c - pvk_c = x_c\left(1 - \frac{vk_c}{v(k_c - k_i) + x_i}\right)$$

この技術の実質賃金‐利潤率表は図3.10で示されるように v の関数としての w のグラフとなる．

2部門モデルでのある技術の実質賃金‐利潤率表は，図3.11のように原点にたいし凹の右下がりとなることもできる．

1部門モデルのように効率フロンティアは利用可能な技術の実質賃金‐利潤率表の包絡線である．図3.10，3.11で例示される2つの技術の効率フロンティアは図3.12のなかでグラフ化されている．（ある技術の消費プロセスは別の生産技術の投資プロセスとともに操業できない，と仮定している．）

図3.12のいくつかの特徴は経済学上根本的な重要性をもつ．効率フロンティアは原点にたいし凹であるとは限らないから，いくつかの異なる点で同

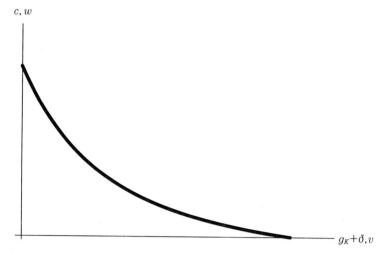

図 3.10 資本の価格が利潤率とともに変化するので，2部門モデルの1つの技術にたいする実質賃金 - 利潤率関係は，もはや直線ではない．

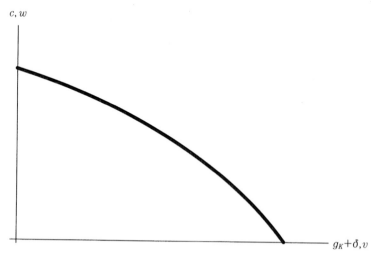

図 3.11 2部門モデルの実質賃金 - 利潤率関係は，k_c が k_i より大きいか，小さいかによって，原点にたいして凸になったり，凹になったりする．

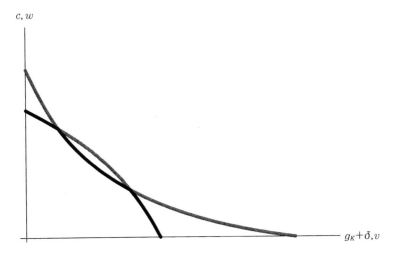

図 3.12 2部門モデルの効率フロンティアは,利用可能な生産技術に対応する実質賃金 – 利潤率表の包絡線である.1部門モデルとは異なって,2部門モデルの効率フロンティアは,原点に向かって凹となるとは限らない.

じ傾きをもつかもしれない.1部門モデルでは生産の利用可能な各技術は効率フロンティアが1区切分だけ貢献する(なめらかな生産関数で定義されるテクノロジーの場合には1点分だけ)が,2部門モデルでは(そして2部門より多いモデルでは)ある生産技術が効率フロンティアの2つあるいはそれより多い区切分に貢献することも可能である.図3.12では2つの切換え点があるから,同一の技術が低い賃金率と高い賃金率の2つの率のところで最も収益が高くなる.すなわち**技術の再切換え**として知られる現象がある.こうして一般に2部門モデルでは利潤率ないし賃金率と生産技術のあいだには1対1の対応関係は存在しない.この場合資本の限界生産物という概念は意味をもたない.これらの点は資本理論およびケンブリッジ資本論争にとって根本的に重要である.

どのような経済の生産可能性フロンティアも,生産要素の賦存量に左右される.2部門モデルではこの賦存量を k,つまり利用可能な労働者1人当たりの物的資本量で表現できる(というのは,労働者1人当たりの産出物を考

えることで労働投入物をすでに1に規準化しているからである)．労働者1人当たり消費の生産可能性，すなわち c および労働者1人当たりの粗投資，すなわち $i=(g_K+\delta)k$ は，一般に利用可能な労働と資本の量に制約される．これらの制約は，生産技術が与えられるとつぎの不等式で表現できる．

$$\frac{c}{\rho_c}+\frac{(g_K+\delta)k}{\rho_i} \leq k \tag{3.9}$$

$$\frac{c}{x_c}+\frac{(g_K+\delta)k}{x_i} \leq 1 \tag{3.10}$$

生産可能性フロンティアは図3.13で例示されるように，これら2つの制約のうちの小さいほうのことであり，それが表現しているテクノロジーの実質賃金‐利潤率表は，図3.12でグラフ化される．

2部門モデルの生産可能性フロンティアはもはや直線ではなく，2本の線分からできている．

1つの経済の成長‐分配表を描くとき，労働者1人当たりの産出物価値 $x=c+p(g_K+\delta)k$ と，労働者1人当たりの資本ストックの価値 pk，あるいは産出物・資本価値比率 $\rho=x/pk$ を用いる．ある所与の利潤率 v にたいし

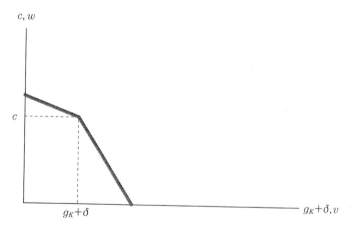

図3.13 2部門経済の生産可能性フロンティアは資本と労働の制約を示す2本の直線の小さい方である．

て企業家は最高の実質賃金率をもつ生産技術を選ぶであろうから，成長 – 分配表はその利潤率 v のところで効率フロンティアを切るに違いない．けれども成長 – 分配表は効率フロンティアに接する必要はない．成長 – 分配表は最大利潤生産技術の生産可能性フロンティアと接しなければならない．この状況は図 3.14 で例解されるが，この図は 2 部門経済の効率フロンティアや生産可能性フロンティア，成長 – 分配表を示している．

したがって 2 部門（あるいはそれより多い部門をもつ）経済へと成長 – 分配表を用いる方法を一般化できる．しかしこれらの一層複雑な経済の成長 – 分配表は使用される技術の実質賃金 – 利潤率表と生産可能性フロンティアのどちらも表現しない．けれどもこの表は実質賃金 – 利潤率表と生産可能性フロンティアについてのある情報を与えてくれる．なぜならこの表は利潤を最大にする生産技術の実質賃金 – 利潤率表と点 (v, w) で交わるし，生産可能性フロンティアと点 $(g_K + \delta, c)$ で接するからである．仮に効率フロンティアのカーブが余り大きくなければ，観察される成長 – 分配表はそれを近似す

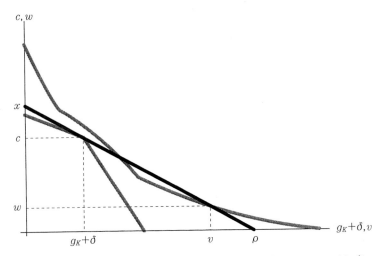

図 3.14 2 部門経済の成長 – 分配表は，利潤率で効率フロンティアと交わり，さらに最大利潤をもたらす技術に対応する生産可能性フロンティアと交わる．

る.

3.8 生産と成長のさまざまなモデル

これまで展開してきた単純なモデルでは消費にも投資にも利用できるただ1つの産出物が存在した. 生産技術は, その資本集約度 k や労働生産性 x, 資本減耗率 δ によって定義され, 単一の成長 - 分配表に対応した. 利用可能なテクノロジーが, 複数の技術からなっているときには, 利潤を最大化する企業家は, 現行の実質賃金率のもとで最大の利潤率をもたらす技術を選ぶであろう. 効率フロンティアはその技術の実質賃金 - 利潤率表の包絡線になる. 現行実質賃金率での効率フロンティア上の点は, 利潤を最大にする技術を決定し, この技術が今度はこの経済の社会的消費 - 成長率表を決定する. 技術がなめらかな生産関数, 例えばコブ＝ダグラス生産関数によって記述されるときには, 利潤を最大化する技術は実質賃金に等しい労働の限界生産物をもつ. けれども, レオンティエフ・テクノロジーのようなテクノロジーもあり, そこでは資本の限界生産物をうまく定義することができない.

生産の基本モデルは労働供給と貯蓄供給モデルと結合され, 経済成長モデルを創り出す.

3.9 読 書 案 内

コブ＝ダグラス生産関数やさらに一般的な新古典派生産関数の数学的特性について詳細は Allen [1968] を見よ. Pasinetti [1977] は多数部門をもった固定係数モデルについての豊富な説明を与えている.

新古典派生産関数の概念にたいする批判的見解については Nelson and Winter [1982] および Robinson [1953] を見よ. 後者からケンブリッジ資本論争が始まったが, この論争の展望は Harcourt [1972] により一種独特のスタイルでおこなわれている. この論争についての2つの重要な要約的コ

メントは Samuelson ［1966］と Garegnani ［1970］が与えている．本章で展開された2商品モデルの特に明解な説明は Spaventa ［1970］にある．Samuelson ［1962］は新古典派生産関数と効率フロンティアが多数商品の世界に一般化できることを初めて示そうとした（後にそれが不首尾に終わった）．生産の理論を網羅的に述べたものとして，ケンブリッジ資本論争や経済思想史上のその他の論点を含んだ，Kurz and Salvadori ［1995］がある．Ochoa ［1989］は現実経済の賃金-利潤曲線が線形関数でうまく近似できる証拠を提供している．

第4章
労働市場

4.1 経済成長のモデル

経済成長のモデルは，仮想の経済の動き方を予測できるようにする数学的な仮定の集まりである．どのモデルでも，決まった要因が，その過程のなかで与えられた**外生パラメータ**と見なされる．モデルは，外生パラメータがその値をとる理由を説明しようとはせず，外生パラメータの値を，モデルの視野の外にある過程で決定されるものとして受けとめる．体系のなかのその他の変数は**内生変数**と解釈される．そうしたモデルは，外生パラメータがとる値にもとづいて，内生変数を決定し，それゆえ説明するものと考えられている．例えば，よくある分析は，外生パラメータの1つが変化したときに，内生変数はどうなるのかを数学的に問うものである．現実の世界でいつも見られるのは，すべての外生パラメータが一度に変化することであると言ってよいが，分析上の手続きでは，特定の外生パラメータの影響を分離するために，1つを除いてすべての外生パラメータが一定とおかれる．モデルを用いて実際の歴史的事象を説明したい場合には，これまでに起きた外生パラメータのあらゆる変化からの影響を重ね合わさなければならない．

どれを外生的ないし内生的と考えるかは，私たちの観点，および分析したい問題の型に左右される．一方のモデルで外生パラメータと考えるものでも，他方のモデルのなかでは内生的なものと考えて，その動きが何から決まるの

かを説明しようと試みることもあろう．モデルを研究する（あるいは，モデルを他人に提示する）場合には，外生変数と内生変数を明示的に識別することがきわめて重要である．

　一般に，数学的な体系は，諸変数のあいだの関係を方程式で表したものである．モデルで説明できる内生変数の数は，そのモデルが含む関係の数に制限される．例えば，2本しかない方程式で3個の内生変数を説明しようとすると，うまくいかないであろう．変数のなかの1個に任意の値を与え，残りの2変数について矛盾なく方程式を解くことができるだけである．このように，モデルには外生パラメータがいくつあってもよいが，内生変数は，そのモデルで定められた関係の数に制限される．

　資本制経済の経済成長をモデル化するときには，内生変数として，資本ストックの成長率，利潤率，消費水準，賃金をとり，それぞれ g_K, v, c, w とする．外生パラメータになるのは，資本集約度 k，あるいは産出 – 資本比率 ρ，労働生産性 x，資本減耗率 δ である．これらの外生パラメータが与えられれば，成長 – 分配表から，4個の内生変数のあいだの2つの関係が得られる．

$$w = x - vk$$
$$c = x - (g_K + \delta) k$$

しかし，成長にかんする完全なモデルでは，これらの4個の変数すべてを決定するために，方程式として表される関係があと2本なければならない．例えば，経済における実質賃金と労働者1人当たり社会的消費がわかれば，成長 – 分配表が利潤率と資本ストックの成長率を決めるであろう．これらの追加的な関係がモデルを閉じると言われることもある．

　経済思想の学派が異なれば，成長モデルを閉じるために追加される条件も異なる．学派のあいだでの学説上の違いが，これらの違いのなかに反映されている．私たちが生産にかんするモデルの説明から始めた1つの理由は，さまざまな主要な学派によって作りだされたモデルのほとんどが，これらの中核的な生産関係と両立するからである．これから研究するモデルはすべて，

労働市場における労働の需要と供給および均衡にかんする何らかの仮説——成長‐分配表で表された2本の関係にたいして第3の決定関係を追加する——，ならびに，投資と消費へと所得を配分する家計の行動にかんする何らかの仮説——第4の決定関係を追加する——をおくことによって，成長モデルを閉じる．労働市場にかんする仮説と家計の消費パターンにかんする仮説が異なれば，成長パターンについてかなり異なる予測をするモデルにもなりうる．

本章では，労働市場のさまざまなモデルを論ずることから始める．

4.2 労働供給と労働需要

実質賃金は，労働の供給と労働にたいする需要を等しくする価格と考えることができる．与えられた単一の生産技術をともなう1部門の生産モデルでは，労働需要は，労働者が仕事で使うことのできる資本の量および各々1単位の資本が維持する仕事の数を決める係数 k から得られる．というのは，つぎの関係が成立するからである．

$$N^d = \frac{X}{x} = \frac{K}{k}$$

これは，図4.1に示してあるように，どの期間でも労働需要は垂直線である，という意味である．

他方で，生産関数のなめらかな等量曲線で定義される生産技術のスペクトルがあると仮定するならば，労働需要は，蓄積された資本の量に依存することはもちろん，利潤率を最大化する技術にも依存する．このことを表現するには，$x(w)$ と $k(w)$ を賃金の関数としてつぎのように書けばよい．

$$N^d(w) = \frac{X}{x(w)} = \frac{K}{k(w)}$$

技術のスペクトルがなめらかな等量線に沿う場合には，賃金が低下すれば，利潤率を最大化する k も低下するので，図4.2のように，労働需要は賃金の

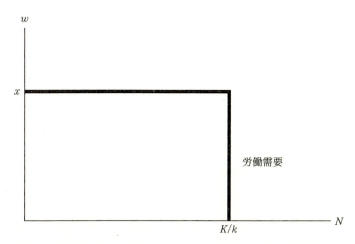

図 4.1 利用可能な生産技術が1つしかない場合には，労働需要は，産出量の水準を決める資本の量に制限される．労働生産性を下回るどの実質賃金のもとでも，労働需要は K/k に等しい．

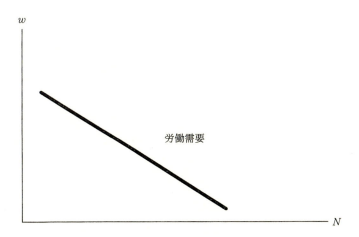

図 4.2 技術のスペクトルがなめらかな場合には，賃金の低下にともなって，より低い資本集約度の技術へと移行するので，与えられた資本ストックのもとでの労働需要は徐々に増加する．

なめらかな減少関数になる．

技術のスペクトルが与えられれば，労働需要の弾力性は，生産関数の単位当たり等量線の形そのものに厳密に依存する．

4.3 古典派慣習的賃金モデル

古典派経済学者のスミス，リカード，マルサス，および彼らの批判者であるマルクスは，外生的に与えられた実質賃金のもとで，労働需要に反応して労働供給が増えたり減ったりすると考えた．リカードはマルサスにならってつぎのように主張した．実質賃金が上昇して生存水準を上回るならば，人口，それゆえ労働供給は増加する．また，実質賃金がこの水準以下に下がるならば，人口は減少する．少なくとも長期的には，この理論は，労働の供給曲線が生存賃金において水平であることを意味する．

生存賃金の理論は**人口統計学的均衡**にかんするマルサスのモデルに依拠している．マルサスは，どの社会でも死亡率と出生率は生活水準の安定的な関数であると主張し，生活水準を実質賃金の水準と結びつける．賃金が上がれば，死亡率，とくに幼児死亡率が低下する．労働者がそれまでよりも栄養豊富な食物を摂れるようになるからである．また，賃金が上がれば，より早く結婚するように仕向けられることになるので，出生率が上がる．

図 4.3 に例示してあるように，死亡率表と出生率表の交点が人口統計学上の均衡であり，その点であれば人口は不変にとどまる．マルサスは，労働供給は人口と密接に関係するので，不変の人口は不変の労働供給を意味する，と仮定した．出生率と死亡率が等しくなる実質賃金の水準を**生存**賃金と考えることができる．というのは，その水準は，人口と労働力を変化なく再生産するのにちょうど十分な高さだからである．もし賃金が上昇して生存水準を上回った場合には，人口が増加するが，労働供給の増加は賃金を押し下げる傾向にある．もし賃金が低下して生存水準を下回った場合には，幼児死亡率が高いために人口は減少するが，その結果起きる労働供給の減少は賃金を

第 4 章 労働市場

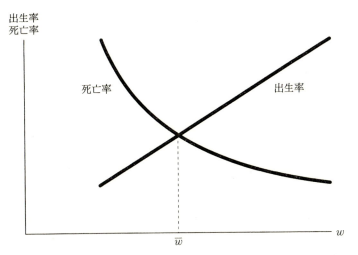

図 4.3 マルサスの賃金理論は，賃金の上昇にともなって死亡率が低下し出生率が上昇するという仮定にもとづいている．死亡率表と出生率表の交点は，賃金の生存水準を決定する人口統計学上の均衡である．

押し上げる傾向にある．こうした人口の変化を考慮に入れるのに十分に長い期間をとれば，このモデルの賃金は生存水準の近くにとどまる傾向をもつであろう．

マルクスはマルサスの理論を 2 つの根拠で批判した．第 1 に，マルクスは，出生率と死亡率にかんする表そのものが特殊な社会関係の産物であると主張した．マルクスの見方では，マルサスの理論は，労働の搾取にかんする何の規制もなくて，極度の貧困から労働者を守るための社会的な「セーフティネット」がまったくなかった 19 世紀初めの資本主義に当てはまるけれども，(社会主義社会の社会関係のような) 異なる社会関係には当てはまらないかもしれないという．歴史がマルサスにたいするこうした批判を確証してきた．労働者の保護と教育を提供するための資本制の改良と同時に出生率の急激な変化が起き，よってマルサスの見通しが反証されたからである．

マルクスは，労働供給が人口に比例するというマルサスの仮定にたいしても反論した．マルクスが指摘するには，資本制的生産は，家事労働および生

計を立てるための農業のような非資本制的生産と常に共存し，移民ならびに婦人・児童労働の動員をつうじて，これらの非資本制的部門から労働供給の一部を引き出すという．マルクスはこれらの非資本制的部門を**労働の予備軍**と見なした．したがって，これらの労働の予備が相殺的に変化するので，資本制での労働供給は人口に比例して変動しないかもしれない．

しかし，マルクスは，マルサスのつぎの結論を受け入れる．すなわち，もし実質賃金が上がるならば，産業予備軍から労働が移動することによって労働供給が増加するので，所与の実質賃金のもとで労働は限りなく供給される，という結論である．遅れた地方の人々を工業地域で雇い入れるためにかかる実際の投資費用（輸送，配置転換，訓練など）が，**労働力の価値**を規定する．それは，マルクスが実質賃金の水準を決めると考えたものである．マルクスの考え方では，これは，生物学的な最小値という意味での生存賃金ではなく，さまざまな経済で労働力を再生産する費用に影響を及ぼす社会的で歴史的な要因を反映したものだった．

これらの古典派およびマルクス派の理論を**慣習的賃金モデル**と呼ぶ．慣習的賃金モデルにおける労働供給は，図 4.4 に示してあるように，外生的に与えられた賃金のところで水平となる．

アーサー・ルイスの説明では，慣習的賃金モデルは，労働が，伝統的な生産によって自活できる予備軍から引き抜かれて近代的な生産部門へと引き入れられるという経済発展の見通しを反映しているという．労働者が伝統部門から近代部門へ移動できるためには，近代部門で生き残るために必要な資金が労働者に支給されなければならない．なぜなら，労働者は，伝統的な生産を続けると同時に近代部門で働くことはできないからである．

労働供給の過程にかんするこうした見通しは，工業化が高度に進んだ経済にも当てはまる．高度に工業化が進んだ経済では，開発の遅れた外国や国内の開発の遅れた地域からの移住によって，あるいは，労働者を（育児と家事のような）他の仕事から工業生産へと引き入れることによって，労働が調達される．古典派のモデルは，これらの労働の予備は実際上は無制限であり，

第4章 労働市場

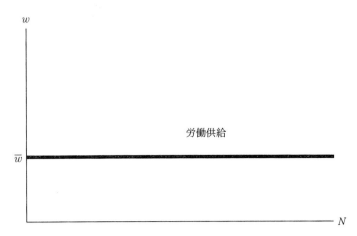

図 4.4 慣習的賃金モデルでは，各々の期間の労働供給は，外生的に与えられる実質賃金のところで水平的となり，この実質賃金は労働力の再生産費用によって決定される．

近代部門に労働を引きつけるために必要な生存賃金は各々の時代で決まっている，と仮定する．

生産技術が1つしかない場合には，図4.5のように，慣習的賃金モデルが賃金を決定し，蓄積された資本ストックが産出量と雇用を決定する．

技術のスペクトルがある場合には，慣習的賃金が賃金水準を決定し，さらに，利潤率を最大化する生産技術も決定する．図4.6のように，資本ストックは，利潤率を最大化する生産技術とともに，雇用と産出量の水準を決定する．

このように，慣習的賃金モデルは，実質賃金を外生パラメータとして決定することによって，さらにもう1つの条件を成長モデルに追加することができる．その場合，実質賃金‐利潤率表が利潤率と生産技術を決定するが，労働者1人当たり社会的消費と資本ストックの成長率をまだ説明されないままに残している．慣習的賃金という仮説は代数的にはつぎのように書くことができる．

$$w = \bar{w} \tag{4.1}$$

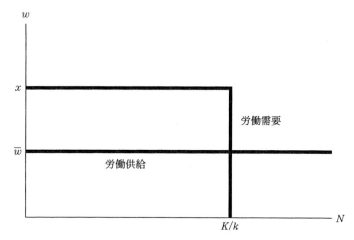

図 4.5 技術が1つしかない場合，慣習的賃金が賃金を決定する．また，技術は，蓄積された資本とともに，雇用と産出量の水準を決定する．

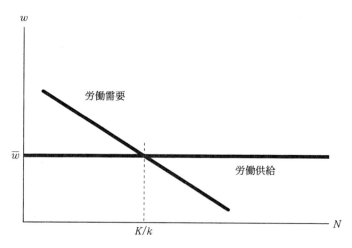

図 4.6 技術のスペクトルがある場合，慣習的賃金は，利潤率を最大化する技術を決定する．その技術は，蓄積された資本ストックとともに，産出量と雇用の水準を決定する．

第 4 章 労働市場   81

ここで $\bar{w}$ は，外生的に与えられた慣習的な水準の実質賃金である．

4.4 新古典派完全雇用モデル

慣習的賃金モデルとは対極にあるのが，どの期間の労働供給も外生的に与えられる，という新古典派成長モデルでおかれる仮定である．新古典派モデルは，人口増加の結果としての時間をつうじた労働供給の変動を考慮に入れるが，人口増加率 n を外生パラメータと考える．この研究方法は，労働供給量の外生的な増加を考慮に入れるとはいえ，労働を，土地と同じように非弾力的に供給される生産への投入物であると考える．

新古典派の労働経済学者は，労働の供給はどの実質賃金のもとでも人口によって決定されるのだが，労働には不効用があると考えられるので，どの期間の労働供給も実質賃金に依存すると考える．経済成長理論の文脈で言えば，労働供給の賃金弾力性を各々の期間に含めてみても，分析が煩雑になるだけで，重要な新しい洞察を付け加えない．したがって，新古典派の成長モデルは，実質賃金にたいする労働供給の反応を捨象して，家計は労働を非弾力的に供給するという仮定をおくのがふつうである．これらのモデルでは，労働供給は，図 4.7 に例示してあるように，人口によって与えられる水準のところで垂直線になる．

生産技術が 1 つしかない場合には，労働需要は蓄積された資本ストックによって決定される．労働供給がこの労働需要よりも小さい場合には，実質賃金は労働生産性 x まで上昇し，利潤率はゼロに低下する．他方で，労働供給が労働需要よりも大きい場合には，図 4.8 に示してあるように，実質賃金はゼロに下がり，利潤率はその最大値 ρ まで上昇する．

これらの結果はどちらも恒常成長と両立しないので，完全雇用の仮定をおくためには，どの期間でも労働需要と労働供給が等しくなるようにしなければならない．労働供給は外生的に与えられた率 n で増大すると仮定されるので，こうなるためには，資本ストックによって決定される労働需要が同じ

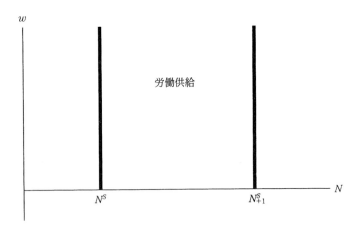

図 4.7 新古典派の成長モデルは,実質賃金がいくらであっても,労働供給は非弾力的に与えられているという仮定をおく。N^S から N^S_{+1} への移動は,ある期間からつぎの期間にかけての労働力の外生的な増加を表す。

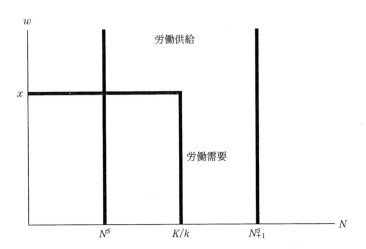

図 4.8 生産技術が1つだけで,労働供給が固定されている場合,労働の不足が起きて賃金が x まで押し上げられ,利潤率がゼロまで押し下げられるか,あるいは,労働の余剰が生じて,賃金がゼロに押し下げられ,利潤率が ρ まで押し上げられるか,のどちらかである。

率で増大しなければならない。資本 - 労働比率に時間をつうじて何の変化も
ないならば、これは、資本ストックの成長率も n に等しくなければならな
いということである。このように、完全雇用の仮定はまた成長モデルにたい
して1本の決定方程式、すなわち、資本ストックの成長率は外生的に与えら
れた人口の増加率と等しくなければならないという条件を付け加えるのであ
る。この仮定をつぎのように書くことができる。

$$\frac{N_{+1}^d}{N^d} = \frac{\dfrac{K_{+1}}{k_{+1}}}{\dfrac{K}{k}} = \frac{N_{+1}^s}{N^s} = 1+n$$

あるいは、

$$k_{+1} = k$$

であるならば、

$$1+g_K \equiv \frac{K_{+1}}{K} = 1+n \tag{4.2}$$

　技術のスペクトルが存在し、労働供給が外生的に固定されている場合には、
使用する技術を変化させることによって、完全雇用を実現できる。なぜこの
ようにうまくいくかと言えば、労働の超過供給に反応して賃金が低下したと
すれば、企業家は資本集約度がより低い技術へと移行して、これによって労
働需要を増やすからである。こうした過程が円滑に、かつ迅速に起きるなら
ば、図4.9のように、労働市場の均衡に到達する。

　伸縮的な賃金と技術の変化をつうじた完全雇用にかんする新古典派のモデ
ルを実際の経済に適用するときの多大な困難とは、実際の経済では賃金と生
産技術が調整されるために長い時間がかかることがありうる、ということで
ある。したがって、労働市場が完全雇用均衡に到達することのできない期間
が、相当にあるかもしれない。新古典派によるこのモデルの弁護では、その
モデルは時間をつうじて平均的には作用するであろうし、また、成長モデル
の目的は経済の長期的な動きを分析することであるから、完全雇用の仮定は、
実際の摩擦を捨象するものとして差し支えないのだ、という。古典派経済学

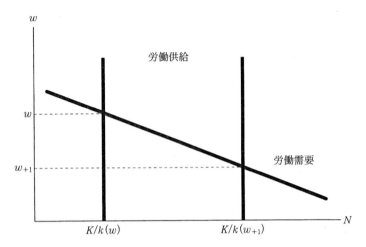

図 4.9 賃金の伸縮性は，企業家にとって生産技術を変えようとする誘因になることによって，理論的には完全雇用を実現することもありうる．この場合，賃金の低下を媒介とする資本集約度のより低い技術への移行によって，労働供給の増加にたいする調整が起きる．

者ならば，労働供給そのものが賃金にたいして内生的に順応すると考えて意味があるのは，まさしく，もっと長い期間にかんしてである，と回答するかもしれない．

　賃金の変化に反応した生産技術の変化をつうじて短期的には完全雇用が達成されうるという考え方を誤解して，労働の限界生産物が賃金を決めるのだと考えている経済学者もいる．しかし，すでに見たように，労働の限界生産物（ただし，それを定義できる場合）の賃金との均等は，企業家による利潤最大化の結果である．完全雇用の仮定のもとでの労働市場の均衡についてもっと正確な理解のしかたとしては，賃金が（利潤率を最大化するような企業家の決定をつうじて）労働の限界生産物を決定したうえで，労働供給と労働需要が，労働市場が清算されるように賃金を決定する，ということになる．これらの仮定のもとでは，完全雇用を維持するために，使用される技術の資本集約度が，各々の期間ごとに，変化しなければならないのである．

第 4 章 労 働 市 場 85

　完全雇用の仮定は，経済成長モデルにたいして 1 本の関係をつけ加える．
それは，外生的に与えられた労働力の完全雇用をもたらすように，賃金が
各々の期間に決定される，という関係である．完全雇用の仮定を追加した場
合でさえも，成長率と労働者 1 人当たり消費水準はいぜんとして未決定のま
まである．

　完全雇用の仮定は，代数的にはつぎのように書くことができる．

$$\frac{K}{k(w)} = \bar{N} \tag{4.3}$$

ここで，$\bar{N}$ は外生的に与えられた労働供給である．

4.5　経済成長モデルに向けて

　労働市場の理論が成長 - 分配表にたいして決定関係をもう 1 つ追加する．
しかし，完全な成長モデルは，4 個の内生変数 g_K と v, c, w を決定するた
めに，もう 1 つの理論的な関係をさらに必要とする．すでに見たように，慣
習的賃金モデルは，実質賃金を外生的に与えられたものと見なして，利潤率
（および利潤率を最大化する生産技術）を決定するが，資本ストックの成長
率と労働者 1 人当たり社会的消費を説明されないままに残す．技術選択のな
い完全雇用モデルは，資本ストックの成長率を外生的に決定される労働力の
成長率と等しくなるように強制し，それゆえ，社会的消費 - 成長率表をつう
じて労働者 1 人当たり社会的消費の水準も決定するけれども，利潤率と実質
賃金を説明されないままに残す．

　技術選択をともなう完全雇用モデルでは，モデルの構造が短期と長期とで
は異なる．短期では，完全雇用の条件が賃金および利潤率を最大化する技術
を決定するが，成長率と労働者 1 人当たり社会的消費は説明されないままで
ある．しかし，賃金が不変にとどまる長期の恒常状態の成長経路では，資本
ストックが労働力と同じ率で増加しなければならない．こうした時間的枠組
みでは，完全雇用の仮定は，賃金と利潤率を説明されないままに残して，資

本ストックの成長率と労働者1人当たり社会的消費を決定する.

4.6 実際の経済における成長

理論モデルのなかでは,外生パラメータは一定であるか,あるいは,一定の率でのハロッド中立的な技術変化のように,何らかの秩序だったしかたで成長していると仮定される.実際の経済では,こうなるのは稀である.アンガス・マディソンによって認定された成長局面で見てきた6カ国をもう一度参照しよう.表4.1は,産出量と資本,雇用の成長に焦点をあわせている.この表における雇用の計測値は総労働時間であり,それは労働者の数と平均的な労働者の年間労働時間の積である.

産出と資本ストックの量は,2世紀近くのあいだずっと,ほぼ絶え間なく,増加してきた.増加率が負の欄はないが,年率1%を下回る成長率が少しだけある.この値が小さいように思えるならば,1%複利で投資された貨幣額がたった70年で倍になることを考えてもらいたい.

労働生産性についても言えたように,産出量と資本の成長は不規則で,その成長率は高いときもあれば低くもなる.ここでもまた,第2次世界大戦直後の期間(1950-73年)はいちばん最近の期間(1973-92年)と著しく対照的である.前者の期間は,そのあいだの成長率が高かったので,「資本蓄積の黄金時代」と呼ばれることがある.

雇用増加率の変動には注意する必要がある.これらの変動のなかは,労働者1人当たり平均労働時間数の変化を反映する部分もあるし,労働者数の変化を原因とする部分もあるからである.モデルが異なれば,雇用の成長率の変化についての解釈のしかたがきわめて異なることもありうる.外生的に与えられた労働供給の完全雇用を仮定するモデルならば,これらの変化を,労働供給の外生的変化として扱うであろう.古典派の慣習的賃金モデルならば,これらの変化を,資本蓄積率の変動によって引き起こされる労働需要の変動として解釈するであろう.どちらの場合でも,実際のデータの意味を理解す

第4章 労働市場

表4.1　6カ国の産出量と雇用，資本の成長率（％/年）
（1820-1992年における主要期間）

	1820-70	1870-1913	1913-50	1950-73	1973-92
アメリカ					
産出, X	4.22	3.94	2.84	3.92	2.39
雇用, N	3.09	2.02	0.35	1.15	1.27
資本ストック, K	5.46	5.53	2.01	3.27	3.13
フランス					
産出, X	1.27	1.63	1.15	5.02	2.26
雇用, N		−0.10	−0.75	0.01	−0.46
資本ストック, K				4.80	4.30
ドイツ					
産出, X	2.00	2.81	1.06	5.99	2.30
雇用, N		0.92	0.45	0.00	−0.38
資本ストック, K				5.93	3.37
オランダ					
産出, X	1.93	2.20	2.43	4.74	2.14
雇用, N		0.92	1.10	−0.04	−0.07
資本ストック, K				4.55	3.07
イギリス					
産出, X	2.04	1.90	1.19	2.96	1.59
雇用, N	0.86	0.76	−0.46	−0.15	−0.57
資本ストック, K	2.61	1.73	1.09	5.17	3.32
日　本					
産出, X	0.31	2.34	2.24	9.25	3.76
雇用, N	0.21	0.45	0.40	1.44	0.61
資本ストック, K		3.49	4.17	9.18	6.81

（資料）　Maddison［1995b］表2-6.

るためには，何らかの外生的な技術変化を付け加えなければならないかもしれない．技術のスペクトルを仮定するモデルでは，労働市場を清算する実質賃金の変化に反応して，選択される技術が変化するというなら，その証拠を探すことになるかもしれない．

4.7 読書案内

　労働供給にかんする古典派の学説はMalthus [1986]，Ricardo [1951]，Marx [1977] に始まり，そして，影響力のある現代的な見解がLewis [1954] によって出された．マルクスが労働と労働力のあいだに設ける区別は，Marglin [1974] とBowles [1985] によってさらに仕上げられた．Gordon et al. [1982] で提示された経済発展と資本‐労働関係にかんする理論において，この区別が重要な役割を演じる．Goodwin [1967] は，マルクス的な労働予備軍の変化から生み出される循環を検討している．労働需要にかんする理論と応用の文献については，新古典派の立場からHamermesh [1993] が展望している．新古典派の理論にたいして懐疑的な証拠にかんする見解については，Michl [1987] を参照．「資本蓄積の黄金時代」については，Armstrong [1991] でその概略が示され，Marglin and Schor [1990] で理論的に評価されている．

第 **5** 章
消費と貯蓄のモデル

　経済成長のモデルを閉じるには，たとえ，ひとつの労働市場論が与えられたとしても，社会で消費と投資に所得がどのように分割されるかを説明する理論がさらに必要である．

　古典派経済学者であるスミス，マルサス，リカードは，労働者が階級として賃金をすべて消費する，と仮定した．ある見解にたてば，これは同義反復である．もし労働者が階級として貯蓄をすれば，富を所有することになり，もはや純粋な労働者でなくなってしまう．

　労働者が，階級として，ほとんどあるいはまったく貯蓄しないという仮定は，言うまでもなく，**個々の労働者家計が貯蓄する可能性**を排除しない．例えば，貯蓄のライフ・サイクル理論が想定するように，労働者は青年期および中年期に貯蓄し，それで退職生活をまかなうかもしれない．労働者は，失業のような不測の事態に備えて，あるいは子どもの教育費を準備するために貯蓄するであろう．しかし，こうした家計による貯蓄は，他の労働者家計による貯蓄の取り崩し（蓄えられた貯蓄からの支出）で相殺されるであろう．ある家計は退職後に備えて貯蓄しているが，他方で生涯貯蓄を退職後に支出している家計もいる．ある家計は子どもたちの教育費をまかなうために貯蓄しているが，他方で，貯蓄を崩して教育費に支出する家計もある．古典派的見解は，一部の労働者家計による貯蓄が，他の貯蓄取り崩しでちょうど相殺され，階級全体として貯蓄していない，という想定に等しい．

　本書では，多くの場合，階級全体としては労働者が賃金所得をすべて支出

し，社会的な貯蓄になにも貢献しない，との古典派的な仮定がおかれる．古典派的な見解では，社会的な貯蓄はすでに富を所有する資本家の役割である．

しかし，資本家の消費と貯蓄を説明し，予測するためにここで用いるモデルはきわめて新古典派的である．新古典派理論は，消費の意思決定を，現在消費と将来消費にそなえた貯蓄とのあいだのトレード・オフの結果ととらえているが，私たちも資本家の消費・貯蓄の意思決定をモデルにするさいにこの見解を厳格に採用する．このようなモデル化には，資本家の**異時点間の予算制約**を明示できるという大きな利点がある．その予算制約は，経済に複数の資産が存在するときに**ポートフォリオ**をどう決定するか，そして**金融的裁定**の基本原理を理解するための鍵となってくる．

適切なものがあれば，私たちは，新古典派以外の消費・貯蓄モデルも用いる．新古典派成長モデルが検討される第8章では，労働者家計を含むすべての家計が所得の一定割合を貯蓄すると仮定される．第13章で分析する**世代重複モデル**は，有限時間での経済的帰結に焦点をあわせているが，そこでは，労働者が唯一の貯蓄の担い手である．

本章で用いられる資本家の消費・貯蓄のモデルでは，コブ＝ダグラス型という，特定の異時点間効用関数が採用される．この効用関数を用いる結果，数学的最適化モデルは，解くのがきわめて容易になり，解は特に単純な形式をもつ．すなわち，資本家家計は，将来にわたって予想される純利潤率にかかわらず，各期末に富の一定割合を消費する．この単純な振る舞いは，コブ＝ダグラス需要系では将来の純利潤率変化の富効果と代替効果がちょうど相殺される，という事実に起因している．

この異時点間消費モデルは，実際の経済で主要な役割を果たす**不確実性**を排除している，という大きな限界をもっている．私たちが展開する分析道具は，不確実性のもとで消費と貯蓄を研究するためにも利用できるが，不確実性を導入すると数学はあまりにも複雑になる．私たちのモデルでは，常に資本家は現在と将来の純利潤率を確実に知っている．

本章では，経済成長のモデルを閉じるための基礎となる資本家の消費・貯

第5章　消費と貯蓄のモデル　　　　91

蓄行動を詳細に検討していく.

5.1　消費‐貯蓄の2期間モデル

　まず，経済理論の授業でしばしば用いられる例題，すなわち**コブ＝ダグラス効用関数**を仮定した2期間貯蓄モデルを考察することから始めよう．資本家は，第0期と第1期の2期間を生きる．私たちは資本家の富，消費，貯蓄を実質産出物の単位で測る．第0期の期首に，富の賦存量は K_0 であり，それを純利潤率 r_0 で投資できる．純利潤率は，投資にたいする実質収益を表しており，インフレーションを調整した利子率と比較可能である．第0期末に富は $K_0 + r_0 K_0 = (1 + r_0) K_0$ に増加している．それを消費する（C_0）か，第1期末に消費するために貯蓄する（K_1）ことができる．第1期にふたたび純利潤率 r_1 で投資し，元本と収益，$(1 + r_1) K_1$ のすべてをその期末に消費する（C_1）であろう．資本家の予算制約は，2つの式で書くことができる.

$$C_0 + K_1 \leq (1 + r_0) K_0$$
$$C_1 + K_2 \leq (1 + r_1) K_1 \leq (1 + r_1) ((1 + r_0) K_0 - C_0) \qquad (5.1)$$

万全を期すために，資本家が第1期末に幾分か（K_2）を貯蓄する可能性を含める．それは，さらに遠い将来に自分自身または自分の相続人に提供される．もし資本家が第1期末より後の将来を気にかけないならば，$K_2 = 0$ とし，第1期末にすべての富を消費するであろう．私たちは，資本家が若干の富を放棄するかもしれない（消費，貯蓄のどちらもしない）という可能性も含めた．しかし，もし資本家が消費から正の限界効用を得ていれば，富はかならず利用され，そのさい，上の式は常に等号で成立する.

　コブ＝ダグラス効用関数は，**効用割引因子**と呼ばれ，0と1のあいだにあるパラメータ β（ギリシア文字で「ベータ」と読む）を用いて定義される．第0期の加重値を $1 - \beta$，第2期の加重値を β として，対数表示された1期間の消費が加重平均としてつぎのように得られる.

$$u(C_0, C_1) = \ln(C_0^{1-\beta} C_1^\beta) = (1 - \beta) \ln C_0 + \beta \ln C_1 \qquad (5.2)$$

ここで自然対数関数は，各期の効用関数の役割を果たす．資本家が1期間に C を消費することから得る効用は $\ln C$ であり，資本家が C だけ消費するとき，消費の限界効用は自然対数の微分 $1/C$ である．それゆえ，資本家の消費が高くなるにつれて，限界効用は低くなっていく，すなわち対数表示された効用関数は**限界効用逓減**の性質をもつ．

(5.2)式の形は，資本家が第1期より後の消費から効用を得ないことを意味している．

予算制約のもとで効用を最大化する消費の組み合わせを選ぶために，資本家はつぎの数学的計画問題を解かねばならない．

$C_0 + K_1 \leq (1+r_0) K_0$

$C_1 + K_2 \leq (1+r_1) K_1 \leq (1+r_1)((1+r_0) K_0 - C_0)$ の制約のもとで，

$(1-\beta) \ln C_0 + \beta \ln C_1$（ただし $C_0, C_1 \geq 0$）を最大化しなさい．

ただし β, K_0, r_0, r_1 は所与とする． (5.3)

詳細は以下で検討するが，この問題の解はつぎのようになる．

$C_0 = (1-\beta)(1+r_0) K_0$

$K_1 = \beta(1+r_0) K_0$ (5.4)

$C_1 = (1+r_1) K_1 = \beta(1+r_1)(1+r_0) K_0$

資本家は，第1期における純利潤率の水準にかかわりなく，富のうち $1-\beta$ の割合を第0期末に消費する．後で論証されるように，時間視野がどれほどの長さでも第0期，解はこの性質をもち続ける．

2期間消費問題を解く

この型の最大化問題を解くための便利で経済学的な洞察に満ちた方法はラグランジュ法である．制約にたいしてそれぞれ1つずつ，新しい変数 λ_0 と λ_1（ギリシア文字で「ラムダ」と読む）を定義する．これは，**潜在価格**または**ラグランジュ乗数**と呼ばれており，制約を破ることにたいする罰則とみなされる．つぎに**ラグランジュ関数**を構成するが，それは資本家の効用から制約を破ったときの罰則を差し引いたものになる．

第5章　消費と貯蓄のモデル　　93

$$L(C_0, C_1, K_1, K_2 ; \lambda_0, \lambda_1)$$
$$\equiv (1-\beta)\ln C_0 + \beta \ln C_1 - \lambda_0 (C_0 + K_1 - (1+r_0) K_0)$$
$$\qquad - \lambda_1 (C_1 + K_2 - (1+r_1) K_1) \qquad\qquad (5.5)$$

ラグランジュ関数の初めの部分を**効用関数**，残りの部分を**処罰関数**と呼ぶことが便利である．もし，λ_0^*, λ_1^* を一定にしたときに C_0^*, C_1^*, K_1^*, K_2^* がラグランジュ関数を**最大化**し，かつ，C_0^*, C_1^*, K_1^*, K_2^* を一定にしたときに λ_0^*, λ_1^* がラグランジュ関数を**最小化**するように，C_0^*, $C_1^* \geq 0$（そしてその結果として K_1^* と K_2^*）および λ_0^*, $\lambda_1^* \geq 0$ を選べるならば，求められた C_0^* と C_1^* は元の制約条件つきの問題にたいする最大値となる．そのような組み合わせ（C_0^*, C_1^*, K_1^*, K_2^* ; λ_0^*, λ_1^*）は，ラグランジュ関数の**鞍点**と呼ばれる．

ラグランジュ関数の鞍点が元の制約条件つき最大化問題の解となっている理由を理解するために，まず，C_0^*, C_1^*, K_1^*, K_2^* が初めの問題の制約を満たさねばならないことに留意しよう．もし制約を満たしていない（例えば，$C_0^* + K_1^* > (1+r_0) K_0$）ならば，$\lambda_0$ を大きくすることでラグランジュ関数の値をいつでも小さくできる．ラグランジュ関数では λ_0 に負数を掛けるからである．このことは，C_0^*, C_1^*, K_1^*, K_2^* を一定に保ったとき λ_0^* と λ_1^* がラグランジュ関数を最小化するという鞍点の性質と矛盾するであろう．実際，処罰関数は鞍点でゼロでなければならない．つまり，制約条件が等号で満たされ，対応する処罰項がゼロである場合，あるいは，潜在価格に掛けられる数が負であって，それゆえ，対応する潜在価格がゼロのときにのみラグランジュ関数が最小化される場合のいずれかである．

制約を満たし，かつ，C_0^* と C_1^* より大きな効用をもたらす，もう1組の C_0, C_1, K_1, K_2 が存在するとしよう．この代替計画では，効用関数は先に仮定された鞍点での値より大きくなるであろう．この代替案が制約を満たしているため，λ_0^* と λ_1^* はラグランジュ関数で負数あるいはゼロを掛けられなければならず，そのため，処罰関数も正あるいはゼロのいずれかである．しかし，鞍点にたいして処罰関数は正確にゼロであったので，代案のラグランジュ関数の値は鞍点のものより大きいであろう．これは，λ_0 と λ_1 を一定に保

ったときに C_0^*, C_1^*, K_1^*, K_2^* がラグランジュ関数を最大化する，という鞍点の性質に矛盾する．したがって，制約を満たし，かつ，より大きな効用を与える代替案は存在しないことが論証されたわけであるが，これは C_0^* と C_1^* が元の問題にたいする最大値であることを意味している．

ラグランジュ関数の鞍点を見つけるために，C_0, C_1, K_1, K_2, λ_0, λ_1 にかんする微分をゼロとおき，求められた1階の条件式を解いて，臨界点を得る．（いつでも計算で求められるわけではないが，コブ゠ダグラス効用関数の場合は可能である．）

$$\frac{\partial L}{\partial C_0} = \frac{1-\beta}{C_0} - \lambda_0 \leq 0 \ （もし \ C_0 > 0 \ であれば，\ \frac{\partial L}{\partial C_0} = 0）$$

$$\frac{\partial L}{\partial C_1} = \frac{\beta}{C_1} - \lambda_1 \leq 0 \ （もし \ C_1 > 0 \ であれば，\ \frac{\partial L}{\partial C_1} = 0）$$

$$\frac{\partial L}{\partial K_1} = -\lambda_0 + (1+r_1)\lambda_1 \leq 0 \ （もし \ K_1 > 0 \ であれば，\ \frac{\partial L}{\partial K_1} = 0） \quad (5.6)$$

$$\frac{\partial L}{\partial K_2} = -\lambda_1 \leq 0 \ （もし \ K_2 > 0 \ であれば，\ \frac{\partial L}{\partial K_2} = 0）$$

$$\frac{\partial L}{\partial \lambda_0} = -(C_0 + K_1 - (1+r_0)K_0) \geq 0 \ （もし \ \lambda_0 > 0 \ であれば，\ \frac{\partial L}{\partial \lambda_0} = 0）$$

$$\frac{\partial L}{\partial \lambda_1} = -(C_1 + K_2 - (1+r_1)K_1) \geq 0 \ （もし \ \lambda_1 > 0 \ であれば，\ \frac{\partial L}{\partial \lambda_1} = 0）$$

例えば，K_1 の1階条件は，ラグランジュ関数で K_1 に掛けられている係数がゼロを下回るか，ゼロに等しくなければならない，ということを示す．すなわち，もしそれが正であれば，非常に大きな K_1 を選ぶことによって限りなくラグランジュ関数の値を大きくできるので，鞍点が存在しないことになる．もし，K_1 が正であれば，この係数はゼロでなければならない．仮にこの係数が負で K_1 が正であれば，K_1 を小さくさせることによりラグランジュ関数の値を大きくできるからである．K_1 はゼロを下回りえないので，K_1 がゼロであるときにのみ，この係数は鞍点で負となりうる．類似の推論が他の1階条件の基礎をなす．

最初の2つの1階条件は，C_0, $C_1 > 0$ である場合にのみ満たされるが，そ

れはさらに $\lambda_0, \lambda_1 > 0$ を意味する．この数学的条件の背後にある経済学的直観はつぎのようである．消費量が小さければ小さいほど，対数型効用関数の限界効用が際限なく大きくなっていくので，それぞれの期間で資本家はなにがしかの消費をおこなう．（上ですでに理解したように）$\lambda_1 > 0$ であるから，$K_2 = 0$ であることがわかる．処罰関数が鞍点でゼロであるので，次式が得られる．

$$\lambda_0 C_0 + \lambda_1 C_1 = K_1(-\lambda_0 + (1+r_1)\lambda_1) - \lambda_1 K_2 + \lambda_0(1+r_0)K_0$$

しかし，さらに1階条件より次式が得られる．

$$\lambda_0 C_0 + \lambda_1 C_1 = 1$$
$$K_1(-\lambda_0 + (1+r_1)\lambda_1) = 0$$
$$\lambda_1 K_2 = 0$$

これらの方程式を解くことにより，**コブ゠ダグラス需要系**を得る．

$$\lambda_0 = \frac{1}{(1+r_0)K_0}$$

$$\lambda_1 = \frac{1}{(1+r_1)(1+r_0)K_0}$$

$$K_1 = \beta(1+r_0)K_0 \tag{5.7}$$

$$C_0 = (1-\beta)(1+r_0)K_0$$

$$C_1 = (1+r_1)K_1 = \beta(1+r_1)(1+r_0)K_0$$

コブ゠ダグラス需要系では，将来純利潤率の変化の富効果が代替効果と量的に等しく，符号が反対であるため，第0期の消費は第1期の純利潤率 r_1 に依存しない，という特殊な性質をもつ．この簡潔さは，これから考察するタイプの成長モデルでは大いなる助けとなる．例えば，資本家の貯蓄 K_1 は期末の富 $(1+r_0)K_0$ のちょうど一定割合 β になる．

問題5.1 3期間に直面する資本家の選択問題を書きなさい．効用関数と予算制約をはっきりと示し，表記法を説明しなさい．

問題5.2 3期間の資本家選択問題のラグランジュ関数を書き，臨界点を特徴づける1階の条件を求めなさい．潜在価格がいくつ存在しますか．

96

問題 5.3 3期間の資本家選択問題にたいする1階条件を解き，求められる需要系が以下の方程式となることを論証しなさい．

$$C_0 = (1-\beta)(1+r_0)K_0$$

$$K_1 = \beta(1+r_0)K_0$$

$$C_1 = (1-\beta)(1+r_1)K_1 = (1-\beta)\beta(1+r_1)(1+r_0)K_0 \qquad (5.8)$$

$$K_2 = \beta(1+r_1)K_1$$

$$C_2 = (1+r_2)K_2$$

5.2 無限期間モデル

リカードおよび古典派経済学者は，富所有者が消費・貯蓄の意思決定をするさいに子孫の利益を考慮すると主張した．それゆえ，たとえ個々の人生が有限の時間内に終わろうとも，計画期間がまるで無限の将来に遠く伸びているかのように彼らは行動するであろう．この歴代の王朝のような仮説は，**リカードの等価定理** と呼ばれている．

幸いにも，2期間のコブ゠ダグラス貯蓄問題をより長い期間に一般化できる．

無限期間 を考慮するために，$t = 0, 1, 2, \cdots$ のように終点のない時間を設定しよう．

2期間モデルのように，資本家が富のストック K_0 をもっている第0期から始める．ちょうど2期間モデルのように，資本家はこれを純利潤率 r_0 で投資することができ，期末には，$(1+r_0)K_0$ をもつであろう．それが次期の消費と貯蓄に分割される．実際，無限期間モデルの予算制約は，無限に続くという点を除けば，2期間モデルと同一である．

$$C_0 + K_1 \leq (1+r_0)K_0$$

$$C_1 + K_2 \leq (1+r_1)K_1$$

$$\cdots\cdots$$

$$(5.9)$$

第5章　消費と貯蓄のモデル　　　　97

$$C_t + K_{t+1} \leq (1 + r_t) K_t$$

……

資本家は各期にこのような一連の決定をしなければならない．意思決定の結果として，消費は第0期からの無限へと続くつぎのような系列となるであろう．

$$\{C_0, C_1, C_2, \cdots, C_t, \cdots\} = \{C_t\}_{t=0}^{\infty}$$

典型的な資本家は，つぎの対数効用関数を割り引いて計算して，消費経路 $\{C_t\}_{t=0}^{\infty}$ を評価する，と仮定する．

$$
\begin{aligned}
u(\{C_t\}_{t=0}^{\infty}) &= (1-\beta) \sum_{t=0}^{\infty} \beta^t \ln C_t \\
&= (1-\beta) \ln C_0 + (1-\beta) \beta \ln C_1 + (1-\beta) \beta^2 \ln C_2 + \cdots
\end{aligned}
$$

(5.10)

この効用関数は，2期間貯蓄問題を分析するために用いたコブ＝ダグラス効用関数を一般化したものであり，対数表示された各期の消費を加重平均したものである．（幾何級数がつぎのように合計されることを思い出そう．$\sum_{t=0}^{\infty} \beta^t = 1/(1-\beta)$，それゆえ，$(1-\beta) \sum_{t=0}^{\infty} \beta^t = 1$．）$\ln C_t$ に $(1-\beta) \beta^t$ を掛ける効果は，第 t 期での消費の効用を縮小させるか，**割り引く**ことになっている．より遠い将来の効用は典型的資本家の計算ではより小さく評価される．私たちは，資本家が**完全予見**をもつ，すなわち，純利潤率をすべての将来にたいして正確に予想する，と仮定している．こうして，資本家は各期の予算制約の系列のもとで効用を最大化するために，つぎの計画問題を解かねばならない．

$C_t + K_{t+1} \leq (1 + r_t) K_t$　$(t = 0, 1, \cdots)$ の制約のもとで

$(1-\beta) \sum_{t=0}^{\infty} \beta^t \ln C_t$ を最大化するように

$\{C_t \geq 0, K_{t+1} \geq 0\}_{t=0}^{\infty}$ を選択しなさい．

ただし，$K_0, \{r_t\}_{t=0}^{\infty}$ は所与とする．

(5.11)

以下で解かれるように，資本家が各期に期末の富の一定割合 $1-\beta$ を消費する，というのがこの問題の解である．この結論は，2期間問題から予想さ

れたことであろう.

$$C = (1-\beta)(1+r)K \tag{5.12}$$

これは, 資本家が富の一定割合 β を貯蓄することも意味している.

$$K_{+1} = \beta(1+r)K \tag{5.13}$$

各期の富の増加は, 割引率 β と純利潤率 r のみに依存する.

$$1+g_K = \frac{K_{+1}}{K} = \beta(1+r) \tag{5.14}$$

成長理論で(5.14)式は**ケンブリッジ方程式**と呼ばれている.

無限期間問題を解く

2期間モデルとまったく同じように, ラグランジュ法を用いて無限期間問題を解くことができる. 潜在価格の無限系列 $\{\lambda_t\}_{t=0}^{\infty}$ があり, 系列の各項は, それぞれ各期の予算制約に対応している. 資本家の計画問題のラグランジュ関数はつぎのようになる.

$$L(\{C_t, K_{t+1} ; \lambda_t\}_{t=0}^{\infty})$$

$$= (1-\beta)\sum_{t=0}^{\infty} \beta^t \ln C_t - \sum_{t=0}^{\infty} \lambda_t(C_t + K_{t+1} - (1+r_t)K_t)$$

$$= (1-\beta)\sum_{t=0}^{\infty} \beta^t \ln C_t - \sum_{t=0}^{\infty} \lambda_t C_t - \sum_{t=0}^{\infty} (\lambda_t - \lambda_{t+1}(1+r_{t+1}))K_{t+1}$$

$$+ \lambda_0(1+r_0)K_0$$

ラグランジュ関数の鞍点は, 組み合わせ $\{C_t^*, K_{t+1}^*, \lambda_t^*\}_{t=0}^{\infty} \geq 0$ であるが, それは, $\{\lambda_t^*\}_{t=0}^{\infty}$ を所与として $\{C_t^*, K_{t+1}^*\}_{t=0}^{\infty}$ が L を最大化し, かつ, $\{C_t^*, K_{t+1}^*\}_{t=0}^{\infty}$ を所与として $\{\lambda_t^*\}_{t=0}^{\infty}$ が L を最小化するという特徴をもっている. この鞍点を得るために, 各変数に対応する1階の条件を求めよう. もし鞍点が求められれば, 2期間の場合と同じ理由で, 値 $\{C_t^*, K_{t+1}^*\}_{t=0}^{\infty}$ は元の問題(5.11)の解でなければならない. 資本家の計画問題(5.11)式を解くために必要かつ十分な1階条件は, つぎのようになる.

$$\frac{\partial L}{\partial C_t} = \frac{(1-\beta)\beta^t}{C_t} - \lambda_t \leq 0 \quad (\text{もし } C_t > 0 \text{ であれば}, \ \frac{\partial L}{\partial C_t} = 0) \tag{5.15}$$

第5章 消費と貯蓄のモデル 99

$$\frac{\partial L}{\partial K_{t+1}} = -\lambda_t + (1+r_{t+1})\lambda_{t+1} \leq 0 \quad (\text{もし } K_{t+1} > 0 \text{ であれば、} \frac{\partial L}{\partial K_{t+1}} = 0)$$
(5.16)

$$\frac{\partial L}{\partial \lambda_t} = -(C_t + K_{t+1} - (1+r_t)K_t \geq 0 \quad (\text{もし } \lambda_t > 0 \text{ であれば、} \frac{\partial L}{\partial \lambda_t} = 0)$$
(5.17)

これらの1階条件はすべての $t=0,1,\cdots,\infty$ について満たされなければならない.

(5.15)式は、$\lambda_t > 0$ かつ $C_t > 0$ である場合にのみ、満たされる. 2期間の場合と同様に鞍点条件を用いて、典型的な資本家の消費関数を計算できる. 鞍点で処罰関数の値はゼロでなければならない. しかし、そのときには、次式が成立している.

$$\sum_{t=0}^{\infty} \lambda_t C_t = (1-\beta)\sum_{t=0}^{\infty}\beta^t = 1$$
$$= \sum_{t=0}^{\infty} K_{t+1}(-\lambda_t + (1+r_{t+1})\lambda_{t+1}) + \lambda_0(1+r_0)K_0$$

つぎの1階条件

$$\sum_{t=0}^{\infty} K_{t+1}(-\lambda_t + (1+r_{t+1})\lambda_{t+1}) = 0$$

によれば、2期間の場合と同じようにして、次式を得る.

$$\lambda_0 = \frac{1}{(1+r_0)K_0}$$

$t=0$ にたいして(5.15)式は、$C_0 = (1-\beta)/\lambda_0$ を意味しており、したがって、次式が成立する.

$$C_0 = (1-\beta)(1+r_0)K_0$$

じつは各期間がちょうど第1期と同じような状況にあるので、同様な議論を用いて、1階条件からつぎの消費関数を導出できることが示される.

$$C = (1-\beta)(1+r)K$$
(5.18)

すでに検討したように、上式から資本家の富の成長にたいする次式が得られる.

$$K_{+1} = \beta(1+r)K \tag{5.19}$$

$$1 + g_K = \frac{K_{+1}}{K} = \beta(1+r) \tag{5.20}$$

問題 5.4　無限期間コブ゠ダグラス消費モデルで, (5.13)式を証明し, C_t を K_{t+1} で表しなさい.

問題 5.5　潜在価格で評価された, 無限期間コブ゠ダグラス消費モデルの最適消費経路に沿って実現された消費と資本価値, すなわち $\sum_{t=0}^{T} \lambda_t C_t + \lambda_T K_{T+1}$ が時間をつうじて一定にとどまり, $\lambda_0(1+r_0)K_0$ に等しいことを示しなさい.

5.3　貯蓄率一定のモデル

新古典派成長モデルでは, 粗投資は産出の一定部分 s であると仮定されることが多い. すなわち, 次式が成立する.

$$I = sX$$

本章で展開された古典派貯蓄モデルでは, 粗投資は資本家の富のストックに依存する. ここで富は資本 K である. $\rho K = X$ および $r = v - \delta$ であったことを想起すれば, 古典派モデルでは次式が成立することになる.

$$I = K_{+1} - K + \delta K = (\beta(1+r) - (1-\delta))K = \frac{\beta v - (1-\beta)(1-\delta)}{\rho} X$$

したがって, 古典派貯蓄モデルでも, 利潤率 v と資本生産性 ρ が不変であるかぎり, 投資は産出の一定割合になろう. それゆえ, 利潤率と資本の生産性が変化するときにのみ, 2つの貯蓄モデルが相違する.

5.4　貯蓄率と成長率

国が社会的消費‐成長表のどこに位置するのかを示すために, 多くの場合, 経済学者は**貯蓄率** $s = I/X$ を用いる. 定義に示されるように, まさしく貯蓄率は産出に占める粗投資の割合である. 閉鎖経済では, 貯蓄と投資は恒等的

第5章　消費と貯蓄のモデル　　　　101

に等しいが，開放経済の場合は資本が輸出あるいは輸入されるため，貯蓄は
投資を超過するかもしれないし，投資に満たないかもしれない．1国の経済
成長を研究するという目的にとって，重要な要素は粗投資であるので，貯蓄
率を産出にたいする粗投資の比率として測る．高い貯蓄率をもつ国は，成長
のためにより多くの努力をするが，消費にはたいした努力をしていない．定
義により，次式が成立する．

$$s = \frac{I}{X} = \frac{X-C}{X} = 1 - \frac{C}{X} = 1 - \frac{c}{x}$$

上式を整理すれば，貯蓄率の社会的消費－成長表にたいする関係をみるこ
とができる．

$$c = (1-s)x$$

社会的消費－成長率表で，社会的消費を表すために c の代わりに $1-s$ を
用いることができる．

$$1-s = 1 - \frac{g_K + \delta}{\rho} \tag{5.21}$$

あるいは，つぎのように書ける．

$$g_K + \delta = s\rho \tag{5.22}$$

経済成長の分析で重要な問題は，高い貯蓄率がより急速な経済成長をもた
らすかどうか，である．より高い貯蓄率が経済成長を加速するのは一時的に
すぎないと主張する理論がある一方で，より高い貯蓄率は経済成長にたいし
て永続的に良い影響を及ぼす，と考える理論もある．

マディソンのデータは，表2.8 に含まれていた6カ国の貯蓄率を示してい
る．表5.1 には，過去1世紀をいくつかの期間に分けて，これらの国の資本
ストック成長率にたいする貯蓄率を比較している．もし時間をつうじて各国
の違いを検討するならば，通常，貯蓄率の上昇が成長率の上昇と関係してい
ることを理解できる．また，高貯蓄の国（例えば日本）は，低貯蓄の国より
速く成長するというのも，真実のようである．これらの一般化にたいして若
干の例外があるが，それは社会的消費－成長表のパラメータ（例えば x ま

表5.1 1870-1987年の6カ国にたいする貯蓄率（I/X(%)）と資本蓄積率（I/K(%) 年当たり）

	1870-90	1890-1913	1913-38	1938-50	1950-73	1973-81	1981-87
アメリカ							
I/X	16.3	15.9	14.2	13.1	18.0	18.0	17.7
I/K	6.79	4.17	2.10	1.75	3.22	3.31	3.01
フランス							
I/X	12.8	13.9	16.1		21.2	21.7	20.2
I/K					4.68	4.47	3.44
ド　イ　ツ							
I/X			12.9		23.2	20.6	20.2
I/K				−1.09	6.11	3.37	2.91
オランダ							
I/X			17.5		23.8	20.2	19.4
I/K					4.45	2.92	2.54
イギリス							
I/X	8.4	8.5	7.8	6.5	16.3	17.7	16.5
I/K	1.66	1.75	1.29	0.65	5.04	3.08	2.81
日　　本							
I/X	12.6	14.4	16.2	18.6	28.3	30.4	29.2
I/K		3.43	4.71	2.78	8.79	6.70	5.40

（資料）　Maddison [1995b] 表K-1 および Maddison [1995a] pp. 148-64, 172.

たは ρ）の違いを反映するにちがいない.

　アメリカの貯蓄率は，過去1世紀にわたってほぼ一定のままであった．おそらく，マクロ経済学者が用いたデータは主にアメリカ経済から収集されたために，消費と貯蓄の優れた理論ならば，貯蓄率が趨勢をもたない一定値であるという「事実」を説明しなければならないと考えられていた.

　しかし，他の国から得られたデータによれば，裕福になればなるほど，所得のより大きい割合が貯蓄される，というジョン・メイナード・ケインズの考え方が支持される．ほとんどの国で，この1世紀のあいだ，貯蓄率は上昇してきた．表5.1で最後の2列を比較すればわかることだが，1980年代に貯蓄率が低下したことが，1つの大きな修正となる.

5.5 読書案内

最適消費の動学的モデルは，英国の数学者 Frank Ramsey [1928] に始まる．貯蓄の階級構造というジョン・メイナード・ケインズの見方は，高率の資本蓄積を成し遂げる能力にもとづいた資本主義擁護論であるが，Keynes [1920] に見ることができる．貯蓄率が所得とともに上昇する傾向があるという見解は，Keynes [1936] で詳述されている．2 階級の仮定は，Kaldor [1956] と Pasinetti [1974] の研究で主要な役割を果たし，ケンブリッジ資本論争における論点の1つ（例えば，Samuelson and Modigliani [1966]）であった．蓄積を資本家貯蓄のみに関係させるケンブリッジ方程式が，（逆説的ではあるが）労働者が利子の残りを貯蓄するときにも妥当するというルイジ・パシネッティの発見．この定理がどんな条件下で成立するか，にかんする周到な検討については Fazi and Salvadori [1985] を参照するとよい．Stephen Marglin [1984] は，貯蓄の新古典派理論と古典派理論の比較に大いに関心を寄せている．

第6章
古典派の経済成長モデル

　成長モデルは労働市場と，消費・貯蓄のある特定の理論，成長‐分配表で構成されている．本章で分析する**古典派成長モデル**は，資本家消費の無限期間モデルと，労働市場における慣習的賃金，あるいは完全雇用の仮定と接合される．

6.1　古典派慣習的賃金モデル

　すでに見たように，古典派成長理論は，スミスとリカードによって展開され，マルクスの資本主義経済批判の土台として用いられた．この古典派成長理論において鍵となる考え方は，与えられた慣習的賃金のもとで労働力が弾力的に供給されるということである．つまり古典派モデルでは，労働供給は所与の実質賃金 $\overline{w}$ のもとで水平となることが仮定されているのである．この仮定により，4つの変数 v, w, g_K, c のうちの1つ (w) がつぎのように決定される．

$$w = \overline{w} \tag{6.1}$$

　第5章で見たように，古典派の見方によれば，社会的貯蓄は資本家が自分の富を消費しないと決めた結果である．ここでは，独立した多くの資本家が存在し，すべての資本家は初期時点で同一の富 K をもっていると仮定する．資本家の数が時間をつうじて同一であれば，典型的な資本家の決定は，経済全体に生ずることを要約していることになる．

第6章 古典派の経済成長モデル 105

1部門モデルでは，典型的な資本家は，企業家に貸しているどの資本にかんしても利潤率 v を受け取る．これは，企業家が賃金を支払ったあとの資本1単位当たり残余利潤である．あるいは同じことだが，産出に占める利潤分配率に産出 – 資本比率を掛け合わせたものである．

$$v = \frac{x-w}{k} = \left(1-\frac{w}{x}\right)\rho = \pi\rho \tag{6.2}$$

期末には，典型的な資本家の富は，資本にかんして受け取った利潤と，減耗分を除いた後の資本からなっており，資本家は自分の富を，自分の消費 C^c と次期のための資本の蓄積に分割しなければならない．

$$C^c + K_{+1} = (1-\delta)K + vK \tag{6.3}$$

第5章で見たように，典型的な資本家が割引対数効用関数を最大化すると仮定すれば，期末の富のうち $1-\beta$ という一定割合を消費する選択をするだろう．

$$C^c = (1-\beta)(1+r)K \tag{6.4}$$

以上より，

$$K_{+1} = \beta(1+r)K$$

$$1+g_K \equiv \frac{K_{+1}}{K} = \beta(1+r) \tag{6.5}$$

資本の成長因子 $1+g_K$，割引因子あるいは資本家の貯蓄性向 β，そして純利潤率 $1+r$ のあいだのこの関係は，現代の多くの成長理論において重要な役割を果たしており，しばしば**ケンブリッジ方程式**と呼ばれている．これは，労働者がすべての賃金を支出し，資本家が期末の富の一定割合 β を貯蓄するならば，いつでも成り立つ．

ケンブリッジ方程式を，$g_K+\delta$ と粗利潤率 v のあいだの関係としても表現できる．

$$g_K+\delta = \beta v - (1-\beta)(1-\delta) \tag{6.6}$$

古典派には労働市場と資本家消費の理論があるため，実質賃金 – 利潤率の関係と社会的消費 – 成長率の関係に2つの方程式が付け加えられる．こうし

て，4つのすべての内生変数，つまり社会的消費 c，資本の成長率 g_K，賃金 w，利潤率 v が決定される完全なモデルができあがる．

そこで，古典派モデルを形づくる4つの関係を書くことができる．ここで外生パラメータは x, δ, β, $\overline{w}$，そして，k か ρ かのどちらか（どちらを用いるかは表 6.1 のようにテクノロジーをどのように表すかによる）である．

社会的消費は資本家消費と労働者消費の和に等しく，労働者消費は賃金に等しいことから，労働者1人当たり資本家消費 c^c を導き出すこともできる．

$$c = c^c + c^w = c^c + w$$

図 6.1 は古典派体系の完全な決定を図解している．

古典派モデルは直截的な説明図式を有している．実質賃金と利潤率の関係は生産係数によって決定されているので，その関係が与えられると，慣習的実質賃金は利潤率を決定する．また，実質賃金総額を労働者が階級として消費するという仮定が与えられると，慣習的実質賃金は労働者消費も決定する．そして利潤率は，古典派の利潤率‐成長率関係（ケンブリッジ方程式）をつ

表 6.1　古典派慣習的賃金モデル

内生変数：w,　v,　c,　g_K

外生パラメータ：k,　x,　δ,　β,　$\overline{w}$

$$w = x - vk \tag{6.7}$$

$$c = x - (g_K + \delta)k \tag{6.8}$$

$$\delta + g_K = \beta v - (1-\beta)(1-\delta) \tag{6.9}$$

$$w = \overline{w} \tag{6.10}$$

外生パラメータ：ρ,　x,　δ,　β,　$\overline{w}$

$$w = x\left(1 - \frac{v}{\rho}\right) \tag{6.11}$$

$$c = x\left(1 - \frac{g_K + \delta}{\rho}\right) \tag{6.12}$$

$$\delta + g_K = \beta v - (1-\beta)(1-\delta) \tag{6.13}$$

$$w = \overline{w} \tag{6.14}$$

第6章 古典派の経済成長モデル

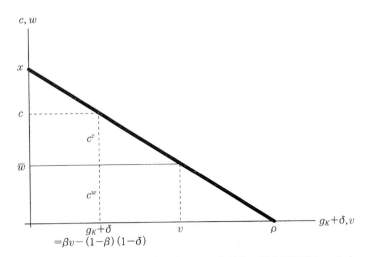

図 6.1 慣習的実質賃金と,富に占める一定割合の資本家消費という古典派的仮定を追加すると,与えられた実質賃金 - 利潤率表と社会的消費 - 成長率表のもとで,g_K, w, r, c を決定する成長モデルが完結する.

うじて成長率を決定する.そしてさらに,成長率が社会的消費を決定し,社会的消費は資本家と労働者の消費にそれぞれ分割されることになる.

古典派の慣習的賃金モデルは現実経済に適用することができる.例えば,表 2.1 と表 2.2 のデータを用いて 1989 年のアメリカ経済にあてはまるパラメータを決定できる.表から,$k, x, \delta, \overline{w}$ は直接わかる.β を計算するために,最初に g_K を求めると,$g_K = (i/k) - \delta = 0.127 - 0.091 = 0.036$ となり,β は,$\beta = (1+g_K)/(1+v-\delta) = 1.036/1.16 = 0.893$ となる.

問題 6.1 リカーディア(問題 2.1 参照)における実質賃金が 20 ブッシェル/(労働者・年)で,$\beta = 0.5$ であるとすると,資本の成長率,労働者 1 人当たり社会的消費,労働者 1 人当たり資本家消費はいくらですか.

問題 6.2 インダストリア(問題 2.1 参照)における実質賃金が 10 ドル/時間,労働者の年間労働時間が 2,000 時間,$\beta = 0.97$ であるとすると,資本の成長

率，労働者1人当たり社会的消費，労働者1人当たり資本家消費はいくらですか.

6.2 慣習的賃金モデルにおける比較動学

モデルは，外生パラメータが変化した結果として，内生変数がどのように変化するかを説明する．このような分析をおこなうには，モデルのさまざまなパラメータの変化が，内生変数にたいしてどのような変化をもたらすかを考慮する必要がある.

古典派モデルにおける内生変数は，実質賃金 w や利潤率 v，社会的消費 c（これは労働者当たりで測った，労働者消費 $c^w = w$ と資本家消費 c^c に分割される），資本成長率 g_K である．パラメータは，資本－労働比率 k，または資本生産性 ρ，労働者1人当たり産出 x，資本減耗率 δ，資本家効用の割引因子 β，慣習的賃金 $\overline{w}$ である．検討されることの多い比較動学分析は，資本生産性 ρ を一定として，労働生産性 x の上昇が，内生変数 w，v，c，$g_K + \delta$ に及ぼす影響を分析することである．こうしたタイプの比較をおこなうときに重要なのは，どのパラメータが変化し，どれが一定のままであるのかを明確にしておくことである．この場合，ρ，δ，β，$\overline{w}$ は同一であり，x および $k = x/\rho$ だけが変化するのである.

この問題を解くには，均衡を定義している方程式を基礎にして解くこともできるし，解をグラフで表現して解くこともできる．均衡条件は(6.11)式から(6.14)式である.

x が変化しても $\overline{w}$ は変化しないと仮定したのだから，x が増大しても賃金は同一のままである．(6.11)式より利潤率 v は上昇することがわかる（なぜならば x が上昇し，ρ が一定のままだからである）．ケンブリッジ方程式である(6.13)式より，v の上昇は $g_K + \delta$ を上昇させる．(6.12)式より，x も $g_K + \delta$ も上昇するため，c が上昇するか下落するかはちょっと見ただけでは判断がつかない．しかしながら，つぎの資本家消費関数を見てみよう.

$$c^c = (1-\beta)(1+r)\frac{x}{\rho}$$

$r = v - \delta$ と x は上昇し,β と ρ は仮定より一定のままであるから,結果として労働者 1 人当たり資本家消費 c^c は上昇しなければならないことがわかる.労働者消費はちょうど実質賃金と等しく,しかもそれは仮定により一定のままであるので,労働者 1 人当たり社会的総消費は上昇するはずである.

表 6.2 古典派慣習的賃金モデルの比較動学

パラメータの変化					効果				
ρ	k	x	β	$\bar{w}$	v	w	g_K	c	c^c
同一	上昇	上昇	同一	同一	上昇	同一	上昇	上昇	上昇
下降	上昇	同一	同一	同一	下降	同一	下降	上昇	上昇
同一	同一	同一	上昇	同一					
同一	同一	同一	同一	上昇					

[問題 6.3, 6.4]

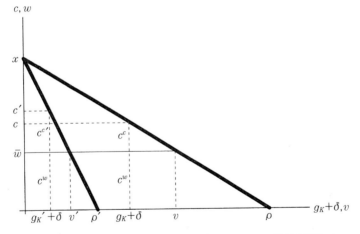

図 6.2 $x, \delta, \beta, \bar{w}$ が一定で k が上昇(ただし $\rho = x/k$ は下落)し,k' となるとすると,成長-分配表は急勾配となる.賃金不変により,利潤率は下落しなければならない.これは β が一定のもとでは資本の成長率 g_K の下落を引き起こす.資本家消費は $c^c = (1-\beta)(1+r)k = (1-\beta)(1+v-\delta)k = (1-\beta)((1-\delta)k+vk)$ であり,$vk = x - w$ は一定であるため,労働者 1 人当たり資本家消費と労働者 1 人当たり社会的消費はともに上昇する.

こうした思考実験は表 6.2 のようにまとめられる.

　同じ結論は，均衡を示すグラフを用いても導き出すことができるが，今度は他の例を用いてグラフで比較静学をしてみよう．例えば，x, δ, β, $\overline{w}$ を一定として，資本 - 労働比率 k が増大してみたとしよう．（$\rho = x/k$ なので，この思考実験でも資本の生産性 ρ は下がることになる）．図 6.2 からわかるように，成長 - 分配表は，$(0, x)$ 点を中心として，さらに急勾配となる．実質賃金が一定のもとでは，利潤率と資本の成長率は下落しなければならない．また，資本家消費関数より，労働者 1 人当たり資本家消費が上昇することを導き出すことも可能である.

　問題 6.3　古典派慣習的賃金モデルにおいて，β が上昇したときの内生変数にたいする効果を分析しなさい.
　問題 6.4　古典派慣習的賃金モデルにおいて，慣習的実質賃金 $\overline{w}$ が上昇したときの内生変数にたいする効果を分析しなさい.

6.3　古典派モデルにおける労働節約的技術変化

　古典派慣習的賃金モデルでは，継続的な経済成長が説明できる．なぜなら資本生産性を一定とすると，産出の成長率 g_X は資本の成長率 g_K と同じだからである．しかし，慣習的賃金モデルでは，歴史上の資本制経済において観察された労働生産性や賃金の上昇を説明することはできない．なぜならば x と $\overline{w}$ が時間をつうじて一定と仮定されているからである.

　労働生産性が上昇する場合にも古典派モデルを適用できるように修正するには，外生的な労働節約的技術変化を付け加えるのが最も簡単な方法である．しかしながら，もしも労働生産性が定常的に上昇しても，賃金が一定のままであるならば，賃金分配率 w/x は確実にゼロにまで下落してしまうだろう．現実の資本制経済においては，賃金分配率は顕著に変動しつつもゼロに向かう傾向はなく，おおよそ一定にとどまっている．このことが示唆しているの

第6章 古典派の経済成長モデル 111

は，古典派賃金モデルを修正するには，慣習的賃金ではなく慣習的賃金シェアを仮定するということである．これら2つの修正を合わせたのが**古典派慣習的賃金シェアモデル**である．このモデルは，観測された資本制経済成長のパターンに近づく第一歩としては，良い近似となっている．

　労働生産性が恒常的に上昇するという仮定を代数的に言い換えてみよう．

$$x_t = x_0(1+\gamma)^t$$

ここで，x_0 は任意に選ばれた基準年における労働生産性，γ は外生的に与えられた労働生産性の上昇率である．労働節約的技術変化では資本生産性 ρ は一定なので，資本集約度はつぎのようになる．

$$k_t = x_t/\rho = (x_0/\rho)(1+\gamma)^t = k_0(1+\gamma)^t$$

ここで，$k_0 \equiv x_0/\rho$ は基準年における資本集約度で，先と同様 γ の率で恒常的に増加する．賃金分配率が所与という仮定を言い換えると，

$$w_t = (1-\bar{\pi})x_t = (1-\bar{\pi})x_0(1+\gamma)^t = w_0(1+\gamma)^t$$

ここで，$1-\bar{\pi}$ は慣習的に与えられた賃金分配率（$\bar{\pi}$ は利潤分配率に対応），$w_0 \equiv (1-\bar{\pi})x_0$ は基準年における賃金である．この結果，賃金もまた γ の率で恒常的に増加することになる．ゆえに，実質賃金‐利潤率表はつぎのように書ける．

$$w_t = w_0(1+\gamma)^t = x_t - vk_t = x_0(1+\gamma)^t - vk_0(1+\gamma)^t$$

　この式の両辺を $(1+\gamma)^t$ で割ると，つぎのようになる．

$$w_0 = x_0 - vk_0$$

これはまさに古典派慣習的賃金モデルにおける実質賃金‐利潤の関係と同一である．ここからわかることは，新しい一連の変数 $\tilde{x} = x/(1+\gamma)^t$，$\tilde{k} = k/(1+\gamma)^t$，$\tilde{w} = w/(1+\gamma)^t$，$\tilde{c} = c/(1+\gamma)^t$ を用いてモデルを分析したほうが簡単だということである．というのも，これらの変数は時間をつうじて一定となるからである．これらの変数を用いると，古典派慣習的賃金シェアモデルは代数的には表6.3のようになる．

　これらの方程式を(6.7)式から(6.13)式と比べてみると，古典派慣習的賃金シェアモデルは，古典派慣習的賃金モデルと数学的にはまったく同じ形であ

112

表 6.3　古典派慣習的賃金シェアモデル

内生変数：$\tilde{w}$,　v,　$\tilde{c}$,　g_K

外生パラメータ：$\tilde{k}$,　$\tilde{x}$,　δ,　β,　$\bar{\pi}$

$$\tilde{w} = \tilde{x} - v\tilde{k} \tag{6.15}$$

$$\tilde{c} = \tilde{x} - (g_K + \delta)\,\tilde{k} \tag{6.16}$$

$$\delta + g_K = \beta v - (1-\beta)(1-\delta) \tag{6.17}$$

$$\tilde{w} = (1-\bar{\pi})\,\tilde{x} \tag{6.18}$$

外生パラメータ：ρ,　$\tilde{x}$,　δ,　β,　$\bar{\pi}$

$$\tilde{w} = \tilde{x}\left(1 - \frac{v}{\rho}\right) \tag{6.19}$$

$$\tilde{c} = \tilde{x}\left(1 - \frac{g_K + \delta}{\rho}\right) \tag{6.20}$$

$$\delta + g_K = \beta v - (1-\beta)(1-\delta) \tag{6.21}$$

$$\tilde{w} = (1-\bar{\pi})\,\tilde{x} \tag{6.22}$$

ることがわかる．実際，新しい変数は，元のモデルで対応する諸変数に「~」を付して置き換えたものである．そこで，慣習的賃金モデルから得られた比較動学の結果はすべて，適切に解釈を変更すれば，慣習的賃金シェアモデルにそのまま当てはまることになる．

　「~」が変数に付いたことで，どのように考え直せばよいのであろうか．それは，労働節約的技術変化が起こると，t 年で雇われたどの労働者も，効率的に，基準年の労働者の $(1+\gamma)^t$ 倍に生産性の上で等しくなると考えればよい．つまり，$(1+\gamma)^t$ で割った諸々の変数は，**効率労働者**単位で表現される．効率労働者単位でみれば，古典派慣習的賃金シェアモデルは，実際の労働者単位で表された古典派慣習的賃金モデルと数学的には同値なのである．

　図 6.3 は縦軸の変数をとり直した以外は，図 6.1 と同値であり，効率労働単位での古典派慣習的賃金シェアモデルを示している．

　効率労働者単位のモデルは現実経済を説明できる便利さを備えているが，モデルの予測を現実経済に適用するには，それを解釈し直さなければならない．例えば，古典派慣習的賃金シェア経済で労働節約的技術変化が γ の率

第6章 古典派の経済成長モデル

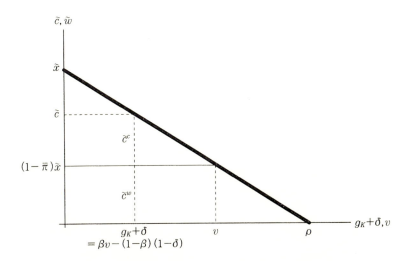

図 6.3 純粋に労働節約的技術変化をともなった古典派慣習的賃金シェアモデルは，古典派慣習的賃金モデルにおける x, k, w, c を，効率労働単位の $\tilde{x}, \tilde{k}, \tilde{w}, \tilde{c}$ に置き換えたものと数学的には同一である．

で生じると，効率労働者1人当たり産出 $\tilde{x}$ は一定であるが，実際の労働者1人当たり産出は恒常的に γ の率で上昇する．同じような再解釈は一定の効率労働者1人当たり賃金 $\tilde{w}$ や一定の効率労働者1人当たり社会的消費 $\tilde{c}$ にもあてはまる．というのも，実際の労働者単位の賃金や社会的消費は γ の率で恒常的に上昇するからである．これは実際の資本制経済において，長期的に見て観測されたおおよそのパターンである．それゆえ，古典派慣習的賃金シェアモデルは，少なくとも，現実経済に適用可能な経済成長理論への第一歩となるのである．

さらなる一歩を踏み出すために，古典派慣習的賃金シェアモデルの数学的形式を簡単にしてみよう．賃金と利潤とのあいだの産出値の分割を測定するために利潤分配率 $\pi = 1 - (w/x) = z/x$ を用い，消費と投資とのあいだの産出の分割を測定するために貯蓄率 $s = 1 - (c/x) = i/x$ を用いることにしよう．これらの変数を用いると，古典派慣習的賃金シェアモデルは表6.4のような形式になる．

表 6.4　分配率変数で表した古典派慣習的賃金シェアモデル

内生変数：π, v, s, g_K
外生パラメータ：$\rho, \delta, \beta, \bar{\pi}$

$\quad v = \pi\rho$ \hfill (6.23)

$\quad g_K + \delta = s\rho$ \hfill (6.24)

$\quad g_K + \delta = \beta v - (1-\beta)(1-\delta)$ \hfill (6.25)

$\quad \pi = \bar{\pi}$ \hfill (6.26)

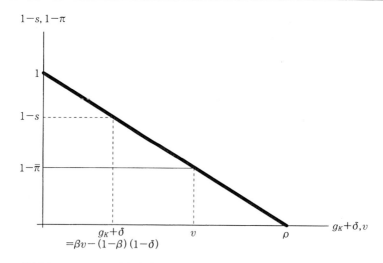

図 6.4　π と s との分配率変数で見ると、成長‐分配表は縦軸との交点が 1、横軸との交点が ρ となる。外生的な賃金分配率 $1-\pi$ は利潤率 v を決定し、資本成長率 $g_K+\delta = \beta v-(1-\beta)(1-\delta)$ は消費率 $1-s$ を決定する。

この形式では、経済成長の過程における基本的な比率が決定される。現実経済にこのモデルを適用させるためには、基準年における労働者 1 人当たり産出 x_0 と労働生産性の上昇率 γ を知る必要がある。そうすれば、モデルの解より任意の年の $x_t = x_0(1+\gamma)^t$, $w_t = (1-\pi)x_t$, $c_t = (1-s)x_t$ を計算することができる。

図 6.4 では、古典派賃金シェアモデルにおける分配率変数が図解されてい

第6章 古典派の経済成長モデル　　　　　　　　　　115

る．

　もしもγがゼロならば，古典派慣習的賃金シェアモデルは，まさに慣習的賃金モデルに還元される．このことから，労働節約的技術変化をともなう，さらに一般的な慣習的賃金シェアモデルだけを分析すればよいことがわかる．というのも，そのモデルからの結論は，単に$\gamma=0$とすることによって慣習的賃金モデルに翻訳できるからである．

　古典派慣習的賃金シェアモデルにおける成長は，内生的である．この理由は，資本家の貯蓄行動によってモデルが決定されているからである．もしも資本家の貯蓄性向βが上昇すれば，資本がさらに急速に蓄積されるため，資本と産出の成長率も同じように上昇する．労働力人口は資本の蓄積に順応するため，労働力人口とその増加率もまた内生的である．

　問題6.5　古典派慣習的賃金シェアモデルにおいて，βが上昇したときの内生変数にたいする効果を分析しなさい．
　問題6.6　古典派慣習的賃金シェアモデルにおいて，効率賃金が上昇したときの内生変数にたいする効果を分析しなさい．

6.4　古典派モデルにおける技術選択

　これまでの分析は，古典派慣習的賃金シェアモデルではテクノロジーが単一の技術からなるという仮定のもとに進められてきた．テクノロジーはレオンティエフ型生産関数によって表現されてきた．それでは，もしもテクノロジーが，なめらかな生産関数によって表現される連続的な技術からなる場合はどうなるであろうか．この場合，労働節約的技術変化の仮定を，すべての生産技術にたいして一様に影響を及ぼす純粋に労働増大的（ハロッド中立的）技術変化の仮定に解釈し直さなければならない．このときt年の生産関数はつぎのように書ける．

$$X_t = F_t(K, N) = F_0(K, (1+\gamma)^t N)$$

ここで $F_0(K, N)$ は基準年におけるテクノロジーを示している．効率労働者 $(1+\gamma)^t N$ で割ると，集約的生産関数は効率労働単位でみて一定であることがわかる．

$$\tilde{x}_t = F_t(\tilde{k}_t, 1) = F_0(\tilde{k}_t, 1)$$

効率労働集約的な生産関数をつぎのように定義しておく．

$$\tilde{x} = f(\tilde{k}) \equiv F_0(\tilde{k}, 1)$$

効率労働単位の技術を特徴づけるのは，効率労働単位で見た資本集約度 $\tilde{k}$，また同じことだが，資本生産性 $\rho = \tilde{x}/\tilde{k} = x/k$，そして効率労働生産性 $\tilde{x}$ である．効率労働単位で見たどの生産技術も，つぎの効率実質賃金 - 利潤率表に対応している．

$$\tilde{w} = \tilde{x} - v\tilde{k}$$

こうして，効率フロンティアを含んだ成長 - 分配表分析はすべて，効率労働単位に翻訳することができる．そこでは，産出，賃金，社会的消費といった変数が，たんに効率労働によって置き換えられたものと同じであり，先の

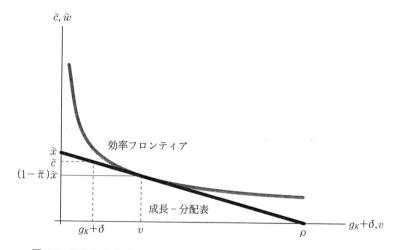

図 6.5　純粋な労働増大的技術変化が生じた場合，利潤率 v と効率賃金 $\tilde{w}$ でみた効率フロンティアは時間をつうじて一定である．効率賃金 $\tilde{w}$ は利潤を最大にするような生産技術を決定し，それは効率労働生産性 $\tilde{x}$ を含んだ効率成長 - 分配表を決定する．

第6章　古典派の経済成長モデル　　　117

図 3.4 と同じ図 6.5 のように描かれる.

いかなる効率賃金 $\tilde{w}$ にたいしても,利潤を最大にする技術 ($\tilde{k}(\tilde{w})$, $\tilde{x}(\tilde{w})$) が存在し,それは効率労働生産性 $\tilde{x}$ を含んだ効率成長 - 分配表を決定する.つまり,古典派慣習的賃金シェアモデルは,なめらかな生産関数によって定義づけられるテクノロジーからおこなわれる技術選択の有無にかかわらず,同じように振る舞うのである.利潤を最大にするただ 1 つの技術だけが使用され,他の技術は効率賃金が変化しないかぎり問題とはされないのである.

ほとんどすべての生産関数にたいして,効率賃金からも賃金分配率からも利潤を最大にする技術を決定することができる.なぜなら,賃金(または利潤)分配率と効率賃金とは 1 対 1 で対応しているからである.しかしながら,コブ = ダグラス生産関数の場合,賃金分配率はいかなる効率賃金にたいしても $1-\alpha$ と等しいため,モデルを閉じるには効率賃金を特定化する必要がある.

問題 6.7　生産関数が $\tilde{x}=\tilde{k}^{\alpha}$ であるテクノロジーをともなった古典派慣習的賃金シェアモデルにおいて,資本家の貯蓄性向 β が増大したとき,技術選択と内生変数に与える効果を分析しなさい.

問題 6.8　古典派慣習的賃金シェアモデルにおいて,慣習的賃金シェア $1-\pi$ が増大したとき,技術選択と内生変数に与える効果を分析しなさい.

6.5　完全雇用下の古典派成長モデル

労働市場を慣習的賃金シェアで閉じるかわりに,**完全雇用**の仮定をおいてもよい.この仮定のもとでは,労働供給は,賃金とは独立して外生的に与えられた n の率で増加し,それが労働需要と一致することによって賃金が毎期ごとに決定されることになる.また,γ の率で純粋な労働節約的技術変化が生じることが仮定されているので,k と x はともに γ の率で恒常的に増加し,$\tilde{k}$ と $\tilde{x}$ は一定となる.こうして,効率労働供給は $n+\gamma$ の率で増加

する．この成長率を**自然成長率**と呼ぼう．ここで，資本減耗率δは変化しないものと仮定する．

　古典派完全雇用モデルはルイジ・パシネッティによって初めて分析された．生産と貯蓄のモデルは古典派慣習的賃金シェアモデルと同一ではあるが，労働市場の完全雇用モデルである点で，後の章で分析する新古典派成長モデルと共通している．つまり，成長 – 分配表と古典派的成長率 – 利潤率関係（ケンブリッジ方程式）は，(6.15)式から(6.17)式で示されるように，古典派完全雇用モデルにおいても依然として成り立っているのである．

　しかしながら労働市場の方程式は異なっている．完全雇用成長理論では，賃金とは独立して労働供給が外生的に増加することが仮定されている．この場合，慣習的賃金シェアが所与という仮定をはずし，その代わりに，労働力人口をすべて雇用するように賃金が調整されるという仮定がなされなければならない．労働供給はどの年においてもつぎのような経路をたどる．

$$N_t^s = N_0(1+n)^t$$

　第4章でみたように，もしも単一の生産技術しか存在しなければ，経済はどの年においても完全雇用を達成できるとは限らない．なぜならば蓄積された資本が適切な数の職を提供しないかもしれないからである．もしも蓄積された資本によって提供される職の数が労働力人口よりも少ないならば，失業者が存在するだろう．逆に，もしも蓄積された資本を用いるのに必要な労働者の数が労働力人口よりも大きいならば，資本ストックのなかには用いられていないものもあるだろう．もしも失業者が存在すれば，その期の賃金はゼロに下落するであろう．もしも遊休資本が存在するならば，実質賃金は労働者1人当たり産出xに等しくなるまで上昇するであろう．図4.8では，こうした条件のもとでの労働市場均衡が描かれている．

　もしも完全雇用にいたるのに必要な数だけの職が，ある年にちょうど首尾よく生み出されるならば，結果として以下の式が成り立つ．

$$\frac{K}{k} = N^s$$

第6章 古典派の経済成長モデル 119

つぎの年に完全雇用が達成されるのは，以下の場合だけである．

$$N_{+1}^s = (1+n)\, N^s = (1+n)\, \frac{K}{k} = \frac{K_{+1}}{k_{+1}} = \frac{(1+g_K)\, K}{(1+\gamma)\, k}$$

あるいは，n と γ が小さいならば，$n\gamma$ は無視することができるので，つぎのようになる．

$$1 + g_K = (1+n)(1+\gamma) \approx 1+n+\gamma \tag{6.27}$$

完全雇用を維持するには，資本ストックの成長率と自然成長率 $n+\gamma$，つまり人口増加率と労働生産性上昇率の和が等しいことが必要である．これが成長モデルを閉じるのに必要な4番目の方程式を提供することになる．

完全雇用をともなう古典派モデルを構成する4本の方程式は表6.5のようにまとめられる．

図6.6は完全雇用モデルがどのような働きをするかを図示している．この図では，産出と賃金，消費は**効率**労働者単位で測られている．

古典派完全雇用経済が均衡を達成するのは，資本蓄積にたいする利潤の影響をつうじてである．賃金が均衡水準よりも低いと想定してみよう．すると利潤はさらに高くなり，資本ストックは労働力人口よりも急速に増加するだろう．これは賃金に上昇圧力を生み出す．同様に，もしも賃金が均衡水準よりも高いならば，利潤からの資本家貯蓄が，資本の成長を労働力人口の増加以下に落ち込ませるため，失業が発生することになるだろう．これは賃金を下落させることになる．こうして労働市場における完全雇用は，この種のモ

表6.5 古典派完全雇用モデル

内生変数：$\tilde{w}$, v, $\tilde{c}$, g_K

外生パラメータ：$\tilde{k}$, $\tilde{x}$, δ, β, n, γ

$$\tilde{w} = \tilde{x} - v\tilde{k} \tag{6.28}$$

$$\tilde{c} = \tilde{x} - (g_K + \delta)\, \tilde{k} \tag{6.29}$$

$$g_K + \delta = \beta v - (1-\beta)(1-\delta) \tag{6.30}$$

$$1 + g_K = (1+n)(1+\gamma) \tag{6.31}$$

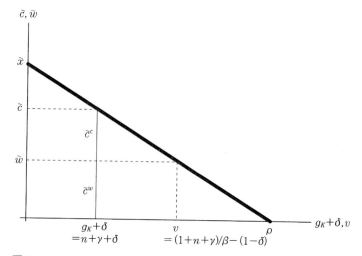

図 6.6 古典派完全雇用モデルにおいては，資本成長率 g_K は自然成長率 $n+\gamma$ に等しい．それゆえ，ケンブリッジ方程式は利潤率を決定し，成長‐分配表は効率労働者1人当たり賃金と社会的消費を決定する．

デルにおいては利潤率と実質賃金を間接的に決定することになる．

　古典派完全雇用モデルにおいては，資本ストックと産出の成長率は，外生的に与えられている自然成長率によって決定される．労働力人口の増加は，古典派慣習的賃金シェアモデルのように内生的に決定されているというよりは，むしろ資本の蓄積過程に外的な限界を画している．成長は，古典派慣習的賃金シェアモデルのように内生的であるというよりも外生的であり，究極的には人口増加がどのように推移するかによって経済成長を規定してしまう．ゆえに，古典派完全雇用モデルでは，資本家の貯蓄行動が変化しても，成長率に影響を及ぼすことができない．そのような変化は，成長率に影響を与えないで，賃金の変化によって相殺されてしまうからである．

問題 6.9 古典派完全雇用モデルにおいて，人口増加率 n が増大したとき，成長率，利潤率，賃金，労働者1人当たり社会的消費，労働者1人当たり資本家消費へ与える効果を分析しなさい．

第 6 章 古典派の経済成長モデル　　　　　　　　　　121

問題 6.10　古典派完全雇用モデルにおいて，資本家の消費性向 β が増大したとき，成長率，利潤率，賃金，労働者 1 人当たり社会的消費，労働者 1 人当たり資本家消費への効果を分析しなさい．

問題 6.11　古典派完全雇用モデルにおいて，資本労働比率 $\tilde{k}$ が上昇したとき，成長率，利潤率，賃金，労働者 1 人当たり社会的消費，労働者 1 人当たり資本家消費への効果を分析しなさい．

問題 6.12　古典派完全雇用モデルにおいて，効率労働生産性 $\tilde{x}$ が上昇したとき，成長率，利潤率，賃金，労働者 1 人当たり社会的消費，労働者 1 人当たり資本家消費への効果を分析しなさい．

6.6　古典派完全雇用モデルにおける技術選択

　今度は古典派完全雇用モデルにおいて，テクノロジーからの技術選択を考えてみよう．

　引き続き，資本家は毎期末の富を所与の β の率で貯蓄するものと仮定しよう．するとケンブリッジ方程式も当然成立しているはずである．完全雇用が仮定されると，つぎの 2 つの関係が成り立つ．

$$(1+n)(1+\gamma) = 1+g_K = \beta(1+r) = \beta(1+v-\delta)$$

　すなわち，利潤率は依然として自然成長率と資本家の貯蓄性向によって決定される．すでに見たように，この利潤率は特定の技術に対応しており，それは図 6.7 に描かれているように，与えられた利潤率で効率フロンティアに接する．

　選択された技術が所与の利潤率にたいして効率フロンティア上にあるという事実は，その点において資本の限界生産物（というものがあるとして）が利潤率に等しいという言い方によっても表現できる．しかしそれは，このモデルにおいては資本の限界生産物を決定するのが利潤率であるという推論から明らかなのであって，決して逆の方向をつうじてではない．1 つの技術しか存在しないモデルとまったく同様に，賃金の変化が均衡をもたらすのは，この場合では技術選択と利潤率との両方の作用をつうじてなのである．

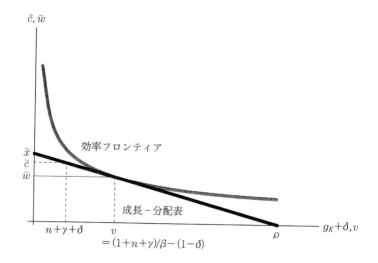

図 6.7 完全雇用モデルにおいて技術選択が存在する場合,自然成長率が資本成長率を決定し,ケンブリッジ方程式をつうじて利潤率を決定する.この利潤率のもとで実質賃金を最大にするような技術が1つ存在し,競争をつうじて資本家はそれを選択することを強いられるだろう.ゆえに,実質賃金は,選択された技術に対応する実質賃金‐利潤率関係によって決定されることになる.

問題 6.13 $n=0.02$, $\gamma=0$, $\delta=0$, $\beta=0.9$ であるとしよう.また,テクノロジーが $\tilde{x}=A\tilde{k}^\alpha$ で,$\alpha=0.2$, $A=(10{,}000 \text{ ドル}/\text{労働者})^{1-\alpha}$ を満たすようなコブ=ダグラス生産関数であるとしよう.この古典派完全雇用経済において,均衡実質賃金,利潤率,資本家消費,およびここで用いられている技術を求めなさい.均衡における資本の限界生産力はどのようなものですか.

問題 6.14 技術選択をともなう古典派完全雇用経済において,人口増加率の上昇が,使用中の技術と利潤率に及ぼす効果はどのようなものですか.

6.7 成長への古典派アプローチ

スミス,マルサス,リカード,マルクスといった成長への古典派アプローチを発展させた主な思想家は,資本家と労働者とのあいだの階級分化を資本

第6章　古典派の経済成長モデル　　123

制経済の中心をなすものとみなしていた．競争によって引き起こされる資本
蓄積は成長の原動力である．労働者の消費は，蓄積に利用可能な産出の割合
を制限してしまうため，成長にたいして限界を画している．資本蓄積は労働
需要を増大させ，人口そのものは経済成長過程にとって内生的であるので，
人口増加が促される．資本の成長率と人口の増加率は，主として階級間の所
得分配によって決定される．この章で展開された古典派慣習的賃金シェアモ
デルは，古典派政治経済学者の中心的課題を反映しているのである．

　古典派完全雇用モデルは，古典派的視点からの階級構造を保っているもの
の，ずいぶんと弱まっている．というのも，成長の限界をなす究極の要因と
して，階級間の所得分配よりも人口増加を考えているからである．このモデ
ルでは，人口増加よりもむしろ階級分配が，労働市場を均衡するように順応
し，内生的となっているのである．

　古典派成長モデルの現実妥当性を疑問視させるのは，主としてつぎの事実
による．本章における古典派モデルでは成長率と利潤率は一定と予測される
にもかかわらず，しばしば現実の資本制経済においては，成長率と利潤率と
は時間をつうじて低下する傾向にあるということである．この問題に取り組
むには，技術変化の過程をさらに綿密に検討する必要がある．

6.8　読書案内

　古典派成長モデルは，いささか目立たないとはいえ，20世紀のマルクス
経済学者の著作のなかに命脈を保ってきた．たとえば，Luxemburg［1951］
や Sweezy［1949］など．マルクス経済学についての入門は Foley［1986］
を参照せよ．偉大な数学者であるジョン・フォン・ノイマンは本質的に古典
派のモデルを発展させた．彼の創意あふれる研究［von Neumann, 1945］は
難解であるが，ノイマン・モデル（および古典派モデル一般）についての理
解しやすい解説として Gram and Walsh［1980］が挙げられる．ほかの重要
な貢献として，リチャード・グッドウィンによるパイオニア的循環成長モデ

ル [Goodwin, 1967] がある．これは生物学における捕食者‐被食者システムの数学を用いて，失業率が平均的な率の周りを循環するような，増加する労働力人口をともなう経済を描いている．ルイジ・パシネッティは古典派アプローチの拡張にかんして大きな影響力をもっている．例えば，Pasinetti [1977, 1974] を見よ．

第7章
古典派モデルにおける偏向的技術変化

7.1 偏向的技術変化をともなう古典派慣習的賃金シェアモデル

　古典派モデルは，現実経済の特質にもっと当てはまるように拡張することができる．前に表2.8であげた過去の数値が示しているように，労働生産性はここ2世紀以上にわたって持続的に向上しているとはいえ，ハロッド中立的な技術変化が常に優勢だったわけではない．例えば，アメリカにおける1820-1913年と1973-92年の期間は，資本生産性の低下によって特徴づけられるが，両期にはさまれた期間では，資本生産性は上昇している．同様に，日本では1870-1950年と1973-92年に長期の資本生産性の低下が見られたが，これら2つの期間のあいだは概ね中立であった．賃金分配率がほぼ一定のもとでの資本生産性の低下は，利潤率を引き下げ，その利潤率の低下は，また，資本蓄積の速度と産出の成長速度を鈍らせる．これらの時期に収益性低下と成長鈍化が見られる理由は，マルクス型の偏向的技術変化をともなった古典派モデルによって理解可能である．

　マルクス型の偏向的技術変化は，資本使用的変化と労働節約的変化の混合物である．第6章で，純粋に労働節約的な技術変化にたいして与えた方程式は，偏向的技術変化にも当てはまる．また，慣習的賃金シェア仮説は引き続き維持される．重要な相違は，純利潤率の時間をつうじた変化が，資本蓄積率と成長率の変化を生みだすために，偏向的技術変化をともなう経済が恒常

状態に達することはない，ということである．ここで，現実世界の成長－分配表とモデルとの関係を強調するために，効率労働者単位ではなく現実の労働者による説明にもどろう．すると，偏向的技術変化をともなった古典派慣習的賃金シェアモデルを表す方程式は表7.1のように書ける．

図7.1は2つの連続した期間，t期と$t+1$期の成長－分配表を示しているが，これによって，上の仮定のもとでの経済の経路を示すことができる．偏向的技術変化には，技術の切換え点を中心として成長－分配表を回転させる，という性質がある．利潤率と賃金率に注意を集中するために，図7.1からは社会的消費と資本の成長率が除かれている．利潤率が低下していることを見て取ることができるが，労働生産性と同じ率で賃金が上昇するならば，このことは必ず真である，ということは容易に示される．すなわち，利潤率は$\pi\rho$と等しいので，資本生産性が低下するときに，それを相殺するような利潤分配率の上昇がなければ，利潤率は低下する．

社会的消費と資本蓄積率の経路は，古典派慣習的賃金シェアモデルの方程式から算出できる．純利潤率rが低下するならば，資本蓄積率$g_K = \beta(1+r)-1$もまた低下する．産出の成長率g_Xは$g_K + \chi$と等しいので，χが不変ならば，産出の成長率も下落する．労働者の消費が賃金と同じだけ上昇する

表7.1 マルクス型の偏向的技術変化をともなう古典派慣習的賃金シェアモデル

内生変数：x, ρ, w, v, c, g_K

外生パラメータ：x_0, ρ_0, δ, β, $\bar{\pi}$, γ, χ

$$x = x_0(1+\gamma)^t \tag{7.1}$$

$$\rho = \rho_0(1+\chi)^t \tag{7.2}$$

$$w = x\left(1 - \frac{v}{\rho}\right) \tag{7.3}$$

$$c = x\left(1 - \frac{g_K + \delta}{\rho}\right) \tag{7.4}$$

$$\delta + g_K = \beta v - (1-\beta)(1-\delta) \tag{7.5}$$

$$w = (1-\bar{\pi})x \tag{7.6}$$

第7章 古典派モデルにおける偏向的技術変化

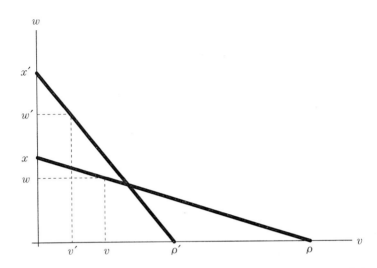

図 7.1 マルクス型の偏向的技術変化は、労働生産性 x を上昇させ、資本生産性 ρ を低下させる。このため、成長‐分配表は正の象限の切換え点で回転する。賃金分配率 $1-\pi$ が一定ならば、賃金 w は労働生産性に比例して上昇し、利潤率は必ず下落する。

ので、労働者1人当たりの社会的消費の水準は高まる。また、多少の手間をかければ、労働者1人当たりの資本家消費が同様に上昇することを論証できる。

　このパターンを永遠に続けることはできない。最後には、利潤率があまりに低くなるために、経済は成長することをすっかり止めてしまう。ケンブリッジ方程式 $1+g_K=\beta(1+r)$ からわかるように、純利潤率が $(1-\beta)/\beta$ に達すると、資本蓄積は完全に停止する。利潤率がさらに低下するならば、資本蓄積率は負になり、資本家は枯渇するまで資本ストックを使い果たしてしまうだろう。上に述べたようなパターンを基調とする資本使用的な偏向の期間が無際限に続かなかったので、現実の経済では資本ストックがなくなることはなかった。すでに見たように、現実の資本制経済においては、資本使用的技術変化の期間は、結局、資本生産性が安定もしくは上昇する期間に道を譲ることになったのである。

問題 7.1 いまインダストリアの経済（問題 2.2 参照）で年当たり $\gamma = 5\%$，$\chi = -2\%$ の偏向的技術変化が生じているとする．最初の第 0 期においては，賃金は労働者・年当たり 20,000 ドル，労働生産性は労働者・年当たり 50,000 ドル，資本生産性は $33\frac{1}{3}\%$/年である．（労働者・年当たりの）利潤率と賃金率は次期にはいくらになりますか．また，次期の利潤率と基準年の利潤率を比較しなさい．

問題 7.2 インダストリアの賃金分配率と利潤分配率を計算しなさい．賃金分配率が 1 年目に変化していないことを示しなさい．

問題 7.3 基準年と 1 年目について，労働者 1 人当たり消費の水準とインダストリア経済の資本の成長率を求めなさい．ただし，$\beta = 0.97$ とする．

問題 7.4 技術変化率が一定のとき，インダストリアの純利潤率がゼロに達するのに何年かかりますか．資本の成長率がゼロに達するのには何年かかりますか．

7.2 技術変化の実行可能性

企業家が利潤率を引き下げるテクノロジーを導入するのはなぜだろうか．

個々の企業家は自社のテクノロジーを選択できるが，実質賃金を上昇させるようなテクノロジー変化のもつ社会的影響力をコントロールできない．各々の企業家は，競争圧力のもとで，利潤率を高めるテクノロジーをまっ先に採用しようとして行動する．マルクスは，資本家的生産におけるテクノロジーの進歩的な性格の背後にこうした事実が存在していることを示している．個々の企業家がより収益的なテクノロジーを採用しようとして競争するために，社会全体の労働生産性が高められ，賃金上昇がもたらされてしまう（慣習的賃金シェアモデルの場合）．最終的な結果は，技術変化がマルクス型の偏向的な形態をとるかぎり，利潤率は低下するということである．しかし，資本主義的企業家には，この結果を回避できる唯一の方法がある．その方法とは，自己の利益だけを求めて，利潤率を引き上げる技術変化をわれさきに導入しようとしない，という合意を成立させることである．しかし，先進的で高度に競争的な資本制経済においてこのような合意を達成できない．

第7章 古典派モデルにおける偏向的技術変化　　　129

　各々の個別企業家はもっぱら自分が予想する利潤率にもとづいて新技術の
採用を決定する．現行水準の賃金と価格のもとで利潤率を高める技術のこと
を，**実行可能**と呼ぶことにしよう．一般的に言って，競争相手が革新者に追
いつくまでには時間がかかる．このため，他の企業が追いつくまでのあいだ
は標準以上の利潤が獲得できるという見込みから，企業家は実行可能な技術
を採用しようとする．

　しかし，経済全体の平均利潤率は，労働生産性が上昇するさいの賃金の動
向に運命づけられている．古典派の伝統では，労働供給よりも，むしろ労働
市場にたいして外生的に与えられる要因である慣習的な賃金を重視するので，
賃金水準の決定に制度的，政治的要因が介入する可能性を許容しうる．例え
ば，労働組合や最低賃金にかんする法律上の変化は，労働生産性が上昇する
時期には賃金にたいし上方圧力を与える．慣習的賃金シェア仮説は，労働生
産性と同率で賃金が上昇することを含意している．したがって，賃金の上昇
は，労働生産性を高める生産技術の広範な採用にさいして予想される間接的
効果であるが，どんな企業家でも1人ではそれをコントロールすることはで
きないのである．

　すべての企業家が，新技術によって自社の利潤率が高まると考えて行動す
るとき，労働生産性の上昇はそれと同率の賃金上昇を強いるような制度的要
因の条件をつくりだす．最終的には，企業家は労働生産性上昇に見合うよう
に報酬を引き上げなければならないだろう．企業家が**合成の誤謬**の犠牲とな
るために，平均利潤率は低下することになる．すなわち，個々の企業家にと
っては有利にみえる行動も，すべての企業家がその行動をとった場合には，
必ずしも有利に働くとは限らないのである．

　賃金上昇という結果を招くことが社会の技術変化のパターンであると予測
したところで，自社の利潤率が高賃金に蝕まれるのを防ごうとする個々の企
業家にとっては労働節約的技術を採用する圧力が増すだけである．各々の企
業家は，利潤率の低落が労働節約的技術の全面的な採用の結果であることを
十分承知しているかもしれないが，それでもなお労働節約的技術を確実に採

用していくことが自己の最大の利益になると映るのである.

新技術 (ρ', x') の実行可能性の判断にさいし,企業家は,現行の賃金 w を支払いながら新技術を採用したときに得られる利潤率に注目する. 典型的企業家が期待する私的な利潤率を $v^e = (1 - w/x')\,\rho'$ としよう. この方程式は技術変化を表す次式を用いることによって簡約されうる.

$$x' = (1+\gamma)\,x$$

$$\rho' = (1+\chi)\,\rho$$

賃金分配率の定義 $w = (1-\pi)\,x$ を想起するならば,期待利潤率はつぎのように書ける.

$$v^e = \frac{\rho\,(1+\chi)\,(\gamma+\pi)}{1+\gamma}$$

企業家はこの期待利潤率を支配的な利潤率 $v = \pi\rho$ と比較する. 企業家が実行可能と考える技術変化の条件は,その期待利潤率が支配的利潤率を<u>上回ること</u>,すなわち,$v^e > v$ である. この**実行可能性条件**は利潤分配率の面からはつぎのように表現される.

$$\pi < \frac{\gamma(1+\chi)}{\gamma-\chi} \tag{7.7}$$

この条件の背後にある経済学的直観はつぎのようなものである. すなわち,労働を節約する一方で,より多くの資本を必要とするような技術変化は,労働費用が費用全体の十分大きな部分を占めている場合には,収益性を上げる. 実行可能性条件は古典派モデルを実証的に用いるときに重要な役割を演じる. また,古典派理論を新古典派理論から区別するときにもそれは重要な機能を果たしている.

所与の賃金で実行可能な労働節約的技術は,より高い賃金においても実行可能なので,賃金上昇を予測する企業家には実行可能な新技術を採用する誘因がはるかに大きく働くことになる. (7.7)式はこの事実を表している. すなわち,より高い賃金がより低い利潤分配率に対応するために,不等式はいっそう強められるのである.

第 7 章　古典派モデルにおける偏向的技術変化　　　131

問題7.5　基準年のインダストリア（問題7.1参照）において，新技術を採用した場合に，企業家がつぎの年に得られると考える私的利潤率を計算しなさい．また，この技術変化は実行可能なものと考えられますか．

問題7.6　インダストリア（問題7.1参照）において実行可能性条件が満たされることを示しなさい．

問題7.7　企業家が労働生産性と同じ率 γ で賃金が上昇すると予想した場合にも，実行可能性条件を満たす労働節約的な新技術が採用されることを示しなさい．簡単化のために δ はゼロと仮定する．（ヒント：実行可能性条件が満たされるならば，新しい賃金 w' のもとでは旧技術 $\{\rho, x\}$ よりも新技術 $\{\rho', x'\}$ を使用したほうが利潤率は高くなることを示しなさい．）

7.3　偏向的技術変化と化石の生産関数

マルクス型の偏向的技術変化と慣習的賃金シェアをともなった古典派モデルによって，新古典派の生産関数とは別の資本 – 労働代替を理解できる．しかしながら，マルクス型偏向的技術変化の歴史がとどめる痕跡は，既存の生産関数〔新古典派の生産関数〕の動きと区別することが困難なほど類似している．実際，資本使用的技術進歩率（$\chi < 0$）と労働節約的技術進歩率（$\gamma > 0$）が不変ならば，技術変化によって描かれる労働生産性と資本生産性の歴史的経路は，コブ＝ダグラス生産関数に酷似することになるだろう．

このことを確認するために，$\gamma > 0$ と $\chi < 0$ が不変というマルクス型の偏向的技術変化のもとにある経済を考えてみよう．まず，測定される労働生産性の成長率は

$$g_x = \gamma$$

であり，資本 – 労働比の成長率は

$$g_k = \frac{1+\gamma}{1+\chi} - 1 = \frac{\gamma - \chi}{1+\chi}$$

である．

後者で前者を除して整理すると，労働生産性の上昇率と資本 – 労働比の成

132

長率を結びつけたつぎの式が得られる.

$$g_x = \frac{\gamma(1+\chi)}{\gamma-\chi}g_k = \omega g_k \qquad (7.8)$$

ここで，$\gamma > 0$ かつ $\chi < 0$ より，係数 $\omega \equiv \gamma(1+\chi)/(\gamma-\chi)$ は 1 よりも小さい正の分数である．ω が，実行可能性条件 (7.7) の右辺の値と同じになっていることに注意しよう．

さて，コブ゠ダグラス生産関数 $X = K^\alpha N^{1-\alpha}$ すなわち $x = k^\alpha$ に沿って動く経済を考えてみよう．このとき連続した期間はつぎのように表される．

$$\frac{x_{+1}}{x} = \left(\frac{k_{+1}}{k}\right)^\alpha$$

あるいは，両辺の対数をとれば，つぎのようになる．

$$\ln(x_{+1}) - \ln(x) = \alpha(\ln(k_{+1}) - \ln(k))$$

時間つき変数の自然対数の 1 番目の差は指数的な複合成長率に等しく，それはまた第 2 章で見たように，ここで使われている成長率の公式に非常に近いものである．換言すれば，コブ゠ダグラス型経済では，測定された労働生産性の成長はつぎのようになる．

$$g_x \approx \ln(x_{+1}) - \ln(x) = \alpha(\ln(k_{+1}) - \ln(k)) = \alpha g_k \qquad (7.9)$$

(7.8)式と(7.9)式を比較すると，ω を α と置き換えれば，2 つの式が同一であることが見て取れる．一定比率でのマルクス型の偏向的技術変化の歴史は，コブ゠ダグラス生産関数に沿った動きと区別することができない．というのも，コブ゠ダグラス型の成長経路は，偏向的技術変化の成長経路と同じ数学的形式をもつからである．

マルクス型の偏向的技術変化をともなう古典派慣習的賃金シェア経済では，労働生産性と資本生産性の歴史的経路は**化石の生産関数**を示す．技術変化の歴史はコブ゠ダグラス生産関数を描いているように見えるが，それは実際には技術変化の歴史を表す化石のような記録にすぎない．

古典派の化石のような記録と新古典派の生産関数との形式上の類似は，偏向的技術変化をともなう古典派慣習的賃金モデルとコブ゠ダグラス生産関数

第7章　古典派モデルにおける偏向的技術変化　　133

をともなう新古典派モデルとの本質的な相違が実際のところ何であるのか，
という問いを引き起こす．古典派理論と新古典派理論のあいだには論争点が
あるのだが，それは政治経済学の最も深刻な問題の一部をなすのである．古
典派理論は資本を2つの階級，すなわち，富（現実の資本財）の所有者と直
接的生産者である労働者とのあいだの社会的関係とみなす．利潤は，資本主
義的所有関係をつうじて資本家に領有される社会的剰余の形態とみなされる．
新古典派理論は経済にたいして本来的に調和のとれたビジョンをもっている
ので，一定の生産にたいする貢献を労働のみならず資本にも帰属させる．利
潤所得と賃金所得は，資本市場と労働市場の需給均衡として，対称的に説明
される．新古典派理論は，賃金と労働の限界生産物（あるいは，利潤と資本
の限界生産物）との同一性に重大な意味を付与する．現代の古典派経済学者
たちは，新古典派の理論家が資本を実体化し，社会関係をあたかも物である
かのように扱うことによって，社会の現実を誤って伝えていると批判する．

　これらの競合する理論によって生み出された仮説を実証的に分別すること
ができるとすれば，有益なことだろう．第3章で見たように，新古典派理論
はコブ゠ダグラス型のようななめらかな生産関数を想定し，また，経済が常
に生産関数の効率フロンティアの切換え点で営まれることを仮定している．
これとは対照的に，古典派モデルでは，最善の実施技術は，どんな賃金率で
あっても選択される．したがって，古典派理論においては，切換え点よりも
高い賃金で経済が営まれることはありうるのであり，むしろ賃金が切換え点
上になるのは限られた場合だけである．例えば，図7.1に示されている経済
では，はじめの賃金は切換え点の賃金よりも高い．第3章で見たように，賃
金が労働の限界生産物に等しいと仮定することは，経済が切換え点上にある
ということの別の表現にすぎない．したがって，古典派慣習的賃金シェアモ
デルにおいては，賃金は労働の限界生産物より高いかもしれないのである．

　実際の賃金と切換え点上の賃金との乖離は，利潤分配率の点から $\omega - \pi$ と
与えられる．$\pi = \omega$ のときには，実行可能性条件が等式として満足され，経
済は切換え点で営まれる．$\pi < \omega$ のときには，実行可能性条件は厳密な不等

式として満たされ，経済は切換え点よりも上で営まれる．したがって，実行可能性条件を，新古典派理論と古典派理論によって生み出された競合する仮説を評価するために用いることができる．賃金が労働の限界生産物に等しいという新古典派理論の主張が意味しているのは，実行可能性条件が等式として満たされるということである．一方，古典派理論では，厳密な不等式として実行可能性条件を満足することが可能である．つぎのことに注意しておこう．実行可能性条件が等式であったからといって，資本‐労働代替が技術変化の歴史的パターンの産物であるという古典派理論が反駁されるわけではないが，実行可能性条件が厳密な不等式であることによっては，賃金が労働の限界生産物に等しいという新古典派理論が論破されてしまうということである．

　図 7.2 は実行可能性条件を評価するために統計をまとめたものである．利潤分配率と（γ と χ を測定する）x と ρ の成長率は，OECD が十分なデータを提供している 22 カ国* の 1965-95 年の企業部門から算出している．これらのデータを用いて実行可能性条件を計算したものを図示した．図には，対角線より上が実行可能な領域であることを示す 45 度線が付してある．新古典派理論は，対角線に沿って（少なくともその付近に）データを示す点が位置することを予想している．古典派理論では，それらの点が対角線より上に存在することが許容されるし，また，はっきりそうなっている．事実，平均利潤分配率 π は 0.33 であるが，ω の平均値は 0.77 となっている．以上の検証から，新古典派の分配理論が間違っていることは火を見るよりも明らかなように思われる．第 9 章では，こうした予想と観察のあいだの根本的な不一致を説明するために，新古典派の理論家が補足的な仮定を設けざるをえなかったことを示すつもりである．

---

　* アメリカ，日本，ドイツ，フランス，イタリア，イギリス，カナダ，オーストラリア，オーストリア，ベルギー，デンマーク，フィンランド，ギリシア，アイスランド，アイルランド，オランダ，ニュージーランド，ノルウェー，ポルトガル，スペイン，スウェーデン，スイス．

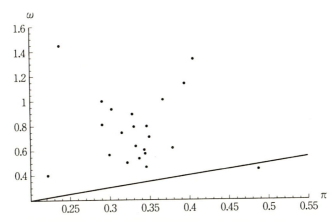

図7.2 22カ国について，1965-95年のωとπの平均値の相関を図示した．$\omega > \pi$，すなわち，先進資本制経済は労働の限界生産物より明らかに高い賃金で営まれるという顕著な傾向を示している．
(出所) OECD [1997] から著者が算出．

問題 7.8 偏向的技術変化をもち，かつ，賃金分配率 $1-\pi=0.8$，$1+\gamma=1.02$/年，$1+\chi=0.99$/年であるような古典派モデルにおいて，xの成長率とkの成長率の関係を求めなさい．このデータがいかにして生じたかわからないとする．そのとき，xの成長率とkの成長率の関係を評価することができるならば，完全競争市場を備えたコブ＝ダグラス生産関数が存在するという仮説を受け入れることになりますか，拒絶することになりますか．

問題 7.9 表2.4と表2.8のデータを使って，1973-92年の6カ国の技術変化が実行可能性条件を満たしているか否かを調べなさい（1980年代の利潤分配率の値を用いよ）．計算した値は新古典派理論の予想を満たしていますか．

7.4 収束と古典派モデル

世界規模の資本制経済においてもっとも顕著な特徴の1つは，**不均等発展**である．すなわち，高い労働生産性と高い生活水準をもった先進工業資本制経済が，貧しく，労働生産性の低い経済と共存している．経済成長の過程が

こうした格差を再生産する傾向にあるのか，それとも縮小する傾向にあるのか，ということは，成長理論にとって重要な問題である．

この問題にたいする答えは，ある時点で相対的に労働生産性の低い経済が，将来，労働生産性のより急速な成長を遂げるか否かによって決まってくる．このことが真であれば，生産性の低い経済は生産性の高い経済に追いついていくので，労働生産性の格差は時間とともに縮小する傾向にあることになる．この場合には，世界経済の労働生産性の水準には，**収束**が存在することになる．収束についての歴史の証言は，まちまちである．図7.3のように，あらゆる水準の労働生産性をもつ経済から幅広くとられた標本を見てみると，労働生産性の初期の水準とそれに続く期間の労働生産性の成長とに強い相関関係が存在していないことは明白である．

他方，図7.4のように相対的に高い資本集約度からはじめた経済，したがって，相対的に高い労働生産性をもつ傾向にある経済の標本を見ると，労働生産性の成長率とその初期の水準のあいだには強い負の相関が現れている．

言い換えると，実証データが示しているのは，つぎのことである．すなわ

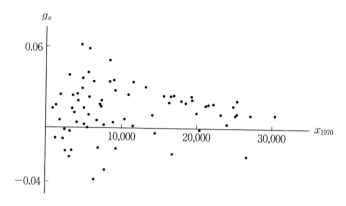

図7.3 あらゆる水準の資本集約度をもつ73の経済について，1970-90年の労働生産性の成長 g_x と1970年の労働生産性の水準 x_{1970} の相関を図示した．データは，EPWT からとったものである．強い負の相関は見られない．

第7章 古典派モデルにおける偏向的技術変化　　137

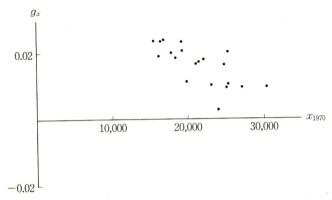

図 7.4　1970 年に資本集約度が労働者1人当たり 25,000 ドル以上であった 21 の経済について，1970-90 年の労働生産性の成長 g_x と 1970 年の労働生産性の水準 x_{1970} の相関を図示した．データは，EPWT からとったものである．強い負の相関が見られる．

ち，すでに発展が相対的に進んだ水準にある経済においては，収束に向かう傾向が存在しているが，はじめの時点で高い経済成長を経験していない経済では収束の圧力はかなり弱い．

　古典派モデルでは，労働生産性の発展はテクノロジーの歴史的な変容過程を反映していると考える．この変容は二様に起こりうる．以前には知られていなかった生産方法の発見をつうじて，あるいは，他の経済で使われている方法の新規採用をつうじて．ある国は，新たなテクノロジーを発明することもできれば，現存するテクノロジーを他の国々から取り入れることもできる．テクノロジーの移転は，適当な設備の輸入，労働力の再教育，新しいテクノロジーの操作法を学習する期間を要するために高くつくが，まったく新しいテクノロジーを発見するよりも移転のほうが容易であることを考えると割に合うのである．

　古典派モデルはつぎのような仮説によって収束を説明する．すなわち，低開発諸国は，先進諸国からのテクノロジー移転によって，労働生産性の上昇率は一層高くなる．テクノロジーは純粋な公共財ではなく，また，新方式を

発見する企業はその技術革新が普及する前に得られる標準以上の利潤率を求めている．このため，テクノロジーが世界中に普及するのには時間がかかる．しかし，普及のスピードは，現行のテクノロジーと利用可能な最良のテクノロジーとの格差の程度に依存している．遅れている経済の企業がより多くのものを得ようとする場合，概して，世界のテクノロジー先導国から採用するのであって，ほとんど追いついてしまった経済にある企業から採用することは少ないだろう．

テクノロジーの先導的な経済には，偏向的技術変化モデルが当てはまる．遅れている経済では，テクノロジーの変化は自力による発見よりも現存するテクノロジーの普及に依拠している．例証のために，テクノロジー先導国の代表としてアメリカを，キャッチアップする国の代表として日本をとりあげてみよう．ここでは，労働生産性の動向に焦点を絞るが，以下で述べられることは，資本生産性についても当てはまる．

テクノロジーの普及についての**純粋な遅延仮説**によれば，追随国である日本には，先導国であるアメリカから d 年という一定の遅延で技術変化がつぎつぎと伝えられる．このとき，各々の経済の生産性はつぎの式によって与えられる．

$$x_{US} = x_0(1+\gamma)^t$$
$$x_J = x_0(1+\gamma)^{t-d}$$

この式を使って，遅延の大きさを計算することができる．例えば，マディソンのデータによれば，アメリカの労働者1人当たりの産出は，1973年から1992年まで，1年につきおよそ1.11%伸びている．1992年の日本経済における労働生産性の水準はアメリカの水準の68.8%，すなわち，$x_J/x_{US} = 0.688$ であった．この数値を上の式に代入し，（両辺の対数をとって）d について解くと，34年の遅れを含むことがわかる．純粋な遅延仮説によれば，日本は30年以上も前にアメリカではじめて導入されたテクノロジーを使っていることになる．しかしながら，この方法では，テクノロジー移転の遅れが過大評価されているおそれがある．テクノロジー上の知識は売買可能な説

明書や機械設計だけで構成されているわけではない．実践的な知識は，制度や組織のなかに解きがたく組み込まれている．日本企業では，つい最近アメリカで導入されたばかりのテクノロジーが使われているかもしれないが，そのテクノロジーが企業組織に十分に吸収されていないかもしれない．工業生産性の研究によれば，異なる国に位置し，同じテクノロジーを使用している2つの工場で，生産性の水準が著しく異なるのはよくあることなのだ．さらに，より安価な自然資源を利用できる場合には，同じテクノロジーであっても労働生産性は高くなる．

　純粋な遅延仮説が意味しているのはつぎのことである．すなわち，追随国の労働生産性は先導国のそれと同じ比率で成長するために，経済間の相対的な生産性の格差は，時間をつうじて変化することはない．このように，純粋な遅延モデルと収束とは両立しえない．例えば，1973年から1992年まで，日本の労働生産性は年率で3.13%，アメリカのほぼ3倍の率で上昇し，その結果，生産性格差は縮小した．

　テクノロジーの普及についての**キャッチアップ仮説**は，追随国が遅れれば遅れるほど，先導国からのテクノロジーの移転によって得られる利益は大きくなると主張する．この仮説は，テクノロジーが移転される過程を石油探査のようなものとみなしている．大幅に遅れている経済には，学ぶべき手本となるテクノロジー（先導的な経済で現在使用されている，または，最近廃棄されたばかりのテクノロジーの全部）が数多くある．移転可能な手本を見つけることができれば，油脈を掘り当てる見込みはかなり高くなる．しかし，テクノロジー格差が埋められるならば，学ぶべき先端テクノロジーの数は減少し，石油探査の機会は少なくなるだろう．

　キャッチアップ仮説は以下の方法で取り扱うことができる．次式において，追随国，例えば，日本の労働生産性の成長率 γ_J は，生産性の相対水準に依存するものとしてみよう．

$$\gamma_J = \gamma_{US} + \phi\left(\frac{x_{US} - x_J}{x_J}\right)$$

ここで，パラメータ ϕ はキャッチアップ効果を反映している．この式によれば，つぎのことが予想される．ϕ の大きさが，オーバーシュートを可能にするほどではないが，実際のキャッチアップを保障するには十分な程度であれば，追随国が先導国の労働生産性に近づくにつれて追随国の労働生産性の成長率は低下していく．いったん日本がアメリカに収束すれば，両者の労働生産性の成長率は等しくなり，はっきりした遅延は消滅するだろう．以上の取り扱いにおいて，キャッチアップ仮説は，労働生産性水準の完全な収束を予想している．

収束にたいするこのアプローチは，資本生産性を含むように拡張することができる．再度，モデルを固定的に解釈しすぎないよう注意する必要がある．というのは，同じ基本設計と製造計画がどの国にも同じ経済効果をもたらすとはいえないからだ．ひとつには，自然資源のような投入物の利用可能性が，経済間で異なるかもしれないということがある．おそらくこのことが資本生産性については収束が対称的でない理由であろう．表2.7のマディソンのデータが示すところでは，資本生産性は（期待された通り）アメリカの水準に

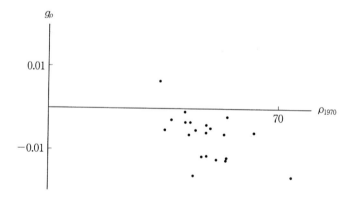

図7.5 1970年に資本集約度が労働者1人当たり25,000ドル以上であった21の経済について，1970-90年の資本生産性の成長率 g_ρ と1970年の資本生産性の水準 ρ_{1970} の相関を図示した．データは，EPWTからとったものである．負の相関は労働生産性または資本集約度よりもずっと弱い．

第 7 章　古典派モデルにおける偏向的技術変化　　　　　141

図 7.6　1970 年に資本集約度が労働者 1 人当たり 25,000 ドル以上であった 21 の経済について，1970-90 年の資本集約度の成長率 g_k と 1970 年の資本集約度の水準 k_{1970} の相関を図示した．データは，EPWT からとったものである．強い負の相関が見られる．

上方から収束していったとはいえ，労働生産性と同率では収束しなかった．図 7.5 によれば，相対的に進んだ経済である「収束クラブ」でさえ，資本生産性の収束傾向は労働生産性の収束よりもずっと弱かった．しかしながら，図 7.6 が示しているように，先進経済のあいだの資本集約度については，強い収束傾向が存在している．

　低開発国の多くが収束クラブに加わることができない理由を説明するためには，いくつかの説明を付け加える必要がある．教育支出や，最新テクノロジーを具体化する新しい資本財にたいする投資支出をつうじてキャッチアップするための国の努力を ϕ が表していると考えてみよう．そうすることによって，テクノロジー格差にかんする文献から説明の手がかりを借用することができる．テクノロジー格差の枠組みを受け入れる経済学者は，技術的知識を輸入し，それを商業的に活用するためには，国民経済による多大な努力が必要であると指摘している．適切なテクノロジー進歩の可能性は，マニュアルや専門誌を読むことができるような教育のある労働力に依存している．多くの新しいテクノロジーが利用可能であるためには，そのテクノロジーを

具体化するための資本財が物理的に存在していることが必要である．以上の考察が示唆するのは，キャッチアップは追随国の努力次第であり，その努力は教育と投資に費やす資源の程度によって表される，ということである．例えば，教育程度の低い労働力では近代的な技術的知識を採用することが難しいために，教育への関心が低い国は，低い ϕ に苦しむことになる．$\phi=0$ の国は，先導国と同じ割合で成長するが，いつまでも相対的に低位の生産性水準にとどまるので，一定の遅延をともなう追随国のままである．$\phi<0$ の国は，主導国から遅れていくだろう．このように，テクノロジー格差アプローチは，グローバルなレベルでの不均等の再生産を許容しうるのである．

7.5 経済成長のひとつのビジョン

マルクス型の偏向的技術変化をともなった古典派慣習的賃金シェアモデルは，資本制経済の成長過程にたいするひとつのビジョンを表している．古典派のビジョンでは，世界資本主義の発展は特殊な社会的要因によって形成される歴史的にユニークな出来事と見なされる．資本主義的発展の基本的な推進力は，それが社会にもたらす階級分化である．所得のうち，高い賃金分配率を維持しようとする階級対立の傾向は，労働節約的技術革新の強い誘因をつくりだし，それはまた，資本主義におけるテクノロジーの進歩的な性格を説明する．しかし，その結果生じる資本使用的技術変化への偏向は，利潤率と成長率を押し下げるために，資本家的成長の障害物となる．これまでは，資本生産性と収益性を回復させるには，突発的な資本節約的技術革新が周期的に起きれば十分であった．しかし，資本主義の未来は，このビジョンによれば，定まっても，決まってもいない．それは多くの歴史的な偶然に依存している．例えば，労働生産性と生活水準の持続的な上昇は，テクノロジー先導的な経済では，高い賃金分配率が維持されることに依存する．この枠組みにおいては，資本主義の究極的な運命とは，知性的，道徳的，歴史的問題にほかならないのである．

第 7 章　古典派モデルにおける偏向的技術変化　143

　しかしながら，古典派のビジョンは，経済成長の複雑な諸側面を首尾一貫した形で捉えようとする場合に経済学者が取りうる唯一の方法ではない．私たちがこれから見る新古典派成長理論は，同一の経験的事実の多くがまったく異なった光のもとに現れるような別の視角を提供している．

7.6　読書案内

　機械化現象にたいする最初の重要な言及は，おそらくリカードによる考察であろう[Ricardo, 1951, 第31章「機械論」]．彼は，機械が，今日のいわゆる技術的失業を生むと考えた．カール・マルクスは，『資本論』第1巻において，資本主義的技術変化の基底にある諸原因と諸形態を詳しく論じている[Marx, 1977]．この研究を現代に受け継ぐものとしては，Lazonick [1990] を参照．かつて重大な論争の対象であったマルクスの利潤率傾向的低下法則は，置塩[1961]によってその論争が再開された．これを概観したものとしては，Foley [1986] を見よ．この章のモデルは基本的に置塩のアプローチの延長である．モデルをさらに洗練させたものとしては，Michl [1999] を見よ．この文献はまた，ジェラール・デュメニルとドミニク・レヴィの研究，特に，Duménil and Lévy [1994] からも影響を受けている．

　新古典派経済理論と古典派経済理論との区別にかんしてより深く知りたい場合には，Nell [1967] を参照せよ．コブ＝ダグラス生産関数にたいする早期の実証的な批判のなかで，Shaikh [1974] は，利潤分配率が一定ならば，コブ＝ダグラス型の形式は，どの基礎的なデータにもほとんど当てはまるような会計的な恒等式であり，「ペテン」という文字をつづるために人為的に構成されたデータにさえも当てはまる，と論じている[訳注]．

　収束にかんする文献は現在では膨大にある．この章も大きな影響を受けた良質のサーベイとしてはFagerberg [1994] がある．キャッチアップ仮説は，経済学の因襲を打破したThorstein Veblen [1915] にまで遡る．より最近のものとしては，Aleander Gerschenkron [1962] がある．

訳注

Shaikh [1974] は，グラフが「ペテン HUMBUG」という文字を描くようなでたらめな産出・投入データでさえも，コブ゠ダグラス生産関数はうまく表現できることを指摘している．

第8章
新古典派成長モデル

8.1 ソロー゠スワン・モデル

1940年代から50年代に，経済学者は「政府がなにも働きかけなければ，失業が永続する傾向がある」というケインジアンの命題をめぐって論争した．ケインズの弟子であるロイ・ハロッドと，社会主義計画経済の研究者だったエヴィ・ドーマーは，資本制経済において**保証**成長率（計画された貯蓄が計画された投資に等しくなる成長率）が，**自然**成長率（労働増大的技術変化があるときに，増加する人口を雇用するための職を創出するのに必要な成長率）に一致するのは偶然にすぎないと主張した．ロバート・ソローとT. W. スワンはそれぞれ独立に新古典派成長モデルを展開し，完全雇用が恒常成長と両立しうることを論証した．ソロー゠スワン・モデルは，古典派モデルのように計画投資が常に計画貯蓄に等しいと仮定しており，それゆえに現実成長経路の安定性問題を直接に取り扱っていない．（第10章では，保証成長率を明示的に扱うモデルが検討される．）ソロー゠スワン・モデルは，ある国が他の国よりも速く成長するのはなぜか，という問いにたいして標準的な理論的説明を与えており，さらに長期における貯蓄と投資の意義にかかわるさまざまな政策論議において，現在では，重要な役割を果たしている．

ソロー゠スワン成長モデルは完全雇用の仮定によって閉じられる．これは実質賃金の変化に導かれた，生産関数にもとづく適切な生産技術選択によっ

て達成される．またソロー＝スワン・モデルは，粗所得の一定割合を貯蓄し
投資する，単一の代表的家計の存在も仮定している．

8.2　集約的生産関数

　生産における**規模にかんする収穫不変**とは，すべての投入物を同一倍させ
れば，産出がそれと同じ比率で増加できることを意味する．もしトウモロコ
シ種子を 1 ブッシェル，労働者を 1 人雇って，トウモロコシが 1 トン生産で
きるのならば，労働者をもう 1 人雇い，種子をもう 1 ブッシェル購入すれば，
トウモロコシもさらに 1 トン生産されるのだから，結局は，トウモロコシが
2 トン生産されると期待できる．この議論には自己複製的な性格があるので，
収穫不変は多くの人が採用する仮定となっている．しかし，実際の生産は，
規模にかんする収穫逓増に支配されるという確かな根拠がある．なぜなら規
模が大きくなれば，より細分化された分業をともなう新たな生産技術を採用
できるからである．

　第 3 章で述べたように，規模にかんする収穫不変であれば，集約的生産関
数 $x=f(k)$ を，そしてコブ＝ダグラス型では $x=Ak^a$ を使うことができる．
この関数のグラフは図 8.1 に描かれているように皿を伏せたような形状とな
る．経済学的には集約的生産関数は，**資本の限界生産力逓減**を表している．
すなわち，労働者 1 人当たり資本が増加すれば，労働者 1 人当たり産出は増
加するが，その増分は徐々に小さくなっていく．数学者はそのような関数を
凹と呼ぶ．

　新古典派生産関数一般，とりわけコブ＝ダグラス関数は，利用可能な生産
技術の数が増加して，ついには無限の生産技術が存在して連続となったとみ
なすことができる．したがってコブ＝ダグラス関数上の各々の点は，単一の
生産技術 (ρ, x) を表している．図 8.1 では実行可能な 1 つの生産技術が細
線で示されている．資本集約度 k' までの細線の傾きは，その技術に対応す
る産出－資本比率 ρ' を表す．この生産技術では，労働者 1 人当たり資本を

第8章 新古典派成長モデル

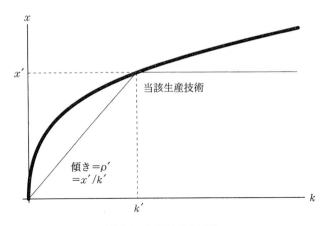

図 8.1 集約的生産関数.

k' 以上に増加しても，産出が増えていかないので，その生産技術を表す細線は k' の右側では水平となる．

技術変化にかんする古典派理論では，より資本集約的な生産技術は，技術革新の結果として歴史的に実現したものとみなされるが，新古典派生産関数は，すべての資本集約度に対応する多数の生産技術がすでに開発され，どんなときにでも利用可能であると想定している．

資本の限界生産力逓減という仮定をおくと，資本生産性すなわち産出‐資本比率 ρ が，資本‐労働比率 k の減少関数となるという重要な結果が得られる．この点は図 8.1 で幾何学的に確認できる．資本生産性を表す，原点を通る直線の傾きは，k が増加するにつれて緩やかになる．コブ＝ダグラス型の場合では，資本生産性と資本集約度の関係は関数 $\rho = Ak^{\alpha-1}$ によって表現され，$\alpha<1$ ならこの関数は k の減少関数となる．

問題 8.1 レオンティエフ型生産関数を集約形で書きなさい．

問題 8.2 コブ＝ダグラス生産関数 $X = AK^{\alpha}N^{1-\alpha}$ において，$k=14{,}000$ ドル/労働者，$A=1{,}000$，$\alpha=0.2$ のときの x と ρ の値を計算しなさい．

問題 8.3 コブ＝ダグラス生産関数が $\rho = Ak^{\alpha-1}$ と表せることを示しなさい．

8.3 貯蓄，人口，恒常成長

ソロー＝スワン・成長モデルは，つぎのような経済を想定している．そこでは，所得のうち外生的に与えられた一定割合が貯蓄され，人口と労働力は外生的に与えられた一定率で増加している．なおソロー＝スワン・モデルでは，家計の利潤所得からの貯蓄率と賃金所得からのそれとは同一であると仮定されており，古典派モデルで重要視された労働者と資本家の区別は捨象されていることに注意されたい．さらに，ソロー＝スワン・モデルは，第5章で導出されたような家計の効用最大化問題から得られる貯蓄方程式にもとづく最近の新古典派成長理論とは異なり，たんに粗貯蓄が粗産出の一定割合であると仮定されている．

$$S = sX$$

ここで S は粗貯蓄のフローを表し，s は粗所得のうち貯蓄される割合であり，貯蓄率または**貯蓄性向**と呼ばれる．ソロー＝スワン・モデルにおける貯蓄は，第5章のモデルのように，**資産ストック**の一定割合というよりは，むしろ**産出フロー**の一定割合であることに留意されたい．

ソロー＝スワン・モデルでは，古典派モデルと同様に，貯蓄が常に投資に等しいと仮定される．これは，期間当たりの資本ストックの変化分と，貯蓄が資本減耗を超過する分が等しいことを意味している．すなわち，

$$K_{+1} - K = sX - \delta K$$

この等式の両辺を K で割れば，資本蓄積率 g_K にかんする次式が得られる．

$$g_K = \frac{sX}{K} - \delta = s\rho - \delta \tag{8.1}$$

産出 - 資本比率 ρ が資本 - 労働比率の減少関数であることを想起すれば，蓄積率も資本 - 労働比率の減少関数となることがわかる．コブ＝ダグラス型の場合，この関数はつぎのようになろう．

第8章 新古典派成長モデル

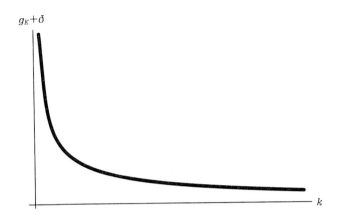

図 8.2 ソロー゠スワン・モデルの仮定のもとでは，資本蓄積率は資本‐労働比率の減少関数である．

$$g_K = sAk^{a-1} - \delta$$

これは図 8.2 で示される．

労働力は，モデルの外生パラメータである一定率 n で増加すると仮定されている．ソロー゠スワン・モデルでは，労働はいつでも完全雇用されると仮定される．どんな大きさの過剰労働も生産に必要な労働需要として吸収されるのは，企業家が利潤を最大化する生産技術を選択すれば，労働市場を清算するに十分な職が創出されるように賃金が絶えず調整されるからである．もし失業が発生すれば，賃金が低下し，それに誘導されて企業家はより労働集約的な生産技術を選択するので，より多くの職が創出されることになる．コブ゠ダグラス生産関数の場合と同様，あらゆる大きさの資本集約度をもつ生産技術が存在しているので，過去から受け継がれる資本の多寡に関係なく，完全雇用をもたらす生産技術が，常に存在することが保証されている．

動学的な状況で技術選択の方向性を予測するためには，資本供給と労働供給のいずれが速く成長するかを知る必要がある．これは，数学的には資本‐労働比率の成長率 g_k についての方程式を解くことに帰着する．$k = K/N$ は比率であるから，その成長率は（どんな比率の成長率についてもそうである

ように）分母と分子の成長率の差として表現できる.

$$g_k = \frac{\dfrac{K_{+1}}{N_{+1}} - \dfrac{K}{N}}{\dfrac{K}{N}} = \frac{1+g_K}{1+n} - 1 \approx g_K - n$$

g_K と n が小さいときには，この近似式が成立する．この式に，(8.1)式の g_K の右辺を代入すれば，ソロー＝スワン・成長モデルの基本方程式である (8.2)式が得られる.

$$g_k \approx (s\rho - \delta) - n \tag{8.2}$$

この式によって，資本蓄積率（右辺の括弧で括られた項）が人口増加率を超過すれば，資本‐労働比率が上昇するとわかる．資本が労働よりも速く増加するにつれ，賃金は切り上げられるので，より資本集約的な生産技術が収益性の高い技術となる．技術を変えなければ，労働の超過需要（過剰雇用）が発生することになる．資本集約度が上昇していく過程は，**資本深化**として知られている.

労働が資本よりも速く増加する上と逆の状況では，賃金は低下していく．このときは，労働の超過供給を吸収するために，企業はより労働集約的な生産技術に切り替えていくことになる.

ソロー＝スワン・モデルをコブ＝ダグラス生産関数のケースに特定化することによって，これらのケースをよりよく視覚化できる．この場合，基本方程式はつぎのようになる.

$$g_k = (sAk^{\alpha-1} - \delta) - n$$

図8.3では，コブ＝ダグラス生産関数の場合の，労働者1人当たり貯蓄 sAk^{α} と，労働者1人当たり資本ストックを維持するのに必要とされる，労働者1人当たり投資 $(n+\delta)k$ が描かれている．労働者1人当たり投資 $(n+\delta)k$ が sAk^{α} に等しいとき，資本‐労働比率は一定にとどまる.

貯蓄曲線と必要投資曲線の交点では，$g_k = n$ である．この点で，経済は，資本‐労働比率が変化しない（$g_k = 0$）**恒常状態均衡** k^* に到達している．恒常状態での資本蓄積は，**資本拡張**とよばれる．(8.2)式で $g_k = 0$ とおくこと

第8章 新古典派成長モデル

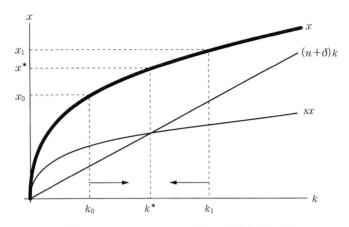

図 8.3　ソロー=スワン・モデルの恒常状態均衡.

によって，恒常状態では，労働者1人当たり産出と資本集約度が，次式を満たさねばならないことがわかる．

$$k^* = \frac{s}{n+\delta} x^*$$

添字のアスタリスクは，資本-労働比率と産出-労働比率が恒常値であることを示している．

コブ=ダグラス生産関数の場合には，資本-労働比率と産出-労働比率の均衡値を，モデルのパラメータを用いて具体的に，**完結した形**で表現できる．

$$k^* = \left(\frac{sA}{n+\delta}\right)^{\frac{1}{1-\alpha}}$$

$$x^* = A k^{*\alpha}$$

図 8.3 の上に位置する曲線は，コブ=ダグラス生産関数に沿った，労働者1人当たり産出を示している．下の2本の曲線は，労働者1人当たり貯蓄と，k で示されるさまざまな水準の資本ストックを維持するに必要な労働者1人当たり投資を示している．これらの交点は恒常資本集約度 k^* を決定する．恒常資本-労働比率に対応して，労働者1人当たり産出の均衡水準 x^* が存在するであろう．図 8.3 を使用すれば，ソロー=スワン・モデルの重要な特

152

徴の多くを理解できる.

　(k^*, x^*) での恒常状態は安定的である. なぜなら, もし経済が低水準の労働者1人当たり資本, 例えば図8.3の k_0 から出発するならば, 基本方程式(8.2)からわかるように, 資本が労働力よりも速く増加する. k 軸の上の矢印は, 時間をつうじた k の変化の方向を示している. 同じように, 高水準の労働者1人当たり資本 k_1 から出発すれば, 資本は労働力よりもゆっくりと増加することになる. 長期的には, 体系は, (k^*, x^*) に収束する.

　問題8.4　$A=1,000$, $\alpha=0.2$ のコブ = ダグラス生産関数によって, ソローウィアの生産が描写される. 貯蓄率は0.15, 資本減耗率 δ は1年当たり0.1, そして人口増加率 n は1年当たり0.02である. 資本 - 労働比率が労働者1人当たり5,000であるとき, 資本成長率と資本 - 労働比率はいくらですか.

　問題8.5　(問題8.4を参照して) ソローウィアにおける資本 - 労働比率, 労働生産性, 資本生産性の恒常状態均衡値を求めなさい.

8.4　ソロー = スワン・モデルと成長 - 分配表

　ソロー = スワン・モデルは, 図8.4および図8.5のように, 成長 - 分配図を用いて分析することができる.

　効率フロンティアが集約的生産関数と同じ情報, つまり各々の技術は, フロンティアの1点をなす成長 - 分配表で表現されること, を想起されたい. 任意の賃金 w にたいして利潤を最大化する技術は, 効率フロンティアに w 点で接する成長 - 分配表によって表され, 成長 - 分配表の傾きは, 対応する資本 - 労働比率 k にマイナスをつけた値に等しい. 古典派モデルでは, 賃金が外生的に与えられ, それが使用される生産技術と生産の資本集約度を決定する. 対照的に, ソロー = スワン・モデルでは, **資本集約度** $\bar{k}$ は, それまでの人口増加と資本蓄積の結果として, 各期毎に外生的に与えられる. もし, 図8.4のように効率フロンティアが原点にたいして凸ならば, 効率フロンテ

第8章 新古典派成長モデル

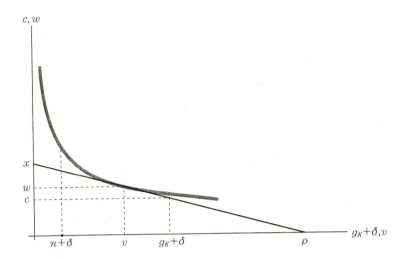

図 8.4 ソロー＝スワン・モデルは，各期の資本 - 労働比率 $\bar{k}$ を，それまでの人口増加と資本蓄積の結果として外生的に決定されるものとする．使用される技術，賃金，利潤率は，接線の傾きが $-\bar{k}$ となるような，効率表上の点で決定される．そして貯蓄性向 s が労働者 1 人当たり消費と資本ストック成長率を決定する．

ィアに，その傾きが $-\bar{k}$ となる接線が 1 つ存在するであろう．この接線は，使用される技術の成長 - 分配表であり，その期の賃金率と利潤率を決定する．労働者 1 人当たり消費はちょうど $c=(1-s)x$ であり，資本ストック成長率は成長 - 分配表によって決定される．

図 8.4 は，労働力の成長率に資本減耗率を加えた値，$n+\delta$ も示している．図に描かれているように，粗資本ストック成長率 $g_K+\delta$ は $n+\delta$ を超過しており，したがって次期の資本集約度 k_{+1} は，より高水準となるであろう．

$$k_{+1} = k + \Delta k = (1+g_K-n)k$$

こうして次期には，効率表がより急勾配で，利潤率がより低く，実質賃金がより高く，そして資本ストック成長率がより低い点に，経済は移っていくであろう．この過程は，経済が**恒常資本集約度** k^* に到達するまで続くことになる．恒常状態は図 8.5 で示されており，そこでは効率フロンティアと，

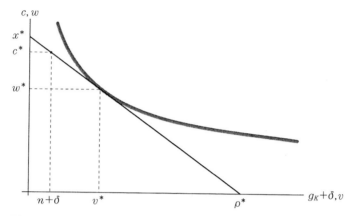

図 8.5 ソロー=スワン・モデルは恒常状態に到達するのは,資本集約度が,資本減耗と労働力増加をまかなうのに十分な投資資金を貯蓄が提供しているような点まで上昇するときである.

恒常状態の生産技術と関連した成長 – 分配表が示されている.成長 – 分配表の傾きは,恒常資本 – 労働比率,あるいは $-k^*$ に等しい.縦軸の切片は恒常労働生産性 x^* に等しい.

いったん企業家によって生産技術が選択されれば,その成長 – 分配表は,労働者1人当たり社会的消費と成長のトレード・オフを決定する.恒常状態においては,資本成長率は外生的に与えられた労働力増加率 n に等しい.産出量の成長率は $g_X = g_\rho + g_K$ である.恒常状態では,資本生産性は一定にとどまる,つまり $g_\rho = 0$ なので,産出量の成長率も n に等しくなる.

8.5 閉じたモデル

古典派慣習的賃金シェアモデルにおいては,すべての集計変数,すなわち産出物,資本ストック,雇用量は同一率で成長はしているが,各期の状態は最後まで同一である.しかしながらソロー=スワン・モデルにおいては,恒常状態以外では,生産における資本集約度が変化するので,各期は直前期と

第8章　新古典派成長モデル　　155

は異なる．したがって，古典派モデルでは単一期間での均衡分析が恒常状態の分析と同一であるのにたいして，ソロー゠スワン・モデルでは，恒常状態にない均衡の分析と恒常状態の分析を分けて考察する必要がある．

　ソロー゠スワン・モデルにおける任意の期間の均衡は，表8.1のように要約できる．

　蓄積された資本ストックおよび人口が，その期において所与の $\bar{k}$，すなわち労働者1人当たり資本ストックを決定する．これはつぎに労働者1人当たり産出 x を決定する．利潤率は $\bar{k}$ に対応する資本の限界生産性に等しく，労働者1人当たり消費は貯蓄性向と労働者1人当たり産出によって決定され

表8.1　ソロー゠スワン・モデルの短期均衡

内生変数：x, w, v, c, g_K, k_{+1}
外生パラメータ：$\bar{k}$, δ, s, n

$$x = f(\bar{k})$$
$$v = f'(\bar{k})$$
$$c = (1-s)\,x$$
$$w = x - v\bar{k}$$
$$g_K + \delta = \frac{sx}{\bar{k}}$$
$$k_{+1} = sf(\bar{k}) - (n+\delta)\,\bar{k}$$

表8.2　ソロー゠スワン・モデルの恒常状態

内生変数：k^*, x^*, w^*, v^*, c^*, g_K^*
外生パラメータ：$f(\cdot)$, δ, s, n

$$sf(k^*) - (n+\delta)\,k^* = 0$$
$$x^* = f(k^*)$$
$$v^* = f'(k^*)$$
$$c^* = (1-s)\,x^*$$
$$w^* = x^* - v^*k^*$$
$$g_K^* = n$$

表 8.3 コブ = ダグラス生産関数のときのソロー =
スワン・モデルの恒常状態

内生変数：k^*, x^*, w^*, v^*, c^*

外生変数：A, α, δ, s, n

$$k^* = \left(\frac{sA}{n+\delta}\right)^{\frac{1}{1-\alpha}}$$

$$x^* = Ak^{*\alpha}$$

$$\rho^* = Ak^{*\alpha-1}$$

$$w^* = (1-\alpha)\,x^*$$

$$v^* = \alpha\rho^*$$

$$c^* = (1-s)\,x^*$$

$$g_K^* = n$$

る．そして成長 - 分配表は残りの変数，w と g_K を決定する．

コブ = ダグラス生産関数の場合，これらの方程式は各期のモデルのパラメータを用いて陽表的に解くことができ，$x = A\bar{k}^\alpha$，$v = \alpha A\bar{k}^{\alpha-1}$，$c = (1-s)\,x$，$w = (1-\alpha)\,x$，$g_K = sA\bar{k}^{\alpha-1} - \delta$，$k_{+1} = sA\bar{k}^\alpha - (n+\delta)\,\bar{k}$ となる．

ソロー = スワン・モデルの恒常状態での資本集約度 k^* は，条件 $g_k = sf(k^*) - (n+\delta)\,k^* = 0$ によって規定される．一般的な生産関数のときの恒常状態条件は表 8.2 にまとめられている．

コブ = ダグラス生産関数の場合は，これらの方程式を使用すれば，表 8.3 のように，外生パラメータで表された恒常状態での変数を求めることができる．

8.6 代替と分配

恒常状態へ収束するまで，資本深化は賃金上昇と利潤率低下を引き起こす．賃金上昇が賃金と利潤とのあいだの所得分配に及ぼす効果は，資本と労働間の代替がどれだけ容易であるかに依存している．もし容易に資本を労働と代

替できるのならば，企業家は，わずかな賃金上昇にたいしてより資本集約的な生産技術への切り替えで対応することになり，賃金が所得に占める割合はより小さなものとなるであろう．もし資本を労働と代替するのが非常に困難ならば，企業家がほんの少し資本集約的な生産技術を選択するように仕向けるためにさえ，賃金の大幅上昇が必要となるであろう．ある特定の生産関数が，ある特定の資本集約度で示す資本と労働の代替の容易さは，資本と労働の**代替の弾力性** σ（ギリシア文字で「シグマ」と発音される）で測定される．σ は，賃金率の利潤率にたいする 1% の変化に誘発されて，資本集約度が何パーセント変化するかで定義される．すなわち，

$$\sigma = \frac{\%\Delta(K/N)}{\%\Delta(w/v)}$$

である．

　代替の弾力性の値がどのように所得分配に影響するのか理解するためには，所得の賃金分配率と利潤分配率についてのつぎの定義を思い出すのが有用である．

$$1 - \pi = \frac{wN}{X}$$

$$\pi = \frac{vK}{X}$$

　恒常値より小さな資本集約度をもつ経済が恒常状態に収束するまで，賃金は上昇し続け，利潤率は低下し続ける．この場合，企業家はより資本集約的な技術に切り替えていく．もし代替の弾力性が 1 より大であれば，企業家は賃金‐利潤比率の変化よりも大きな比率で資本集約度を増加させるであろう．産出 1 単位当たり労働投入は，賃金上昇よりも大きな比率で減少し，産出 1 単位当たり資本投入は，利潤率低下よりも大きな比率で増加するので，所得の利潤分配率は上昇し，賃金分配率は低下するであろう．

　これに反して，もし代替の弾力性が 1 より小であれば，賃金上昇は労働分配率の上昇を引き起こし，資本分配率を低下させるであろう．

　一般的には代替の弾力性は使用される技術とともに変化するかもしれない

が，本書で使用してきた生産関数では，代替の弾力性が変化しない．例えば，レオンティエフ型生産関数では，代替の弾力性はゼロである．なぜならレオンティエフ・テクノロジーでは資本を労働に代替できないからである．

もし代替の弾力性が**正確**に1であれば，賃金分配率と利潤分配率は収束過程を通じて変化しないであろう．経済が恒常資本集約度に向かうまでの賃金上昇は，産出1単位当たり雇用労働の比例的減少によってちょうど相殺され，賃金分配率は一定に保たれるであろう．コブ゠ダグラス生産関数の代替の弾力性は一定であり，その値は1に等しい．（実際のところ，コブ゠ダグラス生産関数は，代替の弾力性が1となる**唯一の**生産関数である．）コブ゠ダグラス型の場合，成長経路におけるどのような w と v の変化も，それを埋め合わせる N/X と K/X の変化によって，正確に相殺されるであろう．

すでに述べたように，一定の賃金分配率は，現実の資本制経済の振る舞いのよい1次近似であり，古典派慣習的賃金シェアモデルでは基礎的仮定としてあらわれる．そのモデルでは，一定の賃金分配率を労働供給行動に帰着させている．すなわち，そこでは歴史的や経済的，政治的，社会学的な諸力が，労働生産性と大まかに同じ比率で賃金を上昇させる，という傾向があると仮定される．新古典派モデルは，労働と資本の代替可能性を許容する生産関数のなかでも特別な形，すなわちコブ゠ダグラス関数の性質として，賃金分配率が一定となることを説明する．こうして賃金と利潤の所得分配をどう説明するかは，新古典派と古典派のアプローチを分ける，中心論点となっている．

8.7 比較動学

古典派モデルの場合と同様，ソロー゠スワン・モデルにおいても，1つの恒常状態と，モデル内のただ1つのパラメータが変化した後のもう1つの状態を，比較するのは有益である．これは，第8.5節におけるコブ゠ダグラス生産関数の場合のソロー゠スワン・モデルの恒常状態を示す方程式と，第8.3節の図を使用することで可能になる．

第8章 新古典派成長モデル

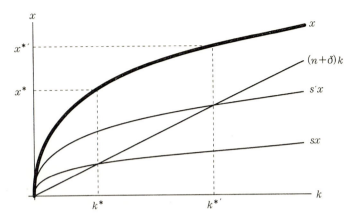

図8.6 貯蓄率上昇がソロー＝スワン・モデルの恒常状態に及ぼす効果．

　例えば，s から s' への貯蓄率上昇の効果を考察しよう．図8.6にみられるように，貯蓄率上昇によって，資本‐労働比率のすべての水準にたいして，労働者1人当たり貯蓄が増加するであろう．かくして新たな恒常状態における資本集約度は，より高水準となるであろう．労働者1人当たり資本がより豊富となれば，経済はより多くの労働者1人当たり産出を享受することになる．同様の結果は表8.3の吟味からも得られる．

　貯蓄率上昇は成長率に影響しない．長期的には成長率は外生的に所与の人口増加率 n に落ち着く．この幾分当惑させる結果は，**外生的成長モデル**の特徴である．そこでは，労働あるいは土地といった，生産にたいする何らかの投入物の，外生的成長によって成長率が固定されるのである．貯蓄増加がもたらすのは，体系がその新均衡に収束するまでの，一時的な成長率の上昇である．

　貯蓄率の上昇は，恒常状態での労働者1人当たり消費に，逆の効果を及ぼす．高い資本集約度において労働生産性が上昇すると，労働者1人当たり消費が増加するが，貯蓄率上昇がそれを減少させる傾向をもつ．ソロー＝スワン・モデルでは，労働者1人当たり消費が最大化されるような恒常状態が1つ存在する．貯蓄率（したがって資本集約度）が比較的低いときには，貯蓄

率の小幅上昇は労働者 1 人当たり消費を増加させる傾向がある．なぜなら生産性効果が支配するからである．貯蓄率および資本集約度が比較的高いときには，貯蓄効果が任意の生産性上昇を支配するので，貯蓄率の小幅上昇が労働者 1 人当たり消費を減少させることになる．

労働者 1 人当たり消費が最大化されるような，労働者 1 人当たり資本ストックの均衡値を，エドムンド・フェルプスは**黄金律**資本ストックとよんだ．黄金律均衡においては，純利潤率 $r = v - \delta$ は人口成長率 n に等しくなる．

貯蓄率上昇は常に実質賃金上昇と利潤率低下をもたらすであろう．これは表 8.2 の最後の 2 式をみることで確認できる．これを確認する他の方法は，貯蓄率上昇によって，経済がその効率フロンティアに沿って，高い資本集約度をともなう点まで押し上げられることを確かめることである．

問題 8.6　コブ = ダグラス生産関数をともなうソロー = スワン・モデルにおいて，$A = 1{,}000$，$\alpha = 0.2$，$\delta = 0.1$，$n = 0.02/$年である．貯蓄率が $s = 0.15$ から $s' = 0.17$ に上昇するとき，初期状態と新恒常状態での資本集約度，労働生産性，消費/労働者は各々いくらになるか求めなさい．これら 2 つの恒常状態を，効率フロンティア上で示しなさい．

問題 8.7　問題 8.5 の経済での，黄金律値 $\hat{s}$, $\hat{k}$, $\hat{c}$, $\hat{r}$ を求めなさい．

問題 8.8　ソロー = スワン・成長モデルの式と図を使用して，人口増加率 n が増加するときの比較動学を分析しなさい．この変化はどのような効果を k, x, c, g, r, w に及ぼすだろうか．

問題 8.9　黄金律恒常状態において $r = n$ であることを証明しなさい．

8.8　移　行　動　学

もし，経済が恒常状態よりも低水準の労働者 1 人当たり資本から出発するならば，資本ストックは労働力よりも急速に成長し，賃金は労働市場を清算するように上昇するであろう．これによって経済は，効率フロンティアに沿って恒常状態へと押し進められるだろう．なぜなら賃金上昇は，より資本集

第 8 章 新古典派成長モデル　　　　161

約的な生産技術を導くからである．これはすでに述べた資本深化の過程であり，その間，経済は不均衡から恒常状態への移行過程にある．この過程がソロー＝スワン・モデルの**移行動学**である．

　ソロー＝スワン・モデルでは，労働者 1 人当たり産出の成長は，経済がその恒常状態均衡に収束するまでの，移行動学による効果として説明される．所得の一定割合が貯蓄される経済において，低水準の労働者 1 人当たり資本から出発すれば，経済の資本蓄積率はより高水準となるであろう．なぜなら資本減耗と労働力成長を埋め合わせるために必要な投資よりも，貯蓄が相対的に大きくなるからである．資本 - 労働比率が上昇するにつれ，資本 1 単位当たり貯蓄は収穫逓減の働きによって減少する．その一方で，資本減耗と労働力成長をふまえた上で労働者 1 人当たり資本を維持するために必要とされる，資本 1 単位当たり投資は，一定にとどまる．

　しかしながら，収穫逓減が資本 - 労働比率の成長を消失させるに十分強力だという保証は存在しない．コブ＝ダグラス生産関数のときは，体系は常に恒常状態に収束するであろう．なぜなら資本の限界生産性が，k が無限大に近づくにつれて，ゼロに近づくからである．この仮定はすでに上述の図にとり入れられている．

　しかしながら，他の生産関数については，そのような保証はできない．例えば，コブ＝ダグラス型関数につぎのように 1 次項を付け加えるだけでも資本の限界生産性は，k が無限大に近づくにつれパラメータ B に近づくことになる．

$$X = BK + AK^{\alpha}N^{1-\alpha}$$

もし $sB-\delta>n$ ならば，資本蓄積率 $g_K=sB-\delta$ をともないながら，資本 - 労働比率が延々と成長率 $sB-\delta-n$ に漸近しながら成長し，収穫逓減はこれを絶ち切るには十分でなくなる．いまや**内生的成長**の例が示される．そこでは長期成長率は s の変化に影響される．この 10 年は内生的成長モデルへの関心が復活した時期である．例えば古典派慣習的賃金シェアモデルは内生的成長モデルの例である．

しかしながら，ソロー＝スワン・モデルを拡張したほとんどのモデルは，収穫逓減が労働者1人当たり資本の成長を消失させるのに十分強力であると仮定しているので，恒常状態が存在する．この場合，貯蓄率 s に関係なく，成長率は外生的に所与の人口成長率 n に収束することになる．

問題 8.10 生産関数が $X = K + 1{,}000 K^{0.2} N^{0.8}$ であり，$s = 0.15$，$\delta = 0.1/$年，$n = 0.02/$年のソロー＝スワン・モデルを想定しなさい．資本蓄積率を k の関数として式で表し，それを図 8.2 に図示しなさい．その図に労働力成長率を示す線を付け加えなさい．なぜ，この経済は決して恒常状態を達成できないのですか．

8.9　ソロー＝スワン・モデルの限界

ソロー＝スワン・モデルの2つの限界について触れておかねばならない．1つは内的整合性に関連し，もう1つはそれが現実の経済成長の特徴を説明する能力に関連する．

まず，古典派的伝統のなかで仕事をしてきた経済学者は，現実の経済成長を説明する基礎としての1部門生産関数という概念にたいして，重大な疑義を呈した．これらの批判は 1960 年代から 1970 年代初頭にかけて議論された，**ケンブリッジ資本論争**における重要な論点であった．古典派的観点からのソロー＝スワン・モデルの批判者は，複数以上の生産物があり，効率フロンティアが原点にたいして凸でないかもしれない経済には，それを厳密に一般化することはできないと主張した．この可能性については，すでに第3章で述べた通りである．問題は，効率フロンティアが原点にたいして凸でないときには，その傾きと任意に与えられた労働者1人当たり資本 pk が等しくなる点が複数ありうることにある．この場合，労働者1人当たり資本蓄積は，使用される技術，あるいはソロー＝スワン・アプローチが必要とする賃金率および利潤率を決定するのに十分な情報とはならない．与えられた労働者1

第8章 新古典派成長モデル 163

人当たり資本の値と整合的な複数の技術，賃金率，利潤率が存在する可能性
がある．

ソロー = スワン・モデルの古典派的観点からの批判者は，この問題が，
資本が**資本財**とは独立には定義できないことから生じていると主張する．さ
らに，資本が異なるさまざまな商品形態をとる経済において，資本価値のタ
ームのみで推論を試みることに起因する，さまざまな論理的矛盾，パラドッ
クス，非整合性が指摘されている．これらの問題点は，複数の商品から構成
される資本を許容するモデルで，効率フロンティアの性質を研究した，ピエ
ロ・スラッファの業績をつうじて発見された．

第2に，ソロー = スワン・モデルが確実だと考えるいくつかの実証的な予
測は，資本制経済の成長にかんする歴史的記録と整合的でないのは，明らか
なように思われる．賃金率は労働の限界生産物と等しく，利潤率は資本の限
界生産物と等しいとされるが，この推論結果と矛盾する証拠があることは，
すでに述べた通りである．第7章では，OECD経済に明らかに適合するコ
ブ = ダグラス生産関数のパラメータ α は，観察された利潤分配率の約2倍
であると述べられた．ソロー = スワン・モデルでは利潤分配率は α に等し
くなるべきと考えられている．またソロー = スワン・モデルは，収穫逓減の
法則が働く場合には，労働生産性と資本 – 労働比率の成長が実際には消失す
るはずだと予測している．しかしながら第2章では，マディソン・データを
用いて，2世紀のあいだ，生産性成長が消失するという兆候もほとんどない
ことが確認された．第9章では，ある形の外生的な中立的技術変化という仮
定の助けを借りて，ソロー = スワン・モデルが，こうした2つの実証的問題
をどのように解決しようとするのかが検討される．

8.10 読 書 案 内

基礎的な新古典派成長モデルは，Solow［1956］および Swan［1956］に
よる同時期における発見に敬意を表して，ソロー = スワン・モデルと呼ばれ

る.（社会学者ロバート・K. マートンは，そうした科学的知見の同時発見が，驚くほど一般的であると指摘する.）ソローとスワンが応えようとしていたケインズ派成長モデルは，Roy Harrod [1942] と Evsey Domar [1946] によるものである.

黄金律については，Phelps [1966] を参照されたい.ソロー＝スワン・モデルは，現代経済が過剰に貯蓄しているのではないかという問題（動学的非効率性と呼ばれる）を提示しているが，Abel et al. [1989] のような研究者は，そうした事実はないと主張している.

最後に，ピエロ・スラッファの難解だが価値ある小著 [Sraffa, 1960] は，現在も続けられている古典派的観点からの新古典派経済理論批判の記念碑的業績である.

第 9 章
新古典派モデルにおける技術変化

9.1 技術変化と生産関数

　第 8 章で提示されたソロー゠スワン・モデルはつぎのように想定している.
生産関数が厳密な資本の限界生産力逓減の性質をもつ, 経済が恒常状態に至
れば, 労働者 1 人当たり産出物の増加はまったく止まってしまう. そうした
状態に到達したことを示す兆候は先進資本主義国には見られないので, ソロ
ー゠スワン・モデルは, 恒常状態およびその近傍で 1 人当たり産出物が増加
することを説明できるように拡張される必要がある. 外生的な技術変化の存
在を仮定すれば, この説明が可能になる.

　技術変化をともなう成長モデルは, 技術変化がそれぞれの技術での資本生
産性になんら影響を及ぼさないハロッド中立的, あるいは純粋に労働増大的
でなければ, 恒常状態に収束しない. それぞれの技術で同一率の資本および
労働節約的効果を仮定する, ヒックス中立的技術変化は, 生産性上昇の実証
研究では重要な役割を果たすが, それが恒常状態とは整合的でないために理
論的成長モデルでは重要ではない.

　ハロッド中立的技術変化は, 図 9.1 に描かれている. そこでは, 1 つの技
術が取り上げられている. 技術を示している点は, 原点をとおる直線で投影
されている. 直線の傾きは, ハロッド中立的技術変化のもとでは変化しない
資本生産性 ρ に等しい. 他のすべての技術も同一の比率で投影されている.

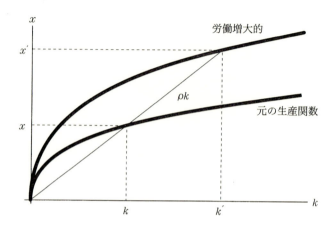

図 9.1 なめらかな新古典派生産関数でのハロッド中立的技術変化.

各技術の資本 - 労働比を変化させないヒックス中立的技術変化は，集約的生産関数上に各点を垂直に投影する．これら2つの中立的技術変化は，効率フロンティアを北東の方向にシフトさせる．というのは，フロンティアがすべての技術の成長 - 分配表を合成して作成されるからである．

ハロッド中立的技術変化はコブ = ダグラス生産関数では，つぎの式で記述される．

$$X = AK^{\alpha}((1+\hat{\gamma})^{t}N)^{1-\alpha}$$

コブ = ダグラスの場合には，ハロッド中立的技術変化はヒックス中立でもある．これはつぎのように変形すれば，確かめられる．

$$X = AK^{\alpha}((1+\hat{\gamma})^{t}N)^{1-\alpha} = ((1+\hat{\gamma})^{1-\alpha})^{t}(AK^{\alpha}N^{1-\alpha})$$

このヒックス中立とハロッド中立が同値であるのは，生産関数のなかでコブ = ダグラス型だけである．

第6章と同様に，ハロッド中立型の技術変化をともなうソロー = スワン・モデルを効率労働単位に書き改めると便利である．効率労働で測られた変数には，ここでもティルダ（「~」）をつけて示すことにする．都合のよいことにソロー = スワン・モデルの数学的形式は，労働者1人当たりの変数を効率

第9章　新古典派モデルにおける技術変化　　　167

労働単位に変えても，まったく同じである．第6章と同様に，x, w, c のような変数を実質労働単位に戻すには，効率労働の変数に $(1+\bar{\gamma})^t$ を掛ければよい．成長率が小さければ，成長率に $\bar{\gamma}$ を加えると，効率労働者単位から実質労働者単位に変換される．例えば，実質資本集約度 k の成長率は，$g_k \approx g_{\tilde{k}} + \bar{\gamma}$ であり，実質労働生産性の上昇率は，$g_x \approx g_{\tilde{x}} + \bar{\gamma}$ である．**効率労働投入** $\tilde{N}$ は，実際の労働者数 N に $(1+\bar{\gamma})^t$ を掛けたものである．したがって効率労働力は，$(\bar{\gamma}+n)$ に等しい率で増加する．これは，基本モデルで自然成長率 n が演じた役割を果たす．

　ハロッド中立的技術変化をともなう集約型のコブ゠ダグラス生産関数は，つぎのように書ける．

$$\tilde{x} = A\tilde{k}^\alpha$$
$$\rho(\tilde{k}) = A\tilde{k}^{\alpha-1}$$

　中立的技術変化の新古典派モデルは，偏向的技術変化をともなう古典派モデルと概念的に相違している．新古典派アプローチは，資本‐労働間の代替を静学的あるいは無時間の生産関数に沿って動く過程と見なすのにたいして，古典派アプローチは，それを新たな技術の発見という歴史的過程と見なしている．新古典派アプローチは，技術変化をそれがすべての技術，もっとも機械化された技術からそうでない技術までまったく同じように影響を及ぼすという意味で大局的なものと扱う．古典派アプローチは，技術変化を，直前のものに比べて，若干資本集約的に変わるというように改善の継起と扱う．古典派の技術変化は，古い，資本集約度の低い過去の技術には影響しないという意味で局所的である．第7章では，資本‐労働間の代替にかんする古典派および新古典派のモデルの予測が，実際の経済データを用いて検証できた．しかし，中立的技術変化を含むように拡張された新古典派モデルは，2つのアプローチを簡単な実証テストで比較するのは難しい．

　問題9.1　ハロッド中立的技術変化率が年率2％ならば，効率労働者1人当たりの資本の比率が年率5％で上昇するときに，資本‐労働比の変化率はどれほ

どの大きさですか.

問題 9.2 生産関数が，$A=1,000$，$\alpha=0.2$ のコブ = ダグラス型であるとしよう．もし技術変化が年率 2% のハロッド中立的であり，基準年の資本が労働者 1 人当たり 14,000 ドルであれば，2 年後の効率労働者 1 人当たりの産出物価値と労働者 1 人当たりの産出物価値はどれほどですか．ただし，資本ストックは労働力と同一率で増加すると仮定する．

9.2 ソロー = スワン・モデルとハロッド中立型の技術変化

ソロー成長モデルの方程式体系を展開してきた過程を，$\tilde{x}$ と $\tilde{k}$ の定義を用いて改めて辿っていけば，ハロッド中立的技術変化をともなうソロー = スワン・モデルを記述する主要な式を導出できる．たとえば，ソロー成長モデルの基本方程式に $\tilde{k}$ の成長率の定義を代入すれば，ハロッド中立的技術変化をともなうソロー成長モデルの基本方程式が得られる．

$$g_{\tilde{k}} = (s\rho - \delta) - (n + \hat{\gamma})$$

この式は，n が $(n+\hat{\gamma})$ に代わっている以外は，元のソロー = スワン・モデルの基本方程式とまったく同じように見える．これら 2 つの方程式が似ていることから，諸変数を効率労働単位で再定義するならば，以前に展開された分析道具のほとんどを簡単に書き直せる．すでに述べたように，基本方程式から，資本の限界生産物が厳密に逓減するような生産関数であれば，経済は恒常状態均衡 $(\tilde{x}^*, \tilde{k}^*)$ に収束する，と推論できる．効率資本集約度の均衡値 $\tilde{k}^*$ と効率労働生産性の均衡値 $\tilde{x}^*$ は，次式によって結びついている．

$$\tilde{k}^* = \left(\frac{s}{n+\hat{\gamma}+\delta}\right)\tilde{x}^*$$

ソロー = スワン・モデルをコブ = ダグラス生産関数で特定化すれば，$\tilde{k}^*$ と $\tilde{x}^*$ の閉じた形の解を得られる．効率労働単位のコブ = ダグラス生産関数を用いれば，つぎのようになる．

$$\tilde{k}^* = \left(\frac{sA}{n+\hat{\gamma}+\delta}\right)^{\frac{1}{1-\alpha}}$$

第9章　新古典派モデルにおける技術変化

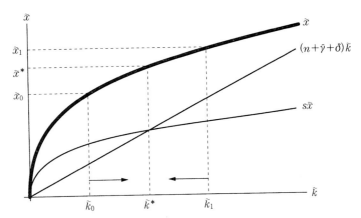

図 9.2 ハロッド中立的技術変化をともなうソロー＝スワン・モデル．

$$\tilde{x}^* = A(\tilde{k}^*)^\alpha$$

この均衡は，図 9.2 に示されている．効率労働で諸変数を測定するならば，ソロー＝スワン・モデルのために展開されたのと同一の図解用具をここでも使うことができる．

恒常状態では，効率労働者1人当たりの産出物 $\tilde{x}$ は，不変であることはわかっている．しかし，$g_x = g_{\tilde{x}} + \hat{\gamma}$ となっているので，労働者1人当たりの産出物は，技術変化率 $\hat{\gamma}$ で増加していく．同様な理由により，資本集約度も $\hat{\gamma}$ の率で上昇することが確かめられる．産出物と資本は，自然成長率 $n + \hat{\gamma}$ で増加する．

問題 9.3 中立的技術変化をともなうソロー・モデルの恒常均衡で選択された技術について，2つの期間 t と $t+1$ の成長‐分配表を描きなさい．それぞれの年の成長‐分配表に賃金率，利潤率，成長率，消費/(労働者・年) を示しなさい．

問題 9.4 コブ＝ダグラス生産関数で $A = 1{,}000$，$\alpha = 0.2$ とする．貯蓄性向が15％，資本減耗率が $\delta = 10\%/$年，人口増加率 $n = 1\%/$年，ハロッド中立的技術変化 $\hat{\gamma} = 2\%/$年のときに，$\tilde{x}$，$\tilde{k}$，ρ の恒常値を求めなさい．

問題 9.5 問題 9.4 で記述された経済で，恒常状態の資本の増加率はどれほどで

すか. 資本 – 労働比率はどうですか.

問題 9.6 問題 9.4 で記述される経済が基準年から恒常状態にあり，その後もそこにとどまるならば，10 年後の労働者 1 人当たりの産出物価値はどうなりますか.

9.3 成 長 会 計

新古典派成長モデルの視角から見れば，生活水準はつぎの 2 つの理由によって改善される. 1 つは技術変化であり，もう 1 つは労働者 1 人当たり資本の増加である. 国民貯蓄の水準を上昇させる経済政策は後者の経路をつうじて作用するので，これら 2 つの成長の源泉を分離する勘定体系を開発する必要がある. 一般的には（技術変化が偏向的であろうと，中立的であろうと），新古典派生産関数を $X = F(K, N; T)$ のように書くことができる. そこでは時間をつうじて絶えず起こっていることを示すように技術変化は，変数 T で表される. 資本の限界生産物を記号 F_K，労働の限界生産物を記号 F_N，技術の改良にもとづく単位当たり産出物の変化を記号 F_T で表すならば，この式を微分することにより，（$\Delta T = 1$ と仮定して）次式が得られる.

$$\Delta X = F_K \Delta K + F_N \Delta N + F_T$$

両辺を X で割り，変形すれば，つぎのようになる.

$$\frac{\Delta X}{X} = \left(\frac{F_K K}{X}\right)\frac{\Delta K}{K} + \left(\frac{F_N N}{X}\right)\frac{\Delta N}{N} + \frac{F_T}{X}$$

あるいは

$$g_X = \left(\frac{F_K K}{X}\right)g_K + \left(\frac{F_N N}{X}\right)g_N + \frac{F_T}{X} \tag{9.1}$$

新古典派理論は，賃金が労働の限界生産物に等しく，利潤率が資本の限界生産物に等しいと仮定する. この仮定のもとでは，上式の右辺の括弧内を利潤分配率と賃金分配率に置き換えることができる. 限界生産物は直接に観察できないが，賃金と利潤率はマクロデータから観察可能であるので，この仮定によって産出物の成長を資源（すなわち，資本と労働）の増加による部分

第9章　新古典派モデルにおける技術変化　　　171

と純粋に技術変化による部分に分割することが操作的に可能になる．この分割は，要素価格と限界生産物の均等という新古典派的仮定のもとでのみ可能であり，つぎのように表現される．

$$g_X = \pi g_K + (1-\pi)\, g_N + \frac{F_T}{X}$$

上式の右辺で，最初の2つの項は，投入増加による産出増加の部分であり，最後の項は，技術変化による産出増加の部分を表している．

成長の源泉を振り分けるこの方法は，**ソロー分割**と呼ばれることが多い．資本と人的資源の利用可能性が増加したことによる成長部分は，容易に理解できる．しかし残余，ときに**ソロー残余**と呼ばれる部分は，「無知の尺度」と名付けられる．というのは，それがどのような経済活動によってもたらされるか，はっきりしないからである．ソロー＝スワン・モデルは，ソロー残余によって表される産出の成長部分を生産関数の外生的シフトに帰しているが，モデルは，実際の経済におけるこれらのシフトの源泉を明らかにしていない．

残余のもう1つの概念は，ときに**多要素生産性**と呼ばれる**全要素生産性**に関連している．これは**労働生産性** (X/N) とは区別される．全要素生産性は，資本と労働という2つの投入物の結合によって生み出される生産物を測定しようとしているからである．技術変化が，それぞれ $\tilde{\chi}$, $\tilde{\gamma}$ の率での資本および労働増大的な技術進歩であると想定し，それが規模にかんする収穫不変の性質は変わらない生産関数に適用されるとしよう．$\tilde{K}_t = (1+\tilde{\chi})^t K_t$, $\tilde{N}_t = (1+\tilde{\gamma})^t N_t$ で，効率単位の資本，労働投入を示せば，生産関数はつぎのように書ける．

$$X_t = F(\tilde{K}, \tilde{N}) = F((1+\tilde{\chi})^t K,\ (1+\tilde{\gamma})^t N)$$

(9.1)式をこの生産関数に適用すれば，

$$g_X = \left(\frac{F_{\tilde{K}}\tilde{K}}{X}\right) g_{\tilde{K}} + \left(\frac{F_{\tilde{N}}\tilde{N}}{X}\right) g_{\tilde{N}}$$

となることがわかる．

賃金が効率労働の限界生産物に等しく，利潤率が効率資本の限界生産物に等しいという新古典派的仮定を採用すれば，利潤・賃金分配率でこの分割を表現できる．

$$g_X = \pi g_{\bar{K}} + (1-\pi) g_{\bar{N}}$$

定義により $g_{\bar{K}} = g_K + \hat{\chi}$, $g_{\bar{N}} = g_N + \hat{\gamma}$ なので，結局は次式が得られる．

$$g_X = \pi g_K + (1-\pi) g_N + \pi \hat{\chi} + (1-\pi) \hat{\gamma}$$

この分割では，技術変化の項 F_T/X は，資本増大的技術進歩率と労働増大的技術進歩率の加重平均 $\pi \hat{\chi} + (1-\pi) \hat{\gamma}$ になっている．しかしマクロ経済データで技術変化を測定するためにこの式を使っても，つぎのような資本増大的技術進歩率と労働増大的技術進歩率の加重平均値を計算できるにすぎない．

$$\pi \hat{\chi} + (1-\pi) \hat{\gamma} = g_X - (\pi g_K + (1-\pi) g_N) \tag{9.2}$$

しかし技術変化がヒックス中立であると仮定すれば，$\hat{\chi} = \hat{\gamma}$，したがって，$\pi \hat{\chi} + (1-\pi) \hat{\gamma} = \hat{\gamma}$ となるので，(9.2)式は以下のように変形される．

$$\hat{\gamma} = g_X - (\pi g_K + (1-\pi) g_N) \tag{9.3}$$

ヒックス中立的技術変化の仮定のもとでは，全要素生産性アプローチが使用できる．おそらく，この理由によって，全要素生産性の多くの研究はヒックス中立の仮定をおいている．他方，技術変化が偏向的であれば，全要素生産性を正確に測定できない．残余は，たんに資本増大的技術進歩率と労働増大的技術進歩率の加重平均値を決定できるにすぎないからである．

1980年代の初期から，アメリカ労働統計局は，(9.3)式のアプローチにもとづいて多要素生産性にかんする公式データを作成している．

アルウィン・ヤングは，この分析枠組みを用いて，「東アジアの四大龍」として世に知られた香港，シンガポール，韓国，台湾の成長を研究した．1966年から1990年にかけての4カ国のきわだった成長は，用いられた資源の効率上昇（すなわち，全要素生産性）によるものだったのか，あるいは資源それ自体の増加によるものだったのか．表9.1は，これらの国々のソロー分割を示している．GDP成長率は驚異的な高さであり，年率7.3％から

第9章 新古典派モデルにおける技術変化 173

表9.1 東アジア4カ国のソロー分割，1966-90年(%/年)

	国			
	香港	シンガポール	韓国	台湾
g_X	7.3	8.7	10.3	8.9
g_K	8.0	11.5	13.7	12.3
g_N	3.2	5.7	6.4	4.9
$\pi g_K + (1-\pi)\,g_N$	5.0	8.5	8.6	6.8
$\hat{\gamma}$	2.3	0.2	1.7	2.1
備考				
$(1-\pi)\,(\%)$	62.8	50.9	70.3	74.3

(出所) Young [1995].

10.3% のあいだである．しかし同時に資本蓄積率もきわめて高く，年率
8.0% から 13.7% のあいだにあったし，労働力増加も大きかった．したがっ
て，全要素生産性上昇を測定するソロー残余は，いちばん下から2番目の行
にあるようにそれほど大きくはなかった．実際，ヤングは，全要素生産性で
比べてみると，これらの経済の実績が世界の他の国々と大きく異なっている
とはいえない，と主張している．

労働生産性上昇率を資本集約度の上昇に起因する部分と残差に分割するつ
ぎのような式を導出することもできる．

$$g_x = \pi g_k + \hat{\gamma} \tag{9.4}$$

経済学者は，この式を用いて，選択された歴史的時期における技術変化と資
本深化の重要性の相違を推計する．表9.2は，労働統計局が，過去40年間
にわたるアメリカの非農業民間部門について作成したデータを示している．
労働生産性上昇は，1973年頃以降，年率2.9% から急に低下してほんの1%
になっている．だがこれは，資本形成の不足によるものなのか，あるいは技
術進歩の低下によるものなのだろうか．表の別の欄を見れば，緩慢な資本形
成が観察された生産性減速の幾分かを説明するが，多くは全要素生産性の上
昇率が外生的に低下したことによることがわかる．

生産性上昇の減速（ほぼ1970年以降に，事実上世界のいずれの国でも観
察されているのだが）は，応用マクロ経済学でもっとも集中的に研究された

表9.2 アメリカの生産性減速の成長分割(%/年)

	1948-73	1973-90	変化
g_x	2.9	1.0	−1.9
g_k	2.8	2.4	−0.4
πg_k	0.9	0.7	−0.2
$\tilde{\gamma}$	2.0	0.3	−1.7

（出所）　アメリカ労働統計局（BLS）［1996］.
（備考）　多要素生産性の上昇は，本文の式にもとづいて計算された．労働統計局は，労働力の熟練構成も加味して測定しているので，労働統計局の測定値と若干相違している.

経験的現象であった．技術変化率の外生的低下が観察された低下のほとんどを説明するという仮説は，幅広い支持を得ている．しかしながら，技術変化は，成長会計で直接に測定されず，たんに残余として測定されるにすぎないので，他の仮説が妥当する余地は残されている.

　問題9.7　表9.1のデータを用いて，それぞれの国の労働生産性上昇のうち資本深化によってもたらされたのはどれほどの割合であるか，を求めなさい.
　問題9.8　技術変化がハロッド中立であると仮定して，生産性上昇のソロー分割の公式を導きなさい.

9.4　古典派および新古典派による残余の解釈

　古典派モデルは，マクロ経済データを解釈するのにソロー残差を必要としない．労働生産性上昇のすべてが技術変化に起因すると考えているからである．言い換えれば，古典派モデルは，技術変化を示すパラメータ χ と γ は，それぞれ資本生産性および労働生産性上昇の測定値とまったく同一である，すなわち，$\chi = g_\rho$，$\gamma = g_x$ であると仮定している．対照的に，新古典派のヒックス中立を前提した成長会計では，技術変化パラメータ $\tilde{\gamma}$ と $\tilde{\chi}$ を $\tilde{\gamma} = \tilde{\chi} = g_x - \pi g_k$ のように測定している．古典派の視角からすれば，ソロー分割は，第7章で明らかにされた，実行可能な係数と利潤分配率の現実値の乖離

第9章　新古典派モデルにおける技術変化　　175

を説明するための手段のように思われる.

　古典派と新古典派のアプローチの関係は，全要素生産性を数式に表現する
ことによって理解できる. 古典派のパラメータを使った新古典派の成長会計
を用いて全要素生産性を測定できるからである. (9.4)式に $g_x = \gamma$，$g_k =$
$(\gamma - \chi)/(1 + \chi)$ を代入すれば，次式が得られる.

$$\hat{\gamma} = \gamma - \pi \frac{\gamma - \chi}{1 + \chi}$$

両辺に $(1 + \chi)/(\gamma - \chi)$ を掛けて，変形すれば，実行可能性条件とソロー
残余を結びつける式に至る.

$$\gamma \frac{1 + \chi}{\gamma - \chi} = \omega = \pi + \frac{1 + \chi}{\gamma - \chi} \hat{\gamma} \tag{9.5}$$

(9.5)式から，新古典派成長会計で測定した全要素生産性上昇率 $\hat{\gamma}$ が正で
あれば，古典派の実行可能性条件は，常に不等式 $(\omega > \pi)$ になることがわ
かる. 逆に $(\omega > \pi)$ であれば，新古典派の成長会計から全要素生産性が上昇
したことがわかる. したがって，新古典派経済学者は，$\omega > \pi$ を示すデータ
を賃金が労働の限界生産物より大きいことを示す証拠と考えたがらない. そ
れに代わって，ω を計算するのに用いられた生産性上昇の一部の分類が誤っ
ており，実行可能性条件を正しい値で再計算すれば，それが等式になること
が確かめられる，と主張している. 古典派の反論は，技術変化率を測定する
のに用いられる勘定体系は，限界生産力理論が正しいとの仮定に依存してい
るので，データを修正する方法——測定された技術変化率を用いて効率労働
単位に修正する——は同義反復にすぎない，というものである. 結局，古典
派経済学者は，ソロー残余を実行可能性条件と現実の利潤分配率の乖離を説
明するための計算手段とみなしている.

9.5　ソロー = スワン・モデルにおける恒常成長の比較動学

　ハロッド中立的技術変化をともなうソロー゠スワン・モデルの恒常状態を

分析するさいの内生変数は，$\tilde{k}^*$, $\tilde{x}^*$, v^*, $\tilde{w}^*$, g_K^*, $\tilde{c}^*$ である．外生変数は，生産関数 $f(\cdot)$, n, $\hat{\gamma}$, δ, s である．恒常状態の比較分析は，1つの外生変数が変化するときに恒常状態にある内生変数にどのような効果を及ぼすか，という問題を取り扱う．それは，数学的に解を求めるか，あるいは該当する図を解釈することによって，変化前後の恒常状態を比較して検討される．ハロッド中立的技術変化をともなうコブ＝ダグラス生産関数を用いたソロー＝スワン・モデルの恒常状態を表す方程式はつぎのようになっている．

$$\tilde{k}^* = \left(\frac{sA}{n+\hat{\gamma}+\delta} \right)^{\frac{1}{1-\alpha}}$$

$$\tilde{x}^* = A(\tilde{k}^*)^{\alpha}$$

$$\rho^* = A(\tilde{k}^*)^{\alpha-1}$$

$$\tilde{w}^* = (1-\alpha)\,\tilde{x}^*$$

$$v^* = \alpha\rho^*$$

$$\tilde{c}^* = (1-s)\,\tilde{x}^*$$

$$g_K^* = n+\hat{\gamma}$$

私たちは，1970年以降のアメリカ（および他の国々）における労働生産性上昇の減速が，労働増大的技術変化率の低下によっておそらく説明できると考えた．技術変化率，すなわち $\hat{\gamma}$ の低下がソロー＝スワン・モデルの恒常状態成長経路に与える効果を分析することが，有益である．

図9.3には，新旧の技術変化率 $\hat{\gamma}$, $\hat{\gamma}'$ と結びついている新旧の恒常状態が表されている．この図で縦軸・横軸が，効率労働者1人当たりの産出物・効率労働当たりの資本を測っていることを想起しよう．ハロッド中立的技術変化率が低下すれば，効率労働者1人当たりに必要とされる投資を示す直線が時計回りに回転する．したがって，$\hat{\gamma}$ がより小さくなれば，恒常状態の資本 – 効率労働比率を上昇させる．

この効率労働者1人当たり資本の増加は，限界生産性逓減の原則にしたがって資本の限界生産物と利潤率を低下させるだろう．この変化は，経済の効率フロンティアを用いて視覚化できる．図9.4は，効率労働で表された効率

第9章 新古典派モデルにおける技術変化　　　　　　　　　　177

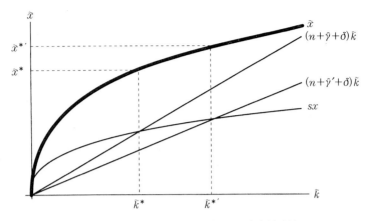

図 9.3　ソロー=スワン・モデルでの生産性減速.

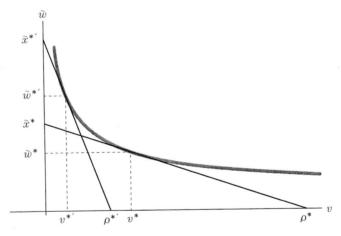

図 9.4　恒常状態の効率労働者賃金は，生産性減速とともに上昇する.

フロンティアを示している.

　経済は，効率フロンティアにそって（北西の方向へ）押し上げられ，効率賃金が上昇することがわかる．これは逆説的状況を生み出す．効率労働者 1 人当たりの賃金は，上昇していたはずであるのにたいして現実の労働者が受け取る賃金は，（$\hat{\gamma}$ の率で上昇していたので）1970 年以降より緩慢に上昇し

始めたにすぎない．同様に，労働者1人当たりの産出物も1970年以降はより緩慢に増加していたが，効率労働者1人当たりの産出物は増加した．これらの結論から学ぶべきは，効率労働単位で測られた内生変数への比較動学的効果と，実際の労働単位で測られた内生変数への効果を区別する必要性である．

　ブルッキングス研究所の経済学者，マーチン・ネイル・ベイリーとチャールズ・L. シュルツは，アメリカ経済の非農業企業部門を対象にこのモデルを推計した．彼らは，コブ＝ダグラス型と若干異なる生産関数を仮定する．彼らの主要な結果は，表9.3に示されている．モデルから推測されるように，彼らは，資本‐効率労働比が1973年以後上昇したことを確認した．こうして彼らは，1970年代と1980年代の純利潤率の低下を資本深化の結果であることを明らかにした．さらに，この期間について所得分配分がかなり安定的であることに注目した．それは，新古典派の観点からは，代替の弾力性がほぼ1に等しいことを意味する．表の最後の列は，各期間の代替の弾力性を示しているが，それは第8章で与えられた σ の定義を使って計算されている．若干の変動は見られるが，これらの期間の推計値の平均は，1.1である．この全期間にわたって，代替の弾力性が1に等しいコブ＝ダグラス生産関数がほぼ近似的にデータに適合している．

　アメリカの政策立案者は，ソロー＝スワン・モデルを用いて財政赤字削減の提案を評価した．私たちのモデルは，政府部門を含んでいないが，政府貯

表9.3　生産性低下のアメリカ経済に与える効果

年	$\tilde{k}$	π	r	σ
1948	1.00	0.684	0.136	—
1968	0.86	0.680	0.153	0.89
1973	0.92	0.702	0.136	0.40
1979	1.02	0.698	0.128	1.20
1987	1.13	0.686	0.123	1.91

(出所)　Baily and Schultze [1990].
(備考)　代替の弾力性は各期間について第8章の公式を用いて，計算されている．

蓄の増加（すなわち，財政赤字の削減）が国民貯蓄率を上昇させると仮定すれば，財政の効果を分析できる．分析的には，パラメータ s の上昇は，図9.5 に描かれているように貯蓄関数を上にシフトさせる．それゆえ新しい恒常状態では，効率労働者 1 人当たりの資本と実際の労働者 1 人当たりの資本はさらに大きくなる．労働者 1 人当たり資本の増加は，労働者 1 人当たり産出物の増加を意味している．経済が黄金律の資本 – 労働比より低い水準から出発すれば，労働生産性の上昇の結果として効率労働者 1 人当たりの消費は，増加しうる．

第 8 章と同じように，貯蓄率の上昇は，経済の長期成長率になんら影響しない．もちろん新たな均衡への移行期において，一時的に資本蓄積と産出の増加は見られる．しかしながら，新たな恒常状態では産出物の成長率は，自然成長率 $(n+\hat{\gamma})$ に落ち着き，労働者 1 人当たりの産出物と労働者 1 人当たりの資本の成長率は，技術進歩率 $\hat{\gamma}$ の水準に戻ってくる．

1994 年の大統領経済報告で，経済諮問委員会は，アメリカ経済に適合させるためにソロー＝スワン・モデルを修正した．財政赤字削減の長期にわたる便益を評価するのが目的であった．上述したように彼らは，$\alpha=1/3$ のコブ＝ダグラス生産関数を採用した．この α の値は，アメリカの利潤分配率

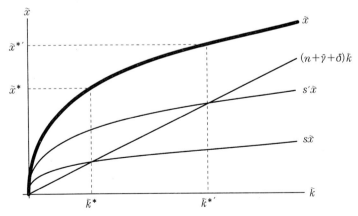

図 9.5 貯蓄率上昇のソロー＝スワン・モデルの恒常状態に与える効果．

にほぼ等しい．彼らは，$n+\hat{\gamma}=2.5\%$/年，$\delta=9\%$/年と仮定し，その上で考案された財政赤字削減政策案は，国民貯蓄率をGDPの13%から14%に引き上げると考えた．これらのパラメータを用いて，新たな恒常状態に到達するには約50年かかるとの計算結果を得た．新たな恒常状態では，（効率労働者1人当たりの）資本はほぼ12%で増加し，この増加により利潤率は2%ポイント引き下げられると推計した．それは，賃金と生産性を約3.75%上昇させ，消費を25%以上増加させる．ソロー＝スワン・モデルを用いて得られた推計値は，政策論争で大きな役割を果たした．

問題 9.9 ハロッド中立的技術変化をともなうソロー＝スワン・モデルにおいて，人口増加率上昇の恒常状態に与える効果を分析しなさい．モデルを表現する図および方程式の両方の方法で，あなたの結果を説明しなさい．

問題 9.10 経済諮問委員会の計算結果を本文で与えられた数字を用いて確かめなさい．生産関数の規模パラメータ，$A=750$，人口増加率 $n=1.5\%$/年，ハロッド中立的技術変化率 $\hat{\gamma}=1\%$/年と仮定する．$\tilde{k}^*$, $\tilde{x}^*$, $\tilde{c}^*$ の新旧の値を計算しなさい．

問題 9.11 新均衡に到達するのに50年間かかると仮定する．経済諮問委員会が想定した国民貯蓄率の上昇によって，（効率労働者1人当たりではなく）労働者1人当たりの消費を引き上げるのにどれほど成功しますか．

問題 9.12 経済諮問委員会と同一の仮定を使って，国民貯蓄が増加する前後の利潤率を計算しなさい．

9.6 ソロー＝スワン・モデルにおける移行動学

国民貯蓄率が大きく変化すれば，新たな恒常状態に到達するまでに50年必要であろう，と経済諮問委員会が推定したという事実は，ソロー成長モデルの移行動学の重要性を際だたせることになった．恒常状態ではない経済は，新たな恒常状態へ移行するのにさらに長い調整時間を必要とする．経済発展度に大きな相違がみられるのはその長い調整期間によるものであると，判断

第9章 新古典派モデルにおける技術変化　　181

できるのだろうか．もしそれが正しいとすれば，**収束**の過程を経て，経済成長は，その発展水準を次第に均等化していくことになる．

　国々の労働生産性が同一水準に収束していく傾向は，**絶対的収束**と呼ばれる．絶対的収束は，主導国にずっと遅れをとっている経済が一層速く労働生産性を上昇させることを含意している．第7章で確認したように，すでに発展している諸国間では絶対的収束がみられるが，それはすべての国にはあてはまらない．経済間の産出増加率・生産性上昇率の大きな違いは，存在し続ける．もしこれらの経済がそれぞれの恒常成長経路上にあると仮定すれば，ソロー＝スワン・モデルを用いて労働生産性上昇率の相違が，外生的に与えられる技術変化率の違いによると説明できる．だがモデル自体は，外生的な技術変化率を説明しない．そこで，経済間に労働生産性上昇率の相違が持続していることは，新古典派モデルの課題となっている．新古典派モデルを擁護する1つの方法は，ほとんどの国が長期恒常状態に向かう調整過程にあり，労働生産性上昇率の相違が，資本深化に起因すると仮定することである．

　この文脈では，ソロー＝スワン・モデルは経済成長にかんして3つの予測をおこなっている．第1に，同一の技術が利用可能であり，人口増加および貯蓄行動が同じである経済間では，時間が十分長く経過すれば，生産性が収束する傾向がある，と推測する．これが先進経済間に絶対的収束がみられることを説明するだろう．

　第2に，新古典派モデルは，つぎのように推測する．同一の技術は利用可能であるが，人口増加率と貯蓄行動が異なる経済間では，遅れている経済がより速く成長する傾向がやはりあるが，ただし，それは人口増加と貯蓄の違いを調整した後での傾向である．この傾向は**条件付きの収束**と呼ばれる．自らの恒常状態からの乖離が大きいほど，経済はさらに速く成長する傾向がある．別の解釈の余地が残されているとはいえ，条件付き収束がグローバルな水準で観察されるという点には広範な合意が存在する．条件付き収束という解釈をすれば，ソロー＝スワン・モデルは絶対的収束がグローバルには成立しないという事実と矛盾しない．したがって，絶対的および条件付き収束に

かんして言えば，経済データが，質的にはソロー＝スワン・モデルの推測と整合的であるとみなせる．

　第3に，ソロー＝スワン・モデルは収束の**速度**について特別の予測をしている．それは，現実経済の実証的事実にたいして調べられる．最近の多くの研究によれば，実際の資本主義経済間の収束はソロー＝スワン・モデルが推測しているよりは緩慢である．この点では，ソロー＝スワン・モデルの予測は，少なくとも基本的には，経済データと量的に不整合である．

　ソロー＝スワン経済が恒常状態に到達するときに，労働者1人当たりの産出物と資本は，技術変化率$\hat{\gamma}$で増加する．しかし経済が資本集約度の恒常水準を下回る状態にあれば，資本ストックは労働力より速く増加する．ソロー＝スワン・モデルの基本方程式は，この蓄積率を表している．コブ＝ダグラス生産関数を用いれば，（効率労働で表した）基本方程式は，

$$g_{\tilde{k}} = sA\tilde{k}^{\alpha-1} - (n + \hat{\gamma} + \delta)$$

となる．

　この式は，（αが1よりも小さいので）効率労働者1人当たりの資本が少なければ少ないほど，効率労働者1人当たりの資本の増加率はさらに速くなることを示している．このより高い資本蓄積率は，資本の限界生産性逓減の存在に負っている．労働者1人当たりの資本が少ないときには，効率労働者1人当たりの産出物は一層大きくなるのである．

　もし2つの経済が同じパラメータs, n, $\hat{\gamma}$, δをもつならば，（労働者1人当たりの資本が低い水準にある）貧しい国は一層速く成長することになる．絶対的収束の作用を示す例である．同一の方程式は，もし貧しい国の貯蓄率がきわめて低いか，人口増加率がきわめて高ければ，貧しい国が豊かな国よりも速く成長しないかもしれないことを示している．条件付き収束の作用を示している．

　もし非常に多くの国について労働者1人当たりの産出物および資本のデータをもっていれば，基本方程式を推計できるかもしれない．しかしながら，現在の非線形の方程式を推計するのは困難である．そこで経済学者は，経済

第9章 新古典派モデルにおける技術変化

が恒常状態に十分に近い位置にあるならば,ほぼ正しいと見なされる1次近似を用いている.図9.6に表されているように,この近似は,基本方程式を$\tilde{k}$の恒常値のまわりで1次のテーラー展開するという数学的方法にもとづいている.この図をみれば,基本方程式の実際の形と1次近似が,恒常状態の近傍では十分に適合していることがわかる.

多くの応用問題で,経済学者は,効率労働者1人当たりの産出物の対数で表現される基本方程式を1次近似した形のほうが扱いやすいと考えている.この導出法は付録で詳細に説明される.ソロー成長モデルの対数型の産出収束方程式は,つぎのようになる.

$$\Delta \ln(\tilde{x}) = \phi(\ln(\tilde{x}^*) - \ln(\tilde{x}))$$

ここで$\phi = (n + \hat{\gamma} + \delta)(1 - \alpha)$である.

現在では,この収束方程式を推計した計量経済学の文献は多数存在する.一般にϕの値はほぼ0.02と推計されているが,1/4から1/3と観察される利潤分配率と整合的となるには小さすぎる.例えば,よく使用される値である$n = 0.02$,$\hat{\gamma} = 0.02$,$\delta = 0.03$をとれば,$\phi = 0.02$となるには$\alpha = 0.71$でな

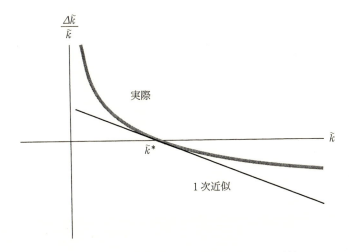

図9.6 恒常状態の近傍での基本方程式の1次近似.

けれ
ばならない．分配の限界生産力理論では利潤分配率は α に等しいので，新古典派の主張する利潤分配率と現実の利潤分配率は相容れないことになる．

グレゴリー・マンキュー，デイヴィッド・ローマー，デイヴィッド・ヴェイルなどの著名な新古典派経済学者は，ソロー゠スワン・モデルの資本概念は物的資本と人的資本を含むように拡張される必要があると主張して，この矛盾を説明している．彼らは，収束係数から得られる利潤分配率を通常理解される利潤と教育にたいする収益を含むように解釈する．熟練度の高い労働者はさらに多く稼げるというように熟練度を高賃金で表現しているのである．これは，労働者のほぼ半分の賃金が人的資本にたいする収益であることを意味している．この仮説のもとでは，国民所得のほぼ 1/3 だけが労働所得の形態をとる．他方で，1/3 は人的資本への報酬であり，残りの 1/3 は，物的資本への収益となっている．この仮説と整合的なコブ゠ダグラス生産関数は，他の２つの投入物に人的資本 H を加え，$X = AK^{1/3}N^{1/3}H^{1/3}$ の形となる．

ソロー゠スワン・モデルを救済しようとするこの努力は，依然として論争の渦中にある．教育，とくに初等・中等学校教育が成長過程で重要な役割を果たすことを否定する者はほとんどいない．新古典派は，教育が生み出す知的熟練は資本の１形態であり，熟練度の上昇は，直接的に産出物を増加させる，と解釈している．別の解釈は，技術ギャップの文献に見られる．知的な熟練した労働者は，追いつき過程を早めるように技術移転を促進する．これは，（高い成長率というよりもむしろ）高水準の知的熟練と産出物増加との結びつきを意味している．もし後者の解釈が正しいならば，利潤分配率の推定値と実際値の乖離は，容易には解消されないであろう．

問題 9.13 つぎの経済の労働生産性上昇率の近似値を求めなさい．現在の労働生産性水準は，恒常状態の 3/4 である．ただしハロッド中立的技術変化率は 1 %/年，資本減耗率は 4 %/年，人口増加率は 2 %/年，粗利潤分配率は 1/3 であると仮定する．

問題 9.14 人口増加率が 2 %/年，ハロッド中立的技術変化が 1 %/年，資本減耗

第9章 新古典派モデルにおける技術変化 185

率が1%/年であるならば，収束係数 $\phi=0.02$ にたいする粗利潤分配率はどれほどですか．

問題9.15 もし粗利潤分配率が 1/3 であるならば，問題 9.14 での収束係数の値はどれほどですか．

9.7 読 書 案 内

ソロー分割は，Solow［1957］で示された．残余の大きさについては，Denison［1967］から Jorgenson［1995］まで意見の幅がある．後者は，より周到に測定すれば，残余はかなり減少すると主張している．成長会計アプローチ全般の批判的展望は，Nelson［1973, 1981］がおこなっている．新しい成長理論アプローチについては，Romer［1987a］を参照．

拡張されたソロー = スワン・モデルの現代的擁護は，Mankiw［1995］と本文で述べた論文，Mankiw et al.［1992］がある．この実証研究を全体的に評価するにはまだ時間がかかるが，すでに重要な論文は刊行されている．マンキュー，ローマー，ヴェイルの結論によれば，世界のほぼ半分の国——それはすべてが貧困国であるが——恒常状態に上から収束していることになる．しかし，これは疑わしいと Cho and Graham［1996］は指摘している．Benhabib and Spiegel［1994］は，知的熟練は資本の1形態として取り扱えば，（マンキュー，ローマー，ヴェイルとは反対に）成長に大きな影響を与えないが，本文で検討されたように技術移転をとおして成長に影響することを明らかにした．最後に，Islam［1995］は，最初の事実を支持しているが，それが支持されるのは，ソロー = スワン・モデルの枠外におかれた全要素生産性のある特定の水準がそれぞれの国に仮定されるときだけである．知的に熟練した労働にかんする2つの異なる見解であるが，通常の投入としての人的資本の伝統的取り扱いとして Becker［1964］，そして知的に熟練した労働者が主に技術移転を促進するという考え方については Nelson and Phelps［1966］を参照のこと．

ソロー゠スワン・モデルについて本章で引用した2つの文献は，Young [1995] と Baily and Schultze [1990] である．

付論：収束方程式の導出

はじめに，$g_k = \Delta k / k$ であることを用いて，基本方程式をつぎのように変形する．

$$\Delta \tilde{k} = sf(\tilde{k}) - (n + \hat{\gamma} + \delta) \tilde{k}$$

つぎに，この式の右辺を恒常値のまわりで1次テーラー展開する．

$$\Delta \tilde{k} \approx sf'(\tilde{k}^*)(\tilde{k} - \tilde{k}^*) - (n + \hat{\gamma} + \delta)(\tilde{k} - \tilde{k}^*)$$

恒常状態では $s = (n + \hat{\gamma} + \delta)(\tilde{k} / \tilde{x})$ であるので，つぎのように書ける．

$$\Delta \tilde{k} \approx \left(\frac{f'(\tilde{k}^*) \tilde{k}^*}{\tilde{x}^*} - 1 \right)(n + \hat{\gamma} + \delta)(\tilde{k} - \tilde{k}^*)$$

新古典派の分配理論によれば，利潤率は効率資本の限界生産物に等しいから，$v = f'(\tilde{k}^*)$，また $f'(\tilde{k}^*) \tilde{k}^* / \tilde{x}^*$ は利潤分配率 π に等しい．そこで，$\phi \equiv (1 - \pi)(n + \hat{\gamma} + \delta)$ と定義し，整理すれば次式を得る．

$$\frac{\Delta \tilde{k}}{\tilde{k}} \approx \phi \left(\frac{\tilde{k}^*}{\tilde{k}} - 1 \right)$$

$\tilde{k}$ が $\tilde{k}^*$ にほぼ等しいときに $((\tilde{k}^* / \tilde{k}) - 1) \approx \ln(\tilde{k}^* / \tilde{k})$ となるので，この式を効率資本集約度 $\tilde{k}$ を用いた収束方程式の形で書くことができる．すなわち，

$$\frac{\Delta \tilde{k}}{\tilde{k}} \approx \phi \ln \left(\frac{\tilde{k}^*}{\tilde{k}} \right)$$

簡単にするために，コブ゠ダグラス生産関数を仮定すれば，

$$\frac{\Delta \tilde{x}}{\tilde{x}} = \alpha \frac{\Delta \tilde{k}}{\tilde{k}}$$

$$\ln \left(\frac{\tilde{x}^*}{\tilde{x}} \right) = \alpha \ln \left(\frac{\tilde{k}^*}{\tilde{k}} \right)$$

これらの式を効率資本集約度の収束方程式に代入すれば，効率労働生産性

第9章　新古典派モデルにおける技術変化　　　187

を用いた収束方程式が得られる.

$$\frac{\varDelta \tilde{x}}{\tilde{x}} = \phi \ln\left(\frac{\tilde{x}^*}{\tilde{x}}\right) = \phi(\ln(\tilde{x}^*) - \ln(\tilde{x}))$$

（この収束方程式は，規模にかんする収穫不変の生産関数で必ず成立するのを示すことができる.）

第10章
投資に制約される経済成長

10.1 貯蓄, 投資, 産出

　古典派や新古典派モデルでは, 企業家の役割は限定的かつ消極的なものである. すなわち, 彼らの唯一の機能は資本家の貯蓄の意思決定を投資へ変換すること, そして利潤を最大にする生産技術を選ぶことだけである. しかし, ケインズ的な経済理論は, 資本家という富の保有者のおこなう貯蓄決定と, 企業家がおこなう投資の意思決定との区別の重要性を主張する. ここでの**投資**の意味とは, 新しい資本財の購入を指し, 他方**貯蓄**とは所得の一部を消費しないことをいう. 企業家の投資決定は, 経済の現実の成長経路を決定するさいに極めて重要な役割を果たすことができる. 古典派と新古典派のモデルは, すべての貯蓄が実物資本に自動的に投資されると仮定することによって, この区別を暗黙の裡に捨象してしまっている.

　実際の資本制経済では, 貯蓄と投資のあいだの関係はさらに複雑である. 貯蓄者は一般に, 貨幣, 企業の発行する株券あるいは銀行預金などの金融資産を蓄積するが, これらは実物投資のための資金調達手段を潜在的に提供するものの, 実物資本財を直接的に購入するわけではない. もっとも簡単な例を挙げるなら, 貨幣経済のなかで家計は, 貨幣を保蔵することで貯蓄できるが, それで資本財の購入が増えるわけではない. 実際の経済では貯蓄者の意思決定と企業家の投資決定とは複雑な金融メカニズムによって結びつけられ

第 10 章　投資に制約される経済成長　　　189

ている.

　ケインズが論じたところによれば，少なくとも短期においては，産出量の水準こそが計画された投資と貯蓄とを均等化するために調整されるのである．産出量の短期水準の変化は，経済の**設備稼働**率を変化させる．多くのマクロ経済学の教科書にある「ケインズ的な需給図」は，産出量水準が計画された投資の任意の水準を満たすのに必要な貯蓄を生みだすために変化するという乗数過程を描写している．

　経済成長のケインズ的モデルは，これらの洞察をもとに構築されている．古典派モデルと同様にケインズ的成長モデルは，成長が労働の利用可能性によって制約されるとは考えていない．ケインズ的経済が完全稼働を下回る水準で設備を動かしているときには，既存の資本ストックも産出量を制約しえない．ケインズ的伝統のなかでは企業家が投資したいと思う気持ちが，産出量と資本の成長とを制約する鍵である．

　投資に制約される成長モデルは，古典派や新古典派から見ると逆説的と思える2つの特徴的な結論を導く．その1つである**倹約の逆説**が示すところでは，貯蓄性向の上昇は，投資したいという気持ちが不変であれば，より低い設備稼働率の水準でのより低い資本成長として帰結する．というのは，貯蓄性向の上昇は消費財への需要を減らすからである．倹約の逆説は古典派の慣習的賃金シェアモデルと衝突する．ここでは資本家の貯蓄性向の上昇は資本の成長率を上昇させる．もう1つの逆説である**費用の逆説**が示すところでは，賃金の上昇は，投資したい気持ちに変化がなければ，設備の稼働率（そしてたぶん資本の成長）を増加させる．というのは賃金上昇は賃金財（労働者のための消費財）需要を増やすからである．費用の逆説もまた古典派の慣習的賃金シェアモデルと衝突する．このモデルは，賃金上昇が利潤率を低下させ，ケンブリッジ方程式をつうじて成長率を下げるであろうと予測するからである．

10.2 投資に制約される成長のモデル

ここでは古典派の慣習的賃金シェアモデルにおなじみの要素をできるかぎり保持したままで，ケインズ的伝統である，投資が制約するモデルを展開する．

第1に，資本家は自分の期末の富の一定割合 β を貯蓄すると引き続いて仮定する．ケンブリッジ方程式はしたがって富の蓄積を引き続いて描写する．資本家は企業家によって経営される企業を所有しているので，貨幣での配当，あるいは利子支払いの形で利潤を受け取る．資本家の金融的富の増加率をそれとわかるようにするために上付き添字 s を用いる．すなわち，つぎのようになる．

$$1+g_K^s = \beta(1+r) = \beta(1+v-\delta) \tag{10.1}$$

あるいは

$$g_K^s + \delta = \beta v - (1-\beta)(1-\delta)$$

ケインズ的モデルの刻印は，企業家の独立した投資決定を導入したことである．ジョーン・ロビンソンによって提起された投資式は，企業家の資本の目標成長率を期待利潤率と関連づける．その中心的な考えは，仮に企業家が一層高い利潤率を予期するなら，彼らの血気が喚起されて，不確実な収益が将来のはるか先にある投資計画にかんする一層の賭に進んで踏み出すだろうというものである．

この理論は資本の目標成長率 g_k を現実の利潤率 v に関係づける方程式によって数学的に表すことができる．この式の利潤率の解釈については注意を要する．ロビンソンが論じたところでは，現実の利潤率が企業家にたいして将来の予想をもたらすのは，その利潤率がしばらくのあいだ安定した水準で持続する場合だけである．かくしてロビンソン的投資式は瞬時的に正しいことを意味するのではなく，経済がしばらくのあいだ安定した状態にあった後のみのことであり，その場合に現実の利潤率が期待利潤率を正確に反映する

のである．ロビンソンの投資では $g_K^i + \delta$ が v と比例すると考える．すなわち，

$$g_K^i + \delta = \eta v \tag{10.2}$$

である．

この式のなかでパラメータ η（ギリシア文字で「イータ」と発音する）は利潤からの投資性向，すなわち，企業家の血気を表す．企業家が(10.2)式によって記述されるような投資決定を正確にどうやって形成するか思い浮かべるのが難しければ，ケインズ自身この意思決定が経済の理論化ないしモデル化と本来的に対立するものと見なしていた事実によって多少自らを慰めることができる．

均衡において，資本ストックの現実成長率は企業家の投資計画および資本家の貯蓄計画と整合的でなければならないから，つぎのようになる．

$$g_K^i = g_K^s \,(= g_K) \tag{10.3}$$

(10.2)式と(10.3)式のような式が古典派の慣習的賃金シェアモデルに付け加えられると，**過剰決定**の問題と直面する．すなわち，2本の方程式に1個の内生変数（g_K^i，なぜなら g_K^s が g_K の代わりになる）が追加されているだけなので，内生変数の数にたいして方程式の数が多すぎることになる．この困難を避けるためには変数ももう1つ加えなければならない．

この問題には自然な解決法があり，それはケインズ的な経済は何らかの**過剰設備**をともなったまま操業をおこなうと認めることであり，したがって**設備の稼働率** u を内生変数の一覧表に加えることである．設備の稼働率は 0 と 1 のあいだにある正の分数であり，その経済の潜在的な生産能力のうちどれだけが実現しているかを示す．

設備稼働率の変化が成長 – 分配表に及ぼす作用は，企業家が需要の変動にたいして労働と資本という投入物をどのように調整するかに左右される．実際の先進的な資本制経済の景気後退期には，労働と資本の両生産性はほぼ比例的に下落する．例えば図10.1は設備稼働率が高かった1979年のアメリカとこれが低かった1982年のアメリカの成長 – 分配表を示している．言い換

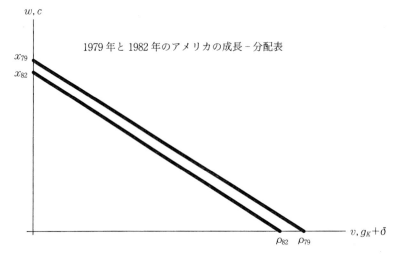

図 10.1 アメリカ経済が 1980 年初頭に深刻な景気後退にみまわれたとき，設備稼働率は低下した．1979 年と 1982 年のアメリカの成長－分配表は，ρ と x が比例的に低下していく傾向を示している．

えると，企業家は産出量の減少にたいして自分たちの労働投入も資本投入も比例的には減らさないが，労働と資本の両利用度がほぼ同率で低下することを認めるということである．かくして労働と資本の測定された生産性は，設備稼働率の水準が u のとき ux および $u\rho$ と仮定されるだろう．この結果，資本集約度 k は $ux/u\rho$ であり，この成長－分配表の傾きは u の変化にかかわらず変化しないだろう．

古典派の慣習的賃金シェアモデルと同様に，労働は慣習的賃金シェアのもとで弾力的に供給されるとの仮定がなされる．ケインズ的モデルの背後には貨幣と十分に発達した金融システムがあるので，労働者には貨幣で支払いがおこなわれるし，労働者は現行の物価水準で賃金財を購入すると考えるべきだろう．物価は貨幣賃金の変化に調整されて所得に占める賃金分配率を一定に保つから，次式が成立する．

$$w = (1-\bar{\pi})ux \tag{10.4}$$

設備稼働率が 1 より小さいときには実質賃金－利潤率式と社会的消費－成

長率式とは，設備の完全稼働時における労働と資本の潜在的な生産性である x と ρ よりはむしろ，それらの**現実的な**生産性である ux と $u\rho$ とに依存する．成長 - 分配表の傾きは依然として $-k$ である．

$$w = ux - vk = x\left(u - \frac{v}{\rho}\right) \tag{10.5}$$

$$c = ux - (g_K + \delta)k = x\left(u - \frac{g_K + \delta}{\rho}\right) \tag{10.6}$$

投資に制約されるケインズ的経済の成長 - 分配表は，ある所与の設備稼働率を u として図 10.2 で説明されている．この表は，$u=1$ のときにのみ適用される**完全稼働時の成長 - 分配表**からは区別される必要がある．稼働率が完全稼働より小さいかぎり，現実の成長 - 分配表は完全稼働時の成長 - 分配表より内側にある．このモデルでは稼働率の変化はヒックス中立的技術変化のような投入物使用的なものである．私たちの関心の大半は実質賃金と利潤率に集中しているので，方程式(10.5)に焦点を絞る．これは**現実の実質賃金 - 利潤率表**を記述している．

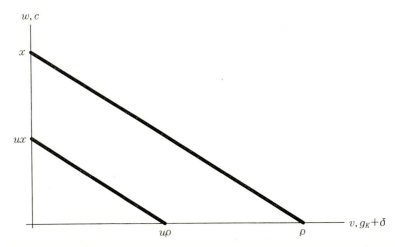

図 10.2 設備稼働率が 1 より小さいときには，成長 - 分配表は，内側に平行移動する．それゆえ現実の労働生産性 ux と資本生産性 $u\rho$ は，同率で低下するが，資本集約度 k は一定不変である．

完全稼働時の実質賃金 - 利潤率表上では，利潤率の上昇は常に賃金の下落に結びつく．ところが経済が完全稼働より低いときには，稼働率の上昇は（以前には存在しなかった）賃金の変化をともなわない利潤率の上昇，あるいは利潤率の変化をともなわない実質賃金の上昇という可能性を生み出す．というのは稼働率の上昇が現実の成長 - 分配表を外側に移動させるからである．稼働率が上昇するときには賃金と利潤率が同時に上昇することすら可能である．

現実の利潤率は(10.5)式にしたがって稼働率と利潤分配率，資本の潜在的な生産性の積である．

$$v = \pi\rho u \tag{10.7}$$

(10.7)式を投資式(10.2)に代入すると

$$g_k^i + \delta = \eta u\pi\rho \tag{10.8}$$

かくして投資に制約されるモデルでは，企業家は現行の設備稼働率と賃金分配率にもとづいて利潤率を予想すると仮定される．

> **問題 10.1** カルドリアはインダストリアに似た経済である（問題 2.2 を見よ）．ここで $x=5{,}000$ ドル/(労働者・年)，$k=150{,}000$ ドル/労働者，そして $\delta=1/15=0.0666=6.66\%$ である．カルドリアの賃金分配率は 60% である．$u=100\%$ のときと $u=85\%$ のときの労働生産性と資本生産性，利潤率を求めなさい．
>
> **問題 10.2** 同じ図上にカルドリアの完全稼働時の成長 - 分配表のグラフと稼働率が 85% のときの現実の成長 - 分配表のグラフを描きなさい．賃金分配率が 60% のときの点を両方のグラフの上で示しなさい．

10.3 投資に制約されるモデルの均衡

投資に制約されるモデルの 6 本の方程式は 6 個の内生変数 u, v, w, g_k^s, g_k^i, c を正しく決定する．体系全体は表 10.1 で示されている．まず(10.1)式，(10.2)式，(10.3)式からなる小体系に焦点を合わせる．これらの方程式は均

第10章 投資に制約される経済成長 195

表10.1 投資に制約されるモデル

内生変数：u, v, w, g_K^i, g_K^s, c

外生パラメータ：k, x, δ, β, $\bar{\pi}$, η

$$w = ux - vk \tag{10.5}$$

$$c = ux - (g_K + \delta)k \tag{10.6}$$

$$g_K^s + \delta = \beta v - (1-\beta)(1-\delta) = \beta(1+v-\delta) - (1-\delta) \tag{10.1}$$

$$g_K^i + \delta = \eta v \tag{10.2}$$

$$g_K^s = g_K^i \ (= g_K) \tag{10.3}$$

$$w = (1-\bar{\pi})ux \tag{10.4}$$

衡利潤率 v について解くことができる.

$$v = \frac{(1-\beta)(1-\delta)}{\beta - \eta} \tag{10.9}$$

利潤率が負になることを避けるために $\beta > \eta$ と仮定されねばならない. 均衡利潤率を計算してしまえば, 他の内生変数の均衡値はすぐにわかる.

(10.7)式から稼働率の均衡水準はちょうど

$$u = \frac{v}{\pi\rho} \tag{10.10}$$

であることがわかる.

そのときの賃金の均衡水準はつぎのように求められる.

$$w = (1-\bar{\pi})ux \tag{10.11}$$

(10.2)式から, つぎのように資本の均衡成長率が求められる.

$$g_K = \eta v - \delta \tag{10.12}$$

最後に, 労働者1人当たりの社会的消費の均衡水準 c を計算することができ, それは

$$c = ux - (g_K + \delta)k = ux(1-\pi\eta) \tag{10.13}$$

である.

ケンブリッジ方程式とロビンソンの投資関数を図10.3のように同じ座標

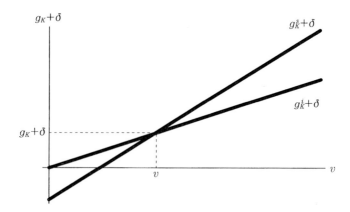

図 10.3 各利潤率にたいしてケンブリッジ方程式が資本家の貯蓄計画と整合的な資本の成長率を決定し，ロビンソンの投資関数が企業家の投資計画と整合的な資本の成長率を決定する．ケンブリッジ方程式は，ロビンソンの投資関数よりも小さな縦軸の切片と大きな傾きをもっているので，$\beta > \eta$ の仮定のもとでは，利潤率 v と粗資本の成長率 $g_K + \delta$ の一意な均衡値が存在する．そのとき均衡設備稼働率は，$u = v/\pi\rho$ である．

平面に図示すると，$\beta > \eta$ のときにはそれら2つが利潤率，そして稼働率の均衡水準を一意に決定することがわかる．均衡水準より低い利潤率のときには，資本家の貯蓄は小さすぎて企業家は投資計画の資金調達ができない．すなわちこの結果として生ずる超過需要は，設備の稼働率そしてこのことから利潤率を上昇させる．均衡水準より高い利潤率では，資本家の貯蓄は企業家の投資を上回り設備の稼働率と利潤率とを押し下げる超過供給を生み出す．かくてこの一意の均衡は $\beta > \eta$ のとき安定でもある．

問題 10.3 カルドリア（問題 10.1 をみよ）の企業家は $\eta = 0.7$ のロビンソン的投資関数をもつ．稼働率 u が 0.9 のとき，望ましい粗資本蓄積率 $g_K^i + \delta$ はどれほどですか．

問題 10.4 カルドリア（問題 10.1 をみよ）の資本家家計は富からの貯蓄性向 $\beta = 0.97$ をもつ．稼働率 u が 0.9 のとき，望ましい富の粗蓄積率 $g_K^s + \delta$ の大

第 10 章　投資に制約される経済成長　197

きさはどれほどですか.

問題 10.5　仮に企業家が稼働率を 0.7 と予測し，これに対応する利潤率にもとづいて投資をするなら，カルドリア経済はどのような大きさの稼働率を達成しますか. 企業家は自分たちが正しい投資量を選んだと思いますか. 企業家はどのように対応しますか.

問題 10.6　カルドリアの均衡稼働率，資本の均衡粗成長率，均衡利潤率を計算しなさい.

問題 10.7　カルドリアの貯蓄方程式，投資方程式のグラフを描き，均衡を示しなさい. そのグラフ上のどこに問題 10.3 の経済はありますか. この位置の動学について論じなさい.

10.4　投資に制約されるモデルの比較動学

投資に制約されるモデルは 3 つの比較動学の結果を生み出すが，これらはケインズ的モデルに特徴的ではあっても，古典派ないし新古典派の伝統の観点からは逆説的に見える. 第 1 に，投資に制約されるモデルには**倹約の逆説**がある. 貯蓄率 β が上昇し投資性向 η が一定であるならば，このことは貯蓄表，すなわち(10.1)式を上方に移動させ回転させる. 新しい均衡で図 10.4 が示すように，利潤率や稼働率，資本の粗成長率は以前より低くなる.

この倹約の逆説は古典派および新古典派の両理論と極めて対照的であり，これらの理論では貯蓄増加は一般に，短期でだけとはいえ成長を高める. ケインズ的モデルでは投資需要を一定とできるので，資本家の消費が少なければ元の稼働率を維持するには不十分な需要しか生じない. この結果生ずる低い利潤率は一層低い成長を引き起こすだろう. たぶん，倹約の逆説ほど投資に制約される経済システムの性質をうまく説明するものはない. 成長が投資に制約されるとの見解をもつ経済学者たちが，1 国の貯蓄率を引き上げようとする運動に滅多に加わらない理由を理解するのは容易である.

ケインズ的モデルの第 2 の際立った特徴は，**費用の逆説**である. 慣習的賃金シェアの上昇は投資性向を不変としたままでは設備の稼働率と産出量水準

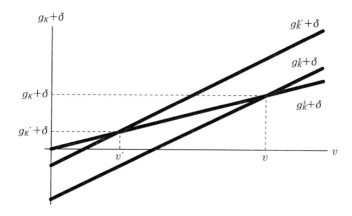

図 10.4 倹約の逆説. β が上昇するとき,貯蓄表は上方にシフトし回転する.投資表は動かないので,より低い利潤率で交わることになり,設備稼働率,粗資本の成長率を押し下げることになる.

を上昇させる効果を及ぼすが,個々の資本家たちは賃金分配率の引き上げを費用増加と考えているという事実にもかかわらずそうなのである.慣習的賃金シェアの上昇は利潤分配率 π を引き下げるが,均衡利潤率 $v=(1-\beta)(1-\delta)/(\beta-\eta)$ および資本の均衡粗成長率 $g_K+\delta=\eta v$ とを図 10.3 のように変化させないままである.しかし設備の均衡稼働率 $u=v/\pi\rho$ は π の下落とともに上昇する.

賃金分配率が上昇するとき,資本家から労働者への所得の再分配は金融的富の成長率を低下させる.というのは労働者は所得をすべて消費するからである.かくして賃金分配率の増加は,全体の貯蓄を減らし,また各々の設備稼働率での有効需要を増加させる.この結果,設備稼働率は上昇して投資のための資金が調達されるのに必要な貯蓄を生み出す.不変の投資性向に適応するため設備稼働率の調整を強調する点において,費用の逆説は倹約の逆説ときわめてそっくりである.

投資に制約されるモデルの第 3 の特徴的な比較動学的結果は,η という投資性向上昇効果の考察から生ずる.ケインズはこの試みの帰結を「**寡婦の**

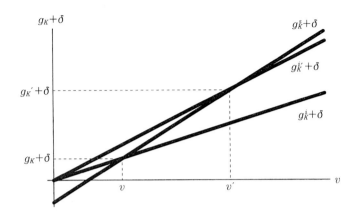

図 10.5 寡婦の壺．企業家の投資性向 η の上昇は，不変な貯蓄表とより高い利潤率 v，より高い粗資本の成長率 $g_K+\delta$ で交わるように投資表を上方に回転させる．設備稼働率 $u=v/\pi\rho$ が上昇すると，利潤と貯蓄の増加が可能になる．

壺」と呼んだ．仮に企業家が投資に一層多く支出する決定をするならば，彼らが支出を始めた途端にその支出の資金を調達する利潤が奇跡のごとくあらわれる．それはちょうど聖書の物語のなかで，自分の油壺から油がいつ汲みだされようとも奇跡のように再び一杯になる寡婦の壺のようである．例えば血気が高ずると η の上方への移動で表現されるが，それは投資表，(10.2) 式を上方に回転させ，利潤率や資本の粗成長率，設備の稼働率を上昇させて，図 10.5 が示すように企業家にたいし，計画の資金を調達するのに十分な資本家の貯蓄を提供する．均衡利潤率 $v=(1-\beta)(1-\delta)/(\beta-\eta)$ は，η の上昇とともに上昇し，設備稼働率 $u=v/\pi\rho$ と資本の粗成長率 $g_K+\delta=\eta v$ がそれに続く．ケインズ的な分析のなかで，企業家が利潤を稼得する前にそれを投資できるということは，企業家に資金を前貸しできる金融システムが背後に存在していることに決定的に依存しているのである．

問題 10.8 カルドリアの貯蓄性向が 0.97 から 0.98 に上昇すると想定しなさい．

新しい均衡利潤率，資本の粗成長率および設備稼働率はどれだけですか．貯蓄率の上昇はカルドリア経済によって益となりますか．

問題 10.9　カルドリアの貯蓄性向は 0.97 のままであるが，賃金分配率は 65% に上昇すると想定しなさい．新しい均衡利潤率，資本の粗成長率および設備稼働率はどれだけですか．賃金分配率の上昇はカルドリア経済によって益となりますか．

問題 10.10　問題 10.9 の賃金分配率の上昇の前と後の労働者 1 人当たりの社会的消費を計算しなさい．この変化は資本家消費と労働者消費のあいだにどのように分割されましたか．

問題 10.11　賃金分配率が 60% から 65% へ上昇する前と後のカルドリアの実質賃金 - 利潤率表および社会的消費 - 成長率表のグラフを描きなさい．変化の前後のグラフ上で，均衡賃金 - 利潤率および社会的消費 - 成長率の点を見つけなさい（全部で 4 点ある）．

10.5　利潤主導型成長か，賃金主導型成長か

ロビンソン的な投資関数は企業家の目標粗投資率 $g_k^i + \delta$ を利潤率 v と比例させる．ところが，利潤率自体は利潤分配率 π，設備稼働率 u および資本生産性 ρ の積である．ロビンソンの考えを一般化する 1 つの方法は，スチーブン・マーグリンとアミト・バドゥリによって提示されたように，これらの各要因が投資計画に独立に作用することを認めるという方法である．こうするもっとも簡単な方法は，計画される粗投資をつぎのように利潤率の 3 つの構成要因の線形関数にすることである．

$$g_k^i + \delta = \eta_u u + \eta_\pi \pi + \eta_\rho \rho \tag{10.14}$$

ここで $\eta_u > 0$ は稼働設備の投資計画への作用を表し，$\eta_\pi > 0$ も $\eta_\rho > 0$ も同様である．

この一般化は，投資に制約されるモデルにいくつかの興味をそそる洞察を付け加える．一般化された投資に制約されるモデルの均衡は貯蓄と投資計画の両立を必要とするが，このことは設備稼働水準が，

第10章 投資に制約される経済成長　　　　201

$$u = \frac{\eta_\pi \pi + \eta_\rho \rho + (1-\beta)(1-\delta)}{\beta \pi \rho - \eta_u}$$　　　　(10.15)

であることを意味する.

　設備稼働率を正値としておくためには, $\beta \pi \rho > \eta_u$ を仮定しなければならない. この条件は, 基本モデルのなかの条件 $\beta > \eta$ と似ており, 稼働設備が増加するにつれて貯蓄が投資より速く増加することを意味し, このことが, 均衡の安定性を保証している.

　投資に制約されるモデルのもっと単純なものでそうだったように, 利潤率は設備稼働率に比例する. つまり,

$$v = \pi \rho u$$　　　　(10.16)

資本の粗成長率は, ケンブリッジ方程式からつぎのように計算できる.

$$g_K + \delta = \beta v - (1-\beta)(1-\delta) = \beta(1+v-\delta) - (1-\delta)$$　　　　(10.17)

　倹約の逆説は, 一般化されたモデルでも依然として成立する. つまり, 資本家の貯蓄性向上昇は, (10.15)式の分母を上昇させ, 分子を下落させるので, 設備稼働率と利潤率を引き下げる. β の上昇は資本の粗成長率に相殺効果を及ぼす. というのも(10.17)式で β は上昇し, v は下落するからである. 本章の付論のなかでは, しかしながら, v の効果のほうが大きく, 単純なモデルでそうであったように, β の上昇とともに, 粗資本の成長率は下落する.

　けれども一般化された投資に制約されるモデルは, 基本モデルの費用の逆説よりさらに複雑な仕方で, 賃金分配率の増加に反応しうる. 例えば, η_π の値がゼロであるなら, 賃金分配率の上昇は利潤分配率を減らし, このことが(10.15)式の分母を減少させ, かくして稼働設備の均衡水準を上昇させる. 賃金分配率の上昇は利潤率 $v = \pi \rho u$ を相殺し合う効果を及ぼす. というのも, u は上昇するが, π は下落するからである. $\eta_\pi = 0$ のときには u の上昇が支配的になり利潤率の上昇を示すことができる. (付論を見よ.) この場合は, 資本の粗成長率 $g_K + \delta$ もまた賃金分配率の上昇とともに上昇し, 費用の逆説は依然成立する. この場合は, **賃金主導型成長** と呼ばれるが, それは, 賃金分配率の上昇が設備稼働率と成長率を上昇させるからである. 賃金主導

型成長が生ずるのは，労働者の消費需要の増加が設備稼働率の上昇をつうじて投資に正のフィードバック効果を及ぼすからである．$\eta_\pi = 0$ であるから，賃金分配率上昇による収益性の変化をつうじた，減殺効果はまったくない．

他方，仮に $\eta_u = 0$ であるなら $\eta_\pi \pi > \eta_u u$ であり，利潤率は利潤分配率とともに上昇し，資本の粗成長率の上昇にいたる．このような場合は**利潤主導型成長**と呼ばれることがある．これが生ずるのは，利潤分配率の上昇は需要への相殺効果をもちうるからである．すなわち，利潤分配率が上昇すると，所得を労働者から再分配することにより消費需要は減少するが，収益性の上昇をとおして投資需要を増加させる．利潤主導型成長が生ずるためには，投資需要の増加が消費需要の減少を上回らねばならない．

これら 2 つの極端な場合が示唆し，また付論が示しているように，成長が賃金主導型であるか，利潤主導型であるかは投資と貯蓄方程式のパラメータの相対的な値に決定的に依存する．現実の経済は，レジームのいずれかが支配的となる局面を，交互に繰り返すものであるかもしれない．

問題 10.12 カルドリアの企業家は以下の投資関数 $g_k^i + \delta = 0.25\pi$ にしたがって行動し，賃金分配率は 60% と想定しなさい．本章付論の方程式を用いて，均衡の設備稼働率，利潤率，粗資本の成長率を求めなさい，賃金分配率が 65% まで上昇するとき，内生変数はどうなりますか．生じたことを説明しなさい．

問題 10.13 カルドリアの企業家は投資関数 $g_k^i + \delta = 0.1u$ にしたがう行動へと移行したと想定しなさい．賃金分配率が 60% のとき，そして 50% のときの，均衡の設備稼働率，利潤率，資本の粗成長率を求めなさい．何が生じたかを説明しなさい．

10.6 長期か短期か

ケインズの見解を受け入れる経済学者のあいだでさえ，投資に制約される

モデルが到達した結論が長期でも妥当するかについての意見は分かれている．**長期**と**短期**という言葉には，文章の前後関係に左右されるさまざまな意味がありうるが，経済学者たちは，短期には経済主体はなんらかの大きさだけ均衡から外れることはあるものの，長期にはすべての方向に完全に調整されると仮定するのが一般的である．投資に制約されるモデルには，それがなんらかの大きさだけ均衡から外れている，つまり，短期にのみ適応されるかもしれないと示唆するような，いくつかの側面がある．特にこのモデルは，企業家は過剰設備を前にしても投資を継続すると仮定しており，このことは，企業家は長期均衡にたいして完全には調整されないことを示唆する．

しかしながら，投資に制約されるモデルを長期モデルとして見ることもできる．この解釈では，企業は過去に支配的であった稼働率を振り返ってみることで，正常ないし望ましい率についての期待を形成し，かくして過剰設備を正常な条件として受け入れることになる．投資に制約されるモデルをこの点に照らして見ている経済学者たちは，**停滞論者**，ないし**過少消費論者**と自称することがよくある．この人たちは，総需要が十分に成長しないために，成熟した資本制経済は停滞する傾向があり，またこの傾向は，賃金主導型成長を促す政策によって克服することができると信じている．停滞論者たちの見解は，労働組合の運動家たちの目標とも共鳴している．彼らは，資本制経済では一層高い賃金には有益な需要効果があることを強調するのである．

他方多くの経済学者たちは，投資に制約されるモデルを短期モデルとみている．投資に制約されるモデルの短期均衡と長期均衡のあいだの関係については依然として議論が続いている．

1つの解釈では投資関数を企業家の投資計画にとっての資金制約の表現と見ている．（この見方では投資に制約されるモデルは実際には**金融に制約されるモデル**である．）利潤によって企業家は，投資に融資してもらう資金集めのために資金市場や銀行にゆくことから解放される．利潤率はかくして，企業家が支出のための資金を自己の留保所得から調達する能力を変化させることをとおして投資計画に影響を与えることができよう．この解釈では，企

業家は経済が設備の完全稼働に引きつけられると予測し，設備の完全稼働時の利潤率についての自己の予想にもとづいて投資決定をおこなう．これは目下のところ過剰設備が存在していてもそうなのである．

　仮にこの解釈が完全であるためには，どのようにして経済が長期状態という設備が完全稼働水準にあるところに至るかを説明しなければならない．投資に制約されるモデルについての私たちの解釈では，長期均衡へのこうした調整は，投資需要方程式の係数の時間を超えたシフトをつうじて生ずるであろう．マルクスとケインズはこれらのシフトがどのようにして起こるかにかんして異なった見方をしている．

　マルクスの見解では，過剰設備は資本制経済の**恐慌**の兆候とされるが，恐慌は継続的な資本蓄積にたいする短期的な障害をを取り除く役割を果たすと論じられている．マルクス的な見通しに立てば，長引く恐慌は失業を増やし，賃金に下向きの圧力を加えるので，利潤分配率が上昇する．このことは，利潤主導型成長条件下で投資を復活させることができる．さらにマルクスはつぎのように論じた．すなわち，恐慌は低利潤の資本の離合集散に通じ，かくて企業家の投資誘因を増大させ，計画された投資表を上方にシフトさせると．そして最後に，テクノロジーの構造変化が資本生産性を上昇させるかもしれず，投資表もまた上方に移動するかもしれない．マルクスの見解では，資本制経済は，絶えず恐慌と好況のあいだを循環するので，設備の長期ないし「正常」稼働水準は時間を超えた統計的平均としてしか現れないのである．

　ケインズは他方，投資関数のシフトを投資支出にたいする資金制約の変化を表すものと考えた．稼働設備の長期均衡水準へと経済を向かわせる傾向のあるどのような力も，この見通しに立つと，投資に制約されるモデルの背後にある金融システムをつうじて作用する．

　金融的調整の１つの馴染み深いメカニズムは**ケインズ効果**であって，多くの中級のマクロ経済学の教科書のなかで「総需要曲線」の存在を説明するために利用される．ケインズ効果が起こるのは，物価水準が過剰設備の期間中に下落するが，名目貨幣供給は一定の場合である．この場合，実質貨幣供給

第 10 章　投資に制約される経済成長　　　　205

は増加し，ケインズ的流動性選好理論によれば，このことは投資に融資するための企業家への貸付利子率を下落させる．さらに一般的には，ケインズ効果が得られるのは，物価上昇率（すなわち，インフレ率）が名目貨幣供給の成長率を下回るときである．このケインズ効果は，η の上昇をとおして投資関数の上方シフトを導く．これとは違って，中央銀行は，広範囲の過剰設備に直面すると，銀行組織に流動性を注入して，企業が貸付を一層容易に利用できるようにするかもしれない．この場合も，投資の資金制約を緩めれば，投資関数を上方にシフトさせることができよう．仮にこれらのシフトが，これまで吟味してきた貯蓄や投資の意思決定よりゆっくり生ずるのであれば，投資に制約されたモデルは短期に妥当するであろうが，経済は設備が完全稼働する長期均衡に向かって引きつけられるのかもしれない．

　ケインズ的な均衡化プロセスは設備の過度稼働状態，すなわち $u>1$ のときにも同じように（おそらくは，一層）うまく作用する．（こうなるためには，u を厳密な技術的限界というよりはむしろ，設備の望ましい稼働率の割合で，需要の急増をカバーするためにいくらか余分な設備を残しておくものと考えなければならない．）需要が急増すると，稼働水準は技術的な限界近くまで押し上げられる．そうした過熱した経済では，インフレ的な力が投資の資金制約を強める傾向をもつであろうが，これはケインズ効果あるいは中央銀行の直接介入をつうじておこなわれ，かくして投資需要関数を下方へシフトさせる．

　長期には経済は，図 10.6 で示されるように，$u=1$ の設備の完全稼働に引きつけられるだろう．この状況では，投資関数は余分なものになり $u=1$ という条件と置き換えられる．その場合長期には，投資に制約されるモデルは，慣習的賃金シェアをともなう古典派モデルに変換される．経済は短期にはケインズ的であるが，長期には古典派的であると経済学者たちにいわれることがある．マクロ経済学を短期と長期へこのようなやり方で振り分ける方法は，広範囲の現代の経済学者にとって自然なこととなっているが，この場合でさえ各々の時点で，どちらのモデルが正しいかについて意見は一致しないのか

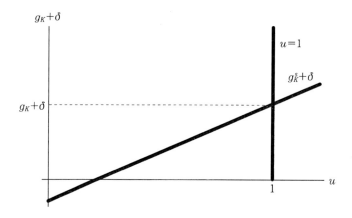

図 10.6 長期均衡では，投資需要は貯蓄に調整され，ケンブリッジ方程式はまた資本の成長率を決定する．

もしれない．

10.7 成長理論へのケインズ的貢献

　投資に制約されるモデルは資本制経済の成長をモデル化するのに根本的に新しい考察を取り入れた．古典派・新古典派の伝統はともに，貯蓄を資本蓄積の原動力と考え，貯蓄の決定は常にこれに対応する投資決定につうずると仮定する．これらのモデルでは，**セー法則**が成立し，総需要と総供給のあいだの乖離はありえない（もっともセー法則は，個別市場での需給の不均衡は認めるのであるが）．設備の稼働率とともに，独立な投資需要関数を内生変数として取り入れられれば，貯蓄と投資の恒等関係を断ち切って，セー法則が妥当しないケインズ的モデルという種類が創り出される．これまで見てきたように，投資に制約されるモデルの比較動学的実験結果は，古典派・新古典派モデルの同類の結果とは大きく異なる．貯蓄性向あるいは利潤分配率の上昇といったパラメータの変化は，古典派・新古典派モデルでは資本の成長率を高めたが，投資に制約されるモデルでは投資需要表が不変な場合，資本

の成長率を低めることもありうる．比較動学のこれらの相違は成長政策についても異なった評価に至る．古典派・新古典派の見通しにたつと，利潤から賃金への所得再分配は本来望ましいものと考えられるかもしれないが，資本蓄積を低めるという代償を支払うことになる．ケインズ的モデルではこれらのトレード・オフの痛みは和らげられるか，あるいは存在すらしなくなる．すなわち，再分配は経済の設備稼働率を高め，かくして，利潤と賃金に分配されるべき所得を増加させ，消費と投資に使用されるべき産出量を増加させる．

20世紀後半のマクロ経済学と成長の経済学における大きな政策論争は，ケインズ的モデルの応用可能性の限界にかかわっていた．多くの経済学者はケインズ効果の短期的重要性にかんしては同意するが，ケインズ的分析が経済成長に向けた長期の経済政策を誘導するために安全に利用できるかについては疑問をもっている．これらの論争は，資本制経済を設備の完全稼働へ向けて動かす傾向が，実際どの程度強いのかにかんする実証的な証拠を見ることによって恐らく決着されるべきである．しかし，この問いに答えるための計量経済学的技術自体が論争の的となっており，またマクロ経済学の証拠も限られているので，政策のジレンマは依然として未解決のままである．

10.8 読書案内

Roy Harrod [1939] はケインズ的な成長論の誕生におそらくもっとも貢献している．他方，Nicholas Kaldor [1956] および Luigi Pasinetti [1976] は完全雇用成長のケインズ的・古典派的モデルを発展させた．本章のモデルは（完全雇用を前提としていない）Joan Robinson [1954] そして，もちろんアミト・バドゥリとスチーブン・マーグリン [Bhaduri and Marglin, 1990] に多く依拠している．こうした経済学者たちは彼ら自身，Michal Kalecki [1971] に影響を受けており，カレツキは Keynes [1936] と同時期に乗数理論を発見した．Taylor [1983], Skott [1989], Dutt [1990],

Palley［1996a］および Palley［1996b］をはじめとして，この広範囲の伝統に含まれる多くの近年の貢献がある．「寡婦の壺」への最初の言及は Keynes［1930］に見出される．

付論：マーグリン゠バドゥリ・モデル

投資と貯蓄需要方程式を設備の均衡稼働水準について解くために，計画された貯蓄と投資を等しくおく．

$$g_K^i + \delta = \eta_u u + \eta_\pi \pi + \eta_\rho \rho$$

$$g_K^s + \delta = \beta(1+v-\delta)-(1-\delta)$$

$v = \pi \rho u$ を用いて均衡方程式が得られる．すなわち，

$$\beta \pi \rho u - (1-\beta)(1-\delta) = \eta_u u + \eta_\pi \pi + \eta_\rho \rho$$

であり，これを均衡の u について解くと

$$u = \frac{\eta_\pi \pi + \eta_\rho \rho + (1-\beta)(1-\delta)}{\beta \pi \rho - \eta_u}$$

となる．

均衡条件を β について微分すると，

$$\frac{du}{d\beta} = -\frac{1+v-\delta}{\beta \pi \rho - \eta_u} < 0$$

$$\frac{dv}{d\beta} = \pi \rho \frac{du}{d\beta} < 0$$

$$\frac{d(g_K+\delta)}{d\beta} = -\frac{\eta_u(1+v-\delta)}{\beta \pi \rho - \eta_u} < 0$$

であることがわかる．

かくして一般化された投資に制約されるモデルのなかでも倹約の逆説は依然成立する．

ところが，均衡条件を π にかんして微分すると，

$$\frac{du}{d\pi} = \frac{\eta_\pi - \beta \rho u}{\beta \pi \rho - \eta_u}$$

が得られる.

かくして $du/d\pi$ の符号は $\eta_\pi - \beta\rho u$ の符号と同じで，常に負であることは，上の均衡条件からわかる.

同様に，

$$\frac{dv}{d\pi} = (\eta_\pi \pi - \eta_u u)\frac{\rho}{\beta\pi\rho - \eta_u}$$

である.

かくして，$dv/d\pi$ の符号は $\eta_\pi \pi - \eta_u u$ の符号と同じで，$\eta_\pi \pi > \eta_u u$ のときには正である.

$$\frac{d(g_K + \delta)}{d\pi} = \beta\frac{dv}{d\pi}$$

仮に $\eta_\pi = 0$ なら，

$$\frac{dv}{d\pi} = -\eta_u u\frac{\rho}{\beta\pi\rho - \eta_u} < 0$$

であることがわかる.

他方，$\eta_u = 0$ なら，

$$\frac{dv}{d\pi} = \frac{\eta_\pi}{\beta} > 0$$

である.

そこで，利潤分配率の上昇の成長への効果は投資関数の係数に左右されて，賃金主導型レジームと利潤主導型レジームの区別へと至る.

第11章
土地に制約される成長

11.1 再生不能資源

　与えられた賃金のもとで労働力が弾力的に供給される古典派の慣習的賃金モデルでは，すべての投入物は再生可能である．経済は資本をそれ自身で生産できる．また，事実上，経済は賃金を支払うことによって，労働力をも再生産することができる．この型のモデルでは，成長にたいする資源の制約はいっさいない．経済の成長率は，生産性と資本家の蓄積性向によって完全に決まる．

　ソロー゠スワン・モデルのように，労働力が非弾力的に供給され，外生的に与えられた率で増加する場合には，恒常状態の成長率を決定する要因がはっきりと変わる．経済の長期的な成長率は，労働力の与えられた自然成長率に調整されなければならない．こうした調整をおこなうために，投入物の価格は変動しなければならない．

　本章では，生産のために必要な土地の量が固定され，かつ，制限されているリカード的経済を研究する．土地の所有権が存在し，それによって，各々の期間における土地の生産的使用にたいする**賃貸市場**と，土地が売買される**土地市場**の両方が作り出されると想定する．

　こうなると，資本家の資産ポートフォリオは資本と土地の両方を含み，資本家のポートフォリオ選択によって土地の価格が決まる．資本家は資本にも

土地にも投資することができるので，土地所有からの収益と将来の土地価格の経路についての資本家の期待が経済できわめて重要な役割を演じる．こうした第2の資産を導入すると，資産の価格づけという現代のファイナンス理論にとっても基本的な問題が出てくる．

11.2 リカードの定常状態

デイヴィッド・リカードは，ロンドンの株式仲買人として成功した人で，経済成長と分配にかんする彼の揺らぐことなき論理的な分析は経済学の発展に大きな影響を及ぼした．リカードは，『経済学と課税の原理』において，土地に制約のある経済の成長を分析した．

リカードが考察対象とするのは生産の**穀物モデル**であるが，これは，以前に示した古典派モデルとたいへん似たものである．このモデルのなかでリカードは，商品が実際には多様であることを捨象し，唯一の生産される財は**穀物**（あらゆる食用の穀類を指す包括的な言葉）であると仮定する．この穀物をニュメレールとしておこう．穀物の生産には労働者が必要である．労働者の賃金は，穀物の種まきと収穫とのあいだの生産期間中に支払われなければならない．こうした前貸賃金は，種用の穀物とともに，生産をおこなうために必要とされる資本を構成する．リカードはマルサスにしたがって，（穀物で表示された）賃金は，第4章のように，人口の出生率と死亡率がほぼ等しくなる水準に固定されるという仮定をおく．私たちの用語では，リカードの穀物モデルは慣習的賃金モデルである．

リカードの世界には，労働者と資本家，土地所有者の3つの階級がある．資本家は，資本を所有し蓄積するという資本家の機能はもちろん，土地所有者から土地を借りて，生産を組織するという企業家の機能も果たす．土地所有者は土地を所有し，それを資本家に賃貸する．

リカードのモデルで中心となる経済学的な考え方は，土地の区画が異なれば，自然の肥沃度も異なるというものである．概念としては，経済における

すべての土地を，耕作するために同じ**分量**の資本と労働を必要とする**区画**（それらの区画のすべてが実際に同じ面積をもたないかもしれないが）に分割する．土地の各区画には一定の**収量**，すなわち標準的な質をもつ労働と資本を標準的な分量だけ充用する場合に期待することのできる平均的な収穫がある．経済におけるすべての土地をその肥沃度に応じて，肥沃度が最高のところから出発して，肥沃度が最低のところへと進んでいくように，等級づけすることができる，とリカードは想定した．図11.1のように，土地の区画を横軸に，土地の各区画の収量を縦軸にとってグラフにすると，リカードの思考の中心にある**収穫逓減**を，固定された比率でいっしょに充用される資本と労働の**限界生産物表**として目に見える形にすることができる．土地の各区

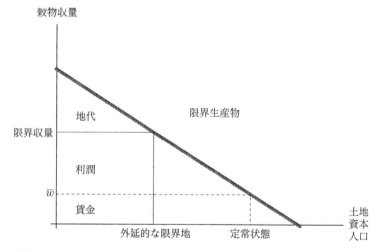

図11.1　リカードのモデルでは，土地の区画は横軸に沿って肥沃度が逓減していく順序でグラフに表され，各区画の収量は資本と労働にかんする限界生産物表を構成する．外延的な限界地は，耕作されている土地のなかで肥沃度の最も低いところである．マルサス的な慣習的賃金のところで，限界地の収量は賃金と利潤に分割され，経済全体についての利潤率が決定される．肥沃度がより高い土地にたいする地代は，限界地での産出量にたいするその区画での産出量の超過分に等しい．定常状態とは限界地の収量が慣習的賃金にちょうど等しくなる点である．この点に達するまで資本が蓄積され，人口が増加すると，利潤率はゼロに低下して，蓄積は停止する．

第 11 章　土地に制約される成長　　　213

画は等しい量の資本と労働を必要とするので，横軸上の距離は，使用された労働力（リカードは労働力を人口に比例すると考える）および資本の大きさを表す．耕作されている土地で肥沃度が最低のところ（リカードの用語では**外延的な限界地**）の収量が，資本と労働を合わせた限界生産物である．なぜなら，1単位の分量の資本と労働を取り除くと，限界地が耕作されなくなり，その限界地の収量だけ総産出量が減るからである．外延的な限界地に至るまでの限界生産物表の下の面積は，その経済における穀物の総産出量である．

　このグラフでは，出生と死亡との人口統計学的均衡をもたらすように決定された実質賃金と同じ高さに，水平線を引くことができる．これは，慣習的賃金での労働供給表としてよく知られているものである．リカードの枠組みでは，資本家によって過去に蓄積された資本の量が，耕作される土地の大きさと外延的な限界地を決定するのはもちろん，一定数の労働者に雇用を提供することによって，人口も決定するのである．限界生産物表と両軸に囲まれた三角形の面積のうちその実質賃金よりも上の部分は，その経済の**剰余生産物**である．というのは，それは，生産量のうち，現行の労働者人口を生存させるのに必要なものを超える部分だからである．

　この剰余は，土地所有者と資本家が土地のさまざまな区画にたいする地代について交渉するので，土地所有者と資本家のあいだで分割される．リカードが主張するには，耕作される限界地の所有者は，自分の土地にたいしては申し訳程度の地代しか請求できないという．なぜなら，ほぼ同じ質をもつ他の土地は利用さないままであり，それは，地代をまったく生まないからである．また，リカードが主張するには，資本家のあいだの競争によって，土地のうち耕作されるどの区画にたいする地代も，その土地にたいする地代支払い後の資本家の利潤率が，事実上は地代をまったく支払わなかった限界地にたいする利潤率とちょうど等しくなるような点に決まらざるをえない，という．したがって，図 11.1 では，限界地の収量と同じ高さの水平線は剰余を地代と利潤に分割する．利潤は，賃金線と外延的な限界地での収量のあいだの長方形であり，地代は，限界生産物表の下の面積のうち限界地での収量を

上回る部分である.

　リカードは，イギリスの社会に観察されると考えた行動を推論の前提として，つぎの仮定をおいた．すなわち，労働者と土地所有者は自分たちの所得のすべてを消費に（労働者は生存のための賃金に，土地所有者は，揃いの服を着せた大勢の召使いをお屋敷に配置するために）支出するが，資本家は自分たちの利潤所得のすべて，あるいはその大部分を貯蓄して，生産を拡張するためにそれを蓄積する，という仮定である．利潤が正であるかぎり，資本は拡大していき，より多くの仕事をつくりだし，より多数の人口を扶養し，外延的な限界地を肥沃度のもっと低い土地へと押しやる．こうした蓄積が起きるにつれて，賃金は一定にとどまるが，利潤率は低下する.

　結局のところ，限界地での収量が慣習的賃金にちょうど等しくなるような点にまで外延的な限界地が押し出されると，資本蓄積と成長は停止するであろう，とリカードは予測する．この点では，利潤率と総利潤はゼロであるから，これ以上の資本蓄積はおこなわれず，すべての剰余は地代の形をとる．リカードはこの状況を**定常状態**と呼んだ．定常状態では，全体としての人口のほとんどが生存ぎりぎりのところで，地球の限られた資源に殺到して生きるのにたいして，土地所有者という少数の富裕な階級が社会の剰余生産物を取得する.

　定常状態にかんするリカードの分析の痕跡は，経済成長の結果としての資源の枯渇および環境劣化にかんする現代の懸念のなかに色濃く見られる．リカードが土地の点からモデル化した収穫逓減は，再生不能資源の枯渇および環境破壊から起きるものと考えることができるし，定常状態は，有限の地球のなかで過密になった人類を待ち受ける不幸な宿命であると考えることができよう.

11.3　土地をともなう生産

　生産の1部門モデル，ただし，投入物として土地が必要とされるという要

第 11 章　土地に制約される成長　　　　　215

件が追加されたモデルを考察しよう．本章では，生産のテクノロジーは時間
をつうじて変化しないと仮定しておく．土地および労働者1人当たり土地に
は U および u という文字を使う（L は労働と混同しやすいからである）．
すると，生産技術は次のようになる．

---

1 単位の労働 ＋ k 単位の資本 ＋ u 単位の土地　→

　　　x 単位の産出物 ＋ $(1-\delta)k$ 単位の資本 ＋ u 単位の土地

　言い換えれば，このモデルでは，k 単位の資本と u 単位の土地を装備さ
れた1人の労働者が，年末に x 単位の産出物を生産することができる．資
本は δ の率で減耗するが，土地はまったく減耗しない．土地は（例えば，
エーカーやヘクタールなど）どんな単位で測ってもよく，係数 u は比例的
に変化する．モデルの方程式を単純にするために，資本1単位当たりに必要
とされる土地の量を，私たちの土地1単位と考えることにするので，$u=k$
である．したがって，土地と資本を直接に同じ縮尺で測ることができる．

　どの期間でも，過去から受け継がれた K_t という資本の固定数量，およ
び，U という土地の固定数量がある．リカードのモデルとは違って，ここ
では，すべての土地が同じ肥沃度をもつと仮定される．資本の量は期間ごと
に変化するが，それは，経済が資本を生産し，資本家がそれを蓄積するから
である．他方で，土地の量はけっして変化しえない．

　（このモデルでの土地のような）何らかの種類の固定された資源制約があ
るという考え方は，経済成長にたいする人間の対応のしかたに強く根ざすも
のであるが，おそらくは人類の経験からは，あまりうまく確かめることがで
きないと思われる．何よりも第1に，あらゆる資源には何らかの開発が必要
とされる．農地は，開拓し，排水設備を施し，耕さなければならない．鉱物
資源は，発見し，（採掘坑や油井，輸送設備の建設によって）開発しなけれ
ばならない．第2に，資源は枯渇するよりも前に，技術変化の過程を経て使
われなくなることはしばしばある．南北戦争以前の産業発展の基盤であった
アメリカ東部の鉄鉱床は，西部および他国にもっと大規模な鉄鉱山が現れた

ので，経済的に意味のないものになってしまった．こうした鉱床はまだ存在してはいるが，経済的な生産に何か重要な役割を演じるとは考えられない．このように考えてくるとわかるように，すべての資源は潜在的に生産可能なものであると考えておくのが一番よいのかもしれないが，そのなかには，きわめて高い費用をかけないと生産できない資源もあるかもしれない．こうした見方が正しければ，私たちが研究している土地のモデルは誤解を招きかねない．

前と同じように，土地と資本を資本家から賃借して労働を雇うことによって，実際に生産を組織している企業家がいる．慣習的賃金 $\bar{w}$ において労働が利用可能であると想定する．資本にたいする利潤率を v_{kt} で表すが，これは，1期間にわたる資本の使用にたいして企業家が支払わなければならない産出物の量である．

土地を生産における投入物として使うと，**土地地代**が発生する．供給されるすべての土地を企業家が生産で使いたい場合，資本家は，土地所有者として，土地にたいする地代を当てにできる立場にある．土地にたいする地代を v_{ut} と呼ぶ．地代を支払えば，1期間だけ土地を生産に使うことができる．v_{ut} の次元はドル/土地の単位/年である．私たちの土地の単位は，1ドルの資本を使用するために必要とされる土地の量であるから，v_{ut} をドル/ドル/年，あるいは，利潤率と同じように，%/年と表すこともできよう．利潤率が10%/年であり，土地にたいする地代が5%/年である場合，企業家は，資本と土地を資本家から借りるために，15%/年を支払わなければならない．

企業家が雇用労働者1人当たりであげる利潤は，労働者1人当たり産出から，賃金および資本と土地の両方にたいする賃貸料を引いたものである．$u = k$ となるような単位で土地を測っていることに留意すると，企業家の利潤はつぎのようになる．

$$x - w - v_{kt}k - v_{ut}k$$

投入物が1種類の生産モデルの場合と同じ理由で，企業家はゼロの利潤をあげなければならない．利潤分配率 π を解釈しなおして，土地と資本の両

方にたいする賃貸料を含むようにすると，この条件をつぎのように書くことができる．

$$v_{kt} + v_{ut} = \frac{x - w}{k} = \pi\rho \tag{11.1}$$

11.4 土地をともなう資本家の意思決定問題

第5章で展開したのと同じ方法で，この経済にかんする分析に取り組もう．同一の資本家である富保有者が多数いて，その各々が経済における資本と土地の全体にたいする同じ分け前を所有しはじめると仮定する．これらの資本家は，産出物の消費を対数表示し，それを割り引いたものの合計値を最大化する，と引き続き仮定する．

土地を分析に導入すると，典型的な資本家の意思決定にたいして新しい次元が付け加えられる．第5章のモデルでは，典型的な資本家は，各々の期間の終わりに，資本を保有するか，消費するかの選択をしなければならなかった．今度は，典型的な資本家は，追加的な選択肢をもち，自分の富のうちどのくらいの大きさを土地にたいして投資するか，また，どのくらいの大きさを資本に投資するかを選択しなければならない．

経済全体における土地の量は固定されているとはいえ，各々の個別資本家は，原則としては，多少なりとも土地を所有することもできる．したがって，資本家たちに資本と土地の現存ストックをすすんで保有させるためには，産出物（あるいは資本）で表した**土地の資産価格**——これを p_{ut} と呼ぶ——が，各々の期間に調整されなければならない．土地の資産価格は，地代とはかなり異なる．賃借人は1期間だけ土地を利用するようになるのにたいして，土地そのものの買い手は，自分が売りたくなるまでその土地を保持し，その土地を所有するすべての期間のあいだ土地にたいする地代を徴収するようになる．

典型的な資本家は，各々の期間の始めには，いくらかの土地 U_t と，いく

らかの資本 K_t を保有している.

　すると, $(t+1)$ 期の初めには, 典型的な資本家の資金源泉は, 減耗した残りの資本の値に資本賃貸料の受取額を合わせたものと, 土地の値に土地賃貸料の受取額を合わせたもの, との和になる.

$$v_{kt}K_t + (1-\delta)K_t + (p_{ut+1} + v_{ut})U_t$$
$$= K_t + (v_{kt} - \delta)K_t + (p_{ut+1} + v_{ut})U_t$$
$$= (1 + v_{kt} - \delta)K_t + (p_{ut+1} + v_{ut})U_t \tag{11.2}$$

これらの資金を消費 C_t および次期における資本と土地の保有, すなわち K_{+1} と $p_{ut+1}U_{t+1}$ とに分割しなければならない. 典型的な資本家の土地を含む予算制約式はつぎのようになる.

$$K_{t+1} + p_{ut+1}U_{t+1} + C_t \leq (1 + v_{kt} - \delta)K_t + (p_{ut+1} + v_{ut})U_t \tag{11.3}$$

この制約が典型的な資本家の効用最大化問題を定義する.

11.5　裁定原理

　資本家の効用最大化問題の新しい要素は, 各々の期間に自分の富のうち, どのくらいの大きさを土地に投資するか, どのくらいの大きさを資本に投資するか, についての意思決定である. 土地の価格や土地にたいする賃貸料率, 利潤率の経路を資本家は確実に知っていると仮定する. この仮定によって, この効用最大化問題がずいぶん簡単になる. 現実の世界では, 株式と債券のような競合する資産への富の配分のしかたについてのポートフォリオ上の意思決定は, 富保有者が各々の選択において認識する相対的なリスクによって大いに左右される. しかし, 私たちのモデルでは, リスクの問題は不在である. その結果, このモデルで典型的な資本家は, どちらの収益率のほうが高いのかという基準だけで, 土地を保有するか, 資本を保有するかを選ぶことになる.

　期間 t に p_{ut} の価格で 1 単位の土地を保有することを選ぶ資本家は, その期間の終わりには $v_{ut} + p_{ut+1}$ をもつ. なぜなら, 資本家は土地にたいする地

第11章 土地に制約される成長

土地をともなう資本家の効用最大化問題

$K_{t+1} + p_{ut+1} U_{t+1} + C_t \leq (1 + v_{kt} - \delta) K_t + (p_{ut+1} + v_{ut}) U_t$ (11.3)
の制約のもとで,

$(1 - \beta) \sum_{t=0}^{\infty} \beta^t \ln C_t$ を最大化するように,

$\{C_t, K_{t+1}, U_{t+1}\}_{t=0}^{\infty} \geq 0$ を選択しなさい. (11.4)

ただし, $K_0, U_0, \{v_{kt}, p_{ut}, v_{ut}\}_{t=0}^{\infty}$ は所与である. (11.5)

代を徴収し, 売り物の土地をいぜんとしてもつからである. この資本家は, もう１つのやり方として, 貨幣を土地ではなくて資本に投資することもできたであろうし, その場合には期末に $(1 + v_{kt} - \delta) p_{ut}$ をもったであろう. 資本家が自分のポートフォリオのなかに土地と資本の両方をすすんでもつとすれば, これらの２つの収益は等しくなければならない. これが**裁定原理**であり, 現代の金融理論で中心的な役割を演じる. 合理的な富保有者がリスクの等しい２つの資産を保有するのは, それらの資産の期待収益率が等しい場合に限られる. 私たちのモデルでは, ２つの資産とは資本と土地である. 資本と土地は同じ（ゼロの）リスクをもつので, 資本家が両方を保有しようとするのは, それらが同じ収益率をもつ場合に限られる. さらに, ２つの資産にたいする収益率が同一であるかぎり, 自分の資産のうちどのくらい多くを資本および土地で保有するかについて, 資本家は無関心である. 裁定原理を数学的に表現すると, つぎのようである.

$$1 + r_t \equiv 1 + v_{kt} - \delta = \frac{p_{ut+1} + v_{ut}}{p_{ut}} = 1 + g_{p_{ut}} + \frac{v_{ut}}{p_{ut}} \tag{11.6}$$

裁定原理からすぐにわかるように, 各々の期間で資本と土地の収益率は等しくなければならないので, 両方の資産に当てはまる単一の収益率 r_t が成立する. 資本の収益率は, 資本の賃貸料 v_{kt} から資本減耗率 δ を引いたものであり, 土地の収益率は, 土地の賃貸料 v_{ut} と土地価格の変化による土地の値上がり益または値下がり損 $g_{p_{ut}}$ との和である.

裁定原理により, 土地をともなう資本家の効用最大化問題は, 第５章で解

いた資本という1つの資産をともなう効用最大化問題と同じ形に還元される。このことを理解するために、各期間における資本家の富の総額を$J_t = K_t + p_{ut}U_t$と定義しよう。裁定原理によって保証されるように、資本家は、土地を保有するか資本を保有するかにかかわらず、同じ収益率r_tを得る。したがって、予算制約をつぎのように書くことができる。

$$J_{t+1} + C_t \leq (1 + r_t) J_t \tag{11.7}$$

しかし、これは、第5章における予算制約で、資本K_tのところに富J_tを代入したものにほかならない。この代入に意味があるのは、前のモデルでは富の唯一の形が資本だったからである。この問題の解はすでにわかっていて、典型的な資本家は、期末における自分の富のうち$1 - \beta$の割合を消費する、ということである。

$$C_t = (1 - \beta)(1 + r_t)J_t = (1 - \beta)(1 + r_t)(K_t + p_{ut}U_t) \tag{11.8}$$

ケンブリッジ方程式が今度は富の総額の増加にたいして適用されて、つぎのようになる。

$$J_{t+1} = \beta(1 + r_t)J_t \tag{11.9}$$

しかし、資本自体の増加はつぎのような規則に左右される。

$$\begin{aligned} K_{t+1} &= J_{t+1} - p_{ut+1}U_{t+1} = \beta(1 + r_t)J_t - p_{ut+1}U_{t+1} \\ &= \beta(1 + r_t)(K_t + p_{ut}U_t) - p_{ut+1}U_{t+1} \end{aligned} \tag{11.10}$$

土地をともなうこのモデルで資本家の効用最大化が意味するのは、要するに、(11.6)式の裁定原理と(11.8)式の消費関数である。

問題11.1 土地をともなう資本家の効用最大化問題のためのラグランジュ関数を書いて、鞍点を表す1階の条件を求めなさい。この条件を使って、裁定原理と消費関数を導きなさい。

11.6 均衡条件

第11.5節の分析から、価格や地代、利潤率の与えられた経路$\{p_{ut+1}, v_{ut},$

$1+r_t\}_{t=0}^{\infty}$ に直面したときに資本家はどのように行動するのかがわかる.

しかし, 資本市場や土地賃貸市場, 土地所有市場が各々の期間に清算されるように, 価格や地代, 利潤率が選択されなければならない.

最初に, 資産としての土地の市場を考察しよう. 典型的な資本家は, 各期間にどのくらいの大きさの土地を所有するかについて自由な選択ができるものと考えてきた. しかし, 均衡においては, その経済にある土地の実際の量 U にたいする分け前を資本家が所有するという結果にならなければならない. したがって, 土地市場が清算される要件は, つぎのようになる.

$$U_t = U \quad (t = 0, 1, \cdots, \infty) \tag{11.11}$$

しかし, 賃貸用の土地の市場もまた清算されなければならない. 企業家は, 既存の土地よりも多くの土地を生産のために借りようと計画することはできない. そのうえ, 土地にたいする地代は, 企業家がすべての土地を借りたいと希望するか否かによって左右される. 経済にある資本が少なすぎて, 企業家が現存の土地のすべてを使い切ることができない場合には, 土地賃貸料はゼロであるにちがいない. 土地賃貸料が正であるならば, すべての土地が使用されているにちがいない. この点は, この経済の成長経路がもつきわめて重要な側面であることがわかる. 資本と同じ単位で土地を測るので, $K_t <$ U であれば地代はゼロになるし, $K_t = U$ である場合にのみ地代は正になりうる.

$$K_t \leq U \quad (もし\ v_{ut} > 0\ ならば, \ K_t = U)$$

あるいは

$$もし\ K_t < U\ ならば, \ v_{ut} = 0 \tag{11.12}$$

したがって, この経済で考えられる**レジーム**は2つある. **土地が豊富なレジーム**では, すべての土地を耕作するための十分な資本がないので, 耕作されないままの土地もあり, 土地賃貸料はゼロになる. 生産がおこなわれるかぎりでは, 土地が豊富な経済は, 第6章の古典派慣習的賃金モデルとちょうど同じである.

しかし, 資本が $K^* = U$ の水準まで増加すると, 経済は, **土地が稀少なレ**

土地モデルにおける均衡

外生変数：ρ, δ, β, $\bar{\pi}$, U, K_t, J_t, p_{ut}

内生変数：v_{kt}, v_{ut}, r_t, p_{ut+1}, J_{t+1}, K_{t+1}

$$v_{kt} + v_{ut} = \bar{\pi}\rho \tag{11.13}$$

もし $K_t < U$ ならば，$v_{ut} = 0$ $\tag{11.14}$

$$r_t = v_{kt} - \delta \tag{11.15}$$

$$p_{ut+1} + v_{ut} = (1 + r_t)\,p_{ut} \tag{11.16}$$

$$J_{t+1} = \beta(1 + r_t)J_t \tag{11.17}$$

$$K_{t+1} = J_{t+1} - p_{ut+1}\,U \tag{11.18}$$

ジームに入る．この場合，生産の水準は，資本の量によってではなく，土地の量によって決定される．

(11.18)式からわかるように，土地の値上がり益が，資本家貯蓄のいくらかを吸い上げ，それによって資本にたいする投資が減少するということもありうる．富の大部分が土地の形をとる資本制経済の発展において，この点がきわめて重要な要因になることもある．

11.7 土地が豊富なレジーム

土地が豊富なレジームの成長パターンは，一般均衡の条件から解くことができる．

土地が豊富なレジームでは，$K_t < U$ であり，土地にたいする地代は $v_{ut} = 0$ である．土地がポートフォリオにおける地位をめぐって資本と競合状態にあるとすれば，(11.16)式が示すように，その純利潤率のもとで土地価格が上昇するしかない．したがって，土地が豊富なレジームでは，つぎのようになる．

$$p_{ut+1} = (1 + r_t)\,p_{ut} \tag{11.19}$$

たとえ土地にたいする賃貸料がゼロであっても，こうした価格上昇の期待は，土地に正の価格がつく正当な理由になりうるということに注意してほしい．

第 11 章 土地に制約される成長 223

土地が豊富なレジームにおける均衡

$$v_{ut} = 0$$
$$r_t = v_{kt} - \delta = \bar{\pi}\rho - \delta$$
$$p_{ut+1} = (1 + r_t) p_{ut}$$
$$K_{t+1} = (1 + r_t)(\beta K_t - (1 - \beta) p_{ut} U)$$

つぎに，(11.18)式を見ることによって，資本ストックはどうなるのかを検討しなければならない．土地が豊富なレジームでは，(11.19)式が成立するので，資本ストックの成長経路はつぎの経路にしたがう．

$$K_{t+1} = \beta(1 + r_t) K_t + \beta(1 + r_t) p_{ut} U - p_{ut+1} U$$
$$= \beta(1 + r_t) K_t - (1 - \beta)(1 + r_t) p_{ut} U$$

土地価格が低い場合には，貯蓄は十分にあるので資本ストックの成長が可能になる．

土地が豊富なレジームでは，土地の価格は上昇し資本ストックも増加するけれども，土地の価格が上昇するにつれて，資本家はますます豊かになったと感じて，自分たちの資源のなかから消費する部分をますます増やす．そのため，資本ストックの増加は時間をつうじて減速する傾向にあるだろう．

11.8 土地が稀少なレジーム

最終的には資本ストックが $K_t = U$ となる点まで増加するので，経済は**土地が稀少なレジーム**へと移行するだろう．

土地が稀少なレジームでは，産出が土地の利用可能性によって制約されるので，資本を蓄積する意味がない．土地が増えなければ，追加資本は生産に役立たないからである．したがって，土地が稀少なレジームでは，つぎのようになることがわかる．

$$K_{t+1} = K_t = U = K^*$$

また，純利潤率がつぎのようになることもわかる．

$$r_t = v_{kt} - \delta = \bar{\pi}\rho - v_{ut} - \delta$$

(11.18)式からわかるように，つぎのようになる．

$$K_{t+1} = \beta(1+r_t)K_t + \beta(1+r_t)p_{ut}U - p_{ut+1}U = K_t = K^* = U$$

$1+r_t$ を置き換え，(11.16)式を用いると，つぎのようになる．

$$\begin{aligned}
K_{t+1} = K^* &= \beta(1+\bar{\pi}\rho-\delta-v_{ut})K^* + \beta(p_{ut+1}+v_{ut})U - p_{ut+1}U \\
&= \beta(1+\bar{\pi}\rho-\delta)K^* + \beta v_{ut}(U-K^*) - (1-\beta)p_{ut+1}U
\end{aligned}$$

$K^*=U$ であるから，地代はこの式から消えて，つぎのものが残る．

$$K^* = \beta(1+\bar{\pi}\rho-\delta)K^* - (1-\beta)p_{ut+1}U \tag{11.20}$$

土地が稀少なレジームでは，(11.20)式で p_{ut+1} のほかはどの項も不変であるから，土地の価格も，何らかの水準 p_u^* で不変でなければならない．土地が稀少なレジームでは，資本ストックと土地の価格が期間をつうじて変化しないので，資本家の富も変化しないはずである．したがって，つぎのようになる．

$$J_{t+1} = J_t = J^* = \beta(1+r^*)J^*$$

したがって，土地が稀少なレジームでは富が一定となるという要件が意味するのは，つぎのように，利潤因子 $1+r^*$ が資本家の貯蓄性向あるいは効用の割引因子 β の逆数に等しいことである．

$$1+r^* = \frac{1}{\beta}$$

土地の地代は，(11.13)式により，つぎの条件を満たさなければならない．

$$v_u^* = \bar{\pi}\rho - \delta - r^*$$

土地投機の条件(11.16)からわかるように，土地が稀少なレジームでは，土地の価格は，つぎのような将来地代の割引現在価値でなければならない．

$$p_u^* = \frac{v_u^*}{r^*} \tag{11.21}$$

土地が稀少なレジームは，リカードの定常状態ときわめて似たものである．土地の価格が非常に高いので，資本家が自分たちの純所得のすべてを消費し，それゆえ成長はまったく起こらない．地代控除後の利潤率は，土地が豊富で

第 11 章 土地に制約される成長 225

土地が稀少なレジームにおける均衡

$$K_{t+1} = K_t = K^* = U$$

$$1 + r_t = 1 + r^* = \frac{1}{\beta}$$

$$v_{ut} = v_u^* = \bar{\pi}\rho - \delta - r^*$$

$$p_{ut} = p_{ut+1} = p_u^* = \frac{v_u^*}{r^*}$$

あるときの高い水準から下落している．同じ資本家が土地と資本の両方を所有するので，このモデルでは地代と利潤の両方から貯蓄と消費がおこなわれる．これは，地代がすべて消費され，利潤がすべて蓄積されるというリカードの仮定とは対照的である．こうして，土地が稀少なレジームでは，リカードが定常状態について予測したように純利潤率がゼロまで低下するのではなく，純利潤率が正になることもある．

11.9 土地が豊富なレジームから土地が稀少なレジームへ

　土地が豊富なレジームで急速に成長する経済は，いったいどのようにして，土地が稀少なレジームという定常経済と接続するのであろうか．理解の鍵は，土地の初期価格である．すでに見たように，土地の初期価格がいくらであっても，土地が豊富なレジームにおける土地の価格と資本ストックの経路を予測することができる．この経路では，土地の価格は上昇していき，いずれかの期間には，その定常状態での水準 p_u^* にまで上昇する．資本ストックがこれと同じ期間にその定常状態での水準 K^* まで増加していれば，2 つのレジームは適合し，資本家の期待は正確に実現されるであろう．土地の価格が資本の成長を止めるのに十分な高さまで上昇するのと同じ期間には，資本ストックは，土地にたいする地代をゼロよりも上に引き上げるに足るだけの大きさになる．土地価格が上昇するという期待は正しかったことが明らかになる．そして，土地価格の上昇が止むと，地代は正になって，資本家のポートフォ

リオのなかで土地は資本との競争関係におかれる．これが，**完全予見**の均衡成長経路である．2つのレジームがこのような形で適合するという要件によって，初期における土地の価格が実際に決定される．

最初の期間に土地の価格が高すぎる場合には，K^* に到達しないうちに資本ストックの成長が止まるので，地代はけっして正にならないであろう．土地と富の価格は無限に上昇し続けなければならないであろうし，いつかは，そのような経路のうえで，資本家はすべての資本を消費に食いつぶすであろう．もし最初の期間における土地の価格が低すぎたならば，土地の価格がまだ p_u^* を下回っているのに，資本ストックは K^* に到達するであろう．したがって，資本ストックが引き続き増加していくと，資本の遊休が起きる．最初の期間における市場で，資産としての土地にちょうど正しい水準の価格がつけられる場合にのみ，成長経路が期待どおりに実現することが可能になる．

例題 11.1 $x = 50,000$ ドル/労働者/年，$\delta = 1$/年，$k = 12,500$ ドル/労働者，$\bar{w} = 20,000$ ドル/労働者/年，$\beta = 0.5$ としよう．$\rho = x/k = 4$/年，$\pi = (1 - \bar{w}/x) = 0.6$ となる．1ヘクタールの土地が 1,000 ドルの資本を使用することができ，100 万ヘクタールの土地が空いていると想定しよう．1 ドルの資本を使用することのできる土地の単位は，1/1,000 ヘクタールであるであるから，10 億単位の土地がある．土地が稀少なレジームでの均衡，および，その均衡に至る成長経路を，2期前から求めなさい．

解答：土地が稀少なレジームでは，つぎのようになる．

$$K^* = U = 10\ 億ドル$$

$$1 + r^* = \frac{1}{\beta} = 2/年$$

それゆえ，

$$r^* = 1/年 = 100\%/年.$$

$$v_u^* = \bar{\pi}\rho - (r^* + \delta)$$

$$= (2.4 - 2)/年 = 0.4\ ドル/土地単位/年 = 400\ ドル/ヘクタール/年$$

$$p_u^* = \frac{v^*}{r^*} = \frac{0.4\ ドル}{1} = 0.4\ ドル/土地単位 = 400\ ドル/ヘクタール$$

したがって，土地が稀少なレジームでは，資本ストックには 10 億ドルの価値があり，土地には 4 億ドルの価値がある．

第11章　土地に制約される成長　　227

定常状態から1段階前にさかのぼったと考えよう．土地が豊富なレジームでは，つぎのようになる．

$$v_{ut} = 0$$

$$r_t = \bar{\pi}\rho - \delta = (0.6 \times 4 - 1)/\text{年} = 1.4/\text{年} = 140\%/\text{年}$$

$$(1 + r_t)\, p_{u-1} = p_u^*$$

したがって，つぎのようになる．

$$p_{u-1} = 400\,\text{ドル}/2.4 = 166.67\,\text{ドル}/\text{ヘクタール}$$

$$v_{u-1} = 0$$

$$K^* = (1 + r_t)\,(\beta K_{-1} - (1 - \beta)\, p_{u-1} U)$$

$$10\,\text{億ドル} = (2.4/\text{年})(0.5 K_{-1} - 0.5(166.67\,\text{ドル})(100\,\text{万ヘクタール}))$$

$$K_{-1} = 10\,\text{億ドル}$$

資本ストックが最大水準に達する期間には，土地地代はまだゼロであるから，土地が稀少なレジームでの水準に達するまで，土地の価格はもう1期間だけ引き続き上昇する．

もう1段階前にさかのぼると，つぎのようになる．

$$(1 + r_t)\, p_{u-2} = p_{u-1}$$

したがって，

$$p_{u-2} = 166.67\,\text{ドル}/2.4 = 69.44\,\text{ドル}/\text{ヘクタール}$$

$$v_{u-1} = 0$$

$$K_{-1} = (1 + r_t)\,(\beta K_{-2} - (1 - \beta)\, p_{u-2} U)$$

$$10\,\text{億ドル} = (2.4/\text{年})(0.5 K_{-2} - 0.5(69.44\,\text{ドル})(100\,\text{万ヘクタール}))$$

$$K_{-2} = 9\,\text{億}\,278\,\text{万ドル}$$

問題 11.2　リカーディア（問題 2.1 を参照）では，100 ブッシェルの穀物の生産のために，20 ブッシェルの種用の穀物と 1（労働者・年）とともに，1 エーカーの土地を必要とすると想定しよう．10,000 エーカーの土地が利用されないで残っているとき，使用することのできる種用の穀物としての資本の大きさは最大でいくらですか．賃金率が 20 ブッシェル/（労働者・年）である場合，土地が豊富なレジームにおける粗利潤率と純利潤率はいくらですか．

問題 11.3　賃金が 20 ブッシェル/（労働者・年）で $\beta = 4/5$ のとき，土地が稀少なレジームにあるリカーディア（問題 2.1 を参照）での土地価格と粗利潤率，純利潤率を求めなさい．

問題 11.4　表計算ソフトのプログラムを作って，土地が稀少なレジームから出発して後ろ向きに 20 年だけ動くリカーディアについて，各年における土地の資産価格と資本ストックを計算することによって，成長経路を計算しなさい．

11.10　土地に制限されたモデルからの教訓

土地のように絶対的に制限された資源をともなう成長のモデルによって，経済分析のもつ基本的な洞察のいくつかが浮かび上がる．

長持ちする資産は，土地が豊富なレジームの土地のように，たとえ当期収益をまったく生まなくても，正の価格をもつことがある．この場合，土地にたいする地代がゼロであっても，土地の価格は正であり，しかも上昇する．このモデルでの土地の価格は，先行きを展望した**投機的**要因によって決定される．資本家が土地にたいして正の価格を支払おうとするのは，土地にたいする地代はいつかは正になる，と資本家が正しく考えているからである．地代が正になる前でさえも，土地所有者は，土地価格の上昇によって平均収益率で報酬を受け取る．

資産の投機的な価格づけは，資本制経済における株式市場の機能にとってきわめて重要である．配当を支払わないばかりか，配当支払いのための収益すらあげない会社にたいする株式請求権にも，投機的な株式市場では，正の価格がつき，しかもそれは上昇するかもしれない．なぜなら，資産の保有者は，その会社がいつかは収益をあげるようになるだろう，と信ずるからである．たとえ会社の最終的な収益性がきわめて不確実であり，投資家の頭のなかでは，その会社はけっして収益をあげるようにはならないという確率がかなり高い場合であっても，その会社の株式にいぜんとして正の価格がつくこともある．なぜなら，その会社が将来的には収益をあげる可能性はいくらかある，と投資家が信ずるからである．きわめて単純化された設定のなかで土地モデルが説明するこうした影響は，投機的な資産市場が**富を創造する**力の源泉である．夢や希望でも，実現するだろうと十分な数の投機家が確信して

第11章 土地に制約される成長 229

いるかぎりは，現金へ変わることもある．

土地が豊富なレジームでは，土地の値上がり益が資本家の貯蓄のうちでますます大きな部分を吸収するようになり，ついには，土地が稀少になったとたん，土地に代表される富が大きすぎて，資本家は貯蓄を完全に止める．実際の経済でも，土地の形をとる富がきわめて大きいと，こうした影響が起きる．富保有者が，自分はたいへん金持ちになったと思いこんで，貯蓄を停止して，資本への投資のために使える資金を形成しなくなるかもしれない．こうしたことから引き起こされる経済停滞が，いくつかの開発途上国で問題になっている．

リカードが予測したように，絶対的な土地制約に直面した資本制経済は，いつかは，資本の蓄積が停止する定常状態に行き着く．土地に制約のあるモデルでは，定常状態における利潤率はいぜんとして正である．この点は，リカードの差額地代モデルと対照的である．しかし，資本家が新投資の資金になる分をまったく残さずに，純所得のすべてを消費することを選択するという状況になるまで，利潤率が低下するのである．

リカードは定常状態という考え方を嫌った．資本の蓄積は社会の変化と改良の主要な源泉であると考えたからである．リカードが理解したところでは，少なくとも一時的には定常状態を遅らせると考えられる2つの要因がある．第1の要因は国際貿易であり，リカードの分析は19世紀中葉におけるイギリスの自由貿易論者の聖典になった．自由貿易の効果とは，リカードの考えでは，世界中の土地のすべて（あるいは，少なくともより多く）を経済に組み込むので，収穫逓減の影響を緩和するということだった．外延的な限界は，イギリスの狭くて岩の多い島々に閉じこめられるのではなく，北アメリカの肥沃で空いているプレーリー，アルゼンチンのパンパ，あるいは，東アフリカのサバンナへと移動することもできるだろう．

リカードが定常状態を遅らせると考えた他方の要因は技術変化，とくに土地使用的技術変化であった．土地使用的技術変化によって，資本と労働にかんする限界生産物表が引き上げられ，定常状態は現行の外延的限界地からさ

らに遠ざかるであろう.

しかし，リカードは，制約された経済成長を論じる同時代の理論家と同じ
ように，自由貿易も技術変化も，定常状態の到来を食い止めるのではなく，
定常状態の到来を遅らせる一時的な間に合わせにすぎないと考えた．収穫逓
減の法則は遅かれ早かれ表面化するとリカードは考えた．

世界経済には，リカードの時代以降に外国貿易の規模と範囲の急速な拡大
が見られたが，同時に，農業その他の資源集約的な生産においても同じくら
いに急速な技術変化が見られた．リカードが著作した頃に定常状態がすぐに
来そうでなかったのと同様に，今日でも定常状態が間近に迫っているわけで
はないようである．しかし，同時に，定常状態ははるかに遠ざかったわけで
もないようである．成長への限界を論じる現代の理論家は，人間社会が自然
資源の枯渇と環境の悪化に脅かされていると考えるが，こうした警告は，リ
カードの洞察力の深さを思い起こさせる．

11.11 読書案内

地代理論の発展のもとになった著作は Ricardo [1951]，第 2 章「地代に
ついて」であると広く認められている．Pasinetti [1974] によるリカード
的な論じ方の現代的な定式化は強く推奨できる．土地の地代や古典派の伝統
に沿った理論の現代的展開についての立ち入った議論については，Kurz
and Salvadori [1995, ch. 10] を参照．基本的なソロー゠スワン・モデルで
土地（および自然資源一般）を論ずるためには，Meade [1961] を参考に
するとよい．

第12章
枯渇資源

12.1 枯渇資源をともなう成長

第11章のモデルのなかで，土地は作り出されることも，使い尽くされてなくなってしまうこともない．土地は豊富にあって生産に直接の影響を及ぼさないか，あるいは，生産への絶対な制約となるほど稀少であるか，のいずれかである．

資源制約のもう1つの重要な側面は，生産で使い果たされ，再生しえないという意味で，**枯渇しうる資源**が存在するということである．例えば，特定の鉱物および石油資源は，地中の鉱床にある鉱石または石油の量として存在する．採掘されるか，汲み出されるにつれて，それらは消滅する．一度使用されたならば，それらは更新できない．枯渇資源をともなう成長の基本的な経済学を理解するために，土地の場合に用いたものと同じモデル化の接近法を用いることができる．この分析は，最初にこの問題を解決した経済学者であるハロルド・ホテリングにちなんで，**ホテリング・モデル**と呼ばれている．

土地を，絶対的に固定されたものとしてでなく，結局は生産されうると見なすほうに意味があったのかもしれないと同じように，鉱石や石油を再生できないものとしてでなく，再生されうるものと見るほうが理解できるのかもしれない．まず第1に，鉱石と石油埋蔵量は，探索や調査により，常に新たに発見されうる．事実，最終的な埋蔵量がどれくらいの大きさかは正確には

知られておらず，実際，費用をかければ新たな埋蔵量を見つけることができる．第2に，埋蔵されている鉱石や石油量の採掘は，利用可能な採鉱・掘削テクノロジーに依存する．いつでも，既存のテクノロジーで採掘するにはあまりに費用がかかりすぎる埋蔵石油の存在が知られている．もし，社会がより高い費用を払う気があるならば，これらの埋蔵量のうちもっと多くを利用できるようになる．さらに，テクノロジーは常に変化しており，既知の埋蔵されている石油を採掘する費用を低下させる．現在では，石油会社は50年前であれば，深すぎて掘れなかったであろう油井を普通に掘削している．浅いところにある油脈のなかにはまだ石油を蓄えているが，必要とされる固定費用をかけるには値しないほどに量が少ないため，汲み上げられていないものがある．最後に，技術革新は，既存の資源の新たな代替物を絶えず見つけだす．太陽光テクノロジーの開発は，石油が物理的に枯渇する前に，未掘削石油を経済的に無意味にしてしまうかもしれない．

それでもなお，本章では，枯渇資源が存在し，テクノロジーは変わらない，と仮定される．この種の資源の価格づけや利用を規定する経済的な要因が検討される．

12.2 枯渇資源と生産

成長モデルに枯渇資源を導入するために，生産から始める．石油が生産費用を切り下げるようなエネルギー源であると想定しよう．石油にたいして記号 Q と q を用いる．生産技術（いま，土地制約がないと仮定している）は，つぎのとおりである

1単位の労働 ＋ k 単位の資本 ＋ x 単位の石油 →

x 単位の産出 ＋ $(1-\delta)k$ 単位の資本 － x 単位の石油

ここでも，石油の測定単位は自由に選ぶことができる．この生産モデルは，産出物1単位を生産するために，石油1単位を燃やす必要があると仮定する．

第12章 枯渇資源　　　　233

こうして生産工程には，期末に，x 単位の産出物，資本の減耗，x 単位の石油の減少，という 3 つの結果が残る．1 単位の産出物を生産するために必要とされる石油の量が，石油の測定単位として用いられている．

利用可能な石油の量が有限であるため，石油が尽きるとどうなるのかについて何らかの理論がなければならない．もし，唯一の既知の生産テクノロジーが石油を必要とするならば，石油が枯渇したとき，生産は完全に止まると仮定しなければならないであろう．モデル化するときのより現実的な仮定は，石油を必要としないもう 1 つの生産方法（例えば，太陽エネルギーに依存するもの）があるとすることである．

> 1 単位の労働 ＋ k 単位の資本　→
> x' 単位の産出 ＋ $(1-\delta)k$ 単位の資本

簡単にするために，代わりの太陽光テクノロジーが，石油テクノロジーと同一の資本集約度 k と減耗率 δ をもつと仮定する．もし，石油が経済的に意味のある資源であるならば，それは労働と資本のような他の資源の生産性を上昇させるにちがいないので，石油テクノロジーのほうが労働生産性は高い，すなわち $x>x'$ と仮定する．資本集約度が 2 つのテクノロジーにたいして同じであるという仮定のもとで，石油テクノロジーは資本生産性も上昇させる，すなわち $\rho'=x'/k<x/k=\rho$ である．

図 12.1 は 2 つのテクノロジーにたいする実質賃金‐利潤率表を示す．資本集約度 k が 2 つのテクノロジーで同じであるという仮定は，石油が労働と資本を等しい割合で節約する，ということを意味する．言い換えると，石油の使用はヒックス中立的な技術進歩に相当する．与えられた賃金 w にたいして，石油テクノロジーの賃金分配率は $1-\pi=w/x$ であり，太陽光テクノロジーの賃金分配率は $1-\pi'=w/x'$ である．

石油が生産的で，稀少で，枯渇する資源であるため，市場で価格がつけられる．p_{qt} は，第 t 期の期首，すなわち第 $(t-1)$ 期の期末の石油価格であり，企業家は産出物を売却した後，石油代金を賃金と同様に期末に支払うな

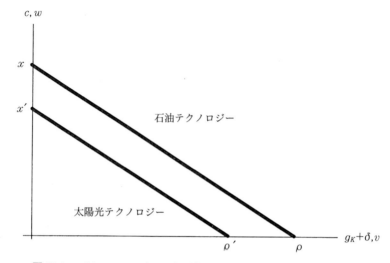

図 12.1 石油テクノロジーと太陽光テクノロジーにたいする実質賃金 - 利潤率関係. 石油テクノロジーがあらゆる実質賃金率でより一層生産的であるので, それは太陽光テクノロジーを支配する. 2 つのテクノロジーが同じ資本 - 労働比率である, すなわち, 石油の使用は労働と資本を同じ割合で節約する, と仮定したため, 傾きは同じである.

らば, 石油テクノロジーを使用している企業家が, 雇用されている労働者 1 人当たりに生み出す利潤はつぎのようになる.

$v_{qt}k = x - w - p_{qt+1}x = (1 - p_{qt+1})x - w$

太陽光テクノロジーを用いるときの労働者 1 人当たりの利潤は以下のとおりである.

$v_s k = x' - w$

2 つのテクノロジーに対応する利潤率はそれぞれつぎのようである.

$v_{qt} = (\pi - p_{qt+1})\rho$

$v_s = \pi'\rho'$

いずれの期間でも実際の利潤率は, 石油テクノロジーと太陽光テクノロジーのうちの利潤率の高いほうで決まる.

$$v_t = r_t + \delta = \max(v_{qt}, v_s) \tag{12.1}$$

第 12 章 枯渇資源　　235

すべての実質賃金にたいして，2 つのテクノロジーが等しい利潤率をもつような石油価格 p_q^* が存在する．もし，$w=0$ とするならば，$\pi'=\pi=1$ であり，それゆえ，次式を得る．

$$\rho(1-p_q^*) = \rho'$$

あるいは

$$p_q^* = \frac{\rho-\rho'}{\rho}$$

2 つのテクノロジーが同じ利潤率をもつような石油価格は石油により節約される資本（および労働）の割合 $(\rho-\rho')/\rho$ と等しい．石油価格は p_q^* を上回るほどに高くなれない．なぜならば，そうなると石油テクノロジーが太陽光テクノロジーより利潤率が低くなり，それを用いる者がいなくなるだろうからである．したがって，p_q^* は石油価格の**最大値**でもある．石油が資本と労働を節約すればするだけ，最高価格はより高くなるだろう．

> **問題 12.1**　石油テクノロジーをともなう経済が $x=50{,}000$ ドル/労働者/年，$k=100{,}000$ ドル/労働者，$\delta=0$/年，そして，太陽光テクノロジーが同じ減耗率で生産性は半分である，と考える．太陽光テクノロジーがちょうど石油テクノロジーと競争的になる石油の価格を求めなさい．
>
> **問題 12.2**　問題 12.1 で描かれた経済について，資本家の $\beta=0.95$ および賃金が $10{,}000$ ドル/労働者/年であるとする．太陽光テクノロジーを用いたときの利潤率と資本ストックの成長率を求めなさい．

12.3　貯蓄とポートフォリオ選択

典型的な資本家はいまや，各期に資産としてどのくらいの石油埋蔵量 Q_t を保有し，そこからどれくらいの石油 ΔQ_t を汲み上げるかを選択しなければならない．期首に石油を汲み上げるならば，それを企業家に売り，期末に p_{qt+1} を受けとれるが，この場合，期末には，資本家のもとに残される石油埋蔵量も少なくなるだろう．

石油をともなう資本家の効用最大化問題

$K_{t+1} + p_{qt+1} Q_{t+1} + C_t \leq (1+r_t) K_t + p_{qt+1} Q_t$ の制約のもとで，

$(1-\beta) \sum_{t=0}^{\infty} \beta^t \ln C_t$ を最大化するように

$\{C_t, K_{t+1}, \Delta Q_t, Q_{t+1} > 0\}_{t=0}^{\infty}$ を選択しなさい．

ただし，$\{p_{qt}, 1+r_t\}_{t=0}^{\infty}$，$K_0$，$Q_0$ を所与とする．

典型的資本家の各期の石油をともなう予算制約は，純利潤率 r_t を所与としてつぎのようになる．

$$K_{t+1} + C_t + p_{qt+1} Q_{t+1}$$
$$\leq (1+r_t) K_t + p_{qt+1}(Q_t - \Delta Q_t) + p_{qt+1} \Delta Q_t \tag{12.2}$$

予算制約をつぎのように書くこともできる．

$$K_{t+1} + C_t + p_{qt+1} Q_{t+1} \leq (1+r_t) K_t + p_{qt+1} Q_t \tag{12.3}$$

資本家の効用最大化問題は上掲の表のとおりである．

石油の価格が期間をわたって変化するので，第 t 期に価格 p_{qt} で石油埋蔵量の 1 単位を保有することを選ぶ資本家は，期末に p_{qt+1} をもつ．こうする代わりに，資本家は貨幣を資本へ投資し，期末に $(1+r_t) p_{qt}$ を受けとることもできるだろう．もし，資本家が自身のポートフォリオに石油埋蔵量と資本双方をすすんでもつのであるならば，これら 2 つの収益は等しくなければならない．ホテリングが指摘したように，第 11 章の**裁定原理**は石油のような枯渇資源の埋蔵物に適用される．競争条件のもとでの埋蔵物の所有者は，埋蔵物価格が資本の純利潤率と同じ率で上昇していると考えなければならない．というのは，期待収益率が等しい場合にのみ，合理的な富保有者はリスクの等しい資産を保有するからである．このモデルで 2 つの資産とは，資本と石油埋蔵量である．それらは同じリスク（ゼロ）をもつので，それらが同じ収益率をもつ場合にのみ，資本家は双方を保有する．さらに，2 つの資産の収益率が同一であるかぎり，資本家は，自分の富を資本と石油埋蔵量の保有にどのように振り分けるかについて無関心である．石油モデルの裁定原理を数学的に表現すれば，つぎのようになる．

$$(1+r_t)p_{qt} = p_{qt+1} \tag{12.4}$$

これがわかると，典型的資本家の予算制約は非常に簡単になる．第 t 期首の資本家の富を $J_t = K_t + p_{qt}Q_t$ と書くならば，つぎのように予算制約を表現できる．

$$J_{t+1} + C_t \leq (1+r_t)J_t$$

これはちょうど第5章の予算制約と同じものであるため，効用最大化問題の解がつぎのようになることが知られている．

$$C_t = (1-\beta)(1+r_t)J_t$$

および，

$$J_{t+1} = (1+r_t)J_t - C_t = \beta(1+r_t)J_t$$

こうして，富は $\beta(1+r_t)$ の率で増加する．

問題 12.3 石油をともなう資本家の効用最大化問題にたいするラグランジュ関数を書き，鞍点を記述する1階条件を求めなさい．これらの条件を用いて，裁定原理と消費関数を導きなさい．

12.4 成長経路

疑問の最後の部分は，産出物1単位は石油1単位を必要とするために，汲み上げられた石油量 $\varDelta Q_t$ が X_t と等しくなければならない，ということを認めることによりもたらされる．労働力が弾力的に供給されるすべての古典派モデルと同様に，産出 X_t は蓄積された資本量により決定されるため，$X_t = \rho K_t$ である．それゆえ，次式を得る．

$$\varDelta Q_t = X_t = \rho K_t$$

しかし，上式によって石油埋蔵量の枯渇を追跡できる．というのは，次式がわかっているからである．

$$Q_{t+1} = Q_t - \varDelta Q_t = Q_t - \rho K_t$$

これらすべての関係をまとめれば，石油が残存している期間に石油モデル

石油モデルの均衡

$$r_t = (\pi - p_{qt+1})\rho - \delta \tag{12.5}$$

$$p_{qt+1} = (1 + r_t)p_{qt} \tag{12.6}$$

$$J_{t+1} = \beta(1 + r_t)J_t \tag{12.7}$$

$$Q_{t+1} = Q_t - \rho(J_t - p_{qt}Q_t) \tag{12.8}$$

の市場均衡価格と均衡数量の変化を規定する法則を理解できる．資本家の富 $J = K + p_q Q$ と石油の残存埋蔵量 Q で測った量を表現するほうが，資本ストック K と Q で測るよりは簡単なことがわかるが，あらゆる期間の J, p_q, Q が知られているならば，容易に $K = J - p_q Q$ を計算できる．

こうして，枯渇資源をともなう成長過程の完全な見取り図が得られた．純利潤率 r_t に等しい値上がり益を石油埋蔵量にもたらすため石油価格は着実に上昇する．純利潤率 r_t 自身は，石油がより高価になっていくにつれて，各期で低下する．富は資本家の貯蓄をとおして増加する．この富の増加の一部は資本ストックを増加させ，それにより産出が増加し，石油がより多く使い尽くされる．

石油が尽きるときは到来する．そのときには，石油価格は太陽光テクノロジーがちょうど石油テクノロジーと競争的となる p_q^* まで上昇しなければならない．

第11章のように，2つのレジームが，初期の石油の正しい投機的価格づけにより適合されなければならない．埋蔵石油が枯渇するであろう期間にちょうど p_q^* になるよう推し量って，初期価格は設定されなければならない．明らかに，これは資本ストックにたいする初期の石油埋蔵量の大きさに依存する．もし，石油価格があまりに高いならば，その結果生ずる大きな石油の富は高い率で資本家が消費することを誘導し，石油価格がその最大水準に上昇するときまでに，産出と資本ストックは石油埋蔵量を使い尽くすほどに十分な速さでは成長しないであろう．もし，石油価格があまりに低く設定されるならば，太陽光テクノロジーが競争的になる前に，資本家の高い貯蓄率は

埋蔵された石油を枯渇させるであろう．前途を見通した投機は，ちょうど均衡率で埋蔵された石油を使い尽くすことと両立する産出と資本ストックの成長率を誘導する，石油の初期価格を見つけようと試みる．

初期埋蔵量が大きければ大きいほど，それらが枯渇するのにより長くかかるであろうし，石油の初期均衡価格は低くなるであろう．代替的な太陽光テクノロジーが効率的であればあるほど，（それが太陽光を上回る石油の効率上の優位さを測るために）石油の最大価格が低くなり，初期均衡価格は低くなるであろう．こうして，石油市場の投機家は，既知の埋蔵量の大きさやありそうな経済成長率と石油需要，均衡価格を形成する代替技術の開発速度を考慮しなければならない．

問題12.4　枯渇資源モデルを基礎として用いて，以下のことが石油価格にどのような効果をもつか説明しなさい．(a) 同じ費用で現在より4倍深い油井を掘削可能とする発見．(b) 太陽電池の劇的な低価格化．(c) 資本家の貯蓄性向の増加．

問題12.5　問題12.2で描かれた経済を考える．経済がちょうどその埋蔵石油を枯渇させたとしよう．1期過去に遡ってちょうど埋蔵石油が枯渇した直前期の石油価格と利潤率を求めなさい．

問題12.6　石油埋蔵量が枯渇した期間から出発して，20年間遡り，ある石油経済の成長経路を計算する表計算プログラムを作り，各年の石油価格を計算しなさい．

12.5　現実世界の枯渇資源

このモデルによって，市場資本主義経済において枯渇資源の埋蔵量がどのように評価されるべきかについての考え方が得られる．解の一般的な概要，すなわち，埋蔵量が枯渇するにつれて，利潤率と成長率が低下し，次善のテクノロジーが競争的となるまで，枯渇資源の価格は徐々に上昇する，ということはもっともらしく見える．

しかし，現実世界で，枯渇資源の価格は常に上昇するわけでなく，事実，劇的かつ長期間にわたって下落することがある．これらの観察から，モデルの仮定のなかに適切でないものがあるということにもなりうるだろう．例えば，問題の枯渇資源は，期間によっては競争的に価格づけされなかったかもしれない．しかし，もし，埋蔵量の規模や代替テクノロジーの費用，経済成長率についての新しい情報が届くとしても，枯渇資源の価格の下落はやはり生ずるであろう．この種の新しい情報は，埋蔵石油の所有者に情報を考慮した再価格づけを要求する．経済成長の減速期待，代替テクノロジーのより迅速な改良，あるいは，新しい埋蔵量の発見は枯渇資源の価格を低める力になりうる．

例題 12.1　石油テクノロジーが $x=100{,}000$ ドル/労働者/年，$\delta=1/$年，$k=12{,}500$ ドル/労働者であり，代替的太陽光テクノロジーが生産性が半分，つまり，$x'=50{,}000$ ドル/労働者/年，とする．$\rho=x/k=8/$年 および $\rho'=x'/k=4/$年．慣習的賃金 $\bar{w}=20{,}000$ ドル/労働者/年である．こうして，$\pi=1-(w/x)=0.8$，および，$\pi'=1-(w/x')=0.6$ である．石油の最高価格と，埋蔵石油が枯渇する前の期の石油価格と純利潤率を求めなさい．

解答：石油の最高価格は以下のとおりである．

$$p_q^* = \frac{\rho-\rho'}{\rho} = 0.5$$

埋蔵石油が枯渇する前の各期で，次式を得る．

$$p_{qt+1} = (1+r_t)\,p_{qt} = (v_{qt}+1-\delta)\,p_{qt} = ((\pi-p_{qt+1})\,\rho+1-\delta)\,p_{qt}$$

これはつぎの式を意味する．

$$p_{qt} = \frac{p_{qt+1}}{\pi\rho+1-\delta-\rho q_{qt+1}}$$

石油が尽きる期間から，1期戻るとする．

石油が尽きる前の期の利潤率はつぎのようであろう．

$$v_{q-1} = (\pi-p_q^*)\,\rho = (0.8-0.5)\,(8) = 2.4$$

こうして，次式を得る．

$$p_{q-1} = \frac{p_q^*}{\pi\rho+1-\delta-\rho p_q^*} = \frac{0.5}{0.8\times8-8\times0.5} = \frac{0.5}{2.4} = 0.21$$

または産出の 21% である．

第12章 枯渇資源

したがって，モデルが無視する現実世界の主要な局面とは，将来のテクノロジーの発展や経済成長，資源の発見についての不確実性なのである．私たちは初期の石油埋蔵量 Q_0 が既知であり，p_q^* を決定する太陽光費用もまた，既知かつ不変，と仮定した．現実世界では新しい情報は，埋蔵量や競争的なテクノロジーの費用の最善の評価を絶えず変更する．この種の情報は，石油埋蔵量のような投機的資産の価格づけにとり特に重要である．これを厳密に説明するためには，資本家が関連した将来の発展についての不確実性を考慮したモデルを必要とするだろう．

12.6 読 書 案 内

枯渇資源の最適利用にかんする理論が発展するもとになった研究はHotelling［1931］である．本文で展開された石油と太陽光モデルをさらに詳細に検討しているのは，Kurz and Salvadori［1995, ch. 12］であり，そこでは，主題にかんする思想史を概観することもできる．1970年代OPECによる価格の上昇の賃金‐利潤曲線に与えた影響を分析している研究の1つは，新古典派的見方をとる Bruno and Sach［1985］であり，もう1つは，古典派的見方をとる Michl［1991］である．

第13章
公債と社会保障：世代重複モデル

13.1 政府財政と蓄積

本章では，政府財政が，社会保障制度や赤字財政支出といった形で資本蓄積に与える影響を研究する．社会保障給付や公債は，民間の家計にとっては資産であるが，政府の側に必ずしも実物投資が対応しているわけではない．政府の生み出したこうした資産が存在することによって，民間貯蓄や資本形成が減少することがあり得るかどうかが重要な問題点である．

租税や政府移転が，もしも貯蓄や利潤といった経済的意思決定変数に結びついているならば，資源配分に影響を与えることができる．というのも，こうした租税は，意思決定者が認知する収益率を左右し，この収益率が変化することによって，貯蓄や投資の決定に影響を及ぼすからである．しかしながら本章では，政府計画が，実物投資の資金調達から民間貯蓄を転用する可能性があるかどうかに関心を寄せる．こうした，政府による裁量的財政政策の特定の効果に焦点を合わせるため，ここでは政府計画が一括税や一括移転などの**一括方式**で賄われている場合だけを考えよう．一括税や一括移転は，経済主体の富や所得に依存しておらず，それゆえ，経済的誘因を変化させることはない．

政府による社会保障制度や赤字財政政策が，家計の貯蓄計画にたいして影響を及ぼすかどうかは，どの世代も自分の支出計画を立てるときに将来世代

第13章　公債と社会保障：世代重複モデル　　　243

の厚生を考慮すると仮定するかどうかに決定的に依存している．ロバート・バローが指摘したように，将来世代の厚生が現在世代の効用関数のなかに入っているならば，赤字や社会保障制度などがマクロ経済に及ぼす影響は皆無となる．現在世代が将来世代の厚生を考慮に入れて自分の支出計画を立てるという仮定は，**リカードの等価定理**と呼ばれている．無限期間にわたって効用を最大化する代表的資本家が貯蓄決定をおこなうようなモデルでは，すべてこの仮定が用いられてきた．

　リカードの等価定理を仮定すると，どうして政府の赤字支出が実体的な影響を及ぼさないと必ず言えるのだろうか．これを直観的に理解するのはさほど難しくない．先の仮定のもとでは，典型的な現在世代の家計は，次世代への遺贈を変化させることによって，最適と思われるどんな消費水準でも次世代に強制することができる．だから，赤字財政支出や社会保障が社会的貯蓄に及ぼすどんな影響でも取り除くことができるのである．次節では，リカードの等価定理という仮定のもとで，政府と典型的な資本家家計の予算制約を検討していくことによって，この問題に厳密に目をとおすことにしよう．

　現実世界におけるリカードの等価定理の重要性を考える場合に忘れてはならないのは，経済的視点から見れば，遺贈とはいっても現在世代が死を迎えた時点での相続である必要がないということである．リカードの等価定理は，現在世代が自分の子供の教育に投資しても同様に成り立つし（というのも，この投資は，ちょうど遺贈のように世代間移転だからである），退職した親たちを子どもが援助する場合でも事実，成り立つ（というのも，それは負の遺贈のようなものだからである）．もしも家計が合理的で先見の明があるならば，政府の社会保障政策や赤字は，どの世代も利己的に振る舞う場合にのみ，社会的貯蓄に影響を及ぼすであろう．

13.2　政府と民間の予算制約

　政府の歳入と歳出とのあいだの差は，**財政黒字**である．もしも歳出が歳入

を上回れば，財政黒字は負となり，しばしば**財政赤字**と呼ばれる．（財政黒字や財政赤字を，1国の**国際収支の黒字や赤字**と決して混同してはならない．国際収支の黒字や赤字は，ある経済の公的部門だけでなく民間部門も含んだすべての経済部門と，他の世界との取引を反映している．政府黒字は政府部門と民間部門との取引を反映しているのである．）歳入と歳出には，政府が支払ったり受け取ったりした利払いが含まれている．政府の利払いを差し引いた歳入と歳出の差を**プライマリー財政黒字**と呼び，これは，利子以外の経常収入が，どれだけ利払い以外の経常支出を賄っているかの度合いを測っていることになる．

　政府が，租税収入よりも多くの支出をおこなっている場合，その結果生ずるプライマリー財政赤字は借入によって賄わなければならない．ここでのモデルでは，価格と利潤率は確実に知られているとし，政府は，資本家が貨幣を資本に投資することで得られる実質利子率と同じ利子率を支払わなければならないとしよう．本章では，物価水準は一定であると仮定しよう．その結果，実質と名目の数量は同一である．また，政府によって保有されている資産または負債は，公債 B だけであるとしよう．これらの仮定のもとでは，公債の増加は，プライマリー財政黒字 E と，蓄積された公債にたいする利払い rB とに依存していることになる．すなわち，

$$B_{t+1} = B_t + r_t B_t - E_t = (1+r_t) B_t - E_t \tag{13.1}$$

この級数から，つぎの関係がわかる．

$$B_1 = (1+r_0) B_0 - E_0$$

$$B_2 = (1+r_1) B_1 - E_1 = (1+r_1)(1+r_0) B_0 - (E_1 + (1+r_1) E_0)$$

$$\cdots\cdots$$

$$B_T = (1+r_{T-1})(1+r_{T-2})\cdots(1+r_0) B_0$$
$$\qquad - (E_{T-1} + (1+r_{T-1}) E_{T-2} + (1+r_{T-1})(1+r_{T-2}) E_{T-3} + \cdots$$
$$\qquad + (1+r_{T-1})(1+r_{T-2})\cdots(1+r_1) E_0)$$

政府の予算制約をこのように見ると，つぎのような経済的意味がわかる．すなわち，政府は実際上，プライマリー財政赤字（$-E$）の機会費用を支払

第13章　公債と社会保障：世代重複モデル　　245

わなければならず，その機会費用は，もしも経常的税収入から支出を賄えば
節約できたであろうすべての将来利子に等しくなるということである．ここ
で**計画期間 T にわたる総収益因子 R_T を定義**しよう．すなわち，$R_T = (1+
r_{T-1})(1+r_{T-2})\cdots(1+r_0)$ である．R_T によって先の式を割ると，つぎのよう
に書き直すことができる．

$$B_0 = \frac{B_T}{R_T} + \sum_{t=0}^{T-1} \frac{E_t}{R_{t+1}}$$

すなわち，今期における公債の価値は，T 期間にわたるプライマリー財
政黒字の割引現在価値に，T 時点の公債の割引現在価値を足し合わせたも
のに等しい．

政府の予算制約は，$T \to \infty$ としたとき，B_T/R_T がどうなると仮定するか
によって決まってくる．もしも $\lim_{T \to \infty}(B_T/R_T) > 0$ となることを許容して
しまうと，政府は異時点間の予算制約をまぬがれると仮定していることにな
る．なぜならば，新規借入によって，自己の負債にたいする利払いを無制限
に支払い続けることができるからである．こうした創造的資金調達方法で
1920 年代にボストンのある金融業者が一時的に成功して以降，経済学者は
このような経路を**ポンジ・ゲーム**と呼ぶ．**慣習的政府予算制約**は，$\lim_{T \to \infty}
(B_T/R_T) = 0$ となることを必要とする．慣習的予算制約のもとでは，$T \to \infty$
のとき極限をとると，つぎのようになる．

$$B_0 = \sum_{t=0}^{\infty} \frac{E_t}{R_t}$$

慣習的政府予算制約が意味しているのは，今期の公債の値は，すべての将
来にわたって割り引かれたプライマリー財政黒字の現在価値に等しいという
ことである．

代表的資本家が無限期間にわたって消費決定をおこなう古典派モデルにお
いて，慣習的政府予算制約を尊重するような，政府の一括税や一括移転は，
マクロ経済的効果をまったくもたないだろう．その理由は，典型的な資本家
は，政府計画に含まれる将来すべての納税と給付を考慮に入れており，それ

に応じて自らの消費を調整するだろう，というものである．政府は自己の予算制約を守らなければならないから，資本家の消費と貯蓄の決定は，政府が何をおこなっても変更されることはありえない．これがリカードの等価定理の本質である．

この点を理解するために，資本家消費モデルに戻ろう．このモデルにおいては，資本家はどの期間においても自分の富 J_t にかんして $\{r_t\}_{t=0}^{\infty}$ という収益率の流列を得ている（J_t は，資本だけからなっている場合もあれば，土地や公債といった他の資産と資本を合わせたものからなっている場合もあるだろう）．資本家の予算制約は，どの期もつぎのように書ける．

$$J_{t+1} = (1+r_t)J_t - C_t$$

この予算制約は，政府の予算制約(13.1)式における公債 B_t を資本家の富 J_t に置き換え，プライマリー財政赤字 $-E_t$ を資本家の消費 C_t に置き換えたものと，まったく同じものになる．それゆえ，先と同一の結論を得ることができる．

$$J_0 = \sum_{t=0}^{\infty} \frac{C_t}{R_t} \tag{13.2}$$

この経済的な意味は，つぎのように要約できる．すなわち，無限の将来にわたる資本家消費の割引現在価値が，初期時点の資本家の富と等しくならなければならない．これが資本家の予算制約の満たすべき要件である．

さて，$B_0 = 0$ の点から出発して，政府が租税や政府移転といった制度を導入したとしてみよう．この制度には，慣習的政府予算制約を満たしているプライマリー財政黒字（または赤字）の級数 $\{E_t\}_{t=0}^{\infty}$ が必ずともなっていなければならない．簡単にするため，政府は黒字をすべて実物に投資するものとしよう．t 時点における典型的な資本家家計の予算制約は，今度はこれらの租税や移転を含まなければならないから，つぎのようになるだろう．

$$J_{t+1} = (1+r_t)J_t - C_t - E_t$$

資本家は，次式を満たすようないかなる消費経路も選択することができる．

$$\sum_{t=0}^{\infty} \frac{C_t + E_t}{R_t} = J_0 \tag{13.3}$$

しかし，もしも政府が慣習的政府予算制約を守るものとすれば，つぎの式が成り立つ．

$$\sum_{t=0}^{\infty} \frac{E_t}{R_t} = 0$$

すると，(13.3)式は，(13.2)式とまったく同一の制約式を表している．それゆえ，租税や政府移転といった政府の政策は資本家の消費経路にたいしていかなる効果ももたないことになる．

ここで使用されているタイプのモデルでは，政府が黒字を出し，その資源を実物資本に投資すると，この政府投資は資本家家計の貯蓄の減少にちょうどとって代わることになる．なぜなら，資本家は相対的に高い税に直面しながらも，自分の消費計画を維持しようとするからである．（もしも政府が消費サービスを提供する場合，資本家家計はそれを考慮に入れ，自分の消費を減少させるだろう．そのさい，投資経路は変化しないままである．）政府が赤字を出している期間にも同様の推論が当てはまる．つまり，資本家家計は，消費と投資の経路全体を変化させないように維持するため，政府の赤字をちょうど相殺することになるだろう．

13.3　利己的家計のもとでの貯蓄と消費

社会保障制度や赤字財政支出が実体マクロ経済に与える影響を分析するためには，家計が限られた期間にわたって貯蓄を決定するようなモデルが必要である．そうなれば，リカードの等価定理は成り立たない．この種のモデルで影響力のあるものの1つに**世代重複**モデルがある．このモデルでは，どの世代も有限期間（通例は2期間）生存し，それより後のことを顧みずに貯蓄と消費の決定をおこなう．こうしたモデルでは，資本家よりもむしろ労働者が貯蓄をおこなう．というのも，自分が退職したときの消費を賄わなければ

ならないためである．古典派風の世代重複モデルを後に見ていくことになるが，そこでは賃金（あるいは賃金分配率）を一定に保つように人口増加率が変化する．この想定では，政府財政の決定は経済の成長率に影響を及ぼすことができる．新古典派経済学者は，労働力人口が外生的に増加する完全雇用の仮定のもとで世代重複モデルを分析してきた．その結果，成長率は労働市場において決定される．この仮定のもとでは，政府の財政政策は成長率そのものにたいしては影響を及ぼすことができないが，貯蓄や消費についての意思決定をはじめ，賃金や利潤率，そして社会における主体の平均的厚生にたいして影響を及ぼすことができる．

　世代重複モデルが社会的貯蓄の源泉とみなしているのは，いつかは迎える退職後のことを考えている労働者家計である．家計は将来，収入を得られなくなるにもかかわらず，生活しなければならない．人生のそういった期間についての見通しは，貯蓄することへの強い動機となる．こうした貯蓄にたいする見方は，フランコ・モジリアーニによって展開され，しばしば**貯蓄のライフサイクル理論**と呼ばれている．労働からの収入はライフサイクルのある段階に集中しているという事実にもかかわらず，貯蓄動機のおかげでライフサイクル全体をつうじて安定した流れで消費をすることができる．これがライフサイクル理論の由来である．

　この接近方法は，資本家消費モデルとは異なっている．というのも，ライフサイクル理論における家計は，限りある人生に備えて計画を立て，その結果として，退職期間に自分の富をすべて消費するからである．これとは対照的に，資本家家計は子孫全体の厚生を考慮にいれる．リカードの等価定理は，資本家消費モデルでは成り立つが，ライフサイクル・モデルでは成り立たないのである．

　モデルを簡単にしておくために，以下のような重要な仮定をいくつかおく．家計は，単一の市場利子率のもとで自由に貸し借りができるとする．また，借金を残したまま死んで，いわばお金を踏み倒そうとする人はいないものとする．そして，貯蓄者が貸し出した資金はすべて，投資のために企業が借り

第13章　公債と社会保障：世代重複モデル　　　249

るものとする．その結果，利子率は利潤率と等しくなる．また，貨幣価格の
インフレやデフレはないものとしよう．この結果，すべての取引は実物産出
単位で測られておこなわれることになる．

　もしも家計が2期間にわたって生きると仮定し，したがって，家計がおこ
なわなければならない決定は，生涯所得を若年期の消費と退職期の消費との
あいだにどのように分割するかということだけになると，2次元の図で世代
重複モデルを分析できる．

　まずはじめに，2期間生きる単一の家計を考えてみよう．家計は，第1期
（勤労期）に任意の正の賃金で労働力を1単位労働市場にすすんで供給しよ
うとし，第2期（退職期）にはどんな賃金のもとでも労働力を供給しないと
しよう．また，家計は遺産を残さず，退職期において富と所得をすべて消費
すると仮定しよう．働いているときの家計消費をc^w，貯蓄をs^w，退職期の
消費をc^rとし，純利潤率を$r = v - \delta$と書くと，予算制約式はつぎのよう
になる．

$$c^w + s^w = w$$
$$c^r = (1 + r_{+1}) s^w$$

　家計は退職すると，人生の第2期目に貯蓄にたいして純利潤率を受け取る
ことになる．これら2つの制約を組み合わせて1つの家計の予算制約にする
ことができる．これは家計が勤労期と退職期におこなうことができる消費レ
ベルを示している．

$$c^w + \frac{c^r}{1 + r_{+1}} = w \tag{13.4}$$

　新古典派は，家計が生涯消費のさまざまなパターンにわたって所与の**選好**
をもっていると仮定した上で，家計貯蓄を説明するのが常である．こうした
パターンは，勤労期の消費と退職期の消費とのあいだの**無差別曲線**として表
現される．無差別曲線は家計の**時間選好**，すなわち，現在消費と将来消費の
相対的評価，および勤労期と退職期の家計のさまざまな消費可能性や需要と
いった要因を反映している．

こうした無差別曲線群が与えられると，家計は最も高い無差別曲線に達するような予算制約線上の点を選ぶことになる．それは，もしも無差別曲線がなめらかで原点にたいして凸ならば，予算制約の線が無差別曲線と接する点の消費を選択するということを意味している．

この理論では，賃金率や利子率の変化にたいして家計が示す非常に幅広い反応を考慮できる．こうした変化にたいする反応は，富効果や代替効果の相対的な大きさに依存している．利子率の上昇は現在消費に比べて将来消費を相対的に安価にする．将来消費の価格が変化すると現在消費（と貯蓄）に影響を及ぼすが，このことは消費者需要の一般的なモデルにおいて，ある財の価格の変化がほかの財にたいする需要に影響を及ぼすのと同じである．特に，利子率が上昇する場合はまさに無差別曲線の形状によって貯蓄は増大することも減少することもありうるだろう．そしてその形状は，利子率上昇の代替効果と富効果のどちらが支配的かを決定する．

分析をいっそう簡単にするために，コブ゠ダグラス効用関数から導き出される家計の無差別曲線を仮定しよう．

$$U(c^w, c^r) = (1-\beta)\ln(c^w) + \beta\ln(c^r)$$

ここから，家計は生涯の富のうち $1-\beta$ の比率で現在消費に費やし，β の比率を貯蓄することがわかる．消費関数と貯蓄関数は，つぎのようになる．

$$c^w(r, w) = (1-\beta)w$$
$$s^w(r, w) = \beta w$$
$$c^r(r, w) = (1+r_{+1})\beta w \tag{13.5}$$

コブ゠ダグラス効用関数を仮定すると，現在消費と貯蓄は，賃金率や勤労期の所得に比例して，ともに増大することになる．以前いくつかのモデルで見たように，利子率の変化から生ずる代替効果と富効果は，コブ゠ダグラス効用関数の場合，互いにちょうど相殺し合うことになるのである．

13.4 古典派世代重複成長モデル

　世代重複貯蓄モデルは，労働市場を閉じる古典派慣習的賃金と組み合わされると，経済成長モデルを構築できる.

　この古典派世代重複モデルでは，貯蓄はすべて，退職を予期している労働者からもたらされる. 資本ストックは退職後の労働者によって所有されており，退職者は，将来世代を（仮定により）気にかけることはないので，まったく貯蓄しない. それゆえ，ライフサイクル貯蓄理論が説明する社会的貯蓄は，家計の無差別曲線によって表現されるような選好を基礎としていたり，退職者と現役労働者との比率によって表現されるような社会的人口動態に基礎をおいていたりする. すべての貯蓄が賃金から発生するというのは，資本家消費モデルと対照的である. というのも，このモデルではすべての貯蓄が蓄積された資本家の富から生ずるからである.

　いま，テクノロジーがレオンティエフ体系であり，パラメータは k, x, δ で，技術変化はないものとしよう.（純粋に労働増大的技術変化を組み入れるのは容易である.）すると，どの期の労働需要も，その期に存在する資本量に依存していることになる. 成長‐分配関係は引き続きつぎの関係を満たす.

$$w = x - vk \tag{13.6}$$
$$c = x - (g_K + \delta)k \tag{13.7}$$

今度は，賃金が $\bar{w}$ で固定されているという古典派的仮定をしてみよう. 賃金が固定的であるのは，これが $\bar{w}$ を上回れば労働力人口が増加し，下回れば減少し，労働市場はどの期も完全雇用水準で清算されるからである. すると，$t+1$ 期の若い勤労家計の数は，t 期の勤労家計の貯蓄によって決定されることになる. というのも，$t+1$ 期における職の数は，その期の始めにある資本ストックに依存しているからである. ゆえに，これらの仮定のもとでは，完全予見均衡経路上の人口増加率 n は，資本ストック成長率 g_K と等

しくならなければならない．また，産出物の成長率 g_X も同様に g_K と等しくなるであろう．

次世代の資本ストックは，現在の勤労世代の貯蓄によって完全に賄われていなければならない．なぜならば，現在の退職世代は自分の富と所得をすべて消費してしまうからである．すると，現在世代の貯蓄 $s^w = \beta w$ は，退職世代から減耗した残りの資本ストック $(1-\delta)k$ を買い戻し，粗投資分 $(g_K+\delta)k$ を賄わなければならない．こうして，つぎのような世代重複モデルの**成長-賃金関係**を得る．

$$(1-\delta)k + (g_K+\delta)k = (1+g_K)k = \beta w = s^w \tag{13.8}$$

この貯蓄-投資関係は，ケンブリッジ方程式に取って代わって，古典派世代重複モデルにおける資本ストック成長率を決定する．この方程式を，賃金 w と資本ストックの粗成長率 $g_K+\delta$ とのあいだの関係に書き直すこともできる．

$$w = \frac{(1-\delta+(g_K+\delta)k)}{\beta} = \frac{(1+g_K)k}{\beta} \tag{13.9}$$

そして，慣習的賃金を仮定することによってモデルが閉じられる．

$$w = \bar{w} \tag{13.10}$$

古典派慣習的賃金と組み合わされた世代重複モデルでは，賃金 w は慣習的賃金 $\bar{w}$ と等しく，利潤率 v は実質賃金-利潤率関係をつうじて賃金によって決定される．賃金はまた，(13.8)式をつうじて，資本ストック成長率や労働力人口増加率，産出物の成長率をも決定する．そのとき社会的消費 c は成長-分配表に従う．

労働者1人当たり社会的消費 c は，現在の勤労世代による消費 c^w と，退職世代の消費 c^r とに分割される．労働力人口は，前期に増加率 g_{K-1} の割合で増加したため，退職したどの労働者にたいしても現役労働者は $1+g_{K-1}$ の割合で存在する．そして，どの現役労働者も労働力を1単位供給するのだから，現役労働者1人当たり社会的消費は，つぎのようになるだろう．

$$c = c^w + \frac{c^r_{-1}}{1+g_{K-1}} \tag{13.11}$$

退職した世代は,自分の貯蓄した元金と収益を消費するので,次式を得る.

$$c^r_{-1} = (1-\delta+v)s^w_{-1} = (1-\delta+v)(1+g_{K-1})k \tag{13.12}$$

労働者1人当たり社会的貯蓄を求めることもできるが,それは,労働者1人当たりの産出と消費との差にちょうど等しくなるので,次式を得る.

$$x - c = w - c^w + vk - \frac{c^r_{-1}}{1+g_{K-1}} = s^w - (1-\delta)k \tag{13.13}$$

労働者1人当たり社会的貯蓄 $x-c$ は,勤労家計当たり貯蓄 s^w とは異なっている.この理由は,退職家計が減耗した残りの資本ストックの価値 $(1-\delta)k$ を取り崩してしまうからである.

古典派世代重複モデルを図示すると,図13.1のようになる.

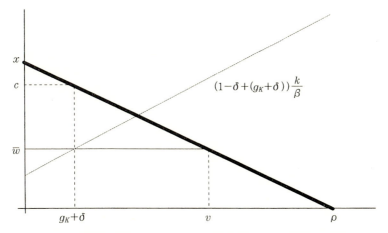

図13.1 古典派世代重複モデルでは,慣習的賃金 $\bar{w}$ は成長‐分配表をつうじて利潤率 v を決定し,成長‐賃金関係をつうじて粗資本成長率を決定する.成長‐賃金関係は図中灰色で描かれた直線,$w = (1-\delta+(g_K+\delta))k/\beta$ である.労働者1人当たり社会的消費 c は,成長‐分配表によって決定される.労働者の消費は $c^w = (1-\beta)w$ であり,退職世代の消費は $c^r = (1+g_{K-1})(1-\delta+v)k$ である.

> **例題 13.1**　賃金が穀物 50 ブッシェル/（労働者・年）で，労働者家計がその賃金の 50% を貯蓄するとき，リカーディア（問題 2.1 参照）の古典派世代重複均衡を求めなさい.
>
> **解答**：リカーディアでは，$x=100$ ブッシェル/（労働者・年），$\rho=5$/年，$k=20$ ブッシェル/労働者，$\delta=1$/年である．ここで，$\bar{w}=50$ ブッシェル/（労働者・年）であり，したがって，利潤率は，$v=(x-w)/k=2.5$/年である．資本の粗成長率は，$g_K+\delta=\beta w/k-(1-\delta)=(0.5)(50/20)=1.25$/年，成長率は，$g_K=0.25$/年である．労働者 1 人当たり社会的消費は，$c=x-(g_K+\delta)k=100-(1.25)(20)=75$ ブッシェル/（労働者・年）である．労働者の消費は，$c^w=(1-\beta)w=(0.5)(50)=25$ ブッシェル/（労働者・年）である．退職した家計は，$c^r=(1-\delta+v)\beta w=(2.5)(0.5)(50)=62.5$ ブッシェル/（労働者・年）の消費をする．$c^w=25$ ブッシェル/（労働者・年）であり，また，$c^r/(1+g_K)=62.5/1.25=50$ ブッシェル/（労働者・年）であることから，$c=c^w+(c^r/(1+g_K))$ が成立していることがわかる.

問題 13.1　賃金が 30,000 ドル/（労働者・年）で，労働者家計がその賃金の 80% を貯蓄するとき，インダストリア（問題 2.2 参照）の古典派世代重複均衡を求めなさい.

問題 13.2　古典派世代重複モデルにおいて，慣習的実質賃金 $\bar{w}$ の増加は w, v, g_K, c, c^w, c^r にどのような影響を及ぼしますか.

問題 13.3　古典派世代重複モデルにおいて，貯蓄性向 β の上昇は w, v, g_K, c, c^w, c^r にどのような影響を及ぼしますか.

13.5　新古典派世代重複成長モデル

世代重複モデルを閉じるための仮定は他にもある．労働力人口増加率 $\bar{n}$ が外生的に与えられ，賃金 w は，労働市場を確実に清算するように調整されるという仮定がそれである．古典派型のモデルと同じように，利用可能な労働にかんして完全雇用を保証するためには，資本ストック成長率は労働力人口増加率と等しくなければならない．すなわち，$g_K=\bar{n}$ である.

新古典派の世代重複モデルでは,成長 - 分配と貯蓄の関係は古典派モデルと同じである.

$$w = x - vk$$
$$c = x - (g_K + \delta)k$$
$$(1+g_K)k = \beta w$$

しかしながら,労働力人口増加率が与えられているという仮定によって,モデルが閉じられる.

$$g_K = \bar{n} \tag{13.14}$$

勤労世代の貯蓄は,つぎの勤労世代を雇用するのに十分な投資を完全に賄わなければならないという要件によって,新古典派の世代重複モデルにおける賃金が決定される.

$$\beta w = (1+\bar{n})k \tag{13.15}$$

図 13.2 は新古典派世代重複モデルを図示している.資本成長率は,外生的に所与の労働力人口増加率によって決定される.すなわち,$g_K = \bar{n}$. これ

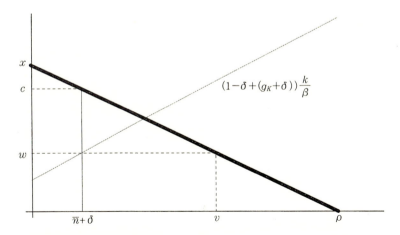

図 13.2 新古典派世代重複モデルでは,労働力人口増加率は資本ストック成長率を直接決定し,成長 - 賃金関係 $w = (1+\bar{n})(k/\beta)$ をつうじて賃金を決定する.資本ストック成長率は労働者 1 人当たり社会的消費 c を決定し,賃金は成長率 - 分配表をつうじて利潤率を決定する.

例題 13.2　労働力人口成長率が 0.1/年で，労働者家計が賃金の 50% を貯蓄するとき，リカーディア（問題 2.1 参照）の新古典派世代重複均衡を見つけなさい．

解答：リカーディアでは，$x = 100$ ブッシェル/（労働者・年），$k = 20$ ブッシェル/労働者，$\rho = 5$/年，$\delta = 1$/年である．ここで，$\bar{n} = g_K = 0.1$/年であり，したがって，賃金は，$w = (1 - \bar{n})(k/\beta) = 44$ ブッシェル/（労働者・年），利潤率は，$v = (x - w)/k = 2.8$/年である．資本の粗成長率は，$g_K + \delta = \beta w/k - (1 - \delta) = (0.5)(44/20) = 1.1$/年，成長率は，$g_K = 0.1$/年であり，これは労働力人口の成長にたいして，完全雇用をちょうど維持することができる．労働者 1 人当たり社会的消費は，$c = x - (g_K + \delta)k = 100 - (1.1)(20) = 78$ ブッシェル/（労働者・年）である．労働者の消費は，$c^w = (1 - \beta)w = (0.5)(44) = 22$ ブッシェル/（労働者・年）である．退職した家計は，$c^r = (1 - \delta + v)\beta w = (2.8)(0.5)(44) = 61.6$ ブッシェル/（労働者・年）の消費をする．$c^w = 22$ ブッシェル/（労働者・年）であり，また，$c^r/(1 + g_K) = 61.6/1.1 = 56$ ブッシェル/（労働者・年）であることから，$c = c^w + (c^r/(1 + g_K))$ が成立していることがわかる．

によって社会的消費 c が決定される．労働者の貯蓄は，次世代の雇用に必要な全資本ストックに等しくなければならないという要件から，賃金が決定される．すなわち，$w = (1 + \bar{n})(k/\beta)$．

もしも β が小さく $\bar{n}$ が大きいならば，均衡利潤率が存在しない可能性がある．というのも，次世代の全労働者を雇用するには，それに見合う十分な貯蓄を労働者がしなければならないが，そうさせるほどの高賃金が存在しないかもしれないからである．グラフより，c^w は，効率表から βw 線までの距離として読むことができる．典型的な退職家計の消費 c^r は，$(1 - \delta + v)(1 + \bar{n})k$ に等しい．退職家計は減耗した残りの資本ストックと利潤の和の価値 $(1 - \delta + v)k$ を消費する．一方，勤労家計は実質賃金の一部を消費し残りを貯蓄するが，その貯蓄額は，退職家計から減耗した残りの資本ストックを買い入れ，減耗分を置き換えるための新規資本を提供し，かつ次世代の雇用を作り出すのに十分な量の貯蓄額となる．

第13章　公債と社会保障：世代重複モデル　　　257

問題 13.4　労働力人口増加率がゼロで，労働者家計がその賃金の 80% を貯蓄するとき，インダストリア（問題 2.2 参照）の新古典派世代重複均衡を求めなさい．

問題 13.5　いくつかの技術が利用可能な場合の世代重複モデルの均衡を分析しなさい．

問題 13.6　β の上昇は，v, w, g_K, c, c^w, c^r にかんして，世代重複モデルの均衡成長経路にどのような影響を及ぼしますか．

問題 13.7　人口増加率の上昇は，v, w, g_K, c, c^w, c^r にかんして，世代重複モデルの均衡にどのような影響を及ぼしますか．

13.6　世代重複モデルにおけるパレート効率性

　経済思想史において重要な考え方は，アダム・スミスが鮮やかに論じたのであるが，自由競争が社会的に望ましい資源の利用に導くという主張である．20 世紀の経済理論家は，この主張をいっそう正確に分析するための論理的概念を発展させる仕事に取り組んできた．

　この議論において不可欠となるのは，**パレート効率的**な資源配分という概念である．ここで，私的所有と交換をともなった市場経済のかわりに，経済的独裁者が何をどう生産し，それを誰が手に入れるのかを決定する権力をもっていると想像してみよう．この独裁者は，市場経済にあるのとちょうど同じ資源を支配しており，まったく同じ生産可能性にも直面しているものとする．また，市場経済における家計は，独裁者のもとでも，交換がある場合とまったく同じ選好をもっているとしよう．ここで，**資源配分**とは，何が生産され，どんな生産の技術が用いられ，そして，さまざまな世代の消費と投資とのあいだで産出がどのように分配されるかを特徴づける計画のことである．もしも経済に存在している資源とテクノロジーを用いて，ある配分を実際に達成することができるならば，その配分は**実行可能**と呼ばれる．独裁者は強大な権力をもっており，そのため独裁者がお望みとあらば，どんな実行可能な資源配分でも命令できると仮定しよう．

今度は，**テスト配分**と呼ばれる特定の実行可能配分を考えてみよう．テスト配分は任意の方法で生ずるものではあるが，ここで特に関心を引くのは，世代重複モデルの均衡経路のテスト配分である．テスト配分のパレート効率性を分析するために，**代替的配分**と呼ばれる他の実行可能配分があるかどうかを考察しよう．ここで代替的配分とは，テスト配分のもとでの消費と少なくとも同じ程度の好ましい消費計画をすべての家計に与えることができ，なおかつ，少なくとも1つの家計には，テスト配分よりも好ましい消費計画を与えるような配分のことである．代替的配分が存在するかどうかを考えるということは，つぎのように問題をたてることと同じである．果たして独裁者は，少なくとも1つの家計にとってはテスト配分よりも好ましく，なおかつ他のどの家計にたいしてもテスト配分よりも悪いものも無理やり受け入れさせることのないように，生産計画と分配を組み直すことができるのであろうか．どの家計も少なくとも同程度の良い状態のままで，しかも少なくとも1つの家計がさらに良い状態になるような代替的配分が存在するならば，その代替的配分はテスト配分より**パレート優越的**であると言い，そのテスト配分はパレート効率的では**ない**．他方，もしもパレート優越的な代替的配分が存在しないならば，そのテスト配分が**パレート効率的**である．

　テスト配分がパレート効率的ではないことを証明するには，パレート優越的な代替的配分を1つ構築すればすむ．他方，テスト配分がパレート効率的であることを証明するのは，論理的に言ってはるかに困難である．というのも，そのためには，実行可能な代替的配分のうちパレート優越的なものは存在しないことを明示しなければならないからである．

　ここで重要なことを説明しておこう．それは，なぜパレート効率的な配分を**最適**であると呼ぶよりもむしろ，**パレート効率的**という言葉を用いているのかということである．最適という言葉には**最も良い**という意味がある．つまり，最適な配分とは，複数の配分にたいして順位をつける何らかの方法のもとで，最も良い配分であるということである．特に，最適な配分の名に値するのは，良くなる家計も悪くなる家計もある場合を含んだすべての配分の

第13章　公債と社会保障：世代重複モデル　　259

ペアに順位をつける方法がある場合だけである．しかし，パレート優越的という概念によって，どのような2つの配分でも比較が許されるというわけではない．特に，良くなる家計と悪くなる家計があるような2つの配分に順位をつけることはできない．2つの配分があるとして，1つ目の配分には，良くなる家計も悪くなる家計もあり，2つ目の配分には，1つ目の配分で良くなった家計とは別の家計が良くなり，また悪くなる家計もあるとしよう．このとき，この2つの配分は互いにパレート優越的ではない．つまり，パレート優越的という論理を用いて，1つの配分が最も良いとか最適だとかいうのは意味がないのである．パレート効率的な資源配分よりパレート優越的な配分が存在しないという事実は，別段，あるパレート効率的な配分が他のすべての配分よりパレート優越的であるということを意味しているわけではないのである．

　今までの経済学者のなかには，パレート効率性が完全な最適性の少なくとも不可欠な部分であると考えたがる人もいたし，最適な配分は，理にかなった順位づけの方法にしたがって選ばれていれば，パレート効率的であるにちがいないと議論したがる人もいた．しかし，これは正しくない．この理由は，配分を比較するパレートの方法は，異なる家計消費の**相対水準**をまったく無視しているからである．例えば，ある1つの家計がほとんどすべてのものを消費し，残りの家計がほとんど何も消費しないような配分でも，パレート効率的である可能性がある．なぜならば，例えばあまり消費しない家計の多くを改善させるような変化は，より多く消費する家計を悪くさせてしまうにちがいないからである．どの配分が最も良い配分であるかを決めるために用られる順序づけの方法が，もしも家計間における消費の**分配**について何らかの配慮を含んでいるならば，ある状況のもとでは，全体として最も良い（あるいは最適な）資源配分がパレート効率的ではないといった結果になるかもしれないのである．

　これは，人によっては承服しがたい点である．そういった人はつぎのように推論する．あなた方が一番良いと呼ぶ配分で，なおかつパレート最適では

ないような配分を取り上げてみよう．すると定義により，どの家計も悪くならずに以前より良くなる家計があるような代替的配分が存在する．代替的配分は確かにテスト配分よりも良いのだから，テスト配分が一番良いということなどあるはずがない．この議論の欠陥は，代替的配分に到達するのが事実上不可能であるかもしれないということである．例えば，現実世界の市場経済では達成可能な代替的配分があっても，問題となっている国では違憲であるような租税を用いなければ達成できなかったり，政府が収集できない個人情報を用いなければ達成できなかったりする場合がある．何らかの順位づけにしたがった最適配分がパレート効率的であるかどうかという問題を解決する唯一の方法は，順位づけの尺度がどんなものか，そして配分が決められるべき制度上の設定がどんなものかを明確に特定化することである．こうした情報をもち合わせた場合にのみ，特定の状況のもとでの最適配分を決定することができるのである．

厚生経済学の第1定理としばしば呼ばれる有名な経済学の議論がある．すべての主体が商品の品質とテクノロジーにかんして完全情報をもち，ある主体の経済行動が別の主体にたいして外部効果，つまり，市場で価格を付けては売買できない効果がなく，なおかつ競争が活発におこなわれているため，どの主体も市場価格を所与として受け入れているような経済において，もしも市場清算均衡をもたらすような配分が生じた場合，その配分はパレート効率的である．これが厚生経済学の第1定理の主張である．この定理は，商品の数が有限個の経済において証明できるが，それにはつぎのことを示せばよい．ある競争的なテスト配分がパレート効率的ではなかったとしよう．すると，ある生産者にとっては，このテスト配分よりもさらに多くの利益を生みだすか，ある消費者にとっては同一所得のもとでさらに高い満足度をもたらすような代替的配分が存在するだろう．その結果，そのテスト配分は事実，均衡配分ではありえないことになるのである．

この定理は世代重複経済においては成立しないという衝撃的事実がある．世代重複モデルでは，パレート効率的でないような競争均衡が存在しうるの

である.

　どうしてこのようなことがどのように生ずるのかを見てみよう. そのため, テスト配分として, 純利潤率 $r = v - \delta$ をともなった世代重複モデルの恒常状態均衡を取り上げよう. ここで, 私たちが独裁者であり, 第1期目の退職者の状態を改善し, しかもいかなる後の世代の状態も改悪しないように試みていると想定してみよう.

　まず最初に, 各期に十分な産出量を投資として割り当てて, つぎの世代がすべて雇用されるようにしておかなければならない. このために, どの勤労家計にたいしても $(\delta + n) k$ 単位の産出量をとり分けておく必要がある. そうすれば, すでに見たように, 数が増えたつぎの世代にたいして, 全員を雇用するのにちょうど十分な資本をもたらすことになるからである. この意味は, (13.7)式が示しているように, 各期の現役労働者当たり総消費は, 代替的経路上 ($c = x - (\delta + n) k$) においても均衡経路上においても同じでなければならないということである. 独裁者が自由にできるのは, その消費を勤労世代と退職世代のあいだで再調整することだけなのである.

　第1期の退職世代の状態を改善しようとすれば, その退職世代により多く消費させる必要がある. しかし, こうするには, 第1期の勤労世代の消費を減らさなければならない. 勤労期間には消費が減ってしまうという事実があるにもかかわらず, 勤労世代の状態を改善する方法は一体あるのだろうか. その唯一の方法は, 勤労世代が退職したときの消費を十分多く増やすことであろう. そうすれば, 代替的状況をまったく同じように好むようになる.

　議論をより明確にするためにつぎのような想定をする. 第1期の勤労世代1人ひとりから, 産出量 $\varDelta c_i^w$ 単位という非常に小さい量の消費を取り上げ, それを第1期の退職者に与える. 明らかに第1期の退職者は, 以前よりも多く消費するのだから, 彼らの状態は改善されている. それでは, 第1期に働いていた世代が退職したとき, どれだけ余分に与えればもとの定常均衡配分の場合とちょうど同じ状態を保つことになるのだろうか. 第1期の勤労世代の貯蓄の理論からわかることは, 勤労期の消費と退職期の消費とのあいだの

限界代替率は，どの世代でも $(1+r)$ であるということである．つまり，どの家計も，Δc_1^w が非常に小さい場合にかぎり，勤労期に Δc_1^w 単位の消費を失う補償として，退職期に $(1+r)\Delta c_1^w$ 分だけ多くの消費を得られればよいとみなしているのである．第1期の勤労世代が，代替的配分においても同じ状態であるためには，つぎの式を満たさなければならない．

$$\Delta c_1^r = -(1+r)\Delta c_1^w$$

ここで，Δc_1^r は第2期（つまり第1期の勤労世代が退職している期）における第1世代の退職期の家計消費の増分であり，Δc_1^w は第1期，つまり働いている期における第1世代の消費の減少分である．しかし，第1世代にたいして第2期にさらに多く消費させようとすると，第2世代が働いているあいだに消費を減らしてやらなければならない．一体どれくらい減らすことになるのだろうか．第1世代の1家計にたいして第2世代家計が $(1+n)$ だけあるのがわかっているので，次式が成り立つ．

$$\Delta c_2^w = -\frac{\Delta c_1^r}{1+n} = \frac{1+r}{1+n}\Delta c_1^w$$

今度は第2世代にたいして占めている位置は，先に第1世代にかんして占めていたのとちょうど同じ位置である退職者の第1世代は，以前より多くを消費しているのだから，明らかに状態は改善されている．第1世代の労働者状態は決して悪くなっていない．なぜならその世代には，勤労期に失った分を補償するのに十分な追加の消費が退職期に与えられているからである．ここで，第2世代の労働者が退職したときに補償をしなければならないが，それは第3世代の労働者からいくらかを取り上げることによっておこなわれる．こうした計画のためにはつぎのことが必要である．

$$\Delta c_t^w = \left(\frac{1+r}{1+n}\right)^{t-1}\Delta c_1^w$$

この計画はうまくいくだろうか．もしも $1+r>1+n$ であれば，これはうまくいかない．なぜならば，最後の世代を定常均衡時と同じ状態に保つためには，そのあとのどの勤労世代からも，ますます多くの量を取り上げなけれ

第13章　公債と社会保障：世代重複モデル　　263

ばならないからである．しかし，$1+r<1+n$であればこの計画はうまくいく．というのも，後続の勤労世代から取り上げなければならない量は，どんどん小さくなって，究極的には実際上消えてなくなってしまうからである．ゆえに，$1+r<1+n$である場合，すなわち利潤率が労働力人口増加率よりも小さい場合，競争均衡はパレート効率的ではないのである．この例が示しているのは，世代重複モデルにおいては，厚生経済学の第1定理は，その定理のすべての仮定，すなわち，経済主体が完全情報をもっており，外部性が存在せず，家計も企業も価格を所与のものとして考えるという仮定が満たされているという事実にもかかわらず，成立しないということである．

　ここで注意すべきことがある．それは，$r<n$である定常均衡がパレート効率的ではないという証明をするさい，定常均衡と代替的定常配分を比較していたわけではないということである．証明のさいに構築した代替的経路は定常的ではない．なぜならそこでは，異なる世代は（すべて同じ量を貯蓄しなければならなかったとはいえ）異なる消費計画をもつことが許容されていたからである．

問題13.8　上でなされた議論は，$r>n$のときに定常的世代重複均衡はパレート効率的であることを証明しますか．$r<n$のときの定常均衡がパレート効率的でないことを示すためにつくられた代替的経路は，それ自体パレート効率的ですか．

問題13.9　自分が世代重複経済の独裁者であり，その経済の定常経路を選択しなければならないとする．そのとき，代表的家計の効用を最大化するためにはどの経路を選ぶのがよいでしょうか．（ヒント：恒常成長の持続を保証するのに十分な資本を確保した後，それぞれの期間では，労働者と退職者のあいだにどれだけの消費を割り当てなければならないか．）この経路は，市場が選ぶ経路と同じものですか．

13.7 社会保障と財政赤字の分析

社会保障制度や赤字財政支出の経済的効果にかんして，しばしば疑問が投げかけられてきた．世代重複モデルの仮定のもとでは，この疑問に明確な回答を与えることができる．政府は，現在の税収よりも多くを支出すれば赤字になり，その差額を補うために借り入れなければならない．赤字財政支出政策にたいする重要な批判の1つに，赤字財政支出のために将来世代が貧しくなってしまうかもしれない，というものがある．この疑問の当否を検討するには，世代重複モデルのようなモデルが自然な道具立てである．

社会保障制度は現役労働者にたいして課税し，退職した労働者にたいして給付をおこなう．異なる世代を区別しているモデルの枠内では，貯蓄や賃金，利潤率，成長率，ライフサイクルの消費パターンといったものにたいして社会保障制度が及ぼす影響をたどることができる．

古典派世代重複モデルでは，社会保障制度や財政赤字は，家計の貯蓄決定を変更し，資本ストックと人口の成長率を変化させることができる．しかしながら，慣習的賃金が外生的に与えられているため，賃金と利潤率は，社会保障や財政赤字によって影響を受けることはないだろう．

新古典派世代重複モデルは完全雇用成長モデルであるため，モデルの成長率は，外生的に与えられた労働力人口増加率および労働増大的技術進歩率によって決定されている．この結果，社会保障制度や財政赤字は，貯蓄や投資，賃金，利潤率などに影響を及ぼすにもかかわらず，モデルの仮定により，成長率そのものには影響を及ぼすことはない．

これから分析をおこなう上で，いくつかの限定的な仮定がなされていることに留意しておくのが重要である．まず第1に，私たちが分析しているモデルは，同じ世代のなかの異なる家計を区別していないということである．現実の経済では，社会保障税や社会保障給付は，特定の家計が稼得する賃金に応じて異なっており，所得税負担もまた家計の所得水準に依存している．私

たちが検討するモデルは、先の性質があるため、世代内での分配や保険に及ぼす政策効果にかんしては何も言うことができない。ここでのモデルは世代間の政策効果にかんする検討に限定されているのである。

第2の点に移ろう。社会保障税も所得税も、ともに多くの経済的効果をもつ。例えば現実の世界では、労働者は高い税率にたいして、労働時間の短縮や早期退職などによって対応することがある。私たちが研究するモデルでは、どの家計も、生涯の最初の期において手取り賃金とは関係なく労働力をちょうど1単位供給すると仮定されているため、先に述べたような誘因効果がそもそも存在しないと仮定されていることになる。これらは限界的な労働誘因や消費誘因には影響を及ぼさない一括税や一括給付である。しかしながら、それらは重要な富効果と所得効果をもち、こうした効果を、モデルは反映するのである。

第3に、私たちのモデルは明示的に貨幣を取り扱っていないため、インフレ修正後の実質単位で分析がおこなわれているということである。したがってこうしたモデルでは、財政赤字や社会保障がインフレーションに及ぼす影響については何も言えないのである。租税、給付、政府支出は実質産出単位で測られており、ここで取り扱われる利子率は実質利子率である。

最後に、私たちの議論は恒常状態成長経路の比較に限定されているということである。例えば社会保障税の水準といった体系の何らかのパラメータが変化したとしよう。この場合に見られる変化は、異なる2つの水準の定額社会保障税をそれぞれ有していた2つの経済のあいだの違いに対応している。つまり、実際の経済が社会保障給付や社会保障税の新しい水準に調整されるなら、何が起こるかについてここでの分析から結論を引き出すには慎重を期さなければならないのである。

13.8 世代重複モデルにおける社会保障

社会保障制度をモデル化してみよう。そのために、政府はどの勤労家計に

も t の額の税を課し，どの退職家計にも b の給付をおこない，それらは両方とも実質産出単位で測られていると仮定しよう．（社会保障政策の変化に応じて，異なる世代にたいする租税と給付の水準は原則としては異なっているであろう．）すると，純利潤率 $r = v - \delta$ に直面している家計の予算制約は，以下のようになる．

$$c^w + s^w = w - t$$
$$c^r = b + (1 + r_{+1}) s^w$$

あるいは

$$c^w + \frac{c^r}{1 + r_{+1}} = w - \left(t - \frac{b}{1 + r_{+1}} \right)$$

租税も給付も一括方式であるため，家計の予算制約式の傾きは依然として $-(1 + r_{+1})$ である．社会保障制度は，家計の生涯の富を減少させる効果をもち，その減少分は租税支払いと割引給付との差額 $(t - b/(1 + r_{+1}))$ となる．

典型的な家計は，勤労期間も退職期間も消費にかんするコブ゠ダグラス効用関数を最大化するものとしよう．すると，典型的な家計の需要関数は以下のようになる．

$$c^w = (1 - \beta) \left(w - \left(t - \frac{b}{1 + r_{+1}} \right) \right)$$
$$s^w = w - t - c^w = \beta w - t + (1 - \beta) \left(t - \frac{b}{1 + r_{+1}} \right)$$
$$c^r = (1 + r) s^w + b$$

社会保障制度をつうじて租税を徴収し給付を支払うのであるから，**積立金**が蓄積されているであろう．これは租税が給付を上回る分を表している．もし給付が租税を上回れば，この積立金はマイナスとなる．ここで，積立金は純利潤率 r で投資される（または赤字の場合は借入によって調達される）と仮定しよう．労働者1人当たり積立金の大きさを f と書くことにしよう．労働者1人当たり積立金は，各々の世代について，給付支払いや労働力人口の増加によって取り崩され，積立金に支払われる利子や租税によって積み増しされる．それゆえ，つぎの式を得る．

第13章　公債と社会保障：世代重複モデル　　　267

$$f = \frac{(1+r)f_{-1} - b_{-1}}{1+g_{K-1}} + t \tag{13.16}$$

積立金は投資されるため，資本ストックの付加的な資金源を表している．こうして，貯蓄‐投資条件は，積立金を含んだ形でつぎのように修正されなければならないことになる．

$$(1+g_K)k = s^w + f = \beta w - t + (1-\beta)\left(t - \frac{b}{1+r_{+1}}\right) + f \tag{13.17}$$

成長‐分配式は，社会保障制度が存在する場合にも引き続き満たされているので，2つの決定条件式がさらにモデルに付け加わることになり，慣習的賃金という古典派的仮定や外生的な労働力人口増加率という新古典派的仮定とともに，モデルを閉じることが可能となる．

世代重複経済の成長経路にたいして社会保障制度が及ぼす影響は，現にどれくらいの税金が積立金に蓄積されているかに依存しているのである．

13.8.1　完全積立型の社会保障

完全積立型の社会保障制度の場合，政府は，債券購入や民間企業の株式投資などにより市場収益率のもとで，各世代の税金を運用する．したがって完全積立型の社会保障制度では常に，政府は払い込まれて未だ給付されていない税額に等しい積立金をもっている．完全積立型の社会保障制度のもとでは，租税と給付の関係はつぎのようになる．

$$b = (1+r_{+1})t \tag{13.18}$$

完全積立型制度の積立金は，（勤労者家計当たりで測ると）$f=t$である．つまり，この制度の総積立金は，労働力人口と同じ率で増加するのである．

完全積立型の社会保障制度があるからといって，その経済の資源配分には何の違いも生じない．社会保障制度の規模に関係なく，家計は勤労期間に同じ量の消費をし，退職期間に同じ量の消費をする．これを式で見ておこう．$b=(1+r_{+1})t$である場合，予算制約にある典型的な家計の割引生涯所得は，ちょうど$b=t=0$である場合と同じである．それゆえ，勤労期間の消費に

かんする家計の意思決定は，まったく同じとなる．

この点を(13.17)式から数理的に見ておくこともできる．$f=t$ で $b=(1+r_{+1})t$ の場合，次式が成り立つ．

$$(1+g_K)k = \beta w + (f-t) + (1-\beta)\left(t - \frac{b}{1+r_{+1}}\right) = \beta w \qquad (13.19)$$

完全積立型の社会保障制度の場合，家計が貯蓄や投資をおこなう条件は，この制度をつうじてひとまとめにおこなおうと，個々別々におこなおうとまったく同じである．家計の貯蓄のうち，いくらかは社会保障基金をつうじて税金として流れていくが，合理的な家計は，それをちょうど十分補うために，私的貯蓄を調整することになるだろう．

しかしながら，現実世界の社会保障制度は，**部分積立型**の場合がほとんどである．その場合に保有されている積立金は，退職者に支払う義務のある給付の一部と等しいにすぎない．部分積立型の社会保障制度が，経済の成長と分配にたいして及ぼす影響を明確に理解するために，**無積立型**の社会保障制度という極端な場合を見てみよう．

13.8.2 無積立型の社会保障

無積立型の社会保障制度の場合，現在の退職家計世代にたいして給付をおこなうために，政府は現在の勤労家計にたいする税金を用いる．つまり，政府はまったく積立金を保有していない．社会保障制度にたいするどの世代の拠出金も，その世代が退職するときまでに，すでに消費されてしまう．無積立型の社会保障制度においては，給付水準と租税水準との関係はつぎのようになる．

$$b_{-1} = (1+g_{K-1})t \qquad (13.20)$$

各退職家計への給付 b_{-1} は，各勤労家計の税金 t を，勤労家計と退職家計との数の相違 $1+g_{K-1}$ で調整したものに等しい．もしも $g_{K-1}>0$ ならば，退職家計よりも勤労家計のほうがどの期も数が多いので，勤労家計にたいする所与の課税によって，各退職家計にたいして数の多さに比例して一層多く給

第13章 公債と社会保障：世代重複モデル 269

付することができる.

無積立型の社会保障制度があると，貯蓄の意思決定にかんして実際上の相違が生ずるため，古典派世代重複モデルの成長率に相違が生じ，新古典派世代重複モデルの賃金と利潤率に相違が生ずる．給付－租税関係(13.20)式を考慮し，給付水準が時間をつうじて一定，つまり $b_{-1}=b$ を仮定すると，無積立型の社会保障制度のもとでは，典型的な家計の予算制約はつぎのようになる.

$$
\begin{aligned}
c^w + \frac{c^r}{1+r_{+1}} &= w - \left(t - \frac{b}{1+r_{+1}}\right) = w - \left(\frac{b_{-1}}{1+g_{K-1}} - \frac{b}{1+r_{+1}}\right) \\
&= w - b\left(\frac{1}{1+g_{K-1}} - \frac{1}{1+r_{+1}}\right) \\
&= w - b\left(\frac{r_{+1} - g_{K-1}}{(1+r_{+1})(1+g_{K-1})}\right)
\end{aligned}
$$

$r_{+1} > g_{K-1}$ の場合，無積立型の社会保障制度のもとでは，典型的な家計の生涯の富は減少する．他方，$r_{+1} < g_{K-1}$ の場合，典型的な家計の富は増大する．コブ=ダグラス型の需要体系に従えば，勤労家計は生涯資源のうち $1-\beta$ の割合だけ消費するから，

$$
\begin{aligned}
c^w &= (1-\beta)\left(w - b\left(\frac{r_{+1} - g_{K-1}}{(1+r_{+1})(1+g_{K-1})}\right)\right) \\
&= (1-\beta)\left(w - b\left(\frac{1}{1+g_{K-1}} - \frac{1}{1+r_{+1}}\right)\right)
\end{aligned}
$$

この消費関数を用いると，無積立型の社会保障制度の規模が変化した場合（これは典型的な勤労家計への給付 b の変化に対応している），経済の成長経路にたいしてどのような効果をもつかを理解することができる．労働者1人当たり貯蓄は $w-c^w-t$ であるから，無積立型の社会保障制度では，給付を一定（つまり $b_{-1}=b$）と仮定すると，次式を得る.

$$
s^w = w - c^w - t = \beta w - b\left(\frac{\beta}{1+g_{K-1}} + \frac{1-\beta}{1+r_{+1}}\right)
$$

無積立型の社会保障制度をもつ経済の労働者は，社会保障制度のない経済の労働者に比べて，どんな賃金率にたいしても，少ない貯蓄しかおこなわな

い．社会保障制度は，成長 - 賃金関係を上方にシフトさせる効果をもつ．すなわち，

$$w = \frac{(1-\delta+(g_K+\delta)k)}{\beta} + b\left(\frac{1}{1+g_{K-1}} + \frac{1-\beta}{\beta(1+r_{+1})}\right) \quad (13.21)$$

古典派世代重複モデルでは，慣習的賃金 $\bar{w}$ がすべての期において純利潤率 $r=v-\delta$ を決定するため，$r_{+1}=r=(x-\bar{w})/k-\delta$ が成り立つ．このモデルで成長 - 賃金関係は，賃金と今期の資本成長率を関係づけており，前期の資本成長率 g_{K-1} は，経済の歴史によって与えられたものとされている．新古典派世代重複モデルでは，労働力人口増加率 $\bar{n}$ がすべての期において資本ストック成長率を決定するため，$g_{K-1}=g_K=\bar{n}$ が成り立つ．このモデルでは，成長 - 賃金関係は今期の賃金と資本ストック成長率を関係づけており，次期の純利潤率 r_{+1}（と賃金）が期待によって与えられたものとされている

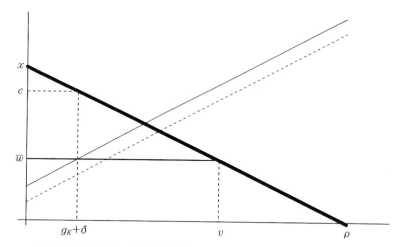

図 13.3 無積立型の社会保障制度をともなった経済下の労働者は，すべての賃金にたいして貯蓄を減らす．その結果，成長 - 賃金関係は上方にシフトする（図では点線から灰色の線へとシフトする）．古典派世代重複モデルでは，慣習的賃金や前の期の成長率がいかなるものであっても成長率は小さくなる．新古典派世代重複モデルでは，賃金はいかなる労働力人口成長率や次期の期待利潤率にたいしても高くなる．

のである.

図 13.3 をつうじてわかることは, 古典派世代重複モデルにおいては, 慣習的賃金 $\bar{w}$ や前期の成長率 g_{K-1} がどんなものであれ, 無積立型の社会保障制度の場合のほうが, 社会保障制度がない場合や完全積立型の社会保障制度の場合と比べて, 成長率が低くなるということである. これと同様の推論をすれば, 無積立型の社会保障制度をともなう新古典派世代重複モデルでは, 労働力人口増加率 $\bar{n}$ や次期の期待純利潤率 r_{+1} がどんなものであれ, 社会保障制度がない場合や完全積立型の社会保障制度の場合と比べて, 賃金率は上がる (利潤率は下がる) ことが示される.

古典派世代重複モデルにおける経済の恒常状態を求めるには, 恒常状態成長率 g_K^* を成長 - 賃金関係の両辺に代入しなければならない. 純利潤率 r が時間をつうじて一定であることを思い起こすと, つぎのようになる.

$$\bar{w} = \frac{(1+g_K^*)\,k}{\beta} + b\left(\frac{1}{1+g_K^*} + \frac{1-\beta}{\beta(1+r)}\right) \tag{13.22}$$

これは恒常状態成長因子 $1+g_K^*$ の 2 次方程式である.

$b=0$ の場合 (これは社会保障制度がない経済に対応する), (13.22)式の解は, ちょうど社会保障制度がない場合の古典派世代重複モデルの恒常状態成長率である.

$$1+g_K^* = \frac{\beta\bar{w}}{k}$$

(13.22)式を用いると, 大小の無積立型の社会保障制度が成長率に及ぼす影響や, 勤労・退職家計間の社会的消費の分割にたいする影響を分析することができる. b の変化は方程式を変化させるため, 無積立型の社会保障制度は, 明らかに経済にたいして実質的な影響をもち, その影響は恒常成長率の変化に反映しているのである.

例題 13.3 例題 13.1 で描かれている経済が穀物 5 ブッシェル/(労働者・年) の給付 b を支払う無積立型の社会保障制度をもつときの恒常状態均衡を求めなさい.

解答: リカーディアでは, $x=100$ ブッシェル/(労働者・年), $k=20$ ブッ

シェル/労働者, $\rho=5$/年, $\delta=1$/年である. ここで, $\bar{w}=50$ ブッシェル/(労働者・年) であり, したがって, 利潤率は, $\delta+r=1+r=v=(x-w)/k=2.5$/年である. (13.22)式を簡単化して, 次式を得る.

$$(1+g_K^*)^2+\left(\frac{\beta}{k}\right)\left(b\frac{1-\beta}{\beta(1+r)}-\bar{w}\right)(1+g_K^*)+\frac{\beta b}{k}=0$$

すなわち

$$(1+g_K^*)^2-1.2(1+g_K^*)+0.125=0$$

大きい方の根は,

$$(1+g_K^*)=(\delta+g_K^*)=1.173$$

したがって, 成長率 $g_K=0.173$/年である. 労働者1人当たり社会的消費はつぎのようになる.

$$c=x-(g_K+\delta)k=100-1.173\times20=76.5 \text{ ブッシェル/(労働者・年)}$$

労働者の消費はつぎのようになる.

$$c^w=(1-\beta)w-b\left(\frac{r-g_K^*}{(1+r)(1+g_K^*)}\right)$$

$$=0.5\times50-5(1.5-0.173)/(2.5\times1.173)$$

$$=22.94 \text{ ブッシェル/(労働者・年)}$$

退職した家計が消費するのは

$$c^r=(1+g_K^*)(c-c^w)=1.173(76.5-22.74)$$

$$=63.1 \text{ ブッシェル/(労働者・年)}$$

である.

問題 13.10 典型的家計がコブ=ダグラス型の効用をもち, かつ $\beta=0.2$, 賃金 $w=750{,}000$ ドル/期間, $x=900{,}000$ ドル/期間, $\delta=1$ であり, その結果, 資本が期間毎に完全に減耗し, $k=100{,}000$ ドル/労働者であるような世代重複経済を考える. いかなる社会保障制度もない場合の恒常状態均衡利潤率, 成長率, 典型的家計の消費パターンをそれぞれ求めなさい.

問題 13.11 問題 13.10 の経済が, 典型的労働者家計にたいして 5,000 ドル/期間を給付するような積立型の社会保障制度を備えている場合の恒常状態均衡成長率と利潤率を求めなさい. また, 同額の社会保障給付をおこなう無積立型の社会保障制度の場合の恒常状態均衡成長率と利潤率を求めなさい. 勤労家計にたいする課税はいくらになりますか.

問題 13.12 典型的家計がコブ=ダグラス型の効用をもち, かつ $\beta=0.2$, $\bar{n}=$

第 13 章　公債と社会保障：世代重複モデル　　　　273

0.5/期間の人口増加，$x = 900{,}000$ ドル/期間，$\delta = 1$ であり，その結果，資本が期間毎に完全に減耗し，$k = 100{,}000$ ドル/労働者であるような新古典派世代重複経済を考える．いかなる社会保障制度もない場合の恒常状態均衡実質賃金と利潤率，典型的家計の消費パターンをそれぞれ求めなさい．

問題 13.13　問題 13.12 の経済が，典型的勤労家計にたいして 5,000 ドル/期間を給付するような積立型の社会保障制度を備えている場合の恒常状態均衡賃金と利潤率を求めなさい．また，同額の社会保障給付をおこなう無積立型の社会保障制度の場合の恒常状態均衡賃金と利潤率を求めなさい．税金はいくらになりますか．

13.9　世代重複モデルにおける公債

　世代重複モデルにおける公債の問題は，社会保障の問題を分析するために用いたのと同じ方法で分析することができる．政府は，退職給付 b をどの退職家計にも支払い続けるとしよう．しかし，社会保障制度のモデルのように労働者の賃金にたいする税金で給付を賄うのではなく，すべて借入で賄うものとしよう．この政策では，政府は負の積立金 f をもち，それは時間をつうじて増えていくであろう．この場合，政府は 2 つのタイプの支出をする．それは退職家計当たりの給付 b と公債残高 $B = -f$ にたいする利子である．

　コブ゠ダグラス効用関数を用いると，労働者の消費需要は，$t = 0$ を仮定し，前節で得られた結果を用いると，

$$c^w = (1 - \beta)\left(w + \frac{b}{1 + r_{+1}}\right)$$

$$s^w = w - c^w = \beta w - (1 - \beta)\left(\frac{b}{1 + r_{+1}}\right)$$

$$c^r = (1 + r)s^w + b$$

（13.16）式で見たように，積立金の負債は，給付を賄うための継続的な借入の結果として増加する．

$$f = \frac{(1 + r)f_{-1} - b}{1 + g_{K-1}} \tag{13.23}$$

積立金赤字は, 勤労家計の（公債の形で保有している）貯蓄によって賄わなければならない. それゆえ, 貯蓄 – 投資条件はつぎのようになる.

$$(1+g_K)\,k = s^w + f = \beta w - (1-\beta)\left(\frac{b}{1+r_{+1}}\right) + f \tag{13.24}$$

結果として, 成長 – 賃金関係はどの期もつぎのようになる.

$$w = \frac{(1-\delta+(g_K+\delta))\,k}{\beta} + b\left(\frac{1-\beta}{\beta(1+r_{+1})}\right) - \frac{f}{\beta}$$

赤字財政政策のもとでは $f<0$ であるから, 政策効果は, 無積立型の社会保障制度よりも, 成長 – 賃金関係をさらに大きく上昇させる. 古典派世代重複モデルでは, 慣習的賃金や公債規模がどんなものであれ, 赤字財政の社会保障制度の場合のほうが, 完全積立型の社会保障制度や無積立型の社会保障制度と比べて, 成長率が低下することになる.

赤字財政の社会保障をともなう古典派世代重複モデルは, 恒常状態にたどり着けるであろうか. 恒常状態における労働者1人当たり負債を f^* と書くと, (13.23)式に従えば, 恒常状態ではつぎの式を満たすことが必要である.

$$f^* = \frac{(1+r)f^* - b}{1+g_K^*}$$

または,

$$f^* = -\frac{b}{g_K^* - r}$$

社会保障給付 b は正であり, 恒常状態の積立金 f^* は負でなければならないから, 恒常状態が可能であるのは $g_K^*>r$ の場合だけである. この場合, 労働力人口が十分速く増加するため, 新規借入や利子負担から生ずる不断の公債増加を相殺することができるだろう. もしも $g_K^*>r$ であれば, 政府は慣習的政府予算制約を逸脱して, 一貫してポンジ・ゲームの財政政策をおこなうことができる. 政府は, 累積債務の利払いをすべて新規借入によって賄っていたとしても, 利子率が成長率よりも低いため, 公債が GDP に比べて激増することはないだろう.

第 13 章 公債と社会保障：世代重複モデル　　　275

問題 13.14　負債ゼロの場合の負債モデルの均衡利潤率が，社会保障税も給付もない社会保障モデルの均衡利潤率と同じであることを示しなさい．

13.10　世代重複モデルから学ぶ点

　家計が，リカードの等価定理モデルのように，自分の私的な消費と貯蓄の意思決定に政府の財政政策を織り込む場合，政府の赤字や累積債務は貯蓄や投資，資本ストックにまったく影響を及ぼさないであろう．さらに，世代重複モデルのように，たとえ家計の時間的視野が狭いものであったとしても，もしも完全積立型の社会保障制度のように，政府自身が実物資産と負債残高を釣り合わせれば，政府の資金調達は貯蓄と投資に何の影響ももたないだろう．

　しかし，政府支出や課税にかんする将来の影響を家計が完全に割り引くことのないような世界においては，実現可能な政府の資金調達政策の余地がある．そこでは家計が実物的な富とみなしているものが，結果的には実物資本蓄積とはならない．無積立型の社会保障制度がその１例である．家計は，退職期に保証される給付を生涯の富が実物的に増加したものとみなすが，政府は拠出金を実物資本に投資しない．結果として，無積立型の社会保障制度は，その経済の社会的貯蓄や投資，そして成長率に影響を及ぼすことができる．同じように，公債は家計にとって実物的な富と思われる可能性があり，これが限定された時間的視野をつうじた政府の課税や支出の影響を説明する．その結果，公債は家計のポートフォリオのなかで資本と置き換わることができるのである．

　現実世界では，しかしながら，家計が政府の資金調達政策の十分かつ長期的な影響をどれくらい正しく予想し，将来世代への相続を最適化しようとしているのかを判断するのは難しい．家計の予算制約や効用関数を独立に観測することができないため，リカードの等価仮説について独立した検証を組み立てるのは困難である．もしも家計が，政府の資金調達政策の長期的影響を

正しく考慮するとすれば，政策の変化は，所得分配にどんな影響をもつにせよ，社会的貯蓄や投資，資本蓄積にはまったく相違をもたらさないだろう．

13.11 読 書 案 内

　世代重複モデルはSamuelson [1958] とDiamond [1965] によって紹介された．このモデルの新古典派版への批判的議論としてMarglin [1984] を参照せよ．この議論は，新古典派モデルが安定であるには高い代替の弾力性が必要であるという具体的な批判も含んでいる．公債が中立的であるというリカードの考え方を復活させたのはBarro [1974] の功績である．遺贈とライフサイクル貯蓄とでどちらのほうが重要であるかをめぐっては少なからぬ議論がある．Modigliani [1988] はライフサイクル貯蓄のほうが優位を占めているという立場をとり，他方，Kotlikoff [1988] は反対の立場をとっている．Kessler and Masson [1988] では，さらにすすんだ議論を知ることができる．貯蓄の階級構造にかんする実証的証拠については，Wolf [1981] がある．そこでは，富裕者は主に遺贈のために貯蓄し，中間階級はライフサイクル貯蓄に励み，労働者階級は貯蓄をおこなわないという3階級モデルが示唆されている．世代重複モデルから着想を得たものとして「世代会計」がある．それは，国民所得会計における政府の取り扱いについての代替的方法である．これにかんしてはKotlikoff [1992] を参照せよ．

第 14 章
貨幣と経済成長

14.1 貨幣制度

　本章では，生産された特定の商品である金が価値尺度，すなわちニュメレールとなっている経済を取り上げ，これまでのモデルのなかで展開してきた分析原理を応用して，経済成長を分析する．

　世界資本主義システムは，かなり長いあいだ，金本位制のもとで営まれてきた．この制度のもとでは，政府は，自国通貨をいつでも固定された価格で金に交換する用意があった．20 世紀には，3 度にわたって各国政府は金本位制を維持することができなくなった．すなわち，第 1 次世界大戦中，大恐慌期，そして，1971 年のアメリカによるドルの金兌換停止以後である．金本位制が停止されている時期には，各々の国民通貨は，金との兌換性ではなく，むしろ政府にたいする信用によって支えられる．このような状況のもとでは，政府が将来おこなう金融・財政政策についての憶測に左右されて，各国通貨の価値は，通貨間でも商品にたいしても，変動することになる．これまで本書で展開してきた分析道具では，このような複雑な問題を十分に扱うことはできない．

　しかしながら，金本位制の機能は，知的，歴史的な興味を大いにひく事柄である．金本位制の原理について考察することは，金本位制以外の貨幣制度の諸問題を解明するときにも大きな助けとなるのである．

14.2 金本位制

商品とは，私的に所有され，交渉にもとづく交換によって分配される生産財である．交換は，諸商品の相対価格を確立する．例えば，1トンの鉄は1,000メートルの布と交換される．このような相対価格によって，異なる商品の総価値を集計することが可能になる．1トンの鉄と1,000メートルの布を合わせると，2トンの鉄の価値がある，あるいは，2,000メートルの布の価値がある．

諸商品の単一の**価値尺度**，諸商品の価値を表現することのできる何らかのニュメレールが存在するならば，非常に便利であるということは，容易に理解できよう．経済学者は，多くの場合，自分の目的に適ったニュメレールを選択する（本書の以前の諸章でも同様の操作がなされた．そこでは，産出物をニュメレールにとり，賃金を産出物で表現した）．商品生産社会では，習慣あるいは法が特定のニュメレールを選ぶ．例えば，ヨーロッパ中心の19世紀世界市場システムは，**金本位制**として知られる諸制度をつうじて，金をニュメレールと定めた．諸商品の価値は金で表現され，債務契約は特定量の金で決済することができた．国民通貨は，金の一定量として定義されていた（例えば，1792年の貨幣制度を定める最初の議会から，フランクリン・ルーズベルト大統領が1933年に1オンス当たり35ドルの金価格に対応してドルの価値を35分の1オンスの金に変更するまでのあいだ，USドルは，1オンス当たり20ドルの金価格に対応して20分の1オンスの純金と定義されていた）．各国の財務省は，自国の通貨を金の公定価格で売買する用意があった．このため，各国通貨の価値と金とのあいだには，密接な関係があった．

金本位制が維持される場合には，政府は自己の金債務の償還を約束し，したがって，その債務の価値を金によって定めることになる．金融市場が，金本位制を維持するという政府の決意とその能力を信頼するとすれば，慣習的な政府予算制約は満たされるだろう．なぜなら，その場合には，市場は政府

が歳入や歳出を将来調整すると信じていることになるからだ．しかしながら，債務を金で償還するという政府の約束が信頼性を失う状況もありうる．この場合には，金融市場は政府債務を金と交換しようとするだろう．政府が紙幣を発行している場合には（「持参人にたいし金1ドルを財務省において支払う」[訳注]），紙幣の保有者が金と交換しようとするため，ドルの取り付け騒ぎや金流出にいたるだろう．政府が長期債を発行している場合には，満期時に債券を金で償還するという政府の約束が守られないのではないかという市場の疑念を反映して，債券は金にたいし割り引かれることになる．政府は金で測った債務の支払いを結局停止せざるをえなくなるかもしれない．この場合には，金で測った商品の価格は変化しないが，ドルで測った金の価格が上昇するために，金で測ったドルの価格は低下することになるだろう．

19世紀においてさえ，政府は，金融恐慌，不況，戦争のために，金本位制を維持することの困難に時おり直面した．例えば，アメリカでは南北戦争のあいだ，南北政府は金本位制を停止した．金融市場では，グリーンバック（USドル）と南部連合国のドルが，金にたいして変動した．どちらの側かが軍事的に勝利するごとに，戦争の継続期間や南部連合国存続の可能性についての予想が変化するために，金で測ったドルの価値は直接的な影響を受けた．

金本位制のもとでは，諸商品の価格は，金で測った価格と見なされる．例えば，1880年において，鉄1トン当たり40ドルという価格は，1トン当たり2オンスの金と同じことを意味していた．金は商品体系のなかで生産されているため，金で測った諸商品の価格は，一方で金の相対的な生産コスト（利潤を含む），他方で諸商品の生産コストとによって左右される．

14.3　金を含む生産

金を含んだ生産をモデル化するために，生産物が2つだけ存在する体系を想定しよう．1つは金以外の産出物でこれは**商品 X** と呼ばれ，資本として

用いられるか，消費されるかする．もう1つが金 G である．金をニュメレールにとり，国民通貨，例えばドルは固定比率で金と兌換される，すなわち**価格標準**であると仮定しよう．記号 p は，商品の金で測った（あるいは同じことだが，貨幣で測った）価格を表す．

商品生産の基本モデルは維持される．

1単位の労働 ＋ k_x 単位の資本 → x 単位の商品 ＋ $(1-\delta)\,k_x$ 単位の資本

金生産も同様の方法でモデル化できる．

1単位の労働 ＋ k_g 単位の資本 → x_g 単位の金 ＋ $(1-\delta)\,k_g$ 単位の資本

このモデルにおいて，金部門と商品部門の資本は同率で減耗し，また，それぞれの部門の生産には1期間要するとしよう．一方，資本‐労働比は，商品生産と金生産とで異なっていることがありうる．

実質賃金を w とすると，期末に支払われる貨幣賃金は $p_{+1}w$ となる．商品と金を生産する企業家のゼロ利潤条件はつぎのようになる．

$$p_{+1}x = p_{+1}w + vpk_x \tag{14.1}$$

$$x_g = p_{+1}w + vpk_g \tag{14.2}$$

労働と資本が2つの産業間を移動できると仮定しているために，同じ賃金と資本賃貸料が使われていることに注意してほしい．

(14.1)式と(14.2)式からは，資本賃貸料を消去することができ，また，2つの部門の労働生産性と資本集約度および商品部門の利潤率 π によって諸商品の金価格について解くことができる．

$$p_{+1} = \frac{x_g}{x}\frac{k_x}{\pi k_g + (1-\pi)\,k_x} \tag{14.3}$$

1番目の因数 x_g/x は，金部門の労働生産性と商品部門の労働生産性の比率，つまり，商品1単位の生産に要する労働量と金1単位の生産に要する労働量との比率を表している．2番目の因数の分母は，商品部門の賃金分配率と利潤分配率でウェイトづけした，2部門の資本‐労働比の加重平均である．

k_x がこの加重平均より大きいか否かに応じて，言い換えれば，商品部門の資本集約度が 2 つの部門の平均よりも大きいか否かに応じて，2 番目の因数は 1 よりも大きくなったり，小さくなったりする．$k_x = k_g$ ならば，商品部門が平均と同じ資本集約度をもつことになる（マルクスのいわゆる両部門における**資本の有機的構成均等**の仮定）ので，単純につぎのようになる．

$$p_{+1} = \frac{x_g}{x}$$

2 つの部門の資本集約度が均等であるとき，商品の価格は，商品 1 単位の生産に要する労働と金 1 単位の生産に要する労働との比率にちょうど等しくなる．このように両部門の資本集約度を同一とすると，モデル分析が非常に簡単になるので，今後は $k_x = k_g = k$ と仮定することにしよう．

問題 14.1 リカーディアでは，労働者 1 人が 10 ブッシェルの穀物を費やして 1 年当たり 1 オンスの金を生産し，労働者 1 人が 20 ブッシェルの穀物の種子から 100 ブッシェルの穀物を生産しており，1 ドル＝金 1/20 オンスであるとする．労働者 1 人当たりの年間の実質賃金が穀物 20 ブッシェルであるとき，リカーディアの穀物の価格と貨幣賃金を求めなさい．穀物産業と金産業の資本賃貸料率を求めてそれを確かめなさい．

14.4　金を含む資本家消費

この経済において，実際の金生産を動機づけるために，典型的な資本家は財宝（宝石や鋳貨を含むかもしれない）の形で金を保有することから効用を得ていると仮定しよう．金の保有を含むように資本家の効用関数はつぎのように簡単に拡張できる．

$$(1-\beta) \sum_{t=0}^{\infty} \beta^t ((1-\mu) \ln(C_t) + \mu \ln(G_t))$$

資本家は，ここでも，無限の未来にわたって，各々の期間の効用の割引合計値を最大化しようとするが，各々の期間の効用は，いまや諸商品の消費

C と金の保有 G の対数値の加重平均となっている. パラメータ μ は，資本家が商品の消費と金の消費に付与する相対的な重要度を表している. ($\mu=0$ ならば，この効用関数は第5章のような純粋な消費のケースに還元される.)

しかし，金は，1期間で摩滅したりしないのだから，資産でもありうる. (実際，金はまったく減価しないと仮定される.) 第11章のモデルと同じように，典型的な資本家は，自分の富をどのくらい金に投資し，どのくらい資本に投資するかを決定しなければならない.

経済全体の金の量が不変であるとしても，それぞれの個別資本家は，原理的には，平均的な持ち分以上または以下の金を保有する選択をすることができよう. (ここでは，全資本家が同一であると仮定しているので，均衡状態では同じ量を保有していることになる.)

典型的な資本家は，各々の期間の初めにはある量の金 G とある量の資本 K を保有している. 1ドルの価値の資本を企業家に貸し付ける資本家は，利潤率 v を受け取り，期末には，減耗した資本 $(1-\delta)/p$ を保有することになるだろう. その資本の価値は，$(1-\delta)(p_{+1}/p)$ である. それゆえ，この資本家の純利潤率はつぎのように定義される.

$$1+r = v+\frac{p_{+1}}{p}(1-\delta)$$

資本家の金の保有動機は，その消費価値にある. 資本家は，期末には合わせて $(1+r)pK+G$ の富をもち，それを次期のポートフォリオ，資本 $p_{+1}K_{+1}$，金 G_{+1} と消費 $p_{+1}C$ とに分割する. したがって，金を含んだ典型的な資本家の予算制約はつぎのようになる.

$$p_{+1}K_{+1}+G_{+1}+p_{+1}C = (1+r)pK+G \tag{14.4}$$

金を保有することの資本家にとっての機会費用は，金を財産として保有する代わりに資本に転換すれば得られたであろう，純利潤率 r という損失である. 両辺に rG を加えることによって，予算制約(14.4)式をこのことが明確になるように書き換えることができる.

$$p_{+1}K_{+1}+G_{+1}+rG+p_{+1}C = (1+r)(pK+G)$$

第 14 章　貨幣と経済成長　　　　283

金を含んだ資本家の効用最大化

$(1-\beta) \sum_{t=0}^{\infty} \beta^t ((1-\mu) \ln(C_t) + \mu \ln(G_t))$ を最大化するような

$\{C_t, K_t, G_t\}_{t=0}^{\infty} \geq 0$ を選べ．ただし，　　　　　　　　　　(14.5)

$K_{t+1} + G_{t+1} + rG_t + p_{t+1}C_t \leq (1+v_t-\delta)(p_t K_t + G_t)$

$p_0 K_0 + G_0 = p_0 \bar{K}_0 + \bar{G}_0$

$\bar{K}_0, \bar{G}_0, \{v_t, p_t\}_{t=0}^{\infty}$ は所与というのが条件である．　　　　(14.6)

第 0 期の初めには，典型的な資本家は $\bar{K}_0$ の資本と $\bar{G}_0$ の金を初期保有量としてもっている．それらは，第 0 期の商品価格 p_0 で交換することができる．それゆえ，第 0 期の資本家の予算制約はつぎのようになる．

$$p_0 K_0 + G_0 = p_0 \bar{K}_0 + \bar{G}_0$$

金を含んだ典型的な資本家の効用最大化問題は上掲のように表される．

この問題の解は，すでに先立つ諸章で導かれた周知の原理から得られる．このケースでは，資本家の富は $J = pK + G$ である．典型的な資本家は，期末の富 $(1+r)J$ の一部 $(1-\beta)$ を商品の消費および金に費やす．

$$p_{+1}C + rG = (1-\beta)(1+r)J$$

結果として，資本家の富の蓄積は，周知のケンブリッジ関係に従う．

$$J_{+1} = \beta(1+r)J$$

各々の期間の効用関数も，コブ＝ダグラス型なので，資本家は，自らの消費を $1-\mu$ と μ の比率で商品と金とに分割する．

$$p_{+1}C = (1-\mu)(1-\beta)(1+r)J$$

$$rG = \mu(1-\beta)(1+r)J \qquad\qquad (14.7)$$

14.5　恒常状態成長

恒常状態成長経路上では，資本ストックと金ストックは商品の消費と同じ比率で増加し，他方，諸商品の金価格は一定，すなわち $p_{+1}=p$ である．

成長 - 分配関係は，ここでは，金と諸商品とに分けて論じられなければな

らない．$p_{+1}=p$ とし，また $k_x=k_g=k$ であると仮定すると，2部門の実質賃金‐利潤率関係を(14.1)式と(14.2)式から求めることができる．

$$w = x - vk \tag{14.8}$$

$$w = \frac{x_g - vpk}{p} \tag{14.9}$$

2つの式からただちにつぎのような関係が得られる．

$$v = \frac{x - w}{k}$$

$$p = \frac{x_g}{x}$$

ここで，社会的消費‐成長率関係について，商品の生産と金の生産に労働力がどれだけの割合で使用されたか，すなわち n_x と $n_g=1-n_x$ を考慮する必要がある．経済全体の労働者1人当たりの商品の産出は $n_x x$ であるから，社会的消費‐資本成長率関係はつぎのようになる．

$$c = n_x x - (g_K + \delta) k \tag{14.10}$$

経済全体の労働者1人当たりの金の産出は $(1-n_x) x_g$ であり，それはもっぱら金ストックの増加にあてられる．労働者1人当たりの金ストックを $a = G/N$ と置く．

$$g_G a = (1 - n_x) x_g \tag{14.11}$$

恒常状態成長経路において，金ストックと資本ストックは同じ比率，しかも，資本家の富と同率で増加しなければならない．そこで，2部門のケンブリッジ方程式が得られる．

$$1 + g_K = \beta (1 - \delta + v) \tag{14.12}$$

$$1 + g_G = \beta (1 - \delta + v) \tag{14.13}$$

(14.7)式より，労働者1人当たりの金ストック a はつぎのようになる．

$$a = \left(\frac{\mu (1-\beta)(1+r)}{r - \mu (1-\beta)(1+r)} \right) pk \tag{14.14}$$

古典派モデルでは，慣習的賃金は外生的に与えられる．

$$w = \bar{w} \tag{14.15}$$

第 14 章　貨幣と経済成長　　　　　285

(14.8)式から(14.15)式までの式が経済の恒常状態経路を決定する．外生パラメータは，x, k, x_g, δ, β, μ, $\overline{w}$ であり，内生変数は，p, v, n_x, g_K, g_G, c, a である．

このモデルの興味深い1点は，金部門と商品部門の労働生産性の比率によって，価格水準が決定され（$p^* = x_g/x$），また，資本家家計の選好によって，金の量が決定されることである．この点は，物価についての貨幣数量説と著しい対照をなしている．貨幣数量説は，物価水準を貨幣量によって決定されるものと見なしている．

問題14.2　オーリアでは，50,000ドルの価値の商品を生産するのに労働者・年当たり1単位の労働と150,000ドルの価値の商品資本が必要である．また，同量の資本と労働は1,000オンスの金を生産することができる．1年ごとの資本の減耗は1/10＝0.1＝10%であり，実質賃金は，労働者・年当たり20,000ドルである．オーリアの資本家の貯蓄性向は$\beta = 0.97$であり，資本家家計は消費資金の90%を商品に，10%を金の保有に当てる．恒常状態における，商品の金価格，利潤率，純利潤率，資本ストックと金ストックの成長率，労働者1人当たりの金ストック，金部門と商品部門に雇用される労働力の比率をそれぞれ求めなさい．

14.6　不均斉な技術変化

金本位制経済では，インフレーションは，金と諸商品の相対的な生産費の変化の結果として生じ，これが商品の金価格の変化を導く．このタイプの変化をモデル化する1つの簡単な方法は，金部門が比率γの要素増大的技術変化を経験し，他方，商品部門のテクノロジーと賃金が不変であると想定することである．2つの部門の資本集約度が等しいとの仮定のもとでは，商品の金価格は相対的な労働生産性に依存する．

$$p_{+1} = \frac{x_g}{x}$$

金部門の要素増大的技術変化は，γ の比率で x_g を増加させ，したがって，商品の金価格は γ の比率で恒常的に上昇することになる．すなわち，恒常的インフレーションである．

(14.1)式から，金で測った利潤率は，商品で測った利潤率 $v_x = (x - \bar{w})/k$ よりもインフレ因子分だけ大きくなることがわかる．

$$v = \frac{p_{+1}}{p}\left(\frac{x - \bar{w}}{k}\right) = (1 + \gamma)\, v_x$$

同様に，金で測った純利潤因子 $1 + r$ も上昇する．

$$1 + r = v + \frac{p_{+1}}{p}(1 - \delta) = (1 + \gamma)(1 - \delta + v_x)$$

ケンブリッジ方程式より，金で測った富の成長率も上昇することがわかる．しかし，金ストックと資本ストックの増加率に与える影響は異なる．恒常状態経路上では，金ストックは富の金で測った価値と同率で増加しなければならない．

$$1 + g_G = \beta(1 + r) = \beta(1 + \gamma)(1 - \delta + v_x)$$

資本ストックの金で測った価値 pk もまた，富の金で測った価値と同率で増加しなければならない．しかし，資本ストックの金価値は，資本ストックの成長によっても，商品の金価格の上昇によっても変化する．

$$\frac{p_{+1}K_{+1}}{pK} = (1 + \gamma)(1 + g_K) = \beta(1 + r) = \beta(1 + \gamma)(1 - \delta + v_x)$$

したがって，資本ストックそのものはインフレーションのない場合と同じ比率で成長する．

$$1 + g_K = \beta(1 - \delta + v_x)$$

しかしながら，恒常状態経路上では，金の資本にたいする比率は，インフレーションの結果，低下し，このことが純利潤率を上昇させる．この純利潤率は，金保有の実効価格である．

不均斉な技術変化は，したがって，ある部門の産出量が他の諸部門の産出量に比較して成長するという**不均斉成長**を引き起こす．ウィリアム・ボウモ

第 14 章　貨幣と経済成長　　　287

ルは，高等教育や芸術活動のような商品の価格が，決まって他の商品にたい
して上昇することを，この現象によって説明しうると主張している．この議
論には，教師と生徒のあいだである最低限の時間契約する必要のある教育や，
弦楽四重奏の労働生産性を上昇させることは，困難ないし不可能であるとい
う前提がある．この結果，他の部門における労働生産性の上昇は，常に相対
的な費用を低下させ，生産性が停滞的な部門の相対価格を上昇させる．

> **問題 14.3**　オーリア（問題 14.2 参照）において，金産業の労働生産性が $\gamma=$
> 0.01/年の比率で増加するとしよう．恒常状態における利潤率，純利潤率，
> 資本ストックと金ストックの成長率，資本ストックの価値にたいする金スト
> ックの比率をそれぞれ求めなさい．

14.7　信用貨幣の進化

金本位制経済においても，金鋳貨（すなわち，**正貨**）で取引がおこなわれ
ることは，どちらかといえば少ない．鋳貨は扱いにくい上に，保有するには
リスクがあり，また，使用による摩滅や削り落としによる減価に絶えずさら
されている．金本位制度のもとでの企業同士の取引は，何らかの形式の信用，
大抵は**為替手形**によっておこなわれる．為替手形とは，企業によって振り出
された，特定の場所と時間において一定額の金の支払いを指示する約束手形
であり，通例買い手に向けて生産物が輸送されることによって保証される．
為替手形を保証する生産物はすでに実在しているため，手形は比較的安全な
投資といえる．他の企業が手形を支払手段として受け取る場合，受取人は署
名によってその手形を裏書きする．裏書きとは，何らかの理由で最初の振出
人による支払いがなされない場合に，その手形を弁済することを受取人が約
束するものである．受取人は，額面よりも少ない支払い額として手形を引き
受ける．したがって，満期時の手形の価値の増分は，借りた資金にたいする
振出人の利子支払いを表している．受取人は，さらにその手形を第三者への

支払いに充て，第三者はそれを受け取るかもしれない．このようにして手形が多くの人の手を転々と流通するならば，その手形は裏書きを数多く蓄積し，その支払いはますます確実になっていく．

金本位制度のもとでも，銀行は**銀行券**を発行していた．それは小額面の支払い約束であり，貨幣の形態をとって広い範囲で流通した．このような銀行券は，為替手形とは異なって利子は支払われないが，その便利さから，人々は銀行券を日々の取引のためにともかく保有するようになる．銀行は自行銀行券を金と交換する用意があるが，銀行券が発行された場所から離れていくと，銀行券を鋳貨に兌換する費用とリスクのために，銀行券はその額面より割り引かれて流通することになる．

連邦政府もまた証券を発行した．将来の租税や関税収入によって保証された財務省証券と，財務省の金準備によって支払いを約束された紙幣がそれである．これらの証券と紙幣は，国内の貨幣流通において，民間の為替手形や民間の銀行券と同様の役割を果たした．ここで，つぎのことを理解しておくことが肝要である．すなわち，連邦政府の債務である紙幣と証券は，金本位制度のもとでさえ，金準備（政府が保有する市場で売買可能な資産の一部）だけではなく，将来のプライマリー財政黒字（市場では売買不可能な政府の資産のもっとも重要な部分）の割引現在価値によっても保証，裏づけられていたということである．

ほとんどのヨーロッパ諸国は，第1次世界大戦中，金本位制を停止していた．金準備への取り付けを怖れたことと軍事的・外交的作戦に資金を供給するための金を確保しておきたかったことが，その理由であった．停止がなされても，取引の多くが証券や紙幣でおこなわれていたため，日々の取引にはほとんど影響がなかった．国民通貨には，市場の力によって決まる金にたいする市場価格が存在しており，その意味では，国民通貨は金にたいして**変動**した．したがって，国民通貨の価値は，金にたいして，また，通貨同士で変動することができたし，また，実際変動したのである．

第1次世界大戦後，金本位制度への復帰が試みられたが，1930年代の激

第 14 章　貨幣と経済成長　　289

しい金融経済恐慌を耐え抜くことはできなかった．1930 年代には，ほとんどの政府が再び金本位制を停止した．アメリカは，1933 年に市民の金鋳貨の保有を違法とする一方で，1 オンス 35 ドルの公定価格（1792 年に定めた 1 オンス 20 ドルの価格を初めて引き上げた）でのドルと金とのリンクは維持するという手の込んだ方法で，金本位制を停止した．このときも日々の取引への影響はきわめて小さかった（金での支払いを定めた民間契約の約款の施行が最高裁によって拒否されるという重要な判例があったが）．

　第 2 次世界大戦後，ブレトンウッズ体制が，金本位制のいくつかの要素を復活させようと試みた．この**金為替本位制**のもとでは，アメリカは 1 オンス当たり 35 ドルの固定された基準価格で金の売買を約束し，他の国々は，ドルとの交換比率を固定した．1971 年，ベトナム戦争と他国への大量の資本輸出による巨額のドル流出に直面していたアメリカが，ドルの金との兌換を停止し，ブレトンウッズ体制は崩壊した．

　以上のような経緯で，どの国民通貨も金に結びつけられていない，現代の世界金融システムができあがった．一部の国は，ドルあるいはその他の準備通貨，すなわちユーロ，日本円，英ポンドとの交換比率を固定しているが，準備通貨相互の，あるいは準備通貨と金のような生産された商品のあいだの交換比率を固定するシステムについての合意は成立していない．

14.8　読 書 案 内

Levine and Renelt [1992] は，貨幣成長，インフレーション，政府支出・借入のような政策変数の役割に力点をおいて，収束を研究し，（驚くべきことに）これらの変数が安定的あるいははっきりした統計的関係を成長にたいしてもっていないと結論づけている．

　Baumol [1967] は，技術変化率が不均等な 2 部門経済の成長パターンを分析している．

訳注
金本位制において，１ドル紙幣に印刷されていた兌換文言．

第15章
技術変化へのさまざまなアプローチ

15.1 技術変化の起源

　これまで本書で考察されてきた成長モデルを，成長の定型化された事実と揃うように並べるには，技術変化が欠くことのできない役割を果たす．古典派モデルでは，経済発展の過程で明らかな機械化の進展という歴史的傾向が技術変化の偏向的性質によって説明される．新古典派モデルは，統計的・歴史的な記録とのいくつかの食い違いから逃れるために，外生的技術変化，典型的には中立的な技術変化を加えることによって，拡大されねばならない．

　しかし，技術変化の起源を説明するのは何であるのか．さらには技術変化はなぜ，特定の偏向をもったり，あるいは（中立性にはあたり前なところは全くないのであるから）全く偏向を欠くのはなぜであろうか．こうした問題は，何世代ものあいだ，経済学者の関心を奪ってきたが，いまでは，経済学の分野で最も知的に白熱した論争の中心となっている．

　マクロ経済学者は長きにわたって，技術変化を**外生的**に扱うことに意味があるのか，それとも**内生的**に扱うことに意味があるのか議論してきた．技術が外生的になるのは，経済行動とは独立した率で進んでいく場合である．広く使われる外生的技術変化の暗喩は，ユダヤ人の頭上に天国から落ちてきたマナのように，それが経済に降ってくるというものである．技術変化が内生的なのは，それが熟慮された経済活動の直接的または間接的な結果として，

その変化率や性質が経済行動に依存するような仕方で生ずるときである．多くの技術変化は，利潤や名声を求めて，生産物や生産過程の改良を志向する，研究開発（R&D）のような活動から生ずるという，一般的な合意がある．誰も技術変化が文字通り天国からマナのように落ちてくるとは考えない．問題となるのは，これらの活動（または後に詳述される他の活動）を組み込んだ経済モデルが，あらゆる実用的な目的のために技術変化率を外生的に扱ったモデルと比べて，どれだけ価値を付加できるかである．

　もし技術変化が内生的ならば，1国の技術進歩率に永続的な影響を及ぼしうるのは（貯蓄率の上昇や所得分配の相違のような）行動の変化なのか，それとも（R&D のための補助金や貯蓄奨励策のような）政策の変更なのか，という問題が生ずる．本章および次章で，内生的技術変化のいくつかの重要な例が考察される．

15.2　技術進歩関数と体化仮説

　すでにみてきたように，成長理論家が直面する重大な問題とは，生産関数のシフト（技術変化）と生産関数に沿った移動（資本 - 労働の代替）を区別することに，何か意味があるかどうかということである．こうした区別は，技術変化を内生的に扱うか外生的に扱うかにかかわらず，新古典派成長理論の中心に位置する．新古典派アプローチを批判する人たちは，生産関数に沿った移動と生産関数のシフトを区別できる，という考えを退ける．ニコラス・カルドアは，問題をつぎのように明瞭に述べた．

　　労働者1人当たり資本の使用を増やすには，……なんらかの「創意」
　　を要する優れた技術の導入が不可避である．もっとも優れた技術は，だ
　　からといって必ずしも根本的に新しい原理や概念の応用を表すわけでは
　　ない．他方，労働生産性を上昇させることができる，すべてではないが
　　大半の技術革新には，1人当たり資本の使用増加，すなわち，さらに精
　　巧な設備およびさらに進んだ動力あるいはそのどちらか，などの使用が

第15章 技術変化へのさまざまなアプローチ　　293

必要である．……

　したがって，所与の知識状態のもとでの「生産関数」に沿った移動と，知識状態の変化に起因する「生産関数」のシフトとのあいだの，明確ではっきりした区別というものはどれも，恣意的かつ不自然となるのである．[Kaldor, 1957, pp. 595-6]（訳書313-4ページ）

　カルドアは，**技術進歩関数**によって，この引用で確認された困難を克服しようと決意した．カルドアの技術進歩関数は，最新の機械にもとづく生産性上昇率を，新機械を使用する労働者1人当たり粗投資量に関係づける．こうして，このアプローチは，2つの異なる概念を結合する．まず，それは技術変化率を直接，資本蓄積率に関連づける．つぎに，労働者1人当たり**新資本量**の増加を強調することで，**体化仮説**が得られる．

　技術変化は，特定の資本財をつうじて伝わらなければならないことがよくあり，こうした場合，**体化された技術変化**と呼ばれる．マイクロプロセッサの発見は，手動タイプライタを使い続けるタイピストの役には立たない．タイピストがこの知識進歩の利益を享受するためには，パーソナル・コンピュータが必要となる．体化された技術変化が粗投資を通して伝播するのは，最新式の機械が，減価したかあるいは使い古されたかした資本ストックに取って代わるからである．そうした伝播メカニズムを必要としない技術変化は，**体化されない技術変化**と呼ばれる．体化されない技術変化の例として**テイラー主義**，すなわち経営科学のパイオニアであるフレデリック・テイラーの教義があげられるかもしれない．それは，時間研究および動作研究のような手法をつうじて，労働組織を改良することを主張するものである．（批判者は，改良のうちには，労働者を急がせることによって生じているのもあって，これは技術進歩ではないと指摘している．）体化仮説については，それを技術進歩関数に組み込むことができるのと同様，新古典派生産関数に組み込むこともできる，ということには注意すべきであろう．

　技術進歩関数は，体化仮説を完全に捨象することで実例をあげることができるが，これを線形で書けば，つぎのようになる．

$$\gamma = a + bg_k$$

この形では，恒常状態成長と整合的な成長率が１つあるであろう．その成長率は，産出 - 資本比率の恒常性（恒常状態成長の必要条件）が，つぎのことを意味することに気づけば求めることができる．

$$\gamma = \frac{a}{1-b}$$

技術進歩関数は，内生的技術進歩という考え方を定式化する初めの頃の試みであった．しかしながら，恒常状態成長率が経済行動から独立であるという事実は，恒常状態成長を好む経済学者の関心を，いくぶん制限することになる．この他に技術進歩関数の欠点とされるのは，この線形表現では，それがハロッド中立的技術変化をともなうコブ = ダグラス生産関数と数学的に同じものになる，ということである．これは両辺の積分をとれば容易にわかる．しかしながら，技術進歩関数は，さらに一般的な形をとるときには，どんな種類の集約型でない生産関数にも，通常は積分できない．

体化された技術変化のモデルは，さまざまな年代あるいは建設年月日（ヴィンテージ）の機械を含むので，**ヴィンテージ・モデル**と呼ばれることがよくある．ヴィンテージ成長理論家は，資本と労働の代替の意味を明瞭にする，便利な術語を遺産として残した．資本が**パテ - パテ**であるといわれるのは，機械を，その建設中においても使用中においても，（こねて形を作ることができるパテとほとんど同じように）どんな生産技術にも合うような形に作り直すことができる場合である．資本が**パテ - クレ**であるといわれるのは，機械が，建設段階では形を変えることができるが，いったん建設されれば（焼いた粘土とほぼ同様に）作り変えらないときである．資本が**クレ - クレ**であるといわれるのは，機械が建設中においても使用中においても，１つの資本 - 労働比に限定されるときである．

投資が技術変化の媒介物であるという見解は，つぎのような問題を提起する．すなわち，貯蓄増加は，資本ストックの年代を若返らせることによって生産性を上昇させ，より新型の機械の相対的重要性を高めることになるのか

第15章　技術変化へのさまざまなアプローチ　　　295

どうかという問題である．この問いを発するために，つぎの2つの節では，古典派の仮定のもとで簡単なヴィンテージ・モデルが展開される．その後で，偏向的技術変化の問題との関連で，技術進歩関数に立ち戻る．

15.3　機械のヴィンテージ構造

　ハロッド中立的技術変化をともなう簡単なクレ‐クレ・モデルを使って，ヴィンテージ成長モデルの性質を説明することができる．慣習的賃金シェアを含め古典派モデルの全条件が適用されると仮定しよう．ただし，技術変化が体化されるという条件，そして資本家が彼らの（富ではなく）利潤の一定割合を貯蓄するという条件は除く．

　いまや，資本ストックはヴィンテージを明示した機械で構成される．変数にはそのヴィンテージを示す下付き添字 v が付され，期間は明示しない．下付き添字のない変数は，その集計水準を指すものと理解される．ただし，すべてのヴィンテージについて同一である ρ は例外である．ヴィンテージ v の機械を使用するときの産出量は，つぎのようになる．

$$X_v = \min(\rho K_v, x_v N_v)$$

均衡の記述をともかくも先に進めるために，モデルはすでに恒常状態成長経路にあると単純に仮定する．これは，各々のヴィンテージの機械量が，その前のヴィンテージの一定割合 $1+g_K$ となることを意味する．そのようにバランスのとれた機械の組の構成は，各ヴィンテージの機械によって生産される産出物の構成に反映される．時間の進展にともない，これらの変数はすべて一緒に膨らんでいくので，それらの比率は一定にとどまる．このモデルでは産出量は資本と同じ割合で成長するので，どちらの成長率についても g を使うことが許される．各年度はすべてそれ以前の年度の拡大版にほかならないので，変数の記述を1つの代表年度 t に限定することができる．

　機械の測定単位（100，1,000等）は自由に選択できるので，例えば，新しい機械の価格が産出単位で測って1であるような単位を選択することにしよ

う．ρ が 1 であると仮定すれば，さらに問題が単純化される．この場合，各々の「機械」は産出 1 単位を産み出し，さらにその機械は産出 1 単位と自由に交換できる．技術変化がハロッド中立的のときには，生産性は各々の新ヴィンテージ機械において一定割合だけ上昇する．つまり $x_v = (1+\gamma) x_{(v-1)}$ である．

機械が減耗することはないが，それらは損失が発生し始める T 年以降に，陳腐化し始めるであろう．**陳腐化条件**はつぎのようになる．

$$X_v - wN_v < 0$$

利潤分配率は一定と仮定されているので，賃金は労働生産性と同率で増加しなければならない．つまり，$w = w_0 (1+\gamma)^t$ である．賃金が上昇するにつれて，古い機械の利潤を圧縮し，ついには古い機械は使用すると必ず損失を被ることになる．そのとき，機械は廃棄される．

機械の耐用年数 T は，最新ヴィンテージの利潤分配率が π_t とわかっているとの想定のもとでは，賃金方程式を陳腐化条件に代入すれば得られる．離散的な時間単位が取り扱われているから，T が整数であるという制約を満たさねばならないことを認める必要がある．したがって T はつぎの不等式を満たす最大の整数となろう．

$$T \leq -\frac{\ln(1-\pi_t)}{\ln(1+\gamma)} \tag{15.1}$$

この不等式には意味がある．なぜなら，技術が速い率で変化するほど，賃金の上昇も速くなり，古い機械が使われなくなるのも早くなるからであり，また，最新ヴィンテージの賃金分配率が大きくなるほど，古い機械のために利用できる利潤は減少し，古い機械の引退を早めることになるからである．

15.4 ヴィンテージ・モデルの恒常状態成長

ヴィンテージ・モデルの均衡を特徴づけるために，成長率（これは資本蓄積率と同じである）と，最新の機械にかんする利潤分配率が決定される必要

第15章 技術変化へのさまざまなアプローチ 297

がある．モデルでは，T 年目の活動がおこなわれている（すなわち $t=T$）ことと，ヴィンテージ 0 にまでさかのぼって，バランスのとれた機械の組が存在することが単純に仮定されれば，表記が簡約化される．全ヴィンテージからの総産出は，つぎのようになる．

$$X = \sum_{v=0}^{T} X_0(1+g)^v = \frac{X_0}{g}((1+g)^{1+T}-1)$$

利潤分配率の総計は，各々のヴィンテージの用いられる機械への利潤分配率を加重和したものと考えることができる．そのウェイトは，総産出にたいして，与えられたヴィンテージからの産出が占める割合である．数学的には，つぎのように書くことができるであろう．

$$\pi = \sum_{v=0}^{T} \pi_v(X_v/X)$$

任意のヴィンテージの機械によって生み出された，産出に占める利潤分配率 π_v は，当該機械の生産性に依存する．適切に代入すれば，それは π_T を使って，表すことができる．

$$\pi_v = 1-\frac{w}{x_v} = 1-(1-\pi_T)(1+\gamma)^{T-v}$$

この式と総産出の式によって，利潤分配率の加重和が求められる．ここで関心があるのは，最新ヴィンテージでの利潤分配率 π_t である．それは仮定により π_T に等しい．総計を分解して，この利潤分配率について解けば，次式が得られる．

$$\pi_t = \frac{(1+g)^{1+T}(\pi g+\gamma(1-\pi))-g(1+\gamma)^{1+T}+(1-\pi)(g-\gamma)}{g((1+g)^{1+T}-(1+\gamma)^{1+T})} \quad (15.2)$$

これで T と π_t にかんする 2 つの有用な式が得られたが，まだ成長率 g が決定されていない．これまでの通常のアプローチでは，資本家が彼らの富の一定割合を貯蓄することが仮定されていた．資本家の富を求めるためには，彼らの所有する機械を，中古市場で成立するであろう価格を用いて評価する必要があろう．これらの計算をおこなう必要を避ける近道は，資本家が彼らの利潤の一定割合 s_p を貯蓄するとの仮定である．T 年における利潤からの

貯蓄は，$T+1$期に新しく据え付けられた機械という形をとる．それは投資あるいは資本ストックの変化を表している．これは，$X=K$という事実を活用すれば，数学的にはつぎのように表すことができる．

$$K_{T+1} = s_p \pi X = s_p \pi K$$

両辺をKで割れば，左辺が成長率$g=g_K=K_{T+1}/K$となり，一種のケンブリッジ成長方程式が得られる．

$$g = s_p \pi \tag{15.3}$$

番号が付けられた3つの式，(15.1)，(15.2)，(15.3)は，恒常状態均衡を特徴づける3つの未知数，T，π_t，gを一意に決定する．

このモデルは例の重要なアイデアを表現している．すなわち，機械の生産性に順序があるとき，賃金が序列の最後にある機械の生産性，すなわち**外延的な限界**と呼ばれることのある機械の生産性を決定するというアイデアである．この最も生産性の低い機械は，リカードの地代理論における，最も肥沃度の低い土地を想起させる役割を果たす．

機械の生産性順序によって，先に表明された願望まで立ち戻ることになる．つまり，貯蓄率上昇は，資本ストックの平均年齢を低下させることによって，生産性上昇を高めることができるかもしれないという願望である．集計した生産性は，上述の集計利潤分配率と同様に，各ヴィンテージの機械の生産性を加重和したものとして表すことができる．この場合のウェイトは，総雇用に占める割合として表される，各ヴィンテージの機械にたいする雇用であろう．これは数学的には，つぎのように表現される．

$$X/N = \sum_{v=0}^{T} x_v (N_v/N)$$

恒常状態ではこれらの雇用ウェイトは変化しない．そして，年々，新しい機械が最も古いヴィンテージに取って代わるにともなって，生産性は$1+\gamma$ずつ上昇する．投資増加の即時的な効果はウェイトを変化させ，最新ヴィンテージの機械にたいして雇用される労働者の割合を上昇させるであろう．このことは合成効果をつうじて，集計した生産性をγより速く上昇させるだ

第 15 章 技術変化へのさまざまなアプローチ　　　299

ろう．それはまさに直観が示唆する通りである．しかしながら，新しい恒常
状態が達成されれば，ウェイトはその新しい均衡値に落ち着き，この合成効
果は消失するであろう．そして資本蓄積率が上昇するにもかかわらず，生産
性上昇率は外生的な比率γに戻ることになる．このように体化仮説は，投
資増加の中期的な効果を予測する上では，重要であるけれども，恒常状態で
の生産性上昇率の長期的な比較をおこなうさいには，そうではないのである．

> **問題15.1**　利潤分配率が1/3に等しく，利潤からの貯蓄率が3/4に等しく，ハロ
> ッド中立的技術変化率が1年当たり5％（1年当たり0.05）のヴィンテー
> ジ・モデルを想定しなさい．成長率，最新ヴィンテージへの利潤分配率，機
> 械の耐用年数を求めなさい．数値解を得るために，グラフ計算機かスプレッ
> ドシートを使用しなさい．
>
> **問題15.2**　問題15.1のモデルを想定するけれども，利潤分配率が1/4に低下し
> たと仮定しなさい．新恒常状態での機械の耐用年数の値を計算し，なぜそれ
> が以前よりも大，あるいは小なのかを説明しなさい．数値解を得るために，
> グラフ計算機かスプレッドシートを使用しなさい．

15.5　誘発された技術変化

　技術変化は程度の違いは別として自ずと偏向的形態をとりうるとはいえ，
経済学者は長きにわたって，資本制社会の特定の特徴，例えば総費用に占め
る大きな賃金分配率のような特徴が，技術変化にたいして労働節約的な偏向
を与えるのではははないかと考えていた．マルクスは，19世紀イギリスの工
場法が，さらに労働を高価にすることで，労働節約的な機械の発見を刺激し
たと確信していた．誘発された技術変化の理論は，資本‐労働の代替という
実証的現象にたいしもう1つ別のアプローチをしている．

　誘発された技術変化の基本アイデアを説明する簡単なモデルは，企業にた
いし可能な技術変化のメニューが提供される，との仮定から始まる．それは
凹の技術進歩関数（これは**発明可能性フロンティア**としても知られている）

の形をとる．

$$\gamma = f(\chi)$$

もし，もっともらしく，労働のより大きな節約が，資本投入のより小さな節約（またはある点では資本投入の増加すら）を代償にしてもたらされるならば，この関数は右下がりであり，負の導関数をもつであろう．これは $f'(\chi)<0$ と表現される．もし，労働をさらに節約するために，さらに大きな割合で資本を節約する必要があるならば，関数は凹で，負の2階導関数をもつであろう．これは $f''(\chi)<0$ と表現される．図 15.1 では，これら双方の数学的性質を，技術進歩関数が備えていると仮定されている．

労働量をいくらか節約するには，必要な資本量の実際の増加が必要となる，と想像するのは難しくない．それは労働節約的，資本使用的技術変化のケースであろう．原則的には，資本節約的，労働使用的技術変化のケースもまた，想像可能であって然るべきである．

誘発された技術変化の理論では，技術変化の偏向は，資本家の経済的誘因

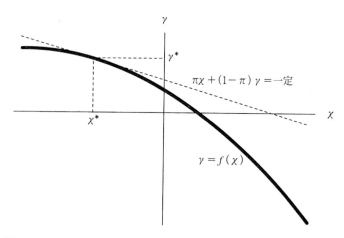

図 15.1 太い曲線で示された技術進歩関数 $\gamma=f(\chi)$ を所与として，利潤を最大化する企業家は，費用減少 $\pi\chi+(1-\pi)\gamma$ を最大にする技術変化パターン (χ^*,γ^*) を選択するであろう．利潤最大化パターンは，点線で示された等費用減少曲線と，技術進歩関数が接する点で生ずる．

第 15 章 技術変化へのさまざまなアプローチ　　　301

にたいする反応によって生ずると説明される．それぞれの個々の経営者は，
第 7 章と同様，賃金と資本賃貸料率を所与として，産出 1 単位の生産費を，
できるだけ大きく減らそうと努めるであろう．これは，企業所有者である資
本家のために，経営者が利潤を最大化しようと努める，ということの別の言
い方にほかならない．費用は，経営者がその労働者に支払う賃金すなわち労
働コスト，および，企業所有者に支払われるレントすなわち資本コストから
なる．企業は競争的環境で活動しているので，平均利潤率に等しい利潤率か
ら常に出発するであろう．結果として，利潤分配率は総費用に占める資本コ
ストの割合を表し，賃金分配率は総費用に占める労働コストの割合を表すこ
とになる．1 単位当たり費用の減少率は，式 $(1-\pi)\gamma+\pi\chi$ によって与えら
れる．

　かくして企業の企業家 - 経営者にとって計画問題は，1 期間の選択問題と
して表すことができる．

　　　$\gamma=f(\chi)$ の制約のもとで，

　　　$(1-\pi)\gamma+\pi\chi$ を最大化しなさい．

　　　ただし，$f'<0$，$f''<0$ であり，π は所与とする．

代入によって，企業家がつぎの最大化を望むことがわかる．

　　　$(1-\pi)f(\chi)+\pi\chi$

最大化のための 1 階条件は，つぎのようになる．

　　　$(1-\pi)f'(\chi)+\pi=0$

χ の求める解の値は，明らかに次式を満たさねばならない．

$$f'(\chi) = -\frac{\pi}{(1-\pi)}$$

図 15.1 を参照して解の視覚化が可能である．そこでは，技術進歩関数の
接線の傾きが $-\pi/(1-\pi)$ になる点として，1 階条件が示されている．した
がって γ の解の値は，縦軸から読み取れる．

　慣習的賃金シェアの仮定のもとでは，この 1 期間の解が時間を超えて繰り
返されるであろう．労働生産性の上昇は，それに対応する実質賃金の増加を

導くだろうから，利潤分配率は一定にとどまる．第7章を参照しなおすことでどのように経済が展開するかを理解できる．重要な違いは，以前は外生的に取り扱われた技術変化の偏向的性質が，ここでは説明されているということである．

図15.1で示された解は，労働節約的で資本使用的，あるいはマルクス偏向的な技術変化の例を表している．しかしこのモデルがこの特定の偏向を保証しているわけではない．解の特徴は，企業家の経済的誘因の構造にたいする反応を反映するものなのである．もし利潤分配率がもっと大きければ，それは資本を節約するさらなる誘因を創り出し，求める χ の値は大きくなるであろう．$f'(\chi)$ が縦軸と交わるときの利潤分配率では，χ の値はゼロとなり，これはハロッド中立的技術変化を意味しよう．利潤分配率の値がこれより大きければ，最も重要な費用を節約しようとする企業家は，資本節約的技術変化を選択するであろう．このモデルは，技術進歩関数のパラメータと，費用のかなり大きな割合を賃金が占めるという事実が合わさる結果として，マルクス偏向的技術変化があるのだということを説明する．

誘発された技術変化理論の，この説明の主要な弱点は，現実経済のなかの企業が直面する，技術進歩関数に対応するものがないことである．可能な技術変化の組というのは確率的である，と考えるほうがもっともらしく思える．この場合，もっと労働節約的な技術変化が求められているのならば，同時にもっと資本使用的というわけではない技術変化が見つかる確率は小さくなる．

問題15.3 技術進歩関数が2次式，ここでは $\gamma = -\chi^2 - 0.52\chi + 0.0149$ という形をとると想定し，利潤分配率が1/3のときの，最適な資本節約（あるいは使用）的技術変化率を求めなさい．つぎに利潤分配率が1/4のときの，最適な技術変化率を求めなさい．それぞれの解答を比較しなさい．

問題15.4 問題15.3のデータを用い，慣習的賃金シェアの仮定のもとで，利潤分配率が1/3のときの実質賃金上昇率を求めなさい．次に利潤分配率が1/4のときの実質賃金上昇率を求めなさい．それぞれの解答を比較しなさい．

問題15.5 労働力の完全雇用が利潤分配率の即時的変化によって維持され，労働

第 15 章 技術変化へのさまざまなアプローチ 303

力が一定であるという仮定を, これらを別とすれば古典派的なモデルのなか
で設けなさい. 前問の技術進歩関数を使用すること. γ, χ, g_K, g_X, π の値
を計算して誘発された技術変化をともなう恒常状態均衡を特徴づけなさい.

15.6 専門化と不完全競争

最近の成長理論における主題は, 規模の利益が不完全競争を促進すること,
および専門化の進展が収穫逓増の源泉であること, の2つである. このアイ
デアは数学的には, さまざまな種類の資本財の存在を考慮した, 特別な形の
コブ゠ダグラス生産関数で表されることがよくある. ヴィンテージ・モデル
とは対照的に, 各々の種類の財は, 他のどの財とも同一な, 本来的な労働生
産性をもつと仮定される. 最終生産物の生産関数はつぎのようである.

$$X = N^{1-\alpha} \sum_{i=1}^{A} K_i^\alpha$$

この関数の新しさは, 種類またはデザインの数 A にある. 資本財が多
様化すればするほど, すなわち専門化が進めば進むほど, 他のすべてをその
ままにして産出水準は増加する. A を連続変数として扱うことで, 問題が
簡単になる.

成長モデルの基礎をこの生産関数におくためには, いくつかの特別な仮定
をする必要があろう. 第1に, 労働力は一定で, かつ完全雇用されると仮定
する. 第2に, 最終財部門は労働者を雇用する唯一の部門であり, それは競
争的である. そこでの賃金は, 労働の限界生産物に等しく, 労働市場は清算
される. 第3に, 資本財は1期間で費消され, それゆえこれらは流動資本財
と呼ばれるであろう. 第4に, 最終生産物を生産する企業は, 労働と流動資
本財にたいする支払いを期末におこなうことができる. それゆえ利子は生産
費ではない. 第5に, 資本財は, 最終財を投入物として使用する別の部門で
独占者によって生産され, そのことはこのモデルに二重市場構造をもたらす.
各々の企画の考案者は, 特許をつうじて, 恒久的にその生産から他の誰をも

排除する能力を保持しており，各々のデザインとはこうした考案者の私有財産であるから，流動資本部門は独占的である．流動資本の顧客は，最終財を生産する企業である．これらの企業は利潤を最大化するように，個々の財についてそれぞれの数を需要するであろう．つまり彼らは，その限界生産物がその（最終生産物の単位で測られた）価格 P_i に等しくなるような水準で，財を使用するであろう．（同様の理由づけによって，労働の需要曲線が労働の限界生産物であるというアイデアが導かれる．）生産関数を K_i で偏微分して P_i と等しくおけば，つぎのように第 i 資本財の需要曲線を表すことができる．

$$K_i^d = N(a/P_i)^{\frac{1}{1-a}}$$

流動資本部門の費用は，固定デザインコスト F，一定の限界費用 c からなる．限界費用は，労働も使用することなく，ともかくも特定の資本財に変えることが可能な最終生産物の量を表す．この種の費用曲線は規模にかんする収穫逓増を示す．なぜなら産出が拡大するにつれて，固定デザインコストがより多くの単位に拡散し，そのことが単位費用を引き下げるからである．

すでに貨幣をデザインにサンクさせてしまっている（投下してしまって引き上げることができない）独占者にとっての計画問題は，非常に単純である．上述の需要曲線を与件として，独占者は利潤を最大化する価格を選択しなければならない．数学的には，これはつぎのように表現できる．

$$\max (P_i - c) N(a/P_i)^{\frac{1}{1-a}}$$

この解は 1 階条件によって求められる．この式の，P_i にかんする導関数をゼロとおいて，P_i^* について解けば，次式が得られる．

$$P_i^* = \frac{1}{a} c$$

a は 1 より小さいから，独占者は，限界費用を上回る一定の**マークアップ**（上乗せ）となる価格をつけるであろう．新デザインを導入しても，既存の資本財にたいする需要には影響しないので，独占者は同一水準の産出量の生産を恒久的におこなうであろう．

第15章　技術変化へのさまざまなアプローチ　　　305

15.7　内生的成長と専門化

　いくらかの富をデザイン過程に配分しようと考えている資本家は，費用
F が，独占権の売買される株式市場で決定されるものとしての独占権の価
値よりも高いか低いかを問題にする．独占権はコンソル公債，つまり定めら
れたクーポンを永久に支払う債券に似ている．利子率 r は年々の利潤 $(P_i -$
$c)K_i$ を独占権の価値で割ったものとして暗黙に定義される．独占権の価値
それ自身は，将来にわたる独占利潤の割引現在価値を表す．もしも独占権の
価値がデザインコストを上回っているならば，どの資本家も自分の富のすべ
てをデザインに配分するであろう．それゆえ均衡では，独占権の価値はデザ
インコストに等しくなければならない．これらのアイデアは数学的にはつぎ
のように表現できる．

$$F = \sum_{t=0}^{\infty} \frac{(P_i^* - c)K_i}{(1+r)^{1+t}} = \frac{(P_i^* - c)K_i}{r}$$

　K_i に流動資本財の需要方程式を，P_i^* にマークアップ価格方程式を代入す
ると，利子率が求められる．

$$r = \frac{1}{F}\left(Na^{\frac{1}{1-\alpha}}(1-\alpha)\left(\frac{c}{\alpha}\right)^{\frac{\alpha}{\alpha-1}}\right)$$

　恒常状態均衡での資本家の計画問題は，独占権の価値 $(1+r)FA$ の形で
所有する富を，消費とデザインとに配分する選択である．これはよく知られ
た形で，つぎのように表される．

　　$C_t + FA_{t+1} \leq (1+r)FA_t$ $(t=0, 1, \cdots)$ という条件のもとで，

　　$(1-\beta)\sum_{t=0}^{\infty}\beta^t \ln C_t$ を最大化するように

　　$\{C_t \geq 0, A_{t+1} \geq 0\}_0^{\infty}$ を選択しなさい．

　　ただし，A_0 は所与とする．　　　　　　　　　　　　　　　　(15.4)

　この問題の解が，富の一定割合を消費すること，あるいは $C =$
$(1-\beta)(1+r)FA$ であることは，すでにわかっている．$r > (1-\beta)/\beta$ と仮

定すれば，このことは A の成長率がケンブリッジ方程式と同じ形をとること，あるいは次式を意味する．

$$1+g_A = \beta(1+r)$$

さて，恒常状態均衡が記述される段階にきた．新たな到来者が資本財需要を攪乱することはないから，各々の独占者は，その流動資本財の産出を一定に維持するであろう．成長が生ずるのは，すべて新しいデザインの資本財が生み出されるからである．このようにデザインが増えると，産出量水準および労働者1人当たり産出量は増加し（労働力一定を想起せよ），これらは比率 g_A で持続的に成長する．こうして生産性上昇は内生的となり，資本家－考案者階級による利潤追求としては意図的である活動が原因で生ずる．もし資本家がもっと倹約的になるならば，β の増加が生産性上昇率を引き上げるであろう．一層多くの努力が流動資本財の多様性増大に向けて，注がれるであろうというのがその理由である．

いまはつぎのことを理解する段階でもある．すなわち，もし労働力の増加が可能ならば，そのことで生産性の**加速**（ますます高い上昇率での成長）が引き起こされるだろう，ということである．この意味では当モデルは非常に脆弱に思える．それは労働力 N を含む利子率の式のなかで確認できる．実際，市場の成長は，持続的に独占利潤を増加させ，常に増加しつつある資源をデザインに引き入れる．規模の効果のために，モデルがこのように膨らむ傾向は，人口の多い国々ほどより速く成長することが観察されない以上，内生的技術変化の理論のなかの中心課題となる．

問題 15.6 専門化モデルの均衡賃金方程式を導きなさい．賃金がデザインの数と同率で増加することを示しなさい．

問題 15.7 慈悲深い独裁者が資本家の効用を最大化するように選択した成長率よりも，専門化モデルの成長率は大きいですか，それとも小さいですか．

15.8 累積的因果連関

『国富論』の第3章に「分業は市場の範囲に制限される」という表題をつけたアダム・スミスは，専門化の意義を認める上で責任を最も負う経済学者である．成長経済は，労働者間や企業間，産業全体のあいだで，さらなる専門化のための機会をつくりだす．専門化が進めば，大規模生産の経済をもたらすことができ，それはちょうど純粋な技術変化のように，投入物の生産性を上昇させる．スミスのピン工場は，労働者間の専門化の利益を示す便利な例として，役立ち続けている．

周知のように，生産物市場の企業間で完全競争の仮定を放棄することなく，規模の経済を順応させることは難しい．1つの代替的方策は，**規模の外部経済**を企業レベルでは存在しないが，産業さらには経済全体といった集計レベルが高いところでは存在すると，想定することである．規模の外部経済は産業内での完全競争と整合的である．なぜなら，規模の外部経済が実現しても個々の企業はいかなる特別な利益も得ることがないからである．

分業についてのスミスの有名な観察に刺激されて，アメリカの経済学者アリン・ヤングは，スミスの議論を経済全体に拡張しようとした．ヤングは経済が成長するにつれて，個々の産業の一部がそこから分かれ，自分たちだけの産業を形成すると指摘した．産業間で専門化の程度が高まると，その経済全体の生産性が上昇する．それは，ピンを作る労働者間の専門化が彼らの効率を上昇させたのと，どこか同じ理由でおこる．実際，スミスのピン工場内でおこなわれていたいくつかの活動，例えば，針金を引き延ばす活動は，別の産業へと発展していったのである．

ヤングの貢献は，その考えがカルドアによってとりあげられるまでは，休眠状態であった．カルドアは自分の**累積的因果連関**の理論のなかでヤングの考えに中心的役割を与えた．累積的連関論は，カルドア自身の初期モデルにたいする幻滅から生じた．そこでは（当時の他のモデル同様）資源供給が成

長にたいする基本的制約と考えられていたのである．累積的連関論は，少なくとも同程度，需要要因を強調している．その中心的なアイデアとは，成長過程が，需要要因と供給要因とのあいだの，漸進的，累積的な性質をもつ正方向のフィードバック・ループだ，というものである．需要増加は市場を拡張し，さらなる専門化に機会を提供する．専門化が進むと所得は増加するようになり，今度はこれが需要を増加させるようになる．カルドアのアプローチでは，重要な変数のすべてが同率で成長する恒常状態という概念が退けられ，不均等発展が成長経済の自然な条件だと考えられているのである．

特に，カルドアは成長のエンジンとして製造業部門を選び出し，万全を期して規模の経済をこの部門だけに限定している．彼が強い印象を受けたのは，国や地域の第2次（製造）部門にだけみられ，第1次（農業および鉱業）部門や第3次（サービス）部門ではみられないと思われる，労働生産性上昇と産出量成長とのあいだの強力な実証的関係であった．この実証的関係は，最初にそれに気づいたオランダの経済学者にちなんで，フェルドーン法則と呼ばれるようになった．それが累積的因果連関モデルで果たす役割は，技術進歩関数がカルドアの初期の成長モデルでつとめる役割と同じである．フェルドーン法則についてのほとんどの研究は，製造業産出物の成長率の，各々1％ポイントの上昇が，製造業の労働生産性上昇率の，約1/2％ポイントの上昇と，関係することを見出している．

累積的因果連関モデルの予測によれば，経済の成長と停滞は，成長の好循環や停滞の悪循環をつうじて，自己増大的になる傾向がある．こうした力学が，諸国間の生産性水準の違いの拡大を導くであろう．したがって，累積的因果連関モデルは，ここ10年間にもたらされてきたさまざまな内生的成長モデルの先駆とみなすことができる．成長に乖離が存在することを証明した点が，こうしたモデルの魅力であった．

15.9 読書案内

マクロ経済学レベルでの技術変化についての学習は，Fagerberg［1994］から始めるのがよい．これは，この分野の最近の理論的・実証的研究のサーベイである．

ヴィンテージ成長モデルの文献は，難しくなりがちであるが，Allen［1968］は簡潔な教科書としての説明を与えている．パテ‐クレという喩えは，Edmund Phelps［1963］が作り出した．一方，Salter［1969］はパテ‐クレ・アプローチを採用した重要な研究である．ヴィンテージ・モデルにおいて投資率増加が生産性に与える影響は，Nelson［1964］によって追究された．

カルドアの技術進歩関数の使用法については，Kaldor［1957］とKaldor and Mirrlees［1962］を比較せよ．この伝統での最近の研究例はYou［1994］である．累積的因果関連をさらに探求すると，原典であるSmith［1937］，Young［1928］，Kaldor［1966, 1967］は知的に刺激的で，Ricoy［1987］は優れた概観だと気づくであろう．部門レベルの不均等発展の実証研究はRowthorn and Wells［1987］である．累積的因果連関アプローチとの関連を明らかにしているわけではないが，Jacobs［1984］は，経済発展の地域的次元の洞察を得るためには，読む価値が十分にある．

誘発された技術変化の理論は，その多くをKennedy［1964］に負っている．技術変化を確率的過程として扱うモデルについては，Duménil and Lévy［1995］をみよ．

専門化モデルはRomer［1990］にもとづいている．一方，本文での説明はBarro and Sala-i-Martin［1995］を書き替えたものである．専門化の利益をともなう生産関数はDixit and Stiglitz［1977］のなかで導入され，そこではそれが，多様性を評価する人々の効用関数として現れている．新デザインが古いものを消し去るというアイデアを支持して，持続的独占の仮定を

はずした関連モデルは，ネオ－シュンペータリアンと呼ばれる．なぜならそれらはSchumpeter［1942］によって導入された「創造的破壊」というアイデアに依拠しているからである．上級教科書としての説明はAghion and Howitt［1998］にある．規模の効果にともなう実証的な問題は，Jones［1995a, b］によるネオ－シュンペータリアン・モデルについて有力な批判の根拠を形成する．技術変化への進化論的アプローチをとる，シュンペーターに影響された，さらに古い伝統もまた存在する．Dosi et al.［1988］はその概観を与え，有力な貢献がNelson and Winter［1982］である．

第16章
内生的技術変化

16.1 資本制経済における技術変化

産業資本主義は，生産手段の形をとる富の蓄積のための強力な仕組みである．社会的剰余の生産が利潤の形で私的資本家の手に集中することによって工場や機械，輸送施設の数が大量に増えるための条件が作り出される．生産手段がこのように量的に増加すると，生産組織と労働生産性に質的変化が生ずる．競争する資本家たちは，競争相手にたいして優位に立とうとして，生産を組織化する新しい方法，新しい工程，新しい生産物を追い求める．こうした競争での戦いからの副産物として，労働生産性が上昇する．資本制社会での労働生産性の恒常的な上昇は，資本蓄積そのものと同様に近代社会にたいする重要な影響である．

経済成長のモデルのなかで技術変化を内生的なものにしようとする試みは，一般には，2つの広いカテゴリーのうちのどちらか1つに分類される．1つのアプローチは，技術変化を通常の経済活動の副産物（**外部性**と呼ばれることもある）として扱う．第2のアプローチは，技術変化を他部門から区別される研究・開発（R&D）部門の産出物と見なす．本章では双方の実例を検討する．

16.2 ラーニング・バイ・ドゥーイング

インテルの共同創立者であるゴードン・ムーアはかつて，シリコンチップの能力は18カ月ごとに2倍になるだろう，と予測した.「ムーアの法則」はコンピュータ産業の信条になってきた．他の産業では，経営者が，経験からもたらされる改善を描写するために，**学習曲線**について語る．ケネス・アローはこれを**ラーニング・バイ・ドゥーイング**（経験による習得）と呼ぶ.

成長理論家にとって最も興味のあるラーニング・バイ・ドゥーイングによって，経済のなかの他の企業や労働者へと広がる知識が作り出される．このようなスピルオーバーが起こる領域の広さは，解釈の仕方次第である．それは産業，国，地域，あるいはグローバル経済でもありうる．ラーニング・バイ・ドゥーイングは新しい資本財の生産において非常に重要である，とアローは主張する．獲得された知識がスピルオーバー効果をつうじて他の生産者にも利用できると，その知識によって自律的な技術変化が起こりうる．資本ストックは過去の投資の蓄積を表すので，知識というストックは資本ストックに依存することになる.

どうすればラーニング・バイ・ドゥーイングを規模の外部経済として，それゆえ競争均衡と両立する形で定式化できるかを論証するためには，企業レベルの変数と経済レベルの変数を区別する必要がある．このために，下付き添字を使って第 i 番目の企業にかんする変数を表す．添字のつかない変数は，企業の番号をつけないで，集計値を表す．各々の企業はつぎのようなレオンティエフ型生産関数のもとで操業する，と仮定される.

$$X_i = \min(AK_i, x(K)N_i)$$

技術変化はハロッド中立的であると仮定するので，資本生産性は一定である．通常の記号 ρ を A に置き換えた理由については，以下で説明する．テクノロジーの水準は，関数 $x(K)$ をつうじて集計的な資本ストックの大きさに依存し，この関数がラーニング・バイ・ドゥーイング効果をモデル化し

ている．学習効果は小さすぎて，企業レベルでは問題にならない，と仮定する．$x(K)$ がつぎのようなベキ乗関数という都合の良い形をとるとすれば，少しは具体化できる．

$$x = K^a$$

このベキ乗関数が意味するのは，労働節約的な技術変化を反映して $a>0$ とすれば，K の 1 パーセントの増加は x の a パーセントの増加を生み出す，ということである．

このモデルでは，企業はテクノロジーを与えられたものと見なす．しかし，企業全体として資本を蓄積することが，新しい生産技術の発見に寄与している．すべての企業について集計する（合計する）ことによって，こうしたスピルオーバーの効果を明らかにする集計的生産関数に行き着く．

$$X = \min[AK, K^aN]$$

ふつう企業は，過剰な資本ストックをもたずに操業するし，余分な労働も雇い入れない．これは，$\min(\cdot,\cdot)$ 関数のどちらの制約も等号として満たされるということである．労働制約は，コブ＝ダグラス生産関数に入っているが，この関数は，$1+a>1$ であるから，収穫逓増をともなう．この種の規模効果は，集計的なレベルで作用すれば，前章で論じたフェルドーンの法則についてカルドアが提出した 1 つの説明であった．

資本制約は資本の定数倍という形をとっている．この生産関数は「AK」型成長モデルの基礎である．こうした関連をはっきりさせるために，資本生産性の記号を変えた．明らかに，古典派のモデルは，そこにこれから導入しようにする規模にかんする収穫逓増がなくても，この型のモデルに属する．

慣習的賃金シェアをともなう古典派モデルのなかにラーニング・バイ・ドゥーイングを導入するために，資本蓄積率がケンブリッジ方程式をつうじて利潤率に依存すると引き続き仮定しよう．表記を簡単にするために，資本減耗率はゼロであると仮定する．こうすれば，純利潤率は，一定の利潤分配率に資本生産性を掛けたもの，すなわち，$r=\pi A$ に等しくなる．したがって，資本蓄積率は，つぎの式によって決定される．

$$1+g_K = \beta(1+r) = \beta(1+\pi A)$$

労働節約的技術変化率は，単純な形で蓄積率に依存する．γ と g_K の定義により，つぎのようになる．

$$1+\gamma = \frac{x_{t+1}}{x_t} = \frac{K_{t+1}^a}{K_t^a} = (1+g_K)^a$$

この式をさらに簡単にするには，変数 z が小さい値のとき，$\ln(1+z)$ は近似的に z と等しいという数学的な事実を使えばよい．両辺の対数をとり，ケンブリッジ方程式を代入して，この便利な事実を適用すると，つぎのことがわかる．

$$\gamma \approx a((\beta-1)+\beta\pi A)$$

したがって，技術変化率は資本蓄積率に依存する．なぜなら，投資の意図されない結果として，知識が増加するからである．富からの貯蓄性向の上昇は技術変化率の上昇を引き起こすが，これは，国々をとおして観察される貯蓄と1人当たり所得の成長とのあいだの相関についての1つの説明になるかもしれない．利潤分配率（あるいは資本生産性）の上昇は，技術変化率の上昇を引き起こす．これが意味するのは，実質賃金の上昇は――それが利潤分配率を押し下げるかぎりは――技術変化率が低下する原因になるということであるが，これは，誘発的技術進歩のモデルで結論づけたことと対立する．

問題16.1 ラーニング・バイ・ドゥーイングをともなうこのモデルで，雇用の増加率にかんする式を導きなさい．雇用は増加しなければならないのですか．

問題16.2 ラーニング・バイ・ドゥーイングの結果，テクノロジーの機械化の程度が高まる傾向にあるので，$A=K^b$，ただし，$b<0$ であると想定しよう．資本使用的な技術変化率 χ を表す式を導き出しなさい．

16.3 技術変化への R&D 投資

内生的技術変化の理解へ近づくもう1つのやり方では，研究開発のための支出をつうじて生産性上昇への投資をしようとする個々の資本家の意思決定

第16章 内生的技術変化 315

に焦点を合わせる．その場合，結果として得られるテクノロジーの進歩は，他の生産者へと**スピルオーバー**するかもしれない．というのも，そうしたテクノロジーの進歩は，特許，刊行物，生産物そのもの，あるいは，企業から企業への技術労働者の移動のなかで明らかになるからである．

R&D をつうじた内生的技術変化のモデルを組み立てるために，典型的な資本家は各期間に資本ストック K をもって出発し，また，誰でも使える社会的に利用可能な生産テクノロジー (x, k) が存在すると仮定しよう．このテクノロジーのもとでの利潤率は，賃金が w であると仮定すれば，つぎのようになる．

$$v = \frac{x - w}{k}$$

単純化のために，すべての技術変化はハロッド中立的であり，それゆえ，(資本の) 生産性 $\rho = x/k$ と δ はけっして変化しないと仮定する．しかし，労働生産性 x の変化は考慮に入れる．$w/x = 1 - \pi$ は，粗生産物のうちの賃金になる割合であることに注意してほしい．

つぎに，典型的な資本家は，社会的に与えられた水準 x よりも労働生産性を高めるために，自分の資本をいくらか使うことができると想定しよう．基本的には，資本家は技術進歩を買う立場にある．モデルを恒常状態の成長と両立させるために，総資本のうち生産性の改善のために配分される**部分**がその期間の技術進歩の大きさを決める，と仮定しよう．技術進歩における改善は，労働者により良い生産方法を教える結果であると考えることもできる．資本家の資本ストックが大きければ大きいほど，資本家はますます多くの労働者を雇い，また，労働者を教育するためにますます多くの資源を必要とするようになる．資本家の資本のうち技術改善にたいして支出される割合を，rd と呼ぼう．この場合，資本家は，自分の資本のうち rd の割合を技術革新にたいして支出することにより，$(x/g(rd), k/g(rd))$ というテクノロジーを達成することができる．

この構図を理解するためには，資本家は借入によってさらに多くの資本を

集めることはできない，と仮定しなければならない．もし資本家にそれができるのであれば，技術変化に投入する資源と生産のために使う資源とのあいだのトレード・オフは存在しないであろう．実際の資本制経済では，企業は借入をすることができるが，企業の借入可能な大きさには，企業の自己資本（これは，私たちが検討しているモデルでは，資本家の資本に相当する）との関係で制約がある．したがって，資本家は借入をまったくすることができないという仮定は，1次近似としてそれほど不正確ではない．

関数 $g(\cdot)$ は，労働生産性を改善するさいの資源の生産性を表す．資本家が技術革新にたいして何も支出しないならば，資本家はまさに社会的に平均の技術 (x, k) を使うだろう．このことは，$g(0) = 1$ という仮定に反映される．資本家が技術革新にたいして多く支出すればするほど，資本家の雇う労働者の生産性 $x/g(rd)$ はますます高くなるだろう．したがって，導関数 $g'(rd)$ は負であると仮定する．資本生産性は一定にとどまると仮定しているので，資本集約度 $k = x/\rho$ も $k/g(rd)$ まで上昇するだろう．特別な例として，$g(rd) = (1-rd)^\theta$ を想定しよう．ここで，θ は，技術革新に向けられた生産資源がどのくらい労働生産性を高めているかを測るパラメータである．図 16.1 は $g(rd)$ を描いたものである．

自分の資本のうち rd の割合を技術革新に投資する資本家は，$(1-rd)$ を生産のために残しておくことになる．したがって，賃金支払い後の資本家の利潤率は，つぎのようになる．

$$\frac{(x/g(rd) - w)}{k/g(rd)}(1-rd) = \frac{x - g(rd)\,w}{k}(1-rd)$$

したがって，研究開発の効果は，資本家の観点から見て，賃金の引き下げと同じである．

rd が技術革新にたいして支出される場合，資本家の純利潤率はつぎのようになる．

$$r(rd) = \frac{x - wg(rd)}{k}(1-rd) - \delta = \frac{x - w(1-rd)^\theta}{k}(1-rd) - \delta$$

第 16 章 内生的技術変化

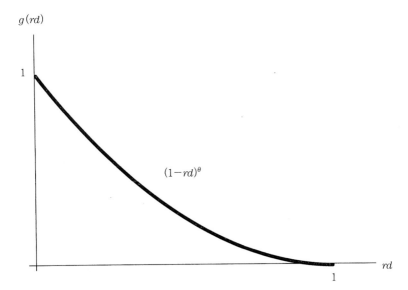

図 16.1 資本のうち rd の割合を技術革新に投資する資本家は，労働生産性を標準的な水準の $1/g(rd)$ 倍だけ増加させる．このグラフは $\theta>1$ と仮定して描いてある．

この場合，資本家の予算制約は，つぎのようになる．

$$K_{+1}+C = (1+r(rd))K \\ = \left(\frac{x-wg(rd)}{k}(1-rd)+(1-\delta)\right)K \tag{16.1}$$

典型的な資本家の計画問題をつぎのように書くことができる．

$K_{t+1}+C_t = (1+r(rd_t))K_t$ $(t=0,\cdots,\infty)$ という制約のもとで，

$(1-\beta)\sum_{t=0}^{\infty}\beta^t\ln(C_t)$ を最大化するように，

$\{C_t\geqq 0, 0\leqq rd_t\leqq 1\}_{t=0}^{\infty}$ を選択しなさい．

ただし，$K_0, \{w/x\}_{t=0}^{\infty}$ は所与とする．

すでにわかっているように，コブ＝ダグラス異時点間効用関数を最大化する資本家は，期末における自分の富のうち $1-\beta$ の部分を消費に支出する．

$$C = (1-\beta)(1+r(rd))K \tag{16.2}$$

このモデルの新しさは，資本家が各期間に自分の資本のうちどのくらい多くを技術革新に充てるのかを決定しなければならない，という点である．したがって，どのようにして資本家が rd_t を選択するのかをいったん理解すれば，資本家の意思決定問題が解けることになる．労働生産性の上昇を左右する要因を理解するうえでも，この点が鍵になる．

16.4　R&D の規模

資本家の観点からすれば，研究開発支出の利点は利潤率を引き上げることである．資本家は，利潤率を最大化するような水準の研究開発支出を選択するであろう．資本家が技術革新への投資を決定するからには，R&D 投資にかんする純利潤率が最大化されるまで，投資を続けるべきである．

$$r'(rd) = \left(-\frac{w}{x} g'(rd)(1-rd) - \left(1 - \frac{w}{x} g(rd)\right) \right) \rho = 0$$

または

$$g(rd) - g'(rd)(1-rd) = \frac{x}{w} \tag{16.3}$$

この 1 階の条件は，資本家が直面するトレード・オフを表す．資本家は，技術革新のための支出 rd の水準を選択することによって，つぎのような利潤率を決定することができる．

$$(1+r(rd)) = \frac{x - wg(rd)}{k}(1-rd) + (1-\delta)$$

rd の増加は，労働生産性を引き上げることによって労働費用を下げるが，これは収益性にたいして正の効果を及ぼす．しかし，rd が増加すると，$(1-rd)$ の項があるので，生産に充てるために資本家の手に残る資源はますます少なくなる．利潤率を rd の関数として図 16.2 のようにグラフに描くとわかるように，$rd=0$ のとき，利潤率は，現存の社会的テクノロジーを採用すれば手に入れることのできる水準にほかならない．また，$rd=1$ のとき，利潤率はゼロである．この間のどこかが，(16.3)式で決定される最高水準で

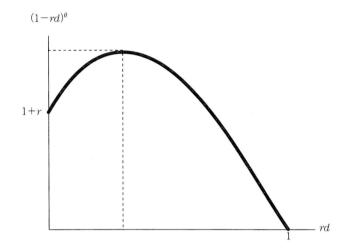

図 16.2 資本家が技術革新にたいする支出を増やすにつれて，労働生産性にたいする技術革新の影響によって最初のうちは利潤率が上昇する．しかし，利潤率はいつかは低下する．なぜなら，現実の生産のために資本家に残される資本が少なすぎるようになるからである．

ある．

関数が $g(rd) = (1-rd)^\theta$ のように特定化されるときには，任意の水準の rd にたいして利潤率はつぎのように決定されることがわかる．

$$1 + r(rd) = \frac{x - w(1-rd)^\theta}{k}(1-rd) + (1-\delta)$$

この場合，1階の条件が満たされるのは，つぎのようになる場合である．

$$1 - rd^* = \left(\frac{1}{(1+\theta)(1-\pi)}\right)^{\frac{1}{\theta}}$$

この式が意味をもつのは，$(1+\theta)(1-\pi) > 1$ の場合にかぎられる．もし $(1+\theta)(1-\pi) \leq 1$ であるならば，資本家は技術革新への投資をまったくしないほうがよい．なぜなら，$rd=0$ である場合でさえも，利潤率は実際に rd の増加にたいして低下しているからである．したがって，(θ が小さいので）技術革新にきわめて費用がかかる場合，あるいは，賃金分配率 $1-\pi=$

w/x が小さい場合，資本家には技術革新をおこなおうとする誘因がまったくない．

$(1+\theta)(1-\pi)>1$ であり，それゆえ，資本家が技術革新のための投資を現におこなう場合には，粗生産物における賃金分配率が高ければ高いほど，資本家は，もっと多くの資源を労働生産性の向上に充てるほうが利益になることに気づくであろう．これは十分理解可能である．というのは，賃金費用が総費用のうちの小さな部分でしかないならば，賃金費用の削減に努めてもあまり得にならないのにたいして，賃金費用が総費用のうちの大きな部分を占める場合には，労働生産性の上昇が利潤率を大いに高めるからである．

技術革新後に労働必要量と賃金分配率がどうなるかの結果を計算することもできる．というのは，つぎのようになるからである．

$$g(rd^*) = (1-rd^*)^{\theta} = \frac{1}{(1+\theta)(1-\pi)}$$

$$(1-\pi)g(rd^*) = \frac{1}{1+\theta} \tag{16.5}$$

技術革新の後には資本家にとっての利潤率は，つぎのような結果になる．

$$r^* = \frac{\theta}{1+\theta}\left(\frac{1}{(1+\theta)(1-\pi)}\right)^{\frac{1}{\theta}}\rho - \delta$$

この式は，誘発的技術進歩が資本家の利潤率に及ぼす最終的な効果を表している．

問題 16.3　$g(rd) = (1-rd)^{\theta}$ とするモデルにおいて $w/x=0.5$ および $\theta=2$ として，資本のうち資本家が技術革新に充てる割合 rd^* を求めなさい．$g(rd^*)$ の水準はいくらになりますか．資本家の費用のうち実際に賃金が占める割合はいくらですか．$\rho=0.333$/年および $\delta=0.05$/年として，$rd=0$ のとき，および最適な水準の技術革新のもとでの資本家の利潤率を計算しなさい．

問題 16.4　$g(rd) = 1-\theta rd$ の場合に，最適な rd^* の式を求めなさい．

16.5 R&D の効果が持続しない場合の恒常状態成長

資本家はどのくらいの割合の資源を技術革新，訓練，労働力の生産性を高める何らかの活動に充てるのかを説明するモデルが得られた．時間をつうじた経済の動きは，技術革新のための支出がその後の期間において労働生産性と賃金に及ぼす影響についてどのような仮定をおくか，に左右される．

最も単純な仮説は，革新のための支出のもつ効果が期間ごとに完全に消滅するので，労働の生産性は与えられた水準 x に戻り，また，慣習的賃金 $\bar{w}$ は一定である，というものである．この仮定のもとでは，毎期 $1-\bar{\pi}=\bar{w}/x$ であるから，資本家は自分たちの資源のうち同じ割合を各期間の技術革新に充てる．つぎのようになる．

$$(1+\theta)(1-\bar{\pi}) > 1 \text{ の場合, } 1-rd^* = \left(\frac{1}{(1+\theta)(1-\bar{\pi})}\right)^{\frac{1}{\theta}}$$

$$(1+\theta)(1-\bar{\pi}) \leq 1 \text{ の場合, } rd^* = 0$$

技術革新のための支出の結果として，現実の労働生産性はどの期間でも上昇する．$(1+\theta)(1-\bar{\pi})>1$ の場合には，つぎのようになる．

$$g(rd^*) = (1-rd^*)^\theta = \frac{1}{(1+\theta)(1-\bar{\pi})}$$

$$(w/x)g(rd^*) = \frac{1}{1+\theta}$$

$$\frac{x}{g(rd^*)} = w(1+\theta) \geq x \tag{16.6}$$

したがって，技術革新のための支出の結果として，労働生産性 $x/g(rd^*)$ は上昇する．賃金が高ければ高いほど，資本家はますます多くの資源を技術革新に充てるように仕向けられ，恒常状態における労働生産性はますます高くなる．

この経済で恒常状態の純利潤率は，つぎのようになる．

$$r^* = \rho(1 - rd^*)\left(1 - \frac{\bar{w}}{x} g(rd^*)\right) - \delta \geq r = \rho\left(1 - \frac{\bar{w}}{x}\right) - \delta$$

この経済でもケンブリッジ方程式が成立するから，つぎのようになる．

$$1 + g_K = \beta(1 + r^*) \geq \beta(1 + r)$$

したがって，この経済の恒常成長率もまた，資本家が技術革新をおこなわない場合に比べて，より高くなる．

> **問題 16.5** 技術革新のための支出から生ずる労働生産性の改善に持続性がなく，$\beta = 0.9$ であるという仮定のもとで，問題 16.3 に表される経済について，恒常状態の粗利潤率と粗成長率を求めなさい．
>
> **問題 16.6** 技術革新のための支出から生ずる労働生産性の改善が持続しない経済において，賃金の上昇が利潤率と成長率を引き上げることはありうるでしょうか．

16.6 R&D の効果が持続する場合の恒常状態成長

前節で見たように，技術革新の効果が持続しないので，労働生産性の水準が上昇しない場合でさえも，技術革新のための支出によって，ある経済にかんする恒常状態の利潤率と成長率が上昇することもありうる．

しかしながら，技術革新のための支出は，はるかに広い範囲の効果をもたらす可能性がある．1 人の資本家の技術革新から労働生産性の平均水準への**スピルオーバー**が後の期間に起きるかもしれない．たとえば，技術革新のための支出が，労働者を訓練してより効率的にすることによって，労働生産性を高める場合，つぎの期間には，訓練を受けた労働者が経済全体のなかにいっそう多く蓄えられるであろう．競争的な経済では，これらの労働者のなかに他の企業へ移る人もいる．この状況では，すべての資本家が 1 期間に技術革新のための支出をすることの効果とは，将来における労働生産性の社会的水準を高めることである．

私たちのモデルでは，1 人ひとりの個別資本家は，体系内の労働生産性の

第16章 内生的技術変化 323

水準 x を各期の与件であって自分では操作できないと考える，と仮定される．個別資本家は，技術革新のための支出によって，自分の労働者は1期間内にその社会の標準的なレベルを抜いて進歩すると考える．しかしながら，すべての資本家の行動様式はまったく同じであるという仮定もしてある．つまり，すべての資本家が同じ誘因に直面するのであるから，資本家のうちの1人がおこなうことは何でも，どの資本家もおこなおうとするだろう．こうした状況では，技術革新は1つの**外部性**である．つまり，1人の資本家による技術革新のための支出は，将来の期間において他の資本家の生産性と収益性を高める．けれども，各々の資本家は，将来の生産性を与件と見なして，技術革新のためにどのくらいの大きさの支出をおこなうかについての意思決定をするので，この**外部効果**を考慮に入れない．このような状況では，資本家たちがおこなおうとする技術革新のための支出は，つぎのような意味で少なすぎるであろう．すなわち，もし資本家たちが各期間に技術革新のための支出を増加することに同意し，それによって労働生産性の経路全体を引き上げるならば，どの資本家たちももっと高い効用を得るであろう．各々の資本家がこうした意思決定を別々におこなう場合，各々の資本家には，支出額を増やそうとする誘因がまったくない．

　労働生産性にたいする技術革新の効果が持続する場合には，技術革新のための支出の平均水準が労働生産性の将来における水準にたいして及ぼす効果を説明するために，追加的な均衡条件がモデルに入る．（いくぶん極端であるが）単純な仮定として，ある期間での（技術革新のための支出が資本家によってそれ以上おこなわれない場合に成立する）社会的労働生産性の水準は，すぐ前の期間に典型的な資本家が実際に達成した（技術革新の効果を含む）労働生産性の水準と等しい，と想定する．数学的には，これはつぎの仮定をおくことと同じである．

$$x_{+1} = \frac{x}{g(rd^*)}$$

　まず，賃金は $\bar{w}$ で一定であると仮定しよう．すると，(16.6)式からわか

324

るように，第1期の後にはつぎのようになる．

$$x_1 = \frac{x_0}{g(rd_0^*)} = (1+\theta)\bar{w}$$

この場合，$(\bar{w}/x_1)=1/(1+\theta)$ により，$(1+\theta)(1-\pi_1)=1$ であるから，期間 0 の後には，どの資本家にとっても技術革新をおこなうことは割にあわない．したがって，技術革新の効果が持続し，また実質賃金が一定であるこの経済では，労働生産性 x はすぐに $(1+\theta)\bar{w}$ の水準まで上昇し，しかもその点において賃金分配率がたいへん小さいので，典型的な資本家には技術革新をおこなおうとする誘因はもはやない．期間 0 の後には，$rd^*=0$ であるから，労働生産性は引き続き恒常状態の水準にある．

恒常状態での労働生産性の水準とは $rd=0$，すなわち，つぎのようになる水準である．

$$1+\theta = \frac{x}{\bar{w}}$$

あるいは

$$x = \bar{w}(1+\theta)$$

しかし，すでに見たように，実際はこの恒常状態は，資本家が達成することのできる最善の状態ではない．というのは，資本家がグループとして意思決定ができるならば，労働必要量をさらに引き下げるのが集団としての資本家の利益になるからである．

問題 16.7　技術革新のための支出のもつ生産性上昇の効果に完全な持続性があり，賃金が $\bar{w}=10{,}000$ ドル/年である場合，問題 16.3 および 16.5 に表される経済にかんする恒常状態の労働生産性の水準を求めなさい．

16.7　慣習的賃金シェアのもとでの R&D の持続的効果

現実の資本制経済では，賃金は労働生産性とともに上昇する傾向にあるので，賃金分配率はすぐ前の例のようには低下しない．典型的な資本家はもち

第16章　内生的技術変化　　　325

ろん，技術革新のための支出についての意思決定をするときに，賃金も労働
生産性の社会的な水準もパラメータと見なす．資本家の力が及ばない市場の
影響力が作用して，労働分配率 $(1-\pi)$ は与えられた水準 $(1-\bar{\pi})$ に保たれ
るが，技術革新のための支出が労働生産性の将来の水準にたいして持続的な
効果を及ぼす場合には，どうなるだろうか．

　$\bar{\pi}$ が一定であるから，$(1+\theta)(1-\bar{\pi})>1$ の場合に，つぎのようになるこ
とは，わかっている．

$$g(rd^*) = \frac{1}{(1+\theta)(1-\bar{\pi})}$$

　労働生産性の改善が持続するので，$(1+\theta)(1-\bar{\pi})>1$ の場合には，つぎ
のようになる．

$$x_{+1} = \frac{x}{g(rd^*)} = x(1+\theta)(1-\bar{\pi})$$

　したがって，十分に高い慣習的賃金シェアには，労働生産性が無限に上昇
し続ける誘因になるという効果がある．賃金分配率が高ければ高いほど，典
型的な資本家はますます多くの資源を技術革新に振り向けるので，労働生産
性はますます急速に上昇するであろう．こうした相互作用によって，つぎの
ような率のハロッド中立的技術進歩が引き起こされる．

$$1+\gamma = \frac{x_{+1}}{x} = \frac{1}{g(rd^*)} = (1+\theta)(1-\bar{\pi})$$

　ここで起きているのは，各々の資本家が，市場を出し抜くために技術革新
をおこなおうとする自分自身の動機を勘案して，労働者の労働生産性を引き
上げるような技術革新への投資をおこなう，ということである．こうした改
善がスピルオーバーして次期の労働生産性はより高くなる．同時に，賃金は
労働生産性と同じ率で上昇しているので，賃金分配率は一定である．これが
意味するのは，典型的な資本家には，技術革新のための支出をおこなおうと
するちょうど同じ動機が次期にもある，ということである．この状況では，
労働生産性の改善は，資本家による利潤追求にともなう意図されない副次的
効果である．

技術革新をおこなおうとする資本家の誘因が賃金分配率とともに高まるという点も，とくに目を引く．これらの仮説によれば，賃金分配率の高い経済は，他の条件が等しければ，誘発的技術変化にかんする第 15 章のモデルの場合のように，労働生産性が急速に上昇する経済となる傾向にある．

これも目を引くことだが，資本制経済が労働生産性の高い上昇率を維持できるかどうかは，（パラメータ θ で表される）技術革新の費用にも，（労働分配率 $1-\pi$ で表される）技術革新にたいする誘因にも依存する．技術革新の費用が高い割には労働分配率が相対的に低い資本制経済は，停滞的なレジームに落ち着くであろう．そこでは，技術革新に資源を投入する資本家がいないので，生産性の上昇はまったく起こらない．これと対照的なのがラーニング・バイ・ドゥーイングのモデルであり，そこでは，高い利潤分配率が急速な蓄積と高い生産性上昇を引き起こしていた．

どんな抽象的なモデルのもとでも，この分析の結論を注意深く見ることが重要である．結論に至るためには多くの仮定が必要とされるが，そうした仮定のなかにはどのような特定の現実経済でも成立しないものがあるかもしれない．

問題 16.8　労働生産性の改善が持続し，かつ，賃金分配率が 60% という仮定のもとで，問題 16.3 に表された経済について，労働生産性の上昇率を求めなさい．

問題 16.9　このモデルで労働生産性の最大上昇率をもたらす rd はいくらですか．このやり方にしたがうのは，よい考えですか．そうである理由，あるいは，そうでない理由を説明しなさい．

16.8　読 書 案 内

ラーニング・バイ・ドゥーイングは Arrow [1962] によって詳しく述べられた．AK モデルが最初に考案されたのは Paul Romer [1986] であり，

第16章　内生的技術変化

Lucus［1988］と並んで，新しい内生的成長理論はここから始まったと認められることがよくある．

R&Dを組み込んだモデルも，Romer［1987b］とRomer［1990］のように，ローマーに負うところが大きい．新しい成長理論の提唱者とソロー゠スワンのアプローチの愛好者とのあいだのますます大きくなる論争について何らかの見通しをつけるための文献として，「新しい成長」の見解を示したRomer［1994］とGrossman and Helpman［1994］があり，他方，「新しい成長」の見解はSolow［1994］とMankiw［1995］によって手際よくまとめられている．R&Dの寄与にかんする有力な研究はCoe and Helpman［1995］である．最後に，見落としてはならないのが，よく引用されるKremer［1993］であり，これは，氷河時代以来の技術変化をじっくり考察している．

参 考 文 献

Abel, Andrew B., N. Gregory Mankiw, Lawrence H. Summers, and Richard J. Zeckhausen. Assessing Dynamic Efficiency : Theory and Evidence. *Review of Economic Studies* ; 56(1) : 1-19, 1989.

Abramovitz, Moses. Catching Up, Forging Ahead, and Falling Behind. *Journal of Economic History*, 46(2) : 385-406, 1986.

Aghion, Philippe, and Peter Howitt. *Endogenous growth theory*. MIT Press, Cambridge MA, 1998.

Allen, Roy George Douglas. *Macro-economic Theory : A Mathematical Treatment*. St. Martin's Press, New York, 1967. (新開陽一・渡部経彦訳『現代経済学──マクロ分析の理論(上・下)』東洋経済新報社, 1968 年)

Allen, Roy George Douglas. *Index numbers in theory and practice*. Aldine, Chicago, 1975. (溝口敏行・寺崎康博訳『指数の理論と実際』東洋経済新報社, 1977 年)

Armstrong, Philip, Andrew Glyn, and John Harrison. *Capitalism since 1945*. Basil Blackwell, Cambridge MA, 1991.

Arrow, Kenneth J. The economic implications of learning by doing. *Review of Economic Studies*, 29(3) : 155-73, 1962.

Aschauer, David A. Is public expenditure productive ? *Journal of Monetary Economics*, 23(2) : 177-200, 1989.

Baily, Martin N. and Robert J. Gordon. The productivity slowdown, measurement issues, and the explosion of computer power. *Brookings Papers on Economic Activity*, (2) : 347-420, 1988.

Baily, Martin Neal, and Charles L. Schultze. The productivity of capital in a period of slower growth. *Brookings Papers on Economic Activity*, 369-406, 1990. Special Issue.

Barro, Robert J. Are government bonds net wealth ? *Journal of Political Economy*, 81(6) : 1095-117, 1974.

Barro, Robert J. and Xavier Sala-i-Martin. *Economic Growth*. McGrawHill, New York, 1995. (大住圭介訳『内生的経済成長論(I・II)』九州大学出版会, 1997-98 年)

Baumol, William J. Macroeconomics of unbalanced growth : The anatomy of urban crisis. *American Economic Review*, 57 : 415-426, 1967.

Baumol, William J., Sue Anne Batey Blackman, and Edward N. Wolff. *Productivity and American Leadership*. MIT Press, Cambridge MA, 1989.

Becker, Gary. *Human Capital*. Columbia University Press, New York, 1964. (佐野陽子訳『人的資本──教育を中心とした理論的・経験的分析』東洋経済新報社, 1976 年)

Benhabib, Jess and Mark M. Spiegel. The role of human capital in economic development : Evidence from aggregate cross-country data. *Journal of Monetary Economics*, 34(2) : 143-73, 1994.

Bhaduri, Amit and Stephen Marglin. Unemployment and the real wage : The economic basis for contesting political ideologies. *Cambridge Journal of Economics*, 14(4) : 375-93, 1990.

Bowles, Samuel. The production process in a competitive economy : Walrasian, neo-Hobbesian, and Marxian models. *American Economic Review*, 75(1) : 16-36, 1985.

Brezis, Elize, Paul Krugman and Daniel Tsiddon. Leapfrogging in international competition : A theory of cycles in national technological leadership. *American Economic Review*, 85(5) : 1211-19, 1993.

Bruno, Michael and Jeffrey D. Sachs. *Economics of Worldwide Stagflation*. Harvard University Press, Cambridge MA, 1985.

Bureau of Labor Statistics. *Multifactor productivity trend*, 1994, 1996.

Cho, Dongchul and Stephen Graham. The other side of convergence. *Economics Letters*, 50(2) : 285-90, 1996.

Coe, David T. and Elhanan Helpman. International R&D spillovers. *European Economic Review*, 39(5) : 859-87, 1995.

David, Paul. The computer and the dynamo : A historical perspective on the productivity paradox. *American Economic Review*, 80(2) : 355-61, 1990.

DeJong, Frits. *Dimensional Analysis for Economists*. North Holland Publishing Company, Amsterdam, 1967.

Denison, Edward. *Why Growth Rates Differ*. The Brookings Institution, Washington DC, 1967.

Diamond, Peter. National debt in a neoclassical growth model. *American Economic Review*, 55(5) : 1126-50, 1965.

Dixit, Avinash and Joseph E. Stiglitz. Monopolistic competition and optimum product diversity. *American Economic Review*, 67(3) : 297-308, 1977.

Dobb, Maurice. *Theories of Value and Distribution since Adam Smith*. Cambridge University Press, Cambridge UK, 1973. (岸本重陳訳『価値と分配の理論』新評論, 1976 年)

Domar, Evsey D. Capital expansion, rate of growth, and employment. *Econometrica*,

参考文献　　331

14 : 137-47, 1946.

Dosi, Giovanni, Christopher Freeman, Richard Nelson, Gerald Silverberg, and Luc Soete, editors. *Technical Change and Economic Theory*. Pinter Publishers, London, 1988.

Duménil, Gérard and Dominique Lévy. *The Economics of the Profit Rate*. Edward Elgar Publishing Company, Aldershot, 1994.

Duménil, Gérard and Dominique Lévy. A stochastic model of technical change : An application to the U.S. economy, 1869-1989. *Metroeconomica*, 46(3) : 213-45, 1995.

Dutt, Amitava K. *Growth, Distribution, and Uneven Development*. Cambridge University Press, New York, 1990.

Fagerberg, Jan. Technology and international differences in growth rates. *Journal of Economic Literature*, 32(3) : 1147-75, 1994.

Fazi, Elido and Neri Salvadori. The existence of a two-class economy in a general Cambridge model of growth and distribution. *Cambridge Journal of Economics*, 9(2) : 55-164, 1985.

Foley, Duncan K. *Understanding Capital : Marx's Economic Theory*. Harvard University Press, Cambridge MA, 1986. (竹田茂夫・原伸子訳『資本論を理解する──マルクスの経済理論』法政大学出版局, 1990 年)

Garegnani, Pierangelo. Heterogeneous capital, the production function, and the theory of distribution. *Review of Economic Studies*, 37 : 407-36, 1970.

Gerschenkron, Alexander. *Economic Backwardness in Historical Perspective*. Harvard University Press, Cambridge MA, 1962.

Goodwin, Richard M. A growth cycle. In C.H. Feinstein, editor, *Socialism. Capitalism and Growth*. Cambridge University Press, Cambridge UK, 1967. (水田洋他訳『社会主義・資本主義と経済成長──モーリス・ドッブ退官記念論文集』筑摩書房, 1969 年, 所収)

Gordon, David M., Richard Edwards, and Michael Reich. *Segmented Work, Divided Workers : The Historical Transformation of Labor in the United States*. Cambridge University Press, Cambridge UK, 1982. (河村哲二・伊藤誠訳『アメリカ資本主義と労働──蓄積の社会的構造』東洋経済新報社, 1990 年)

Gram, Harvey and Vivian Walsh. *Classical and Neoclassical Theories of General Equilibrium*. Oxford University Press, Oxford, 1980.

Grossman, Gene M. and Elhanan Helpman. Endogenous innovation in the theory of growth. *Journal of Economic Perspectives*, 8(1) : 23-44, 1994.

Hahn, Frank H. and Robin C.O. Matthews. The theory of economic growth : *A survey. Economic Journal*, 74(296) : 779-902, 1964. (神戸大学経済理論研究会訳・アメリカ経済学会/王立経済協会編『現代経済理論の展望1-3』ダイヤモンド

社，1971-72 年，所収)

Hamermesh, Daniel S. *Labor Demand*. Princeton University Press, Princeton, 1993.

Harcourt, Geoffrey C. *Some Cambridge Controversies in the Theory of Capital*. Cambridge University Press, Cambridge UK, 1972. (神谷傳造訳『ケムブリジ資本論争（改訳版）』日本経済評論社，1988 年)

Harris, Donald J. *Capital Accumulation and Income Distribution*. Stanford University Press. Stanford, 1978. (森義隆・馬場義久共訳『資本蓄積と所得分配』日本経済評論社，1983 年)

Harrod, Roy. An essay in dynamic theory. *Economic Journal*, 49(103)：14-33, 1939.

Harrod, Roy. *Toward a Dynamic Economics*. Macmillan, London, 1942. (高橋長太郎・鈴木諒一共訳『動態經濟學序説』有斐閣，1953 年)

Hotelling, Harold. The economics of exhaustible resources. *Journal of Political Economy*, 39(2)：137-75, 1931.

Islam, Nazrul. Growth empirics：A panel data approach. *Quarterly Journal of Economics*, 110(4)：1127-70, 1995.

Jacobs, Jane. *Cities and the Wealth of Nations*. Random House, New York, 1984. (中村達也・谷口文子訳『都市の経済学──発展と衰退のダイナミクス』TBS ブリタニカ，1986 年)

Jones, Charles I. R&D-Based models of economic growth. *Journal of Political Economy*, 103(4)：759-84, 1995a.

Jones, Charles I. Time series tests of endogenous growth models. *Quarterly Journal of Economics*, 110(2)：495-525, 1995b.

Jones, Charles I. *Introduction to Economic Growth*. W.W. Norton and Company, New York, 1998. (香西泰監訳『経済成長理論入門──新古典派から内生的成長理論へ』日本経済新聞社，1999 年)

Jones, Hywel G. *An Introduction to Modern Theories of Growth*. McGraw Hill, New York, 1976. (松下勝弘訳『現代経済成長理論』マグロウヒル好学社，1980 年)

Jorgenson, Dale W. *Productivity*. MIT Press, Cambridge MA, 1995.

Kaldor, Nicholas. Alternative theories of distribution. *Review of Economic Studies*, 23(2)：83-100, 1956. (富田重夫編訳『マクロ分配理論──ケンブリッジ理論と限界生産力説（増補版）』学文社，1982 年，所収)

Kaldor, Nicholas. A model of economic growth. *Economic Journal*, 68(268)：591-624, 1957. (中村至郎訳『経済安定と成長』大同書院，1964 年，所収)

Kaldor, Nicholas. Capital accumulation and economic growth. In Friedrich A. Lutz and Douglas C. Hague, editors, *The Theory of Capital*, 177-222. Macmillan. London, 1965. (笹原昭五・高木邦彦訳『経済成長と分配理論──理論経済学統論』日本経済評論社，1989 年，所収)

Kaldor, Nicholas. *Causes of the Slow Rate of Economic Growth in the U.K.*

参考文献　　　333

Cambridge University Press, Cambridge UK, 1966.（笹原昭五・高木邦彦訳『経済成長と分配理論──理論経済学続論』日本経済評論社，1989年，所収）

Kaldor, Nicholas. *Strategic Factors in Economic Development*. Cornell University Press. Ithaca, 1967.

Kaldor, Nicholas and James A. Mirrlees. A new model of economic growth. *Review of Economic Studies*, 29 : 174-92, 1962.（笹原昭五・高木邦彦訳『経済成長と分配理論──理論経済学続論』日本経済評論社，1989年，所収）

Kalecki, Michal. *Selected Essays on the Dynamics of the Capitalist Economy*. Cambridge University Press, Cambridge UK, 1971.（浅田統一郎・間宮陽介共訳『資本主義経済の動態理論』日本経済評論社，1984年）

Kennedy, Charles. Induced bias in innovation and the theory of distribution. *Economic Journal*, 74(295) : 541-47, 1964.

Kessler, Denis and Andre Masson, editors. *Modelling the Accumulation and Distribution of Wealth*. Clarendon Press, Oxford, 1988.

Keynes, John Maynard. *The Economic Consequences of the Peace*. Harcourt, Brace, and Howe, New York, 1920.（早坂忠訳『平和の経済的帰結（ケインズ全集第2巻）』東洋経済新報社，1977年，所収）

Keynes, John Maynard. *A Treatise on Money*. Macmillan, London, 1930.（小泉明・長沢惟恭訳『貨幣の純粋理論（ケインズ全集第5巻）』東洋経済新報社，1979年，長沢惟恭訳『貨幣の応用理論（ケインズ全集第6巻）』東洋経済新報社，1980年）

Keynes, John Maynard. *The General Theory of Employment, Interest, and Money*. Macmillan, London, 1936.（塩野谷祐一訳『雇用・利子および貨幣の一般理論（ケインズ全集第7巻）』東洋経済新報社，1983年）

Kotlikoff, Laurence J. Intergenerational transfers and savings. *Journal of Economic Perspectives*, 2(2) : 41-58, 1988.

Kotlikoff, Laurence J. *Generational Accounting : Knowing Who Pays, and When, for What We Spend*. Free Press, New York, 1992.（香西泰監訳『世代の経済学──誰が得をし，誰が損をするのか』日本経済新聞社，1993年）

Kremer, Michael. Population growth and technological change : One million B.C. to 1990. *Quarterly Journal of Economics*, 108(3) : 681-716, 1993.

Kurz, Heinz-Dieter and Neri Salvadori. *Theory of Production : A Long-Period Analysis*. Cambridge University Press, Cambridge UK, 1995.

Lazonick, William. *Competitive Advantage on the Shop Floor*. Harvard University Press, Cambridge MA, 1990.

Levine, Ross and David Renelt. A sensitivity analysis of cross-country growth regressions. *American Economic Review*, 82(4) : 942-63, 1992.

Lewis, William Arthur. Economic development with unlimited supplies of labor. *Manchester School of Economics and Social Studies*, 22 : 139-91, 1954.

Lucas, Robert E. On the mechanics of economic development. *Journal of Monetary Economics*, 22(1): 3-42, 1988.

Luxemburg, Rosa. *The Accumulation of Capital*. Monthly Review Press, New York, 1951. [1913]. (長谷部文雄訳『資本蓄積論――帝国主義の経済的説明への一寄与』岩波文庫, 1934年)

Maddison, Angus. *Explaining the Economic Performance of Nations : Essays in Time and Space*. Edward Elgar Publishing Company, Aldershot, 1995a.

Maddison, Angus. *Monitoring the World Economy : 1820-1992*. Organization for Economic Cooperation and Development, Paris, 1995b. (政治経済研究所訳『世界経済の成長史1820~1992年――199ヵ国を対象とする分析と推計』東洋経済新報社, 2000年)

Madrick, Jeffrey G. *The End of Affluence : The Causes and Consequences of America's Economic Dilemma*. Random House, 1995.

Malthus, Thomas R. *An Essay on the Principle of Population*. W. Pickering, London, 1986. [1798]. (高野岩三郎・大内兵衞訳『人口の原理』岩波文庫, 1935年)

Mankiw, N. Gregory. The growth of nations. *Brookings Papers on Economic Activity*, (1): 275-326, 1995.

Mankiw, N. Gregory, David Romer, and David N. Weil. A contribution to the empirics of economic growth. *Quarterly Journal of Economics*, 107(2): 407-37, 1992.

Marglin, Stephen A. What do bosses do? The origins and functions of hierarchy in capitalist production. *Review of Radical Political Economics*, 6(2): 60-112, 1974. (青木昌彦編著『ラディカル・エコノミックス――ヒエラルキーの経済学』中央公論社, 1973年, 所収)

Marglin, Stephen A. *Growth, Distribution, and Prices*. Harvard University Press, Cambridge MA, 1984.

Marglin, Stephen A. and Juliet B. Schor, editors. *The Golden Age of Capitalism : Reinterpreting the Postwar Experience*. Oxford University Press, New York, 1990. (磯谷明徳・植村博恭・海老塚明監訳『資本主義の黄金時代――マルクスとケインズを超えて』東洋経済新報社, 1993年)

Marx, Karl. *Capital : A Critique of Political Economy*, volume I. Vintage Books, New York, 1977. [1867]. (岡崎次郎訳『資本論』大月書店 (国民文庫), 1972-75年)

Matthews, Robin C.O., Charles H. Feinstein, and John C. Odling-Smee, *British Economic Growth, 1856-73*. Clarendon Press, Oxford, 1982.

McKinsey Global Institute. *Manufacturing Productivity*. McKinsey and Company, Inc., Washington DC, 1993.

McKinsey Global Institute. *Capital Productivity*. McKinsey and Company, Inc., Washington DC, 1996.

Meade, J.E. *A Neo-Classical Theory of Economic Growth*. George Allen & Unwin Ltd., London, 1961. (山田勇監訳『経済成長の理論』ダイヤモンド社, 1964 年)

Michl, Thomas R. Is there evidence for a marginalist demand for labor? *Cambridge Journal of Economics*, 11(4) : 361-74, 1987.

Michl, Thomas R. Wage-profit curves in U.S. manufacturing. *Cambridge Journal of Economics*, 15(3) : 271-86, 1991.

Michl, Thomas R. Biased technical change and the aggregate production function. *International Review of Applied Economics*, 13, 1999.

Modigliani, Franco. The role of intergenerational transfers and life cycle saving in the accumulation of wealth. *Journal of Economic Perspectives*, 2(2) : 15-40, 1988.

Nell, Edward J. Theories of growth and theories of value. *Economic Development and Cultural Change*, 16(1) : 15-26, 1967.

Nelson, Richard R. Aggregate production functions and medium range growth predictions. *American Economic Review*, 54(5) : 576-606, 1964.

Nelson, Richard R. Recent exercises in growth accounting : New understanding or dead end? *American Economic Review*, 63(3) : 462-68, 1973.

Nelson, Richard R. Research on productivity growth and productivity differences : Dead ends and new departures. *Journal of Economic Literature*, 19(3) : 1029-64, 1981.

Nelson, Richard R. and Edmund Phelps. Investment in humans, technological diffusion, and economic growth. *American Economic Review*, 56(2) : 69-75, 1966.

Nelson, Richard R. and Sidney G. Winter. *An Evolutionary Theory of Economic Change*. Harvard University Press, Cambridge MA, 1982.

Nelson, Richard R. and Gavin Wright. The rise and fall of American technological leadership : The postwar era in historical perspective. *Journal of Economic Literature*, 30(4) : 1931-64, 1992.

Ochoa, Edward M. Values, prices, and the wage-profit curves in the U.S. economy. *Cambridge Journal of Economics*, 13(3) : 413-29, 1989.

OECD. OECD Business Sector Data Base. Organization for Economic Cooperation and Development, Paris, 1997.

Ohkawa, Kazushi and Henry Rosovsky. *Japanese Economic Growth*. Stanford University Press, Stanford, 1973. (大川一司・ヘンリー・ロソフスキー『日本の経済成長——20 世紀における趨勢加速』東洋経済新報社, 1973 年)

Okishio, Nobuo. Technical changes and the rate of profit. *Kobe University Eco-*

nomic Review, 7 : 86-99, 1961. (置塩信雄『資本蓄積の理論——マルクス経済学
II』筑摩書房, 1987 年, 所収)

Palley, Thomas I. Growth theory in a Keynesian mode : Some Keynesian founda-
tions for new endogenous growth theory. *Journal of Post Keynesian Economics*,
19(1) : 113-36, 1996a.

Palley, Thomas I. Old wine for new bottles : Putting old growth theory back in the
new. *Australian Economic Papers*, 35(67) : 250-62, 1996b.

Pasinetti, Luigi L. *Growth and Income Distribution : Essays in Economic Theory.*
Cambridge University Press, Cambridge UK, 1974. (宮崎耕一訳『経済成長と所
得分配』岩波書店, 1985 年)

Pasinetti, Luigi L. *Lectures on the Theory of Production.* Columbia University
Press, New York, 1977. (菱山泉ほか共訳『生産理論——ポスト・ケインジアン
の経済学』東洋経済新報社, 1979 年)

Phelps, Edmund S. Substitution, fixed proportions, growth and distribution. *Interna-
tional Economic Review*, 4(3) : 265-88, 1963.

Phelps, Edmund S. *Golden Rules of Economic Growth. Norton*, New York, 1966.

Ramsey, Frank. A mathematical theory of saving. *Economic Journal*, 38 : 543-59,
1928.

Ricardo, David. *On the Principles of Political Economy and Taxation.* Cambridge
University Press, Cambridge UK, 1951. [1817]. (羽鳥卓也・吉沢芳樹訳『経済学
および課税の原理』岩波文庫, 1987 年)

Ricoy, Carlos J. Cumulative causation. In John Eatwell, Murray Milgate, and Peter
Newman, editors, *The New Palgrave : A Dictionary of Economics*, volume 1,
730-36. The Stockton Press, New York, 1987.

Robinson, Joan. The production function and the theory of capital. *Review of
Economic Studies*, 51 : 81-106, 1953 (山田克巳訳『資本理論とケインズ経済学』
日本経済評論社, 1988 年, 所収)

Robinson, Joan. *Essays in the Theory of Economic Growth.* St. Martin's Press, New
York, 1964. (山田克巳訳『経済成長論』東洋経済新報社, 1963 年)

Romer, David. *Advanced Macroeconomics.* McGraw Hill, New York, 1996. (堀雅
博・岩成博夫・南條隆訳『上級マクロ経済学』日本評論社, 1998 年)

Romer, Paul M. Increasing returns and long run growth. *Journal of Political
Economy*, 94(5) : 1002-37, 1986.

Romer, Paul M. Crazy explanations for the productivity slowdown. In Stanley
Fischer, editor, *NBER Macroeconomics Annual.* MIT Press, Cambridge MA,
1987a.

Romer, Paul M. Growth based on increasing returns due to specialization. *Amer-
ican Economic Review*, 77(2) : 56-62, 1987b.

Romer, Paul M. Endogenous technical change. *Journal of Political Economy*, 98(5) : S 71-S 102, 1990. Part 2.

Romer, Paul M. The origins of endogenous growth. *Journal of Political Economy*, 8(1) : 3-22, 1994.

Rowthorn, Robert E. and John R. Wells. *De-industrialization and Foreign Trade*. Cambridge University Press, Cambridge UK, 1987.

Salter, Wilfred E.G. *Productivity and Technical Change*. Cambridge University Press, Cambridge UK, 1969. (黒澤一清訳『生産性と技術進歩』好学社, 1969年)

Samuelson, Paul A. An exact consumption-loan model of interest with or without the social contrivance of money. *Journal of Political Economy*, 66(6) : 467-82, 1958.

Samuelson, Paul A. Parable and realism in capital theory : The surrogate production function. *Review of Economic Studies*, 29 : 193-206, 1962.

Samuelson, Paul A. A summing up. *Quarterly Journal of Economics*. 80(4) : 568-83, 1966.

Samuelson, Paul A. and Franco Modigliani. The Pasinetti paradox in neoclassical and more general models. *Review of Economic Studies*, 33 : 269-301, 1966. (富田重夫編訳『マクロ分配理論──ケンブリッジ理論と限界生産力説（増補版）』学文社, 1982年, 所収)

Schumpeter, Joseph A. *Capitalism, Socialism, and Democracy*. Harper and Brothers, New York, 1942. (中山伊知郎・東畑精一訳『資本主義・社会主義・民主主義』東洋経済新報社, 1995年)

Shaikh, Anwar. Laws of production and laws of algebra : The humbug production function. *Review of Economics and Statistics*, 56(1) : 115-20, 1974.

Shaikh, Anwar and Ertugrul Ahmet Tonak. *Measuring the Wealth of Nations : The Political Economy of National Accounts*. Cambridge University Press, Cambridge UK, 1994.

Skott, Peter. *Conflict and Effective Demand in Economic Growth*. Cambridge University Press, Cambridge UK, 1989.

Smith, Adam. *An Inquiry into the Nature and Causes of the Wealth of Nations*. Random House, New York, 1937. [1776]. (大河内一男監訳『国富論』中央公論社（中公文庫）, 1976年)

Solow, Robert M. A contribution to the theory of economic growth. *Quarterly Journal of Economics*, 70(1) : 65-94, 1956. (福岡正夫・神谷伝造・川又邦雄訳『資本・成長・技術進歩』竹内書店, 1970年, 所収)

Solow, Robert M. Technical change and the aggregate production function. *Review of Economics and Statistics*, 39(3) : 312-20, 1957. (福岡正夫・神谷伝造・川又邦

雄訳『資本・成長・技術進歩』竹内書店，1970年，所収)

Solow, Robert M. Perspectives on growth theory. *Journal of Economic Perspectives*, 8(1) : 23-44, 1994.

Spaventa, Luigi. Rate of profit, rate of growth, and capital intensity in a simple production model. *Oxford Economic Papers*, 22 : 129-47, 1970.

Sraffa, Piero. *Production of Commodities by Means of Commodities : Prelude to a Critique*. Cambridge University Press, Cambridge UK, 1960. (菱山泉・山下博訳『商品による商品の生産——経済理論批判序説』有斐閣，1978年)

Stiglitz, Joseph E. and Hirofumi Uzawa, editors. *Readings in the Modern Theory of Economic Growth*. MIT Press, Cambridge MA, 1969.

Summers, Robert and Alan Heston. The Penn World Table (Mark 5) : An expanded set of international comparisons. *Quarterly Journal of Economics*, 106(2) : 327-68, 1991.

Swan, T.W. Economic growth and capital accumulation. *Economic Record*, 32(63) : 334-61, 1956.

Sweezy, Paul M. *The Theory of Capitalist Development*. Monthly Review Press, New York, 1949. (都留重人訳『資本主義発展の理論』新評論，1967年)

Taylor, Lance. *Structuralist Macroeconomics : Applicable Models for the Third World*. Basic Books, New York, 1983.

Veblen, Thorstein. *Imperial Germany and the Industrial Revolution*. Macmillan, New York, 1915.

von Neumann, John. A model of general economic equilibrium. *Review of Economic Studies*, 13(1) : 1-9, 1945.

Wolff, Edward N. The accumulation of household wealth over the life cycle : A microdata analysis. *Review of Income and Wealth*, 27(2) : 75-96, 1981.

Wolff, Edward N. *Growth, Accumulation, and Unproductive Activity : An Analysis of the Postwar U.S. Economy*. Cambridge University Press, Cambridge UK, 1987.

You, Jong-Il. Macroeconomic structure, endogenous technical change, and growth. *Cambridge Journal of Economics*, 18(2) : 213-33, 1994.

Young, Allyn. Increasing returns and economic progress. *Economic Journal*, 38(152) : 527-42, 1928.

Young, Alwyn. The tyranny of numbers : Confronting the statistical realities of the East Asian growth experience. *Quarterly Journal of Economics*, 110(3) : 641-80, 1995.

問題の解答とヒント

第 2 章

問題 2.1

$x = 100$ ブッシェル/(労働者・年)

$k = 20$ ブッシェル/労働者

$\rho = x/k = 100/20 = 5/$年

$\delta = 1/$年 $= 100\%/$年

$y = x - \delta k = 80$ ブッシェル/(労働者・年)

100 万ブッシェルの穀物を育てるためには,10,000 人の労働者と 200,000 ブッシェルの播種穀物が必要である.

問題 2.2

$x = 50,000$ ドル/(労働者・年)

$k = 150,000$ ドル/労働者

$\rho = x/k = (50,000$ ドル/(労働者・年))/(150,000 ドル/労働者) $\fallingdotseq 0.33\%/$年

$\delta = 1/15 \fallingdotseq 0.0667/$年

$y = x - \delta k = 40,000$ ドル/(労働者・年)

8 兆ドルの粗産出物を生産するためには,24 兆ドルの資本設備と 1 億 6000 万人の労働者が必要である.純産出物は,6 兆 4000 万ドルである.

問題 2.3〜2.6

省略

問題 2.7

社会的消費 – 成長率表の図は省略

$c = y - g_K k$

リカーディアにとって $y = 80$ ブッシェル/(労働者・年),$k = 20$ ブッシェル/労働者であるから,$c = 60$ ブッシェル/(労働者・年) である.

問題 2.8

社会的消費 – 成長率表の図は省略

$c = y - g_K k$

インダストリアにとって $y = 40,000$ ドル/(労働者・年),$k = 150,000$ ドル/労働

者であるから，$c = 25{,}000$ ドル/（労働者・年）である．

問題 2.9

　省略

問題 2.10

　　実質賃金‐利潤率表の図は省略

　$r = (y-w)/k$

　　リカーディアにとって $y = 80$ ブッシェル/（労働者・年），$k = 20$ ブッシェル/労働者であるから，$r = 300\%$/年である．労働者 1 人当たりキャッシュ・フローは，$z = x - w = 80$ ブッシェル/（労働者・年）である．

問題 2.11

　　実質賃金‐利潤率表の図は省略

　$r = (y-w)/k$

　　インダストリアにとって $y = 40{,}000$ ドル/（労働者・年），$k = 150{,}000$ ドル/労働者であるから，$r = 2/15$/年 $= 13.33\%$/年である．労働者 1 人当たりキャッシュ・フローは，$z = x - w = 30{,}000$ ドル/（労働者・年）である．

問題 2.12

　省略

問題 2.13

　　図は省略するが主な変数の値はつぎのようになる．$r = 300\%$/年，$c = 60$ ブッシェル/（労働者・年），$c^c = 40{,}000$ ブッシェル/（労働者・年），$i = 40$ ブッシェル/（労働者・年）

問題 2.14

　　図は省略するが主な変数の値はつぎのようになる．

　$w = 20{,}000$ ドル/（労働者・年），$c = 30{,}000$ ドル/（労働者・年），$c^c = 10{,}000$ ドル/（労働者・年），$i = 20{,}000$ ドル/（労働者・年）

問題 2.15

　　図は省略するが主な変数の値はつぎのようになる．

　$x' = 150$ ブッシェル/（労働者・年），$k' = 30$ ブッシェル/労働者

　$\left(\because \rho' = \rho = 5 \text{ より } 5 = \dfrac{x'}{k'} = \dfrac{150}{k'} \right)$

問題 2.16

　　図は省略するが主な変数の値はつぎのようになる．

　$x' = (1.02)x = 51{,}000$ ドル/（労働者・年）

　$\rho' = (0.98)\rho = 0.327$/年，$k' = x'/\rho' = 155{,}963$ ドル/労働者

問題 2.17

問題の解答とヒント　　　341

省略

第3章

問題 3.1

　固定係数型生産関数の生産等量線はL字型で，点（2年，0.00002（労働者・年）/ドル）のところで角になるが，実質賃金 - 利潤率表は点（0, 50,000 ドル/（労働者・年））と点（0.5/年, 0）を切片とする直線である．集約的生産関数は原点と（100,000 ドル/労働者，50,000 ドル/（労働者・年））を結ぶ直線と 50,000 ドル/（労働者・年）の値で水平となる直線から構成される．労働の限界生産物は固定係数型生産モデルの投入物比率では定義できない．というのは等量線は微分不可能だからである．

問題 3.2

　$A = 10$，$\alpha = 0.25$ のとき $X = 10K^{0.25}N^{0.75}$ となる．

　等量線は $x^{-1} = 10^{-4/3}(\rho^{-1})^{-1/3}$

　実質賃金 - 利潤率表は，$w = 7.5\left(\dfrac{v}{2.5}\right)^{-1/3}$

　集約的生産関数は $x = 10k^{0.25}$

とそれぞれ求められる．そしてコブ゠ダグラスの労働の限界生産物は $7.5k^{0.25}$ である．

問題 3.3

　コブ゠ダグラス生産関数と所与の実質賃金率 $\bar{w}$ のもとで資本家は，労働の限界生産物が実質賃金に等しい，利潤を最大化する技術を選ぶ．したがって，$\bar{w} = (1-\alpha)Ak^{\alpha}$ であり，生産関数 $x = Ak^{\alpha}$ より，選ばれる技術は $x = 1 - \alpha/\bar{w}$，$k = (x/A)^{1/\alpha}$ である．固定的係数下では利用できる技術はただ1つあり，これはどのような実質賃金率のもとでも利潤を最大にする．

問題 3.4

　簡単化のために $A = 1$ とおく．$\rho = k^{\alpha-1}$ なので，$\rho^{-1} = k^{-(\alpha-1)}$，$k = (\rho^{-1})^{-1/(\alpha-1)}$．$x = k^{\alpha}$，したがって，$x^{-1} = k^{-\alpha} = (\rho^{-1})^{\alpha/(\alpha-1)}$ が等量線の式になる．$v = \alpha k^{\alpha-1}$ なので，$k = (v/\alpha)^{1/(\alpha-1)}$ となる．$w = (1-\alpha)k^{\alpha} = (1-\alpha)(v/\alpha)^{\alpha/(\alpha-1)}$ は実質賃金 - 利潤率関係であり，$1/x$ に w，$1/\rho$ に v/α を代入すれば，これは等量線と同じ型になる．

第5章

問題 5.1

　対数に係る3期間のウェートは，$1-\beta$，$\beta(1-\beta)$，β^2 であり，それらの合計

342

は1である．この場合，資本家は，以下のような問題を解かねばならない．

$$C_0 + K_1 \leq (1 + r_0) K_0 \tag{16.7}$$

$$C_1 + K_2 \leq (1 + r_1) K_1$$

$C_2 + K_3 \leq (1 + r_2) K_2$ の制約のもとで

$(1-\beta) \ln C_0 + (1-\beta) \beta \ln C_1 + \beta^2 \ln C_2$ を最大化しなさい．（ただし $C_0, C_1 < C_2 \geq 0$）

β, K_0, r_0, r_1, r_2 は所与とする．

問題 5.2

ラグランジュ関数は，

$$\begin{aligned}
&L(C_0, C_1, C_2, K_1, K_2, K_3 \; ; \lambda_0, \lambda_1, \lambda_2) \\
&= (1-\beta) \ln C_0 + (1-\beta) \beta \ln C_1 + \beta^2 \ln C_2 \\
&\quad - \lambda_0 (C_0 + K_1 - (1+r_0) K_0) \\
&\quad - \lambda_1 (C_1 + K_2 - (1+r_1) K_1) \\
&\quad - \lambda_2 (C_2 + K_3 - (1+r_2) K_2)
\end{aligned} \tag{16.8}$$

である．

1階の条件は，

$$\frac{\partial L}{\partial C_0} = \frac{1-\beta}{C_0} - \lambda_0 \leq 0 \quad \left(\text{もし } C_0 > 0 \text{ であれば，} \frac{\partial L}{\partial C_0} = 0 \right)$$

$$\frac{\partial L}{\partial C_1} = \frac{(1-\beta)\beta}{C_1} - \lambda_1 \leq 0 \quad \left(\text{もし } C_1 > 0 \text{ であれば，} \frac{\partial L}{\partial C_1} = 0 \right)$$

$$\frac{\partial L}{\partial C_2} = \frac{\beta^2}{C_2} - \lambda_2 \leq 0 \quad \left(\text{もし } C_2 > 0 \text{ であれば，} \frac{\partial L}{\partial C_2} = 0 \right)$$

$$\frac{\partial L}{\partial K_1} = -\lambda_0 + (1+r_1) \lambda_1 \leq 0 \quad \left(\text{もし } K_1 > 0 \text{ であれば，} \frac{\partial L}{\partial K_1} = 0 \right)$$

$$\frac{\partial L}{\partial K_2} = -\lambda_1 + (1+r_2) \lambda_2 \leq 0 \quad \left(\text{もし } K_2 > 0 \text{ であれば，} \frac{\partial L}{\partial K_2} = 0 \right) \tag{16.9}$$

$$\frac{\partial L}{\partial K_3} = -\lambda_2 \leq 0 \quad \left(\text{もし } K_3 > 0 \text{ であれば，} \frac{\partial L}{\partial K_3} = 0 \right)$$

$$\frac{\partial L}{\partial \lambda_0} = -(C_0 + K_1 - (1+r_0) K_0) \geq 0 \quad \left(\text{もし } \lambda_0 > 0 \text{ であれば，} \frac{\partial L}{\partial \lambda_0} = 0 \right)$$

$$\frac{\partial L}{\partial \lambda_1} = -(C_1 + K_2 - (1+r_1) K_1) \geq 0 \quad \left(\text{もし } \lambda_1 > 0 \text{ であれば，} \frac{\partial L}{\partial \lambda_1} = 0 \right)$$

$$\frac{\partial L}{\partial \lambda_2} = -(C_2 + K_3 - (1+r_2) K_2) \geq 0 \quad \left(\text{もし } \lambda_2 > 0 \text{ であれば，} \frac{\partial L}{\partial \lambda_2} = 0 \right)$$

となる．

潜在価格は3つである．

問題 5.3

問題の解答とヒント   343

処罰関数は鞍点ではゼロなので，次式が成立することになる．

$\lambda_0 C_0 + \lambda_1 C_1 + \lambda_2 C_2$

$\quad = K_1(-\lambda_0 + (1+r_1)\lambda_1) + K_2(-\lambda_1 + (1+r_2)\lambda_2) + K_3(-\lambda_2) + \lambda_0(1+r_0)K_0$

だが，1階の条件から，次式が成立していることがわかる．

$\lambda_0 C_0 + \lambda_1 C_1 + \lambda_2 C_2 = 1$

$K_1(-\lambda_0 + (1+r_1)\lambda_1) = 0$

$K_2(-\lambda_1 + (1+r_2)\lambda_2) = 0$

$K_3(-\lambda_2) = 0$

したがって，以下の需要系が得られる．

$$\lambda_0 = \frac{1}{(1+r_0)K_0}$$

$$\lambda_1 = \frac{1}{(1+r_1)(1+r_0)K_0}$$

$$\lambda_2 = \frac{1}{(1+r_2)(1+r_1)(1+r_0)K_0}$$

$$C_0 = (1-\beta)(1+r_0)K_0$$

$$K_1 = \beta(1+r_0)K_0$$

$$C_1 = (1-\beta)(1+r_1)K_1 = (1-\beta)\beta(1+r_1)(1+r_0)K_0$$

$$K_2 = \beta(1+r_1)K_1$$

$$C_2 = (1+r_2)K_2 \tag{16.11}$$

問題 5.4

$K_{t+1} + C_t = (1+r_t)K_t$，$C = (1-\beta)(1+r)K$ より，$K_{+1} = \beta(1+r)K$ となる．これら 2 つの結果より，$C_t = (1-\beta)/\beta \times K_{t+1}$ を得る．

問題 5.5

$\sum_{t=0}^{T} \lambda_t C_t + \lambda_T K_{T+1} - (\sum_{t=0}^{T-1} \lambda_t C_t + \lambda_{T-1} K_T) = \lambda_T C_T + \lambda_T K_{T+1} - \lambda_{T-1} K_T$. (5.16)式に K_T を掛け，(5.17)式に λ_T を掛ければ，上式がゼロであることがわかる．$T=0$ で $\sum_{t=0}^{T} \lambda_t C_t + \lambda_T K_{T+1}$ を評価すれば，最終結果が得られる．

第 6 章

問題 6.1

$r = 300\%$/年(問題 2.10 より)，$1+r = 4.0$/年，$1+g_K = 0.5(4.0$/年) $= 2.0$/年，$g_K = 1.0$/年 $= 100\%$/年．問題 2.7 より $c = 60$ ブッシェル/(労働者・年)．$c^c = c - w = 60 - 20 = 40$ ブッシェル/(労働者・年)．

問題 6.2

$r = 13.33\%$/年(問題 2.11 より)，だから $g_K = \beta(1+r) - 1 = 0.97(1.1333 - 1 \fallingdotseq 0.1/$

年＝10％/年．問題 2.8 より c＝25,000 ドル/(労働者・年)．c^c＝c－w＝25,000 ドル/(労働者・年)－20,000 ドル/(労働者・年)＝5,000 ドル/(労働者・年)．

問題 6.3，問題 6.4

パラメータの変化					効　　果				
ρ	k	x	β	$\bar{w}$	v	w	g_K	c	c^c
不変	不変	不変	上昇	不変	不変	不変	上昇	下落	下落
不変	不変	不変	不変	上昇	下落	上昇	下落	上昇	下落

問題 6.5〜6.6

問題 6.3 および 6.4 の解答における該当個所を参照しなさい．

問題 6.7

効率労働者 1 人当たり賃金は一定なので，利潤を最大にする技術には変化が生じない．資本ストックの成長率は上昇し，効率労働者 1 人当たり社会的消費は減少する．

問題 6.8

もしも代替の弾力性が 1 よりも小さければ，さらに高い慣習的賃金シェアのところでは，効率労働者 1 人当たり賃金は，どんな生産技術にたいしてもさらに高くなり，利潤率はさらに低くなる．その結果，企業家はさらに資本集約的な技術を採用し，成長 – 分配表はさらに急勾配となる．効率労働者 1 人当たり賃金は上昇，利潤率は低下，資本の成長率は低下，効率労働者 1 人当たり社会的消費は上昇，そして効率労働者 1 人当たり資本家消費は低下する．代替の弾力性が 1 よりも大きければ，さらに高い慣習的賃金シェアがさらに低い効率労働者 1 人当たり賃金に対応するので，諸々の効果は逆となる．

問題 6.9〜6.12

問題 6.12

パラメータの変化					効　　果				
$\tilde{k}$	$\tilde{x}$	β	$n+\gamma$	v	$\tilde{w}$	g_K	$\tilde{c}$	$\tilde{c}^c$
不変	上昇	不変	不変	不変	上昇	不変	上昇	不変
上昇	不変	不変	不変	不変	下落	不変	下落	上昇
不変	不変	上昇	不変	下落	上昇	不変	不変	下落
不変	不変	不変	上昇	上昇	下落	上昇	下落	上昇

問題 6.13

均衡においては $1+g_K＝(1+n)(1+\gamma)＝1.02$/年，$\beta(1+r)＝1+g_K$，つまり $1+r＝1.02/0.9＝1.1333$/年．資本減耗率 δ は 0 なので，利潤率 v は純利潤率 r に等しい．利潤率が 0.1333/年のとき，実質賃金を最大にする技術は，資本の限

界生産物を利潤率に等しくさせる．すなわち，

$$\alpha A \tilde{k}^{\alpha-1} = r$$

$$\tilde{k} = \left(\frac{\alpha A}{r}\right)^{\frac{1}{1-\alpha}}$$

この場合，

$$\tilde{k} = \left(\frac{0.2}{0.1333}\right)^{\frac{1}{0.8}}\left(\frac{10,000\, \text{ドル}}{\text{労働者}}\right) = 166,000.2288\, \text{ドル/労働者}$$

$$\approx 166,000$$

となる．

労働者 1 人当たり産出は，

$$\tilde{x} = A\tilde{k}^{\alpha} \approx 11,067\, \text{ドル/（労働者・年）}$$

$$\tilde{w} = \tilde{x} - (\delta + r)\tilde{k}$$

$$= 11,067 - (0.1333)(166,000)$$

$$\approx 8,854\, \text{ドル/（労働者・年）}$$

$$\tilde{c} = \tilde{x} - (\delta + g)\tilde{k}$$

$$= (11,067) - (0.02)(16,600)$$

$$\approx 10,735\, \text{ドル/（労働者・年）}$$

資本の限界生産物は，利潤率に等しく，13.33%/年である．

問題 6.14

人口増加率が上昇すると，ケンブリッジ方程式をつうじて，利潤率を上昇させる．そして，経済は，さほど資本集約的ではないような技術を採用することになる．

第 7 章

問題 7.1

1 年目では，$k = (50,000(1.05)\, \text{ドル/（労働者・年）}) / (0.3333(0.98)) / \text{年} = 160,714.286\, \text{ドル/労働者}$．$v = (52,500 - 21,000) / 160,714.286 = 0.196$，すなわち，19.6%/年．利潤率は，20.0% − 19.6% = 0.4% 下落した．

問題 7.2

$$\frac{w_0}{x_0} = \frac{20,000}{50,000} = 0.4, \quad \text{すなわち，40\%．} \quad \frac{w_1}{x_1} = \frac{21,000}{52,500} = 0.4.$$

問題 7.3

$g_1 = 0.97 \cdot (1.1293333) - 1 = 0.09545333$，すなわち，9.5%/年．$g_0 = 0.0993333$，すなわち，9.9%．$c_1 = 52,500\, \text{ドル} - (0.09545 + 0.066) \cdot 160,714.286\, \text{ドル} = 26,445$ ドル/労働者．$c_0 = 25,100\, \text{ドル/労働者．}$

問題 7.4

$r=0$ に達するには，$(0.6)\cdot(0.33)\cdot(0.98)^T-0.066=0$，すなわち，$0.98^T=0.066/((0.6)\cdot(0.33))=0.33$，すなわち，$T=\ln(0.33)/\ln(0.98)=54.3794587$ 年．$g=0$ に達するには，$r=1/0.97-1=0.03092784$，したがって，$(0.6)\cdot(0.33)\cdot(0.98)^T-0.066=0.0309$．$T=\ln(0.48797251)/\ln(0.98)=35.5148544$ 年．

問題 7.5

$v_{+1}=(1-(20{,}000/(50{,}000\cdot(1.05))))\cdot(0.33)\cdot(0.98)=0.2022222$，すなわち，20.22%．これは 20% よりも大きい，したがって，この技術変化は実行可能と考えられる．

問題 7.6

$\pi=(1-0.4)=0.6$．$\dfrac{\gamma(1+\chi)}{\gamma-\chi}=(0.05\cdot(0.98))/(0.05+0.02)=0.7$．つまり実行可能性条件は満たされている．

問題 7.7

v_{+1}^0 を旧技術のもとでの次期の利潤率，v_{+1}^1 を新技術のもとでの次期の利潤率とする．このとき $v_{+1}^1>v_{+1}^0$ は $(x(1+\gamma)-w(1+\gamma))/(k(1+\gamma)/(1+\chi))>(x-(1+\gamma)w)/k$ を意味する．これを解けば，$1-(w/x)<\gamma/(\gamma-\chi)$ を得る．これは χ の小さな値にたいする実行可能性条件のよい近似値をなしている．

問題 7.8

$$\frac{x_{+1}}{x}-1=\frac{(1+\chi)\gamma}{\gamma-\chi}\left(\frac{k_{+1}}{k}-1\right)=\frac{(0.99)\cdot(0.02)}{0.02-(-0.01)}\left(\frac{k_{+1}}{k}-1\right)$$

$$\frac{x_{+1}}{x}-1=0.66\left(\frac{k_{+1}}{k}-1\right)$$

コブ゠ダグラス型関数の仮説にもとづいてこの関係を評価すると，$a=0.66$ となり，賃金分配率の予想される値は 0.34 となるだろう．これは，賃金分配率の実際の数値 0.8 と矛盾する．したがって，仮説は拒絶されねばならないだろう．

問題 7.9

アメリカの実行可能性条件：$0.0111\cdot(1-0.0072)/(0.0111+0.0072)=0.60219016$

アメリカの利潤分配率：$0.332<0.61092459$

国	利潤分配率	実行可能性条件
アメリカ	0.332	0.602
フランス	0.322	0.571
ド イ ツ	0.315	0.729
オランダ	0.358	0.717

| イギリス | 0.307 | 0.576 |
| 日　本 | 0.315 | 0.538 |

どのケースでも実行可能性条件は満たされている．いずれのケースでも実行可能性条件は等式としては満たされておらず，新古典派の所得分配理論と矛盾している．

第8章

問題 8.1

　レオンティエフ型生産関数は

$$X = \min(\rho K, xN)$$

である．両辺を N で除せば，次式が得られる．

$$x = \frac{X}{N} = \min\left(\frac{\rho K}{N}, \frac{xN}{N}\right) = \min(\rho k, x).$$

問題 8.2

$$x = Ak^{\alpha} = 1{,}000 \cdot (14{,}000)^{0.2} = 6{,}748.79 \text{ ドル/（労働者・年）}$$

$$\rho = \frac{x}{k} = \frac{6{,}748.79 \text{ ドル/（労働者・年）}}{14{,}000 \text{ ドル/労働者}} = 0.482/\text{年}$$

問題 8.3

$$\rho = \frac{x}{k} = \frac{Ak^{\alpha}}{k} = Ak^{\alpha-1}$$

問題 8.4

$$g_K = s\rho - \delta = sAk^{(\alpha-1)} - \delta$$
$$= (0.15) \cdot (1{,}000) \cdot (5{,}000)^{-0.8} - 0.1 = 0.6478/\text{年}$$

または 6.478%/年

$$\frac{\varDelta k}{k} = g_K - n = 0.06478 - 0.02 = 0.04478/\text{年}$$

または 4.478%/年．

問題 8.5

$$k^* = \left(\frac{sA}{n+\delta}\right)^{\frac{1}{1-\alpha}} = \left(\frac{1{,}000 \cdot (0.15)}{0.02 + 0.1}\right)^{\frac{1}{0.8}} = 7{,}432.54 \text{ ドル/労働者}$$

$$x^* = Ak^{*\alpha} = 1{,}000 \cdot (7{,}432.54)^{0.2} = 5{,}946.04 \text{ ドル/（労働者・年）}$$

$$\rho^* = \frac{x^*}{k^*} = \frac{5{,}964.04 \text{ ドル}}{7{,}432.54 \text{ ドル}} = 0.8/\text{年}$$

問題 8.6

　問題 8.5 より

$$k^* = 7{,}432.54 \text{ ドル/労働者}$$

$x^* = 5,946.04$ ドル/(労働者・年)

したがって

$$c^* = (1-s)\,x^* = (1-0.15)\cdot(5,946.03) = 5,054.13 \text{ ドル/(労働者・年)}$$

貯蓄率が 0.17 に上昇するときに,

$$k^{*\prime} = \left(\frac{1,000\cdot(0.17)}{0.02+0.1}\right)^{\frac{1}{0.8}} = 8,691.30 \text{ ドル/労働者}$$

$$x^{*\prime} = 1,000\cdot(8,691.30)^{0.2} = 6,135.03 \text{ ドル/(労働者・年)}$$

$$c^{*\prime} = (1-0.17)\cdot(6,135) = 5,092.08 \text{ ドル/(労働者・年)}$$

となる.

問題 8.7

黄金律では $g_x = \hat{r} = n = 0.02$ である. それゆえ $\hat{s}\rho - \delta = \alpha\rho - \delta$ および $\hat{s} = 0.2$ である. $\hat{s} = 0.2$ のときには

$$\hat{k} = \left(\frac{1,000\cdot(0.2)}{0.02+0.1}\right)^{\frac{1}{0.8}} = 10,649.05 \text{ ドル/労働者}$$

$$\hat{x} = (1,000)\cdot(10,649.05)^{0.2} = 6,389.43 \text{ ドル/(労働者・年)}$$

$$\hat{c} = (0.8)\cdot(6,389.43) = 5,111.54483 \text{ ドル/(労働者・年)}$$

問題 8.8

k 低下, x 低下, c 低下, g 上昇, r 上昇, w 低下となる.

問題 8.9

省略

問題 8.10

この生産関数のとき

$$\rho = X/K = (K+1,000K^{0.2}N^{0.8})/K = 1+1,000k^{-0.8}$$

$$g_K = s\rho - \delta = (0.15)\cdot(1+1,000k^{-0.8})-0.1$$

g_K は k が増加するにつれて 0.05 に漸近する. それゆえ成長率は決して労働力増加率 $n = 0.02$ には落ち着かない. したがって経済は決して恒常状態に達しない.

第9章

問題 9.1

$$g_k = g_{\tilde{k}} + \hat{\gamma} = 5\%/\text{年}+2\%/\text{年} = 7\%/\text{年}$$

問題 9.2

仮定より $k_{+2} = k_{+1} = k = 14,000$ ドル/労働者.

$$\tilde{k}_{+2} = \frac{k}{(1+\hat{\gamma})^2} = \frac{14,000 \text{ ドル/労働者}}{1.0404 \text{ 効率単位の労働者/労働者}}$$

$$= 13,456.36 \text{ ドル/効率労働者}$$

$$\tilde{x}_{+2} = A\, \tilde{k}_{+2}^{\,\alpha} = (1,000) \cdot (13,456.36)^{0.2} = 6,695.54 \text{ ドル/効率単位の労働者}$$

$$x_{+2} = (1+\hat{\gamma})^2 \tilde{x}_{+2} = (1.0404) \cdot (6,695.54) = 6,966.04 \text{ ドル/労働者}$$

問題 9.3

　省略

問題 9.4

$$\tilde{k}^* = \big((0.15) \cdot (1,000) / (0.01 + 0.02 + 0.1)\big)^{1.25}$$

$$= 6,724.89 \text{ ドル/効率単位の労働者}$$

$$\tilde{x}^* = 1,000 \cdot (6,724.89)^{0.2} = 5,828.23 \text{ ドル/効率単位の労働者/年}$$

$$\rho = 5,828.23 / 6,724.89 = 0.8667/\text{年}$$

問題 9.5

　恒常状態の条件は次の通り.

$$\frac{\Delta \tilde{k}}{\tilde{k}} = 0 = \frac{\Delta K}{K} - n - \hat{\gamma}$$

$$\frac{\Delta K}{K} = 0.01 + 0.02 = 0.03 = 3\%/\text{年}$$

$$\frac{\Delta k}{k} = \frac{\Delta K}{K} - n = 0.03 - 0.01 = 0.02 = 2\%/\text{年}$$

問題 9.6

$$x_{10} = (1.02)^{10} \cdot \tilde{x}^* = 1.21899 \cdot (5,828.23) = 7,104.55 \text{ ドル/労働者/年}$$

問題 9.7

$$\left(\frac{\pi_K \Delta k}{k}\right) \Big/ \left(\frac{\Delta x}{x}\right) = (1 - \pi_N) \left(\frac{\Delta K}{K} - \frac{\Delta N}{N}\right) \Big/ \left(\frac{\Delta X}{X} - \frac{\Delta N}{N}\right)$$

　香港　$(1 - 0.628) \cdot (0.08 - 0.032) / (0.073 - 0.032) \fallingdotseq 0.436 = 43.6\%$

　シンガポール　$(1 - 0.509) \cdot (0.115 - 0.057) / (0.087 - 0.057) \fallingdotseq 0.949 = 94.9\%$

　韓国　$(1 - 0.703) \cdot (0.137 - 0.064) / (0.103 - 0.064) \fallingdotseq 0.556 = 55.6\%$

　台湾　$(1 - 0.743) \cdot (0.123 - 0.049) / (0.089 - 0.049) \fallingdotseq 0.475 = 47.5\%$

問題 9.8

$$\Delta X = F_K \Delta K + F_{\tilde{N}} \Delta \tilde{N}$$

$$g_x = \pi g_K + (1 - \pi) g_{\tilde{N}} = \pi g_K + (1 - \pi)(n + \hat{\gamma})$$

$$g_x = \pi g_k + (1 - \pi) \hat{\gamma}$$

問題 9.9

　省略

問題 9.10

$$\tilde{k}^* = \big((0.13) \cdot (750) / (0.015 + 0.01 + 0.09)\big)^{\frac{3}{2}}$$

$$= 24{,}686.54 \, \text{ドル/効率単位の労働者}$$

$$\tilde{k}^{*\prime} = ((0.14) \cdot (750) / (0.015 + 0.01 + 0.09))^{\frac{3}{2}}$$

$$= 27{,}589.08 \, \text{ドル/効率単位の労働者}$$

変化率 $= (27{,}589.08 - 24{,}686.54) / 24{,}686.54 = 0.118 = 11.8\%$

$$\tilde{x}^* = 750 \cdot (24{,}686.54)^{1/3} = 21{,}838.09 / \text{効率単位の労働者/年}$$

$$\tilde{x}^{*\prime} = 750 \cdot (27{,}589.08)^{1/3} = 22{,}662.46 \, \text{ドル/効率単位の労働者/年}$$

変化率 $= (22{,}662.46 - 21{,}838.09) / 21{,}838.09 = 0.0377 \fallingdotseq 3.8\%$

$$\tilde{c}^* = (1 - 0.13) \cdot (21{,}838.09) = 18{,}999.14 \, \text{ドル/効率単位の労働者/年}$$

$$\tilde{c}^{*\prime} = (1 - 0.14) \cdot (22{,}662.46) = 19{,}489.72 \, \text{ドル/効率単位の労働者/年}$$

変化率 $= (19{,}489.72 - 18{,}999.14) / 18{,}999.14 = 0.0258 \fallingdotseq 2.6\%$

問題 9.11

$$c_{+50} = (1 + \hat{\gamma})^{50} \tilde{c}_{+50} = (1 + 0.01)^{50} \tilde{c}_{+50} = 1.645 \, \tilde{c}_{+50}$$

労働者1人当たり消費の変化は，$(1.645) \cdot (19{,}489.72 - 18{,}999.14) = 807.00$ ドル/労働者

問題 9.12

$$\rho = \frac{\tilde{x}^*}{\tilde{k}^*} = \frac{21{,}838.09}{24{,}686.54} = 0.8846$$

$$v = \alpha\rho = (1/3) \cdot (0.8846) = 0.2949$$

$$r = v - \delta = 0.2949 - 0.09 = 0.2049 = 20.49\%/\text{年}$$

$$\rho' = 22{,}662.46 / 27{,}589.08 = 0.8214$$

$$v' = (1/3) \cdot (0.8214) = 0.2738$$

$$r' = 0.2738 - 0.09 = 0.1838 = 18.38\%/\text{年}$$

問題 9.13

$$\phi = (n + \hat{\gamma} + \delta)(1 - \alpha) = (0.02 + 0.01 + 0.04) \cdot (1 - (1/3)) = 0.04667$$

$$\frac{\Delta\tilde{x}}{\tilde{x}} = 0.04667 - \ln(0.75) = 0.01343/\text{年} \fallingdotseq 1.34\%/\text{年}$$

$$\frac{\Delta x}{x} = 0.01343 + 0.01 = 0.02343 \fallingdotseq 2.34\%/\text{年}$$

問題 9.14

$\phi = (1 - \alpha)(n + \hat{\gamma} + \delta)$ なので，$\alpha = 1 - \dfrac{\phi}{n + \hat{\gamma} + \delta}$

$$\alpha = 1 - \frac{0.02}{0.02 + 0.01 + 0.04} = 0.71429 \fallingdotseq 71.43\%$$

問題 9.15

$$\phi = (1 - 1/3) \cdot (0.07) = 0.04667$$

第 10 章

問題 10.1

$\rho = x/k = 50{,}000/150{,}000 = 1/3$ あるいは 33.33%/年. 労働生産性と資本生産性は ux と $u\rho$ であり,利潤率は $v = u\pi\rho$ である. $u=1$ の時,$ux = 50{,}000$ ドル/(労働者・年),$u\rho = 33.33\%$/年 そして,$v = (0.4) \cdot (0.3333/年) = 0.133/年 = 13.3\%$/年. $u = 0.85$ のとき,$ux = (0.85) 50{,}000 = 42{,}500$ ドル/(労働者・年),$u\rho = (0.85) \cdot (0.3333/年) = 0.2833/年$,そして,$v = (0.85) \cdot (0.4) \cdot (0.3333) \fallingdotseq 0.1133 = 11.3\%$/年となる.

問題 10.2

省略

問題 10.3

$g_k^i + \delta = \eta v = \eta\pi\rho u = (0.7) \cdot (0.4) \cdot (0.333) \cdot (0.9) \fallingdotseq 0.084/年$ あるいは,8.4%/年である.

問題 10.4

$g_K^i + \delta = \beta v - (1-\beta)(1-\delta) = \beta\pi\rho u - (1-\beta)(1-\delta) = 0.97 \cdot (0.4) \cdot (0.333) \cdot (0.9) - (0.03) \cdot (0.9333) \fallingdotseq 0.0884$,または 8.8%/年である.

問題 10.5

$g^i + \delta = \eta v = \eta\pi\rho u = (0.7) \cdot (0.4) \cdot (0.333) \cdot (0.7) \fallingdotseq 0.65353/年$ または 6.5%/年である. この投資量が貯蓄量に等しいとき経済は一時的均衡を達成する. あるいは,$\beta v - (1-\beta)(1-\delta) = g_K^s + \delta = g_K^i + \delta = 0.065/年$ であり,これは,$v = (0.065 + (0.03) \cdot (0.9333))/0.97 \fallingdotseq 0.09621993 = 9.6\%$ そしてこれは $u = v/(\pi\rho) \fallingdotseq 0.72$ を意味する. 企業家はこの時,自分たちが悲観的すぎたことを発見し,計画する粗投資率を 6.9%/年まで上昇させる.

問題 10.6

$v = (1-\beta)(1-\delta)/(\beta-\eta) = (0.03) \cdot (0.9333)/(0.97-0.7) \fallingdotseq 0.104/年 = 10.4\%$/年である. $g_K + \delta = \eta v = (0.7) \cdot (0.104) \fallingdotseq 0.73/年$ または 7.3%/年である. $u = v/\pi\rho = 0.10137037/((0.4) \cdot (0.333)) \fallingdotseq 0.78 = 78\%$.

問題 10.7

問題 10.3 でカルドリアは均衡稼働率を上回っている. 企業家は,均衡に達するまで産出量を減少させる. [グラフは省略]

問題 10.8

$v = (1-\beta)(1-\delta)/(\beta-\eta) = (0.02) \cdot (0.9333)/(0.98-0.7) \fallingdotseq 0.067/年 = 6.7\%$ である. $v/\pi\rho = 0.067/((0.4) \cdot (0.333)) = 0.5 = 50\%$ である. $g_K + \delta = \eta v = (0.7) \cdot (0.067) \fallingdotseq 0.047/年 = 4.7\%$/年である. カルドア的経済は倹約の増加のために,仕

事の量を減らしながら，さらにゆっくりと成長する．

問題 10.9

$v=(1-\beta)(1-\delta)/(\beta-\eta)=(0.03)\cdot(0.9333)/(0.97-0.7)≒0.104/$年$=10.4\%$ は変化しない．$g_K+\delta=\eta v=(0.7)\cdot(0.104)=0.0728/$年または $7.8\%/$年も変化しない．$u=v/\pi\rho=0.104/((0.35)\cdot(0.333))≒0.88888=89\%$ である．カルドア的経済は，賃金分配率の増加の結果，雇用増をともなって一層高い稼働率で操業している．

問題 10.10

賃金分配率が 60% のとき，

$$c = x(u-((g_K+\delta)/\rho)$$
$$= 50{,}000\cdot(0.78-(0.0728/0.333)) = 28{,}080 \text{ ドル}/(\text{労働者・年})$$

であり，賃金分配率が 65% のとき，

$$c = 50{,}000\cdot(0.89-(0.0728/0.333)) = 33{,}580 \text{ ドル}/(\text{労働者・年})$$

である．賃金は，賃金分配率が 60% のとき，

$$w = (1-\pi)ux = (0.6)\cdot(0.78)\cdot 50{,}000 = 23{,}400 \text{ ドル}/(\text{労働者・年})$$

であり，賃金分配率が 65% のとき，

$$(0.65)\cdot(0.89)\cdot 50{,}000 = 28{,}925 \text{ ドル}/(\text{労働者・年})$$

である．労働者 1 人当たりの資本家消費

$$c^c = c-w$$

は 4,680 ドル/(労働者・年) から 4,655 ドル/(労働者・年) へと低下する．

問題 10.11

省略

問題 10.12

$\eta_u=\eta_\rho=0$ および $\eta_\pi=0.25$ なので，均衡稼働率は $u=(\eta_\pi\pi+(1-\beta)(1-\delta))/(\beta\pi\rho)=((0.25)\cdot(0.4)-(0.03)\cdot(0.933))/((0.97)\cdot(0.4)\cdot(0.333))≒0.5573$ あるいは，55.7% である．$v=\pi\rho u=(0.4)\cdot(0.333)\cdot(0.55)=0.073419/$年$=7.4\%/$年であり，$g_K+\delta=\beta v-(1-\beta)(1-\delta)=(0.97)\cdot(0.074)-(0.03)\cdot(0.933)≒0.0438/$年≒$4.4\%$ である．

賃金分配率が 65% へ上昇すると設備稼働率は，

$$((0.25)\cdot(0.35)-(0.03)\cdot(0.933))/(0.97)\cdot(0.35)\cdot(0.333) ≒ 0.5264$$

あるいは，52.6% となり，利潤率は 6.1%，そして資本の粗成長率は 3.1% へ低下する．賃金分配率の上昇は利潤分配率と収益性を低下させるので，企業家の投資は減り，設備稼働率や利潤率，資本の粗成長率低下の原因となる．

問題 10.13

今度は，$\eta_\pi=\eta_\rho=0$ および $\eta_u=0.1$ なので，均衡稼働率は

$$u = (1-\beta)(1-\delta)/(\beta\pi\rho - \eta_u)$$
$$= (0.03)\cdot(0.933)/((0.97)\cdot(0.4)\cdot(0.333) - 0.1) \fallingdotseq 0.958$$

あるいは，95.8％ である．

$$v = \pi\rho u = (0.4)\cdot(0.333)\cdot(0.958) \fallingdotseq 0.128/\text{年} = 12.8\%/\text{年}$$

であり，

$$g + \delta = \beta v - (1-\beta)(1-\delta)$$
$$= (0.97)\cdot(0.128) - (0.03)\cdot(0.933) \fallingdotseq 0.096/\text{年} = 9.6\%/\text{年}$$

である．賃金分配率が 0.5 に下がると，設備稼働率は $(0.03)\cdot(0.933))/((0.97)\cdot$ $(0.5)\cdot(0.333) - 0.1) = 0.4550$ あるいは，45.5％ となり，利潤率は 7.6％/年，資本の粗成長率は 4.6％/年 へと下がる．賃金の下落は利潤分配率を増やすが，これは企業家が投資を増やす原因にならない．消費需要の減少は設備稼働率を下げ，このことは企業家が投資を減らす原因となって，利潤率と資本の粗成長率を押さえつけることになる．

第 11 章

問題 11.1

ラグランジュ関数は次のようである，

$$L(C_t, K_{t+1}, U_{t+1}; \lambda_t) = (1-\beta)\sum_{t=0}^{\infty}\beta^t \ln(C_t)$$
$$- \sum_{t=0}^{\infty}\lambda_t(K_{t+1} + p_{ut+1}U_{t+1} + C_t - (1+r_t)K_t - (p_{ut+1} + v_{ut})U_t) \tag{16.12}$$

1 階の条件は $(t=0, 1, \cdots, \infty$ について) 次のようである．

$$\frac{\partial L}{\partial C_t} = \frac{(1-\beta)\beta^t}{C_t} - \lambda_t \leq 0 \quad \left(\text{もし } C_t > 0 \text{ ならば，} \frac{\partial L}{\partial C_t} = 0\right)$$

$$\frac{\partial L}{\partial K_{t+1}} = -\lambda_t + \lambda_{t+1}(1+r_{t+1}) \leq 0 \quad \left(\text{もし } K_{t+1} > 0 \text{ ならば，} \frac{\partial L}{\partial K_{t+1}} = 0\right) \tag{16.13}$$

$$\frac{\partial L}{\partial U_{t+1}} = -\lambda_t p_{ut+1} + \lambda_{t+1}(u_{ut+1} + p_{ut+2}) \leq 0$$
$$\left(\text{もし } U_{t+1} > 0 \text{ ならば，} \frac{\partial L}{\partial U_{t+1}} = 0\right) \tag{16.14}$$

$$\frac{\partial L}{\partial \lambda_t} = -(K_{t+1} + p_{ut+1}U_{t+1} + C_t - (1+r_t)K_t - (p_{ut+1} + v_{ut})) \geq 0$$
$$\left(\text{もし } \lambda_t > 0 \text{ ならば，} \frac{\partial L}{\partial \lambda_t} = 0\right)$$

(16.13)式と(16.14)式は，つぎのことを意味する．

$$p_{ut+1} + v_{ut} = (1+r_t)p_{ut} \tag{16.15}$$

354

1部門の場合とちょうど同じように $C_t>0$, $\lambda_t>0$, $K_{t+1}>0$, $U_{t+1}>0$ であると直ちに結論づけることができる．ラグランジュ関数の処罰部分を整理しなおすと，消費は，資本家が期末に持つ富にたいして比例することがわかる．

$$C_t = (1-\beta)(1+r_t)J_t$$

問題 11.2

1ブッシェルの種用の穀物を資本として使用する土地の単位は，1エーカーの 1/20 であるから，$U=200{,}000$ 単位の土地が空いている．リカーディアでは，$\rho=5$/年である．$\bar{w}=20$ ブッシェル/年のとき，$\bar{\pi}=0.8$ である．リカーディアでは，$\delta=100\%$/年である．

$$K^* = U = 200{,}000 \text{ ブッシェル}$$

$$X^* = \rho K^* = (5)\cdot(200{,}000) = 1{,}000{,}000 \text{ ブッシェル/年}$$

土地が豊富なレジームでは，$v_{ut}=0$ であるから，つぎのようになる．

$$v_{kt} = \bar{\pi}\rho = (0.8)\cdot(5) = 400\%\text{/年}$$

土地が豊富なレジームにおける純利潤率は，$r_t = v_{kt}-\delta = 300\%$/年である．

問題 11.3

$$1+r^* = \frac{1}{\beta} = \frac{5}{4} \quad \text{であるから} \quad r^* = 25\%\text{/年.}$$

$$v_u^* = \bar{\pi}\rho - \delta - r^* = (0.8)\cdot(5) - 1 - 0.25$$
$$= 2.75(\text{ブッシェル/土地単位})\text{/年} = 55(\text{ブッシェル/エーカー})\text{/年}$$

$$p_u^* = \frac{v_u^*}{r^*}$$
$$= (55(\text{ブッシェル/エーカー})\text{/年})/(0.25\text{/年}) = 220 \text{ ブッシェル/エーカー.}$$

第 12 章

問題 12.1

$\rho = x/k = 0.5$/年，$x' = 25{,}000$ ドル/(労働者・年)，$k' = k = x/\rho = 100{,}000$ ドル/労働者，$\rho' = x'/k' = 0.25$/年，$\delta' = \delta = 0$/年，したがって

$$p_q^* = (\rho-\rho')/\rho = (0.5-0.25)/0.5 = 0.5 = 0.50 \text{ ドル/石油単位}$$

問題 12.2

$$\pi' = (1-(w/x')) = (1-(10{,}000/25{,}000)) = 0.6$$
$$v_s = \pi'\rho' = (0.6)\cdot(0.25) = 0.15\text{/年} = 15\%\text{/年}$$
$$r_s = v_s - \delta = 15\%\text{/年}$$
$$(1+g_{Ks}) = \beta(1+r_s) = (0.95)\cdot(1.15) = 1.0925\text{/年}$$

したがって，$g_K^s = 9.25\%$/年である．

問題 12.3

問題の解答とヒント　　　355

この問題のラグランジュ関数と1階の条件は，以下の通りである．

$$L(C_t, K_{t+1}, \Delta Q_t, Q_{t+1}, \lambda_t) = (1-\beta)\sum_{t=0}^{\infty}\beta^t\ln(C_t)$$

$$-\sum_{t=0}^{\infty}\lambda_t\{K_{t+1}+p_{qt+1}Q_{t+1}+C_t-(1+r_t)K_t-p_{qt+1}Q_t\}$$

1階の条件は　$(t=0, 1, \cdots, \infty)$，

$$\frac{\partial L}{\partial C_t} = \frac{(1-\beta)\beta^t}{C_t}-\lambda_t = 0$$

$$\frac{\partial L}{\partial K_{t+1}} = -\lambda_t+\lambda_{t+1}(1+r_t) = 0$$

$$\frac{\partial L}{\partial Q_{t+1}} = -\lambda_t p_{qt+1}+\lambda_{t+1}p_{qt+2} = 0 \ \left(\leqq \text{もし } Q_{t+1}=0 \text{ であれば，} \frac{\partial L}{\partial Q_{t+1}}\leqq 0\right)$$

$$\frac{\partial L}{\partial \lambda_t} = -(K_{t+1}+p_{qt+1}Q_{t+1}+C_t-(1+r_t)(K_t+p_{qt}\Delta Q_t)$$

$$-p_{qt+1}(Q_t-\Delta Q_t)) = 0$$

Q_{t+1} にかんする1階の条件から，地下に埋蔵されている原油のキャピタルゲインが利潤率に等しくなるように，石油価格が上昇しなければならないことがわかる．それゆえ裁定原理は，つぎのような形になる．

$$p_{qt+1} = (1+r_t)p_{qt}$$

この効用関数をもつ他の資本家消費問題と同じように，消費が，期末における資本家の富の一定割合になることを証明できる．

$$C_t = (1-\beta)((1+r_t)K_t+p_{qt+1}Q_t)$$

問題 12.4

省略

問題 12.5

石油が枯渇してしまう最後の期に利潤率が石油テクノロジーに規定されるだろうから，その値は，

$$v_{q-1} = (\pi-p_q^*)\rho = (0.8-0.5)(0.5) = 0.15/年$$

となる．裁定原理によれば，次式が成立していなければならない．

$$p_q^* = (1+r_{-1})p_{q-1}$$

$$p_{q-1} = p_q^*/(1+r_{-1}) = 0.5/1.15 = 0.43478261/石油単位$$

第 13 章

問題 13.1

インダストリアでは，$x=50{,}000$ ドル/（労働者・年），$k=150{,}000$ ドル/労働者，$\rho=0.33/年$，$\delta=0.066666/年$ である．ここで，$\bar{w}=30{,}000$ ドル/（労働者・年）であ

り，したがって利潤率は，$v=(x-w)/k=0.133$/年である．資本の粗成長率は，$g_K+\delta=\beta w/k-(1-\delta)=(0.8)\cdot(30{,}000/150{,}000)-0.933=-0.7733$/年，成長率は，$g_K=-0.84$/年である．インダストリアの生産は非常に資本集約的であるため，たとえ非常に高い賃金で非常に高い貯蓄性向であっても，ライフサイクル貯蓄は正の資本成長率と労働人口増加率を維持することはできない．労働者1人当たり社会的消費は，$c=x-(g_K+\delta)k=50{,}000-(-0.7733)\cdot(150{,}000)=166{,}000$ドル/（労働者・年）である．労働者の消費は，$c^w=(1-\beta)w=(0.2)\cdot(30)=6{,}000$ドル/（労働者・年）である．退職した家計は，$c^r=(1-\delta+v)\beta w=(1.067)\cdot(0.8)\cdot(30)=25{,}600$ドル/（労働者・年）の消費をする．$c^w=6{,}000$ドル/（労働者・年）であり，また，$c^r/(1+g_K)=25.6/0.16=160{,}000$ドル/（労働者・年）であることから，$c=c^w+(c^r/(1+g_K))$ が保たれていることがわかる．

問題 13.2

$w=\bar{w}$ は上昇，$v=(x-w)/k$ は低下，$g_K+\delta=\beta(w/k)-(1-\delta)$ は上昇，$c=x-(g_K+\delta)k$ は低下，$c^w=(1-\beta)w$ は上昇，$s^w=\beta w$ は上昇．$c^r=(1+g_K)(c-c^w)=(1-\delta+v)s^w$ に与える影響が正か負かは，パラメータによって決まる．

問題 13.3

$w=\bar{w}$ と $v=(x-w)/k$ は不変，$g_K+\delta=\beta(w/k)-(1-\delta)$ は上昇，$c=x-(g_K+\delta)k$ は低下，$c^w=(1-\beta)w$ は低下，$s^w=\beta w$ は上昇，$c^r=(1+g_K)(c-c^w)=(1-\delta+v)s^w$ は上昇．

問題 13.4

インダストリアでは，$x=50{,}000$ドル/（労働者・年），$k=150{,}000$ドル/労働者，$\rho=0.33$/年，$\delta=0.066666$/年である．ここで，$n=g_K=0$ であり，したがって，$w=(1+n)(k/\beta)=187{,}500$ドル/（労働者・年），利潤率は，$v=(x-w)/k=-0.9166666$/年である．資本の粗成長率は，$g_K+\delta=\beta w/k-(1-\delta)=(0.8)\cdot(187.5/150)-0.933=0.0667$/年，成長率は，$g_K=0$/年である．インダストリアの生産は非常に資本集約的であるため，利潤が負となるほどの高い賃金である場合を除けば，ライフサイクル貯蓄は資本ストックを維持できない．労働者1人当たり社会的消費は，$c=x-(g_K+\delta)k=50-(0.0667)\cdot(150)=40{,}000$ドル/（労働者・年）である．労働者の消費は，$c^w=(1-\beta)w=(0.2)\cdot(187.5)=37{,}500$ドル/（労働者・年）である．退職した家計は，$c^r=(1-\delta+v)\beta w=(0.0167)\cdot(0.8)\cdot(187.5)=2{,}500$ドル/（労働者・年）の消費をする．$c^w=37{,}500$ドル/（労働者・年）であり，また，$c^r/(1+g_K)=2{,}500/1=2{,}500$ドル/（労働者・年）であることから，$c=c^w+(c^r/(1+g_K))$ が保たれていることがわかる．

問題 13.5

現役労働者の貯蓄は βw のままであり，したがって，この曲線は，因数 β によって下方に射影された効率フロンティアである．均衡利潤率が存在するとすれば，それは，この曲線と資本の満たすべき要件 $(1+n)k$ の交点である．

問題 13.6

β の上昇は，n に影響しないので，g_K と資本の満たすべき要件 $(1+n)k$ は不変である．労働者が各々の賃金水準にたいしより多くの貯蓄をおこなうようになるために，賃金は下落し，利潤は上昇していかざるをえない．g_K は不変である一方で，c^r が上昇し，c^w が低下するので，社会的消費は一定に保たれる．

問題 13.7

n の上昇は，g_K と資本の満たすべき要件 $(1+n)k$ を高め，したがって，利潤率が低下する一方，実質賃金は上昇する．g_K がより高い水準となれば，社会的消費／労働者はより減少する．$c^w = (1-\beta)w$ であるから，賃金の上昇は c^w を上昇させる．c^r にたいする影響は，モデルのパラメータ自体に依存する．

問題 13.8

$r > n$ のときには機能しないとしても，パレート優位の経路をつくる方法が存在するかもしれないので，この議論は，定常均衡が効率的であることを証明しない．本文でつくった代替的経路はパレート効率的でない可能性がある．

問題 13.9

独裁者は，社会的貯蓄が $(1+n)k$ に等しいという制約にしたがって，典型的行為者の効用 $(1-\beta)\ln(c^w) + \beta\ln(c^r)$ を最大化する．

$c^w + \dfrac{c^r}{1+n} + (1+n)k = x - \delta k$ を制約として $(1-\beta)\ln(c^w) + \beta\ln(c^r)$ を最大にするように (c^w, c^r) を選べ．

これは，$r = n$ の場合の典型的労働者の問題と同じなので，配分は $r = n$ のときの競争的配分と等しくなる．しかし，市場実質利子率は，β が特別な値をとらないかぎり，人口増加率と等しくはならない．

問題 13.10

$r + \delta = v = (x - \bar{w})/k = (900{,}000 - 750{,}000)/100{,}000 = 1.5$ であるので，$r = 0.5/$ 年である．資本の粗成長率は，$(g_K^* + \delta) = \beta w/k = 0.2 \cdot (750{,}000)/100{,}000 = 1.5/$ 年であり，したがって，$g_K = 0.5/$ 年である．典型的家計は

$(1-\beta)w = 0.8w = 0.8 \cdot (750{,}000\ \text{ドル})/(\text{労働者・期間})$
$\qquad = 600{,}000\ \text{ドル}/(\text{労働者・期間})$

を勤労期間に消費し，そして，

$\beta(1+r)w = 0.2 \cdot (1.5) \cdot (750{,}000\ \text{ドル}/(\text{労働者・期間}))$
$\qquad = 225{,}000\ \text{ドル}/(\text{労働者・期間})$

を退職後に消費する.

問題 13.11

積立型社会保障制度は，社会保障制度がない場合の均衡と一致する．

無積立型制度では，

$$(1+g_k^*)^2+\left(\frac{\beta}{k}\right)\left(b\frac{1-\beta}{\beta(1+r)}-\bar{w}\right)(1+g_k^*)+\frac{\beta b}{k}=0$$

すなわち

$$(1+g_k^*)^2-1.47333(1+g_k^*)+0.01=0$$

これより，$1+g_k^*=1.4665144$/期間 となる．税金は，$t=b/(1+g_k^*)=3,409.44477$ ドル/(労働者/年)となる．

問題 13.12

$w=x-(r+\delta)k=900,000$ ドル/(労働者・期間)$-(1+r$/期間)$(100,000$ ドル/労働者)であり，また，均衡条件は $\beta w=0.2w=(1+n)k=(1.5$/期間)$\cdot(100,000$ ドル/労働者)であるから，$w=750,000$ ドル/(労働者・期間)，$rk=50,000$ ドル/(労働者・期間)，$r=0.5$/期間$=50\%$/期間である．典型的家計は，勤労期間中に$(1-\beta)w=0.8w=0.8\cdot(750,000$ ドル)/(労働者・期間)$=600,000$ ドル/(労働者・期間)を消費し，$\beta(1+r)w=0.2\cdot(1.5)\cdot(750,000$ ドル/(労働者・期間))$=225,000$ ドル/(労働者・期間)を退職後に消費する．

問題 13.13

積立型の社会保障制度は，社会保障制度がない場合の均衡と一致する．

無積立型制度では，

$$(1+r^*)^2-((x/k)-(1-\delta)-b/k(1+\bar{n})-(1+\bar{n})/\beta)(1+r^*)$$
$$-(b/k)(1-\beta)/\beta=0$$

すなわち

$$(1+r^*)^2-1.4666666\cdot(1+r^*)-0.2=0$$

大きいほうの根は，$(1+r^*)=1.31451986$/年であり，したがって，$r=0.315$/年である．賃金は，$w=x-(r+\delta)k=900-(1.315)\cdot(100)=768,548.014$ ドル/年である．税金は，$t=b/(1+n)=5,000/(1.5)=3,333$ ドル/(労働者・年) である．

問題 13.14

省略

第 14 章

問題 14.1

$x_g=1$ オンスの金/(労働者・年)$=20$ ドル/(労働者・年)であり，$k_g=10$ ブッシェルの穀物/労働者である．$x=100$ ブッシェル/(労働者・年)，$k_x=20$ ブッシェ

ル/労働者, $k_g = 10$ ブッシェル/労働者であるから, $1 - \pi = \bar{w}/x = (20$ ブッシェル/労働者・年$)(1$ 労働者・年$/100$ ブッシェル$) = 0.2$ であり, $\pi = 0.8$ である. したがって, 資本-労働比率は, $\pi k_g + (1 - \pi) k_x = 10$ ブッシェル/労働者$\times 0.8 + 20$ ブッシェル/労働者$\times 0.2 = 12$ ブッシェル/労働者である.

1ブッシェルの穀物の価格は

$$p_{+1} = \frac{1 \text{ オンスの金/労働者/年}}{100 \text{ ブッシェル/労働者/年}} \frac{20 \text{ ブッシェル/労働者}}{12 \text{ ブッシェル/労働者}}$$

$$= \frac{5/3 \text{ オンスの金}}{100 \text{ ブッシェル}} = \frac{1}{3} \text{ ドル/ブッシェル}$$

金で測った賃金は $p_{+1}\bar{w} = 20/3$ ドル/(労働者・年) である. 調べてみると, 穀物生産部門の利潤率は, $(x - \bar{w})/k_x = (80/20) = 4$/年である. 金生産部門の利潤率は

$$\frac{x_g - p_{+1}\bar{w}}{pk_g} = \left(20 \text{ ドル} - \frac{1}{3} \text{ ドル}(20)\right) \Big/ \left(\frac{1}{3} \text{ ドル}(10)\right) = 4/\text{年}$$

である.

問題 14.2

ここでは, $x = 50,000$ ドル/(労働者・年), $k = 150,000$ ドル/労働者, $x_g = 1,000$ オンスの金/(労働者・年), $\delta = 0.1$/年, $\bar{w} = 20,000$ ドル/(労働者・年), $\beta = 0.97$, $\mu = 0.1$ である.

したがって,

$$p = \frac{x_g}{x} = (1,000/50,000) = 0.02 \text{ オンスの金/ドル}$$

$$v = \frac{x - \bar{w}}{k} = 30,000/150,000 = 0.2/\text{年}$$

$$1 + r = 1 - \delta + v = 1.1/\text{年}$$

$$g_C = g_K = \beta(1 + r) - 1 = 0.97 \cdot (1.1) - 1 = 0.067/\text{年}$$

$$a = \left(\frac{\mu(1 - \beta)(1 + r)}{r - \mu(1 - \beta)(1 + r)}\right) pk$$

$$= ((0.1) \cdot (0.03) \cdot (1.1)/(0.1 - 0.0033)) \cdot (0.02) \cdot (150,000)$$

$$= 102.3784902 \text{ オンスの金/労働者}$$

$$n_g = 1 - n_x = \frac{g_C \cdot a}{x_g} = (0.067) \cdot (102.4)/1,000 = 0.006859359$$

問題 14.3

ここで, 問題 14.2 より, $v_x = 0.2$/年であり, また, $\gamma = 0.01$/年である.

したがって,

$$v = (1 + \gamma)v_x = (1.01) \cdot (0.2) = 0.202/\text{年}$$

360

$$1+r = (1+\gamma)(1-\delta+v_x) = (1.01)\cdot(1.1) = 1.111/年$$

$$g_C = \beta(1+r)-1 = 0.07767/年$$

$$g_K = \beta(1-\delta+v_x)-1 = 0.97\cdot(1.1)-1 = 0.067/年$$

$$a/pk = \left(\frac{\mu(1-\beta)(1+r)}{r-\mu(1-\beta)(1+r)}\right)$$

$$= ((0.1)\cdot(0.03)\cdot(1.111)/(0.111-0.00333)) = 0.0309557$$

第 15 章

問題 15.1

$$g = s_p\pi = (3/4)\cdot(1/3) = 0.25$$

$$T < 11.6 \to T = 11$$

$$\pi_t = 0.433$$

問題 15.2

$$T < 9.2 \to T = 9$$

$$\pi_t = 0.355$$

賃金分配率の上昇によって，より古いヴィンテージに利用できる利潤が減少し，そのことはより早い設備の引退を促す.

問題 15.3

$$f' = -2\chi-0.52 = \pi/(\pi-1) = (1/3)/(-2/3) = -0.5 \to \chi = -0.01$$

$$f' = -2\chi-0.52 = (1/4)/(-3/4) = -0.33 \to \chi = -0.093333$$

利潤分配率の低下は，資本コストの重要性を低下させ，資本節約的技術変化率の低下を誘発する.

問題 15.4

$\pi=1/3$ のとき

$$\gamma = -(0.01)^2+0.52\cdot(0.01)+0.0149 = 0.0202 \to g_w = 0.02$$

$\pi=1/4$ のとき

$$\gamma = -(0.093)^2+0.52\cdot(0.093)+(0.0149) = 0.05472222 \to g_w = 0.055$$

賃金分配率の上昇は，労働コストの重要性を上昇させ，労働節約的技術変化率の上昇を誘発する. 慣習的賃金シェアの仮定のもとでは，実質賃金は労働生産性と同率で成長する. それゆえ，より高い賃金分配率は，より高い賃金成長率をも意味する.

問題 15.5

$g_N=0$，$g_x=\gamma$ であるから，恒常状態均衡のためには $\chi=0$ が必要である. それゆえ，$g_x=g_K=\gamma=f(0)=0.0149$ である. π を求めるためには，つぎの1階条件を使用する.

問題の解答とヒント　　　361

$$\pi/(\pi-1) = f'(0) = -0.52 \rightarrow \pi = 0.342105263$$

慣習的賃金シェアよりもむしろ，完全雇用が仮定されるとき，このモデルではハロッド中立的技術変化をともなう均衡と，内生的利潤シェアが生み出される.

問題 15.6

賃金は所与の労働力 N の限界生産物に等しいであろう. あるいはつぎのようである.

$$w = \frac{\partial X}{\partial N} = (1-a) N^{-a} \sum_{i=1}^{A} K_i^a$$

両辺に (N/N) を掛ければ，これはつぎのように簡単化される.

$$w = (1-a) X/N$$

X/N が比率 g_A で成長することがわかっているので，賃金もそのようになることが明らかである. 労働者は，恒常的に増加する生産物の一定割合を受け取る.

問題 15.7

資本家の効用を最大化する成長率は，資本家が彼ら自身の個別の決定を経て選択する成長率よりも，大きいであろう. 自己の利益だけを勘案する資本家は，将来世代の発明家のすべてに利益をもたらす外部性を考慮しないから，彼らの研究投資は過少となる.

第 16 章

問題 16.1

$$g_N = g_X - \gamma = g_K - \gamma \approx g_K - ag_K = (1-a) g_K$$

$g_K>0$ と仮定すると，$a<1$ であれば雇用は増加し，$a>1$ であれば雇用は減少する.

問題 16.2

$$\frac{\rho+1}{\rho} = 1+\chi = \frac{K_{+1}^b}{K^b} = (1+g_K)^b$$

$$\chi \approx bg_K$$

偏向的な技術変化の場合には恒常状態の利潤率あるいは資本蓄積率が存在しなくなるので，これ以上は何も言えない，ということに注意しなければならない.

問題 16.3

$$1-rd^* = \left(\frac{1}{(1+\theta)(1-\pi)}\right)^{\frac{1}{\theta}} = \left(\frac{1}{3 \cdot (0.5)}\right)^{\frac{1}{2}} = 0.8165$$

資本家は自分の資本のうち 18% を R&D に投資し，82% を生産に投資する．
$g(rd^*) = (1-rd^*)^\theta = (0.8165)^2 = 0.6667$ であるから，労働必要量は 33.33% だけ削減される．

最適点では，つぎのようになる．

$$r^* = (1-(1-\pi)g(rd^*))\rho - \delta = (1-(0.5)\cdot(0.6667))\cdot(0.333) - 0.05$$
$$= 0.1722/年$$

技術変化のないときの純利潤率は，つぎのようである．

$$r = \pi\rho - \delta = (0.5)\cdot(0.333) - 0.05 = 0.1167$$

問題 16.4

省略

問題 16.5

各期間に $r^* = 0.17$ である．

$$1 + g_\kappa = \beta(1+r^*) = 0.9\cdot(1.17) = 1.053.$$

問題 16.6

省略

問題 16.7

恒常状態での生産性の水準 x^* は，つぎの条件を満たす．

$$x^* = (1+\theta)\bar{w} = (1+2)\cdot(10,000) = 30,000 ドル/(労働者・年)$$

問題 16.8

$1+\gamma = (1+\theta)(1-\bar{\pi}) = (1+2)\cdot(0.6) = 1.8$，あるいは，$\gamma = 80\%/$期間である．

問題 16.9

$1+\gamma = 1/(g(rd))$ であるから，労働生産性の最大上昇率は最小の $g(rd)$ のもとで達成されるが，そうなるのは $rd=1$ のときである．このやり方では，残念ながら，何でもみな技術革新にたいして投資して，生産には何も投資しないので，その経済では産出がゼロということになる．

訳者あとがき

　本書は，Duncan K. Foley and Thomas R. Michl, *Growth and Distribution*, Harvard University Press, 1999, xvii＋355 pp. の全訳である．

　ダンカン・K. フォーリーは，ニュースクール大学（New School University）経済学教授であり，*Monetary and Fiscal Policy in a Growing Economy* (with M. Sidrauski), (1971), *Money, Accumulation and Crisis*, (1986), *Understanding Capital: Marx's Economic Theory*, (1986) などの著作があり，*Journal of Economic Theory, Journal of Economic Behavior and Organization, Review of Radical Political Economy* などの専門誌に数多くの論文を発表している．共著者のトマス・R. マイクルは，コルゲート大学（Colgate University）経済学教授であり，本訳書の他に編著として，*The Imperiled Economy I, II,* (1987, 1988) があり，成長と分配，生産性と技術進歩などのテーマで，*Cambridge Journal of Economics, Journal of Post-Keynesian Economics, Review of Radical Political Economy* などに論文を発表している．

　全16章からなる本書の特徴は，取り上げられるトピックスの幅広さ・バランスの良さにある．新古典派，ケインズ派，古典派・マルクス派——これらのアプローチの基本的枠組みが手際よく解説され，技術進歩，土地・枯渇資源，政府負債・社会保障制度が成長へ与える影響といったトピックスも検討される．たんにモデルの構造を数学的に解析するだけではなく，*Extended Penn World Table* をもちいて現実との突き合わせがおこなわれている．本書で使われているデータセットは公開されており，フォーリーのホームページ* からダウンロードできる．成長理論は1960年代に研究のピ

---

　*　http://homepage.newschool.edu/~foleyd/epwt

ークにあった．その後のやや沈滞した時期があったにしろ，経済学研究において，成長はつねに多くの人に魅力を感じさせる主題である．ミクロ経済学，マクロ経済学，政治経済学の入門コースを終えた学生・大学院生が，成長・分配論研究の到達点を一覧するのに格好の手引書になっている．本書には，豊富な練習問題があり，それにはていねいな解答・ヒントがある．本文を読み，問題を解く，という繰り返しをするなかで，初学者であっても本書に導かれながら，成長・分配論のひとつの高みに至ることができよう．

原著者が序文で述べているように，非・新古典派的アプローチを学ぶのにふさわしいテキストとして，S. Marglin, *Growth, Distribution and Prices,* (1984), J. Broom, *The Microeconomics of Capitalism,* (1983) がある．これらに P. Skott, *Conflict and Effective Demand in Economic Growth,* (1989), L. Taylor, *Distribution, Inflation and Growth,* (1991) を加えることができるかもしれない．しかし，成長・分配理論の領域で，非・新古典派をふくめて最新の成果を学べるテキスト，とりわけ，日本語で読めるものはきわめて手薄である．本書はその間隙をうめる役割を果たすものと考えられる．たしかに A.K. Dutt (University of Notre Dame) が指摘しているように，設備稼働率，需要変動は第 10 章で検討されるだけであって，ケインズ派モデルのバラエティが十分に論じられていないとの弱点がある．しかしその Dutt の言葉を借りれば，the volume provides a masterful and authoritative presentation of growth and distribution approaches"なのである．(cf. A.K. Dutt, Book Review on Growth and Distribution by Duncan K. Foley and Thomas R. Michl, *Eastern Economic Journal,* Vol. 27, Issue 3, Summer 2001 : 375-78)

訳出作業について，一言触れておこう．第 1 次訳稿は，つぎのように分担した．佐藤良一（目次，序文，2 章，9 章），笠松学（3 章，10 章），石倉雅男（4 章，11 章，16 章），佐藤隆（6 章，13 章），沖公祐（7 章，14 章），黒岩直（8 章，15 章），金子裕一郎（1 章，5 章，12 章）．訳出の過程で訳稿検

訳者あとがき

討会を三度開催した．最終段階での調整は，佐藤良一と笠松が行い，また索引の作成は金子が担当した．したがって，分担訳の寄せ集めではなく「全員参加の翻訳」になっていると考えている．原著に見られた誤植，不分明な箇所については，原著者に指示を仰いで訂正した．なお翻訳に際しては細心の注意を払ったつもりであるが，訳者の未熟さゆえに不十分な点，思わぬ誤りを残していると思う．読者のみなさんのご批判をいただければ幸いである．

　本書の出版にあたっては，企画段階から最終校正段階にいたるまで，日本経済評論社の清達二氏から貴重な助言をたまわった．記して，訳者一同厚くお礼を申し上げたい．

　　2002年9月

　　　　　　　　　　　　　　　　　　　　　　　　　訳者一同

索　引

EPWT　⇒拡大ペン世界統計表を参照
GDP　⇒国内総生産を参照
PWT　⇒ペン世界統計表を参照
R&D　⇒研究開発を参照

【あ行】

赤字（deficit）
　国際収支と混同してはならない財政――（not to be confused with balance of payments）　244
　　プライマリー財政――（primary fiscal）　244
赤字財政支出（deficit spending）　242, 265
アメリカ経済（U.S. economy）
　――, 1989 年　35, 107
　――の技術変化（technical change）, 1988-89 年　34-5
　――の所得勘定（income account）, 1989 年　26
　――の生産勘定（output account）, 1989 年　21
アロー, ケネス（Arrow, Kenneth）　312
鞍点（saddle-point）　93
異時点間の予算制約（intertemporal budget constraint）　90
一括税（lump-sum taxes）　242, 265
移民（migration）　2
インフレーション（inflation）　265
　金モデルでの――（in gold model）286
ヴィンテージ・モデル（vintage model）294
ヴェイル, デイヴィッド（Weil, David）

184
馬飛び（leapfrogging）　38
エンゲルス, フリードリッヒ（Engels, Friedrich）　7
黄金律（Golden Rule）　160, 179

【か行】

外延的限界（extensive margin）　213, 229, 298
階級（class）　7, 8, 211
階級分化（class divisions）　122
外生パラメータ（exogenous parameters）44, 72
　古典派モデルの――（Classical model）108
外生変数（exogenous variables）
　⇒外生パラメータを参照
価格（price）
　枯渇資源の――（of exhaustible resources）　240
価格指数（price index）　13
価格標準（standard of price）　280
限りある人生（finite lifetime）　248
拡大ペン世界統計表（Extended Penn World Tables）　14
過剰決定（overdetermination）　191
過少消費モデル（underconsumptionist model）　203
価値尺度（measure of value）　278
株式市場（equity market）　228, 305
寡婦の壺（Widow's Cruse）　198-9
貨幣（money）
　――と貯蓄（and saving）　188
カルドア, ニコラス（Kaldor, Nicholas）

292, 307, 313

為替手形 (bill of exchange) 287

環境 (environment)

——の悪化 (deterioration of) 230

環境の質 (environment quality) 15

環境劣化 (environment degradation) 214

慣習的政府の予算制約 (conventional government budget constraint) 245, 274, 278

慣習的賃金 (conventional wage) 104

慣習的賃金シェアモデル (conventional wage share model)

なめらかな生産関数の—— (with smooth production function) 115

慣習的賃金モデル (conventional wage model) 78

勘定体系 (accounting framework) 44

完全雇用 (full employment)

技術のスペクトルと—— (with spectrum of techniques) 83

世代重複モデルでの—— (in overlapping generations model) 251

完全雇用の仮定 (full employment assumption) 81

完全積立型の社会保障 (fully funded social security program) 267-8, 274

完全予見 (perfect foresight) 97

完全予見成長経路 (perfect foresight growth path)

土地モデルでの—— (in land model) 226

機械の耐用年数 (service life of machines) 296

危機 (crisis) 204

企業家 (entrepreneurs) 47

技術革新 (innovation)

外部性としての—— (as an externality) 323

——と効用 (and utility) 323

——と賃金分配率 (and wage share)

299, 314, 320, 325

技術進歩関数 (technical progress function) 293, 299

技術選択 (choice of technique) 49-54

技術の再切換え (reswitching of techniques) 67

技術変化 (technical change) 215

——と生産関数のシフト (and shifts in production function) 40

——の金融的制約 (financial constraints) 315-6

——の分類 (classification of) 60-64

外生的——対内生的—— (exogenous versus endogenous) 291-2

体化した—— (embodied) 293

土地使用的—— (land-augmenting) 229

内生的—— (endogenous)

内生的——のカテゴリー (categories of) 311

ハロッド中立的—— (Harrod-neutral) 165

ヒックス中立的—— (Hicks-neutral) 165

ヒックス中立的——と実証研究 (in empirical studies) 172

ヒックス中立的——と設備稼働 (and capacity utilization) 193

マルクス偏向的—— (Marx-biased) 125, 302

規模効果 (scale effect)

——と内生的技術変化 (and endogenous technical change) 306

規模にかんする収穫 (returns to scale)

——逓増 (increasing) 146

——不変 (constant) 45, 51, 146

規模の経済 (economies of scale)

規模の外部経済 (external) 307, 312

規模の内部経済 (internal) 304

基本方程式 (fundamental equation)

——の1次近似 (linear approximation

of) 183

技術変化をともなうソロー＝スワン・モデルの—— (with technical change) 168

ソロー＝スワン・モデルの—— (Solow-Swan model) 150

キャッシュ・フロー (cash flow) ⇒利潤を参照

キャッチアップ仮説 (catching-up hypothesis) 139

キャピタルゲイン (capital gains) ⇒値上がり益を参照

給付 (benefit)

社会保障—— (social security) 265

教育 (education)

生産関数での (in production function) 184

テクノロジー格差と—— (technology gap) 141

競争 (competition) 47

切換え点 (switchpoint) 51, 52, 67

金で測った諸商品の価格 (gold price of commodities) 278-81, 285-6

均衡 (equilibrium)

土地市場の—— (of land market) 221

土地賃貸市場の—— (of rental market for land) 221

銀行券 (banknote) 288

金にたいする銀行券の割引 (discount of banknotes against gold) 288

金約款 (gold clause) 289

金為替本位制 (gold-exchange standard) 289

金本位制 (gold standard) 277-9

金融 (finance) 211

金融的裁定 (financial arbitrage) 90

金流出 (gold drain) 279

グリーン・バック (greenback) 279

クレ資本 (clay capital) 294

クロス・セクションデータ (cross sectional data) 36

計画問題 (programming problem) 92

経済思想の学派 (schools of economic thought) 73

経済成長モデル (model of economic growth) 44, 70, 72

——の決定 (determinacy of) 73-4

——の閉じ方 (closure of) 73

ケインズ, ジョン・メイナード (Keynes, John Maynard) 102, 188, 204

ケインズ効果 (Keynes effect) 205

血気 (animal spirits) 190

現役労働者 (active workers)

退職者と——との比率 (ratio of retired to) 251, 252

限界効用逓減 (diminishing marginal utility) 92

限界主義経済学 (marginalist economics) 9

限界生産物 (marginal product)

穀物モデルでの—— (in corn model) 212

研究開発 (R&D)

——と利潤最大化水準 (profit maximizing level) 318

資本家の計画問題と—— (capitalist's programming problem) 314-8

ケンブリッジ資本論争 (Cambridge capital controversy) 10, 15, 64, 67, 162

ケンブリッジ方程式 (Cambridge equation) 105, 121, 252, 298

金モデルでの—— (in gold model) 283, 284

土地モデルでの—— (in land model) 220

倹約のパラドックス (paradox of thrift) 189, 197-8, 201

交換 (exchange) 278

工業化 (industrialization) 2

公債 (government debt) 273

恒常状態 (steady state) 65

厚生経済学の第1定理 (First Welfare

Theorem)

——は世代重複モデルでは成立しない (does not hold in overlapping generations model) 260-3

合成の誤謬 (fallacy of composition) 129

公債の価値 (value of government debt) 245

購買力平価 (purchasing power parity) 13

効用関数 (utility function)

コブ゠ダグラス—— (Cobb-Douglas) 91, 250

対数型—— (logarithmic) 92, 105

効用の割引 (discounting of utility) 97

効用割引因子 (utility discount factor) 91

効率性 (efficiency) 9

効率フロンティア (efficiency frontier) 50

2部門経済の—— (of two-sector economy) 67

効率労働者単位 (effective worker units) ⇨効率労働単位を参照

効率労働単位 (effective labor units) 112

効率労働投入 (effective labor input) 63

枯渇資源 (exhaustible resources) 231, 232, 239

国際収支赤字 (balance of payment deficit) 244

国際貿易 (international trade) 229

国内総生産 (gross domestic product) 13

国民所得勘定 (national income accounting) 20

穀物モデル (corn model) 46, 211-4

固定為替相場 (fixed exchange rates) 289

固定係数生産関数 (fixed coefficient production function)

⇨レオンティエフ型生産関数を参照

古典派慣習的賃金シェアモデル (Classical conventional wage share model) 111

古典派慣習的賃金モデル (Classical conventional wage model)

——の完全な決定 (full determination of) 106

——の比較動学 (comparative dynamics of) 108

古典派のビジョン (Classical vision) 142

コブ゠ダグラス効用関数 (Cobb-Douglas utility function) 90-1, 250, 266

コブ゠ダグラス需要系 (Cobb-Douglas demand system) 95

コブ゠ダグラス生産関数 (Cobb-Douglas production function) 56-9

——と技術進歩関数 (and technical progress function) 294

——とマルクス偏向的技術変化 (and Marx-biased technical change) 131 -4

——の代替の弾力性 (elasticity of substitution) 158

集約型の—— (intensive) 167

雇用労働者 (employed workers) 14, 18

コンソル公債 (consol) 305

コンピュータ化 (computalization) 39

【さ行】

財政赤字 (fiscal deficit) 244

財政黒字 (fiscal surplus) 243

プライマリー—— (primary) 244

再生不能資源 (non-renewable resources) 214

裁定原理 (arbitrage principle) 218-20

石油埋蔵量と—— (with oil reserves) 236-7

最適性 (optimality)

——とパレート効率性 (and Pareto-efficiency) 258-60

財務省証券 (Treasury bills) 288

サマーズ, ロバート (Summers, Robert) 13

サミュエルソン, ポール (Samuelson, Paul) 10

産出 (生産) (output) 12, 13, 17, 20, 45

産出 - 資本比率 (output-capital ratio) 15

時間 (time) 16, 45

時間選好 (time preference) 249

時系列データ (time series data) 36

資源開発 (resource development) 215

資源の枯渇 (resource depletion) 214

資源の実行可能な配分 (feasible allocation of resources) 257

資源配分 (allocation of resources) 257

自己実現期待 (self-fulfilling expectations) 226

資産の価格付け (asset pricing) 211

市場の広さ (extent of the market) 5

自然資源 (natural resources) 15
　——の枯渇 (exhaustion of) 230

自然成長率 (natural rate of growth) 9, 118-9, 145

自然賃金 (natural wage) 7

失業 (unemployment) 118

実行可能性条件 (viability condition) 130
　——とソロー残余 (and Solow residual) 175

実行可能な技術 (viable technique) 129

実質生産物 (real output) 13

実質賃金 (real wage) 25

実質賃金 - 利潤率表 (real wage-profit rate schedule) 26, 30, 49, 64
　金モデルでの—— (in gold model) 284
　石油モデルでの—— (in oil model) 233

実証的予測 (empirical predictions)

ソロー゠スワン・モデルの—— (Solow-Swan model) 163

史的唯物論 (historical materialism) 7

支配される生産技術 (dominated technique of production) 50

資本 (capital) 5, 17, 45
　穀物モデルでの—— (in corn model) 211

資本および労働の限界生産物 (marginal products of capital and labor) 52
　コブ゠ダグラス生産関数の—— (for Cobb-Douglas production function) 57
　レオンティエフ型生産関数では定義されない—— (not defined for Leontief production function) 56

資本家 (capitalists) 47

資本価格 (price of capital) 64, 65

資本家家計の予算制約 (capitalist household budget constraint)
　金を含んだ—— (with gold) 282-3

資本拡張 (capital widening) 150

資本家消費問題 (capitalist consumption problem)
　石油を含んだ—— (with oil) 235-7
　土地を含んだ—— (with land) 217-8

資本家の効用関数 (capitalist's utility function)
　金を含んだ—— (with gold) 282

資本形成 (capital formation) 242

資本減耗 (depreciation) 13-4, 18, 25, 46

資本減耗率 (depreciation rate) 16, 26

資本財 (capital goods) 9, 12, 14

資本集約度 (capital intensity) 15
　——の変化の歴史的パターン (historical patterns of change in) 39-41
　実際の経済での—— (in real world economies) 19
　比較された (relative) ——, 1820-1992年 37

資本使用的技術変化 (capital-using tech-

nical change) 41
資本深化 (capital deepening) 150
資本ストック (capital stock)
——の平均年齢 (average age) 298
資本生産性 (capital productivity) 16,
17, 46
——の変化 (changes in) 32-5
——の変化の歴史的パターン (historical patterns of change in) 39-41
実際の経済での—— (in real world economies) 18-9
低下する—— (falling) 19
比較される (relative) ——, 1820-
1992年 37
資本節約的技術変化 (capital-saving technical change) 33, 41, 60
資本増大的技術変化 (capital-augmenting technical change) 63
資本蓄積の黄金時代 (Golden Age of Capital Accumulation) 86
資本投入 (capital input) 14
資本と労働の代替可能性 (substitutability of capital and labor) 57
資本にかんする収穫逓減 (diminishing returns to capital) 146
資本の限界生産物 (marginal product of capital)
利潤率に決定される—— (determined by profit rate) 121
資本の有機的構成 (organic composition of capital) 281
資本の遊休 (unemployment of capital) 118
資本-労働比 (capital-labor ratio)
⇨資本集約度を参照
社会の消費-成長率表 (social consumption-growth rate schedule) 22-4, 30, 64
社会的文化的慣習 (social and cultural practices)
生産技術を制約する—— (limit tech-

nique of production) 47
社会保障 (social security) 242
社会保障給付 (social security benefits) 265
社会保障税 (social security taxes) 265
社会保障制度 (social security programs) 264
——の積立金 (reserve fund of) 266
——の分配効果 (distributional effect of) 265
完全積立型の (fully funded) 267-8, 274
部分積立型の—— (partially funded) 268
無積立型の—— (unfunded) 268-72, 274
収益率 (rate of return)
土地モデルでの—— (in land model) 219
収穫逓増 (increasing returns)
——と専門化 (and specialization) 303, 307
収穫逓減 (diminishing returns)
穀物モデルでの—— (in corn model) 212
収束 (convergence)
古典派モデルの—— (Classical model) 137
資本集約度の—— (in capital intensity) 38
資本生産性の—— (capital productivity) 140
条件付き—— (conditional) 180-4
絶対的—— (absolute) 136, 181
ソロー=スワン・モデルでの—— (Solow-Swan model) 180
労働生産性—— (labor productivity) 136
労働生産性における—— (in labor productivity) 136
収束クラブ (convergence club) 141

自由な労働者（free worker）4
自由貿易（free trade）229
自由放任（lassez-faire）6
集約的生産関数（intensive production function）51
　コブ = ダグラス型——（Cobb-Douglas）57
　レオンティエフ型——（Leontief）56
収量（yields）
　土地の——（land）212
熟練度（skill）14
シュルツ，チャールズ・L.（Schultze, Charles L.）178
純生産物（net product）13-4
純投資（net investment）13
純利潤（net profit）25, 48
純利潤率（net profit rate）25, 48
消費（consumption）13, 20, 89
　勤労期と退職期の——（working period and retirement period）249
消費関数（consumption function）
　土地モデルでの——（in land model）220
消費サービス（consumption services）
　政府の——（government）247
消費者需要（consumer demands）
　——のモデル（model of）250
商品（commodity）278
商品の価格（price of commodities）
　貨幣と金の——（money and gold）279
情報（information）241
情報技術（information technology）39
剰余価値（surplus value）8
剰余生産物（surplus product）7
　穀物モデルでの——（in corn model）213
使用料（royalties）25
所得恒等式（income identity）25, 31
所得分配（distribution of income）5, 25, 123

処罰関数（penalty function）93
人口（population）123
人口統計学的均衡（demographic equilibrium）7, 76, 213
人口動態（demographics）251
新古典派生産関数（neoclassical production function）15
新古典派成長モデル（neoclassical growth model）9, 100
人的資本（human capital）184
信用貨幣（credit money）287-9
スピルオーバー（spillovers）312, 315, 322
スミス，アダム（Smith, Adam）3, 5, 76, 257, 307
正貨（specie）287
税金（taxes）25
生産（production）
　金を含んだ——（with gold）280
生産可能性フロンティア（production possibilities frontier）22
　1部門経済の——（of one-sector economy）64
　2部門経済の——（of two-sector economy）68
生産関数（production function）9, 15, 19, 49-54
　——のシフトと技術変化（shifts in and technical change）40-41
　古典派対新古典派の——（Classical versus neoclassical）132-134, 167
　新古典派——（neoclassical）62
　なめらかな——（smooth）51
生産期間（period of production）45-6
生産技術（technique of production）45
生産恒等式（output identity）21, 31
生産性（productivity）
　⇨労働生産性・資本生産性を参照
生産性減速（productivity slowdown）39, 173
　ソロー = スワン・モデルでの——（in

索　引　　373

Solow-Swan model） 176
生産のモデル（model of production） 44
政治経済学（political economy） 3
生存賃金（subsistence wage） 76
成長（growth）
　賃金主導型——（wage-led） 201
　利潤主導型——（profit-led） 202
成長因子（growth factor） 17
成長 - 賃金関係（growth-wage relation）
　世代重複モデルでの——（in overlapping generations model） 252
成長 - 分配表（growth-distribution schedule） 10, 31-3, 60, 64
　金モデルでの——（in gold model） 284
　現実対完全稼働の——（actual versus full capacity） 193
　2 部門経済の——（of two-sector economy） 68
成長への外的限界（external limits to growth） 120
成長への限界（limits to growth） 230
成長への資源制約（resource limitations to growth） 210, 215
成長モデル（growth model）
　AK 型—— 313
　外生的——（exogenous） 159
　金融に制約される——（finance constrained） 203-4
　古典派——（Classical） 104
　投資に制約される——（investment constrained） 204
　投資に制約される——と古典派（and Classical） 205
　内生的——と収穫逓減（and diminishing returns） 161
成長率（growth rate） 17
　経済の——（of economy） 17
　自然——（natural） 145, 169
　資本ストックの——（of capital stock） 17

保証——（warranted） 145
税と移転（taxes and transfers） 242
　資本家家計の予算制約における——（in capitalist household budget constraint） 246
政府の資金調達（government finance） 242
政府の予算制約（government budget constraint） 244
セー法則（Say's Law） 206
石油（oil） 231
　——埋蔵量の枯渇（exhaustion of reserves of） 237
石油価格（price of oil） 233
　——の最大値（maximum） 235
石油を含んだ効用最大化問題（utility maximization problem with oil） 237
世代間移転（intergenerational transfer） 245
世代重複モデル（overlapping generations model） 90
　古典派慣習的——と社会保障（and social security） 269
　古典派慣習的賃金——（Classical conventional wage） 251
　新古典派——（neoclassical） 254
　新古典派——と社会保障（and social security） 271
設備（capacity）
　過剰——（excess） 191
設備稼働（capacity utilization） 189
　——と成長 - 分配表（and growth-distribution schedule） 191-4
　——率（rate of） 191
説明（explanation） 44
ゼロ利潤（zero profit）
　金モデルでの——（in gold model） 280
　土地モデルでの——（in land model） 216
選好（preferences）

異時点間の―― (intertemporal) 249

潜在価格 (shadow prices) 92, 98

全要素生産性 (total factor productivity) 171

総収益因子 (total return factor) 245

総需要曲線 (aggregate demand curve) 205

総生産 (total production) 12

測定単位 (units of measurement) 17-8

粗生産 (gross production) 13

粗生産物 (gross product) 13

粗世界生産 (gross world product) 13

粗投資 (gross investment) 13, 20

粗利潤 (gross profit) ⇨利潤を参照

ソロー, ロバート (Solow, Robert) 9

ソロー゠スワン・モデル (Solow-Swan model)

　政策論争における――の役割 (role in policy debates) 178-80

ソロー残余 (Solow residual) 171

　――の古典派的解釈 (Classical interpretation of) 174-5

ソロー分割 (Solow decomposition) 170-4

【た行】

体化仮説 (embodiment hypothesis) 293

　――と生産性上昇率 (and productivity growth rate) 299

貸借市場 (rental market) 210

　――の均衡 (equilibrium of) 221

退職 (retirement)

　早期―― (early) 264

退職期 (retirement period) 248

代替効果 (substitution effect)

　利子率変化の―― (of interest rate change) 250

代替的配分 (alternative allocation) 258

代替の弾力性 (elasticity of substitution) 157-8, 178

太陽光テクノロジー (solar technology) 232

兌換性 (convertibility) 277

兌換停止 (suspension of convertibility) 279

多要素生産性 (multi-factor productivity) 171

単位等量線 (unit isoquant)

　コブ゠ダグラス生産関数の―― (Cobb-Douglas production function) 57

　レオンティエフ型生産関数の―― (Leontief production function) 56

短期 (short run)

　――とソロー゠スワン・モデル (Solow-Swan model) 155

遅延仮説 (time delay hypothesis) 138

蓄積 (accumulation) 12

　資本の―― (of capital) 22

地代 (rent) 4

　土地の―― (of land) 217

　リカードの――論 (Ricardo's theory of) 7

長期対短期 (long run versus short run) 203

長期データ (longitudinal data) 36

貯蓄 (saving) 100

　――の古典派的見解 (Classical view) 89, 104

　――のライフサイクル論 (life cycle theory) 248

　穀物モデルでの―― (in corn model) 214

　ソロー゠スワン・モデルでの―― (Solow-Swan model) 148

　労働者階級の―― (working class) 89

　労働者家計の―― (of worker households) 248

貯蓄性向 (saving propensity) 148

貯蓄のライフサイクル理論 (life-cycle theory of saving) 248

貯蓄率 (saving rate) 100

索　引　　375

——と成長率 (and growth rate)　100
　アメリカの——　102
賃金 (wage)　4, 25, 28, 48
　生存—— (subsistence)　76
賃金支払い (wage bill)　⇒賃金を参照
賃金分配分 (wage share)　28
陳腐化条件 (obsolescence condition)　296
賃料 (rents)　25
積立金 (reserve fund)
　社会保障制度の—— (of social security program)　266
定型化された事実 (stylized facts)　42
定常状態 (stationary state)　7
　穀物モデルでの—— (in corn model)　214
　土地モデルでの—— (in land model)　225, 229
停滞 (stagnation)　229
停滞モデル (stagnationist model)　203
テイラー，フレデリック (Taylor, Frederick)　293
テイラー主義 (Taylorism)　293
テクノロジー (technology)　12
　——移転 (transfer)　137
　経済の—— (of an economy)　46
テクノロジー格差アプローチ (technology gap approach)　142
テクノロジーの変化 (technological change)　12, 47
テスト配分 (test allocation)　258
投機 (speculation)　228, 238
投資 (investment)　89, 100
　政府—— (government)　247
　貯蓄と区別された—— (distinguished from saving)　188
投資式 (investment equation)　190
投入‐産出係数 (input-output coefficient)　47
独裁者 (dictator)
　経済的—— (economic)　257

独占部門 (monopoly sector)　303
閉じ方 (closure)
　ソロー゠スワン・モデルの—— (Solow-Swan model)　145
　閉じ方 (投資理論の—— (theory of investment)　89
閉じた形の解 (closed-form solution)　151, 168
土地 (land)　12, 15, 210, 214
　——の価格 (price of)　217
土地価格 (price of land)
　資産としての—— (as asset)　217
土地が稀少なレジーム (scarce land regime)　223-5
土地が豊富なレジーム (abundant land regime)　222-3
土地市場 (land market)　210
　——の均衡 (equilibrium of)　221
土地地代 (land rent)　216
土地を含んだ効用最大化 (utility maximization with land)　218
富 (wealth)
　土地モデルでの—— (in land model)　220
富効果 (wealth effect)
　社会保障モデルでの—— (--s in social security model)　265
　利子率変化の—— (of interest rate change)　250
富の創造 (wealth creation)　228
トリクルダウン経済学 (trickle-down economics)　6

【な行】

内生的経済成長 (endogenous economic growth)　6
内生変数 (endogenous variables)　44, 72
　——の数 (number of)　73
　古典派慣習賃金モデルの—— (Classical conventional wage model)　108

なめらかな生産関数 (smooth production function) 115
南部連合国のドル (Confederate dollar) 279
2部門経済 (two-sector economy) 64-9
日本経済 (1989年の) (Japanese economy in 1989) 35-6
ニュメレール (numéraire) 278
値上がり益 (キャピタル・ゲイン) (capital gains)
　土地モデルでの—— (in land model) 219, 222, 229
能力 (ability) 14

【は行】

配当 (dividends) 25
配分 (allocation)
　代替的——とパレート効率性 (alternative and Pareto-efficiency) 258
　テスト——とパレート効率性 (test and Pareto-efficiency) 258
パシネッティ, ルイジ (Pasinetti, Luigi) 118
発明可能性フロンティア (invention possibility frontier) 299
パテ資本 (putty capital) 294
バドゥリ, アミト (Bhaduri, Amit) 200
パネルデータ (panel data) 36
パレート効率 (Pareto-efficiency)
　——と最適性 (and optimality) 258-60
パレート効率な資源配分 (Parato-efficient allocation) 258
　——の定義 (definition of) 258
パレート優位 (Pareto-superiority) 258
バロー, ロバート (Barro, Robert) 243
ハロッド, ロイ (Harrod, Roy) 9
ハロッド中立的技術変化 (Harrod-neutral technical change) 62
　⇒労働増大的技術変化を参照
比較動学 (comparative dynamics) 108

古典派モデルの—— (Classical model) 108-110
東アジアの龍 (dragons of East Asia) 172
ヒックス・ハロッド中立性 (Hicks and Harrod neutrality)
　——の両立 (equivalence of) 166
ヒックス中立的技術変化 (Hicks neutral technical change) 63
　⇒要素増大的技術変化を参照
費用の逆説 (paradox of costs) 189, 201
肥沃度 (fertility) 215
　土地の—— (of land) 211
フェルドーン法則 (Verdoorn's Law) 308, 313
付加価値 (value added) 4
不確実性 (uncertainty) 90, 241
不均斉成長 (unbalanced growth) 286
不均斉な技術変化 (unbalanced technical change) 285-7
不均等発展 (uneven development) 135
物価についての貨幣数量説 (quantity of money theory of prices) 285
部分積立型の社会保障制度 (partially funded social security programs) 268
プライマリー財政黒字 (primary fiscal surplus) 244
ブレトンウッズ体制 (Bretton Woods system) 289
分業 (division of labor) 3, 5, 307
分配分 (率) (share)
　所得—— (of income) 28-30
ベイリー, マーチン・ネイル (Baily, Martin Neil) 178
ヘストン, アレン (Heston, Allen) 13
ペン世界統計表 (Penn World Tables) 13
変動為替相場 (floating exchange rates) 289
ボウモル, ウィリアム (Baumol Wiiliam) 286-7

ポートフォリオ決定 (portoforio decision) 90

ポートフォリオ選択 (portofolio choice) 210, 219

　金を含んだ―― (with gold)　282

保証成長率 (warranted rate of growth) 9, 145

ホテリング, ハロルド (Hotelling, Harold)　231

ホテリング・モデル (Hotelling model) 231

ポンジ・ゲーム (Ponzi game)　245, 274

【ま行】

マークアップ価格づけ (markup pricing) 304

マーグリン, スチーブン (Marglin, Stephen)　200

マルケッティ, アダルミール (Marquetti, Adalmir)　14

マディソン, アンガス (Maddison, Angus) 36, 39, 86

マルクス, カール (Marx, Karl)　7, 204, 281, 299

　――のマルサス批判 (critique of Malthus)　77-8

マルサス, トーマス (Malthus, Thomas) 6, 76-8, 211

マンキュー, グレゴリー (Mankiew, Gregory)　184

民間貯蓄 (private saving)　242

ムーア, ゴードン (Moore, Gordon) 312

ムーアの法則 (Moore's Law)　312

無限期間 (infinite horizon)　96

無差別曲線 (indifference curves)

　異時点間の―― (intertemporal)　249

無積立型の社会保障制度 (unfunded social security programs)　268-72, 274

【や行】

ヤング, アリン (Young, Allyn)　307

ヤング, アルウィン (Young, Alwyn) 172

誘因 (incentives)

　社会保障モデルでの―― (in social security model)　265

要素価格 (factor prices)　52

要素節約的技術変化 (factor-saving technical change)　60

要素増大的技術変化 (factor-augmenting technical change)　63

　⇒ヒックス中立的技術変化を参照

予算制約 (budget constraint)

　慣習的政府の―― (conventional government)　274, 278

　資本家家計の金をともなう―― (of capitalist household with gold)　282

　資本家の―― (capitalist)　246

　政府―― (government)　244

　石油をともなう―― (with oil)　236

　土地をともなう―― (with land)　218

　労働者家計の―― (of worker households)　249

　労働者家計の社会保障制度をともなう ―― (of worker household with social security)　266

予測 (prediction)　44

【ら行】

ラーニング・バイ・ドゥーイング (learning by doing)　312

　古典派モデルと―― (Classical model) 312-4

ラグランジュ関数 (Lagrangian function)　92, 98

ラグランジュ乗数 (Lagrange multipliers) 92

ラグランジュ法 (Lagrangian technique) 92-5, 98

——の1階の条件式（first-order conditions）94

無限期間の——（infinite horizon）98-100

リカード，デイヴィッド（Ricardo, David）7, 76, 211

リカード的経済（Ricardian economy）210

リカードの等価定理（Ricardian equivalence）96, 243, 247-8, 275

利子（interest）4

利子支払い（interest payment）25

利子率（interest rate）

——と富および代替効果（wealth and substitution effects）250

利潤（profit）4, 25

利潤圧縮（profit squeeze）30

利潤最大化（profit maximization）50, 52

利潤最大化生産技術（profit-maximizing technique of production）51, 117

利潤分配（率）（profit share）28, 48

——の一定性（constancy of）30

利潤率（profit rate）25, 48

——の低下（declining）126, 128-30

ソロー＝スワン・モデルでの——の低下（Solow-Swan model）178

穀物モデルでの——の均等化（equalization in corn model）214

土地モデルでの資本——（on capital in land model）216

利潤率の低下（falling rate of profit）8

リスク（risk）218

石油モデルでの——（in oil model）236

臨界点（critical points）94

ルイス，アーサー（Lewis, Arthur）78

累積的因果連関（cumulative causation）307

レオンティエフ型生産関数（Leontief production function）54-6

レオンティエフ・テクノロジー（Leontief technology）251

労働（labor）12, 45

労働供給（labor supply）

世代重複モデルでの——（in overlapping generations model）249

世代重複モデルでの慣習的賃金と——（conventional wage in overlapping generations model）251

労働供給（supply of labor）

——の古典派理論（Classical theory）76-81

——の新古典派理論（neoclassical theory）81

労働市場（labor market）

世代重複モデルにおける——（in overlapping generations model）251

労働市場均衡（labor market equilibrium）118

労働者（workers）47

労働者家計の貯蓄（worker household saving）248

労働者家計の予算制約（worker household budget constraint）249

労働者1人当たり資本（capital per worker）⇨資本集約度を参照

労働者1人当たり資本家消費（capitalist consumption per worker）106

労働者1人当たり純生産物（net output per worker）16

労働者1人当たり生産（output per worker）⇨労働生産性を参照

労働需要（demand for labor）

技術のスペクトルと——（spectrum of techniques）74-6

単一技術と——（single technique）74

労働生産性（labor productivity）5, 12, 15, 45

——の変化（changes in）32-5

——の変化における歴史的パターン（historical patterns of change in）

39-41

実際の経済での―― (in real world economies) 19

全要素生産性との関連での (relation to total factor productivity) 171

比較される (relative) ――, 1820-1992年 37

労働節約的技術変化 (labor-saving technical change) 33, 41, 60, 110

労働増大的技術変化 (labor-augmenting technical change) 62
⇒ハロッド中立型技術変化を参照

労働投入 (labor input) 14

労働の限界生産物 (marginal product of labor)

賃金と―― (wage) 133

賃金に決定される―― (determined by wage) 84

労働の産業予備軍 (reserve armies of labor) 78

労働力 (labor force) 5

労働力 (labor-power)
世代重複モデルにおける (in overlapping generations model)――の供給 (supply of) 249
――の価値 (value of) 78

ローマー, デイヴィッド (Romer, David) 184

ロビンソン, ジョーン (Robinson, Joan) 9, 190

訳者紹介 (＊監訳者)

＊佐 藤 良 一 (法政大学経済学部)

＊笠 松 　 学 (早稲田大学政治経済学部)

石 倉 雅 男 (一橋大学大学院経済学研究科)

沖 　 公 祐 (東京大学大学院博士課程)

金子裕一郎 (一橋大学大学院博士課程)

黒 岩 　 直 (早稲田大学大学院博士課程)

佐 藤 　 隆 (東京大学大学院博士課程)

D.K. フォーリー／T.R. マイクル

成長と分配

2002 年 10 月 25 日　第 1 刷発行

定価(本体 3800 円＋税)

監 訳 者　佐 藤 良 一
　　　　　笠 松 　 学

発 行 者　栗 原 哲 也

発 行 所　株式会社 日本経済評論社

〒101-0051 東京都千代田区神田神保町 3-2
電話 03-3230-1661　FAX 03-3265-2993
振替 00130-3-157198

装丁＊渡辺美知子　　　　　中央印刷・小泉企画

落丁本・乱丁本はお取替えいたします　Printed in Japan

© SATO Yoshikazu & KASAMATSU Manabu 2002
ISBN4-8188-1455-5

本書の全部または一部を無断で複写複製 (コピー) することは,
著作権法上での例外を除き, 禁じられています. 本書からの複
写を希望される場合は, 小社にご連絡ください.

成長と分配
(オンデマンド版)

2015年9月20日 発行

監訳者	佐藤　良一・笠松　学
発行者	栗原　哲也
発行所	㈱日本経済評論社

〒101-0051　東京都千代田区神田神保町3-2
電話　03-3230-1661　FAX　03-3265-2993
E-mail: info8188@nikkeihyo.co.jp
URL: http://www.nikkeihyo.co.jp/

印刷・製本　株式会社 デジタルパブリッシングサービス
URL http://www.d-pub.co.jp/

乱丁落丁はお取替えいたします。　　　　　　Printed in Japan
ISBN978-4-8188-1682-4

・本書の複製権・翻訳権・上映権・譲渡権・公衆送信権(送信可能化権を含む)は、㈱日本経済評論社が保有します。
・JCOPY 〈㈳出版者著作権管理機構　委託出版物〉
本書の無断複写は著作権法上での例外を除き禁じられています。複写される場合は、そのつど事前に、㈳出版者著作権管理機構(電話 03-3513-6969、FAX 03-3513-6979、e-mail: info@jcopy.or.jp)の許諾を得てください。